김미현

1965년 서울에서 태어났다.
이화여자대학교 국어국문학과를 졸업하고
동대학원에서 박사학위를 받았다. 1995년
《경향신문》 신춘문예 평론 부문으로 등단했으며,
2004년부터 2023년까지 이화여자대학교
국어국문학과 교수로 재직했다.
『한국여성소설과 페미니즘』, 『판도라 상자 속의 문학』,
『여성문학을 넘어서』, 『젠더 프리즘』, 『번역 트러블』,
『그림자의 빛』 등 다수의 저서를 출간하며
페미니즘 비평의 저변을 확장시켰다는 평을 받는다.
소천비평문학상, 현대문학상(평론 부문),
팔봉비평문학상, 김환태평론문학상 등을 수상했다.
읽히는 평론, 그 자체로 하나의 창작물인 평론을
지향했던 그의 글은 구조적이고 논리적이면서도
활기 넘치는 비유와 뜨거운 열정으로 작가와
독자 모두의 사랑을 받았다. 2023년 9월 18일 별세했다.

젠더 프리즘, 그 이후

젠더 프리즘, 그 이후

김미현·허윤 외

민음사

| 서문 |
어떤 상실을 기억하는 법

『젠더 프리즘, 그 이후』는 문학평론가이자 이화여대 국문과 교수였던 김미현의 연구를 기억하고, 그 연구를 이어받고자 하는 사람들이 모여 쓴 책이다. 한국문학 연구와 평론장에서 김미현이라는 이름은 어떤 무게를 갖고 있을까? 그가 유수의 문학상을 수상했고 탁월한 저서를 출간했으며 많은 제자를 길러 냈다는 말로 설명하는 것은 충분하지 않을 것이다. 그의 연구가 남긴 궤적을 들여다보고 앞으로의 문학 연구에 연결시키는 것, 이런 이어달리기가 앞으로 김미현 문학 연구를 완성시키게 될 것이다. 1주기에 간행된 평론 선집 『더 나은 실패』(민음사, 2024)가 김미현을 대표하는 평론들을 모아 한국 여성문학과 젠더문학의 비평적 흐름을 살필 수 있도록 기획되었다면, 김미현과 그 제자들의 글을 한데 묶은 이 책은 문학 연구장에서 김미현 문학이 가진 힘과 가능성을 보여 줄 수 있도록 구성되었다. 2008년 출간된 『젠더 프리즘』을 따라가는 이 책은 김미현론을 시작으로, 몸·환상·가족·대중성·섹슈얼리티·동성애·근대성·여성 이미지·성장·동물성·윤리 등 11개의 키워드를 제자들이 하나씩 맡아 썼다. 여기에 김미현의 마지막 평론이었던 김보영론(「얼마나 다른가: 포스트휴먼 선언문」)이 '포스트휴먼'이라는 키워드로 포함되어 총 13편의 글을 완성했다.

책을 여는 첫 글 「미래를 선취하는 문학주의자의 사유」는 이 책의 토대가 되는 김미현 문학 연구의 길을 따라 걸으며 의미를 되짚어 보는 글이다. 박사 논문을 발표하고 신춘문예로 등단한 1990년대부터 그가 사망한 2020년대에 이르기까지, 김미현 문학의 행보를 제자들이 정리했다. 여성문학에 대한 관심이 대중화되고, 학술적 연구가 태동되던 1990년대 김미현은 여성문학이 오히려 "어떤 특수한 영역을 여성들만의 영역으로 절대화시키면서 더욱 그들의 활동공간을 좁게 만들 뿐만 아니라" "여성 배제의 장치"가 될 수 있다고 경고한다. "논의되지 않고 상처받지 않은 여성문학은 죽은 문학"이라는 김미현의 태도는 페미니즘문학에 대한 비판적 접근이 필요하다는 점을 강조한다. 중요한 것은 '어떻게' 문학으로 형상화하는가의 문제다. '여성문학을 넘어' 이어지는 김미현의 젠더문학론은 이 책의 원본이 된 『젠더 프리즘』에서 완성된다. "젠더는 실패한다. 고로 존재한다."라는 역설적 명제는 문학의 성별이 아니라 수행성과 행위성을 들여다볼 것을 제안한다. 문화번역으로 이어지는 그의 사유는 감정과 윤리 등 "정오에도 그림자를 보려는 문학"의 정치성을 톺아보는 철저한 문학주의자로서의 혜안을 엿볼 수 있게 한다.

본격적인 책의 시작은 김미현이 문예지에 발표한 마지막 글이기도 한 「얼마나 다른가: 포스트휴먼 선언문」이다. 2021년 《문학동네》 106호에 수록된 이 글은 2020년대 한국 문단의 키워드로 떠오른 페미니스트 SF를 조망한다. 2022년 제자인 문학평론가 강지희의 평론집 『파토스의 그림자』(문학동네, 2022)에 추천사를 실은 것이 마지막 문단 활동이지만, 오롯이 논문이나 평론으로 제출된 글은 《문학동네》에 실린 이 글이 마지막이다.

그는 이 글에서 김보영 소설에 나타나는 비인간 전환을 통해 포스트휴먼의 탈경계성이 인간의 우월성을 해체시키는 동시에 비인간 스스로의 무지로부터 벗어나게 만드는 틈새와 균열을 만들어 낸다고 설명한다. 김미현의 글을 이어 김윤정, 원은주 역시 페미니스트 SF를 살핀다. 김윤정은 「동아시아 여성 SF 문학에 나타난 '몸'의 정치성 연구」에서 한국, 중국, 일본의 여성 SF를 대상 텍스트로 삼아 포스트 인간 중심적 포스트휴머니즘을 살핀다. 원은주는 정보라의 『저주토끼』를 중심으로, 여성적 글쓰기와 환상의 관계를 논한다. 그에 따르면 정보라의 오컬트적 환상은 분노의 감정에 주목하여 타자화된 것들에 자리를 내주며, 부조리한 사회를 향해 분노를 쏟아 낸다. 이성과 합리성을 중요시하는 사회에 불확실성의 자리를 기입하는 것이다. 이러한 질문은 인간성은 무엇인가라는 질문과도 연결된다. 동물성에 주목하는 황지선의 「인간으로 동물 되기」는 동시대 소설에서 나타나는 의동물화 현상을 분석한다. 근대성, 인간성의 위기를 진단하는 일련의 경향은 의동물화로 이어지며, 이는 다종다양한 지구-지각 공동체라는 사변으로 이어진다. 동물성을 인간 주체의 가장 파괴적이고 열등한 면을 은유하던 방식과는 사뭇 달라진 지점이라 할 수 있다. 포스트휴머니즘과 환상성, 동물성 등 최근 문학비평장에서 활발히 논의되는 주제어들이 수록되어 있다.

가족과 대중성, 섹슈얼리티, 동성애 등의 키워드는 젠더 관점에서 문학을 연구할 때 주요한 주제가 되어 준다. 박구비는 「2010년대 여성가족소설 속 가족의 재발명」에서 백수린과 김혜진의 소설을 통해 어머니와 딸이 가족을 재발명하는 데 주목한다. 할머니-어머니-나의 삼대에 걸친 여성들의 삶과 레즈비언 딸과 어머니를 통해 정상 가족의 의미를 재질문하고 있다. 진선영은 「전후 사회적 멜로드라마와 의제가족주의의 정치학」에서 1950년대 김말봉 소설 『태양의 권속』을 통해 대중소설의 가치를 재구한다. 한국전쟁기 후방 부산을 배경으로 한 이 소설에서 김말봉은 가족적 인간관계를 사회적 영역에 확장시키면서 종교적 가족주의를 구성했으며, 이는 전후 민족국가의 재건과 중첩된 사회적 기획이기도 했다. 강지희는 「펜데믹 이후 부동산 소설과 오컬트 자본주의」라는 글을 통해 한국 사회의 욕망을 들여다본다. 오랫동안 '여성의 일'로 여겨진 부동산 이슈가 투자가 일상화된 동시대 한국 소설에서 어떻게 재현되고 있는지를 살피는 이 글은 오컬트 자본주의의 시대에 맞서는 주체의 윤리적 선택에 주목한다. 김소륜은 『큐큐퀴어단편선』을 중심으로 2010년대 발표된 레즈비언 서사를 통해 동시대 퀴어문학의 교차적 지형을 살폈다. 1990년대 레즈비언 서사가 폭력적 가부장제에 저항하는 여성 연대 속에서 이야기되었다면, 2000년대 이후로는 개인성과 일상성을 중심으로 레즈비언 정체성에 보다 집중하는 양상을 보인다.

근대성과 여성 이미지, 성장, 환대 등은 2000년대 중반부터 활발히 논의되어 온 주제이다. 김미현은 문학 연구와 문화 연구의 접속으로 이루어진 이러한 주제어들을 보다 '문학적'으로 사유할 것을 요구했다. 권혜린은 정연희의 소설을 통해 탈근대 시대의 근대성을 되짚어 본다.(「정연희의 『난지도』로 본 탈성장과 젠더」) 근대성의 핵심을 이루는 자본주의는 비가시적이고 외부적인 착취와 억압, 에코사이드를 수반한다. 정연희는 과잉 성장 시대에 쓰레기처리장인 난지도를 중심으로 탈성장의 가능성을 진단한다. 황지영은 「근대소설에 나타난 '여기자' 표상 연구」에서 식민지 시기 공론장에서 활발하게 활동했던 여성 기자 표상을 분석한다. 1920년대에 등장하기 시작한 여성 기자들은 소설 속 등장인물로 형상화됐다. 황지영은 여성 기자들이 존재를 자원화하고 기능화하려는 기술적 표상 구조에 포획되었으나 동시에 이 체제에 균열을 만들어 내기도 했다고 지적한다. 송주현은 장강명의 청춘소설에 나타난 여성 형상을 통해 소설의 사회적 의미를 논하고자 한다. 『한국이 싫어서』를 비롯하여 장강명의 소설은 동시대 여성 청년들이 생존경쟁적 한국 사회에 도전하고 질문하는 주체로 응전하는 방식에 주목한다. 우현주는 「환대 윤리의 유비적 미학」에서 박완서의 「저문 날의 삽화」 시리즈를 중심으로, 조건부 환대조차 불가능하게 만드는 소설의 환대 윤리를 유비(有備)하기 위해 유비(類比) 관계를 설정한 작가의 의도를 분석한다. 인간의 취약성을 환대하기 위한 이러한 성찰은 수행을 통한 시민성을 강조하기 위함이기도 하다. 이처럼 이 책에 실린 제자들의 글 12편은 김미현의 사유를 촘촘히 이어 나가고자 한 결과물이다.

    2023년 선생님이 돌아가셨을 때 그동안 여러 책을 냈으면서도 선생님과 함께 쓴 책이 없다는 것을 깨닫고 무척이나 후회했다. 언제든 할 수 있다고 생각했던 탓에 서두르지 못한 탓도 있었다. 원래대로였다면 이 책은 선생님의 정년 퇴임을 맞아 기획되었을 것이다. 선생님께서 돌아가신 지 2년, 이 책을 통해서 선생님과 나란히 이름이 적힌 책을 한 권 갖게 되었다. 물론 여기에 이름이 적히지 않은 많은 사람들의 마음 역시 함께 녹아 있을 것이다.

    2024년에 출간된 김미현 비평 선집 『더 나은 실패』에 이어 2025년 『젠더 프리즘, 그 이후』까지 기꺼이 출판을 결정해 주신 민음사에 감사드린다. 김미현 선생님의 제자이자 직접 이 책의 편집을 맡아 준 강소희 선생님께도 고마움의 인사를 전한다. 든든한 동료였던 이화여대 국어국문학과 교수님들께도, 장학금을 통해 후학을 살펴 주시는 선생님의 가족분들에게도, 열심히 연구하고 글 쓰는 선생님의 제자들에게도 이 책이 위로가 되기를 바라본다.

    이 책은 모두의 상실을 더듬어 써 내려간다.

제자들을 대신하여 허윤

차례

서문: 어떤 상실을 기억하는 법 | 허윤   5

| 김미현론 |

허윤·이은선·윤혜정, 미래를 선취하는 문학주의자의 사유   13

| 포스트휴먼 |

김미현, 얼마나 다른가: 포스트휴먼 선언문   35

| 몸 |

김윤정, 동아시아 여성 SF 문학에 나타난 '몸'의 정치성 연구   56

| 환상 |

원은주, 여성적 글쓰기의 액체성과 촉각적 환상   84

| 가족 |

박구비, 2010년대 여성가족소설 속 가족의 재발명   107

| 대중성 |

진선영, 전후 사회적 멜로드라마와 의제가족주의의 정치학   132

| 섹슈얼리티 |

강지희, 팬데믹 이후 부동산 소설과 오컬트 자본주의   158

| 동성애 |

김소륜, 타자의 정치학 '이후'   190

| 근대성 |

권혜린, 정연희의 『난지도』로 본 탈성장과 젠더   211

| 여성 이미지 |

황지영, 근대소설에 나타난 '여기자' 표상 연구   230

| 성장 |

송주현, 장강명 소설에 나타난 청춘의 세대 인식과 여성성   253

| 동물성 |

황지선, 인간으로 동물되기   275

| 윤리 |

우현주, 환대 윤리의 유비적 미학   304

김미현 연보   330

일러두기
—이 책은 (故)김미현 평론가의 지도를 받아 이화여자대학교 국어국문학과에서 수학한 제자이자 문학 연구자 13명의 필진이 김미현 교수의 대표 저서인 『젠더 프리즘』을 이어 쓴 글로 구성되어 있다. 김미현론과 김미현 대표 평론을 비롯해 『젠더 프리즘』의 12가지 키워드를 현재 시점으로 재해석한 글을 묶었다. 목차는 장 구분 없이 키워드를 배치하는 『젠더 프리즘』의 형식을 따랐다.
—본문에서 단행본이 아닌 개별 소설 작품은 「 」,
장편소설 및 단행본은 『 』, 신문이나 잡지 등 매체명은 《 》로 표기한다.
—개념화를 시도한 합성명사는 붙여 쓴다.

| 김미현론 |

미래를 선취하는 문학주의자의 사유

허윤·이은선·윤혜정

페미니즘문학이 완전할 수 있다고 생각한다면, 그 자체가 페미니즘문학에 대한 환상인 것이다.¹

제가 연구하는 여성문학은 특히 소통 구조가 중요합니다. 상처받은 타자들과 절실하게 소통해야 하기 때문이지요. 논의되지 않고 상처받지 않은 여성문학은 죽은 문학입니다. 이 책이 여성문학의 소통에 작은 기여가 됐으면 좋겠습니다.²

1 들어가며

1990년대 한국 사회에서 젠더와 섹슈얼리티는 사회적인 것으로 부각

---

1 김미현, 『젠더 프리즘』(민음사, 2008), 28쪽.
2 이왕구, 「팔봉비평문학상 제20회 수상자 김미현 씨 "행복한 페미니즘 보여 주고 싶었죠."」,《한국일보》, 2009. 5. 10.

되었다. 1980년대 여성운동이 민주화와 계급투쟁에 기반한 해방운동의 맥락에서 민족민주운동과 함께 추동되었다 분화되기 시작했다면, 1990년대 존재감을 드러낸 여성 대중은 젠더가 여성 억압의 근본적인 원인이라고 보고, 성폭력, 가정 폭력 등 젠더 폭력 문제를 해결하기 위해 활발히 움직였다. 1990년대 초반 미군 병사의 기지촌 여성 살해 사건, 양부의 성폭력에 시달린 여성이 그를 살해한 사건 등 성폭력을 둘러싼 사회적 안전망의 부재가 폭로되는 사건이 이어졌다. 1993년 서울대 신 교수의 조교 성희롱 사건과 같이 위계에 의한 성폭력이 일상에 만연하다는 사실 역시 드러났다. 이러한 사건은 언론의 많은 관심을 받았으며, '여성' 문제에 대한 사회적 공감대를 형성했다. 성폭력특별법의 제정과 가족법 개정은 이러한 젠더 이해(gender interest)에 대한 관심이 증가하면서 만들어진 성과였다.

페미니즘의 대중화와 학술적 이론화는 포스트 식민주의, 포스트 민족주의 등과 같은 포스트 담론의 자장에서 벌어졌다. 이데올로기적 대립의 상징적 붕괴는 이론적 구심점을 다원화했고, 거대 담론 대신 주체의 비보편성, 폭력의 일상성 등을 키워드로 삼았다. 그동안 한국의 변혁 운동을 추동해 온 힘이었던 민중주의·민족주의에 대한 비판이 시작됐으며, 내부의 차이를 돌아보는 것이 필요하다는 성찰이 이어졌다. 제국주의와 냉전 이데올로기가 직조한 통치성의 대항 담론으로 성장해 온 한국의 민족주의가 억압한 다양한 목소리들은 동시다발적으로 문제 제기에 나섰다. 이러한 변화는 문학 연구장에서도 이루어졌다. 1990년대는 많은 여성작가와 여성평론가들이 주목받기 시작한 시기이다. 이들은 지금까지의 한국 문단이 남성중심의 세계관을 바탕으로 한국문학을 정전화했으며, 이 과정에서 자연스럽게 비남성적인 목소리는 소외되었다는 점을 비판하고 나섰다. 1985년 발간된 무크지 《여성》은 문학을 주요 대상으로 다뤘으며, 곧이어 민족문학작가회의 여성문학분과위원회에서 《여성운동과 문학》 1호(1988)

와 2호(1990)를 내놓았다. 1987년 《또하나의문화》 3호는 여성해방의 문학을 표제로 삼았다. 여러 매체에서 여성문학을 둘러싼 좌담회나 비평이 등장했으며, 연구자들과 평론가들의 역량이 축적되어 1998년 한국여성문학학회가 발족되었다. 이 과정에서 여성문학 연구자이자 평론가인 김미현이 활동을 시작했다.

김미현은 1995년 《경향신문》 신춘문예에 「유산과 불임의 발생학 — 신경숙의 '깊은 슬픔'론」으로 등단했으며, 뒤이어 1996년 2월 「한국 근대 여성소설의 페미니스트 시학」으로 박사학위를 받았다. 이후 《세계의 문학》 편집위원으로 오래 활동하면서, 1990년대부터 2020년대에 이르기까지 여성문학 연구자이자 평론가로서 한국 문단의 최전선을 지켰다. 여성의 몸과 언어, 여성적 글쓰기에서 출발해서 젠더문학론, 문화번역에 이르기까지 문학을 들여다보고, 분석했다. 그 결과 소천비평문학상(2003, 수상작: 「이브, 잔치는 끝났다」), 현대문학상평론 부분(2008, 수상작: 「수상한 소설들 — 한국 소설의 이기적 유전자」), 팔봉비평문학상(2009, 수상작: 『젠더 프리즘』) 등을 수상했으며, 6권의 단독 저서, 약 23권의 공동 저서, 44편에 이르는 학술 논문과 무수히 많은 평론을 남겼다. 여기서는 이러한 김미현의 문학 연구 30년을 톺아보고, 김미현 문학의 계보를 작성함으로써 여성문학 연구의 미래를 선취한 연구자 김미현의 면모를 살피고자 한다.

2 다시 보기(re-vision)를 다시 보기(revisiting)

김미현의 첫 번째 단행본인 『한국여성소설과 페미니즘』(1996)은 그의 박사논문을 개고하여 출간한 것으로, 일제강점기 여성작가들의 소설을 육체, 언어, 현실의 차원에서 분석해 여성적 글쓰기의 양상을 살펴, 페미니스트 시학을 규명하고 있다. 그는 책의 서문에서 "그동안 여성소설에 대한 접근은 여성들의 아파하거나 싸우려는 목소리를 부각시키는 것이었지 그들이 어떻게 그런 목소리를 내는지에 대해서는 무관심"했다고 지적하면서, "모든 문학 자체가 울음소리로 채워진 공간이라면 왜 우는지도 중요하지만 어떻게 우는지도 중요할 것"[3]이라 선언한다. 여성소설의 형식과 구조에 대한 본격적인 연구를 선언한 이 책은 여성소설에 나타난 '사이의 시학'을 규명한다. 여성소설이라고 해서 버려지거나 고평될 필요가 없으며, 텍스트의 구조와 의미를 세심하게 읽어 내야 한다는 것이다. 그는 김명순부터 지하련까지 13명의 해방 이전 여성작가의 소설 102편을 크리스테바, 식수, 이리가레이 등 프랑스의 정신분석학적 페미니즘을 문학에 응용한 이론을 통해 분석한다.[4]

이에 따르면 자궁을 비롯한 여성의 육체는 남성중심적 시각에 의해 식민지화되어 있다. '막힘(감금)', '풀림(경계)', '퍼짐(탈출)'의 언어는 자신의 언어를 갖지 못했기에 아이러니하게도 차이와 이견, 다양성을 보여 주는 것이기도 했다. 현실 층위에서는 여성성장소설의 특징을 규명했다. 집이 여성들에게는 구속과 속박이기에 탈출을 시도하지만, 현실적 억압 때문에 좌절되는 하강과 미해결의 구조는 여성의 성장을 나선형의 성장으로 명명했다. 그래서 여성적 글쓰기는 부재와 존재, 절망과 희망, 표면과 이면, 드러냄과 감춤의 양가성을 그대로 보여 주는 '사이'의 시학이 된다. 이는 '차이의 페미니즘'이라는 문제의식을 한국문학에 적용시켜 본격적으로 탐색한

---

3   김미현, 『한국여성소설과 페미니즘』(신구문화사, 1996), 2쪽.
4   1990년대 중반부터 크리스테바, 식수, 이리가레 등 프랑스 페미니즘이 한국문학 연구 장에서 활발하게 도입되었다. 여성적 글쓰기의 이론적 바탕을 이룬 이론가들은 라캉의 정신분석학을 토대로 성차에 집중했으며, 아버지의 질서를 담보하는 상징계와 다른 기호계적 영역을 강조했다. 한국에서는 문학 연구 영역에서 주로 활용됐다. 1998년 창간된 여성문화이론연구소의 계간지《여/성이론》은 버틀러, 크리스테바 등 포스트 페미니즘 이론을 적극적으로 번역·소개했다.

시도라고 볼 수 있다. 여성작가의 소설의 구조를 분석하고 그 형식적 차원에서 미학적 자질을 궁구해 낸 것이다.

흥미롭게도 초기 저작인 이 책에서 김미현은 여성문학 연구의 문제를 다음과 같이 지적하고 있다.

> 형식과 내용을 분리시키면서 내용을 중시하거나 여성과 남성을 지나치게 대립적으로 파악하는 것, 당대성과 시의성으로 인해 90년대 후반 이후의 여성작가들만 주로 관심의 대상으로 삼는 것, 평론적 접근과 학문적 접근 사이의 괴리가 큰 것 등의 한계를 보이는 것이다.[5]

> 이 책이 여성적 글쓰기의 양상을 강조함으로써 여성의 고유한 영역을 규정하게 되어 오히려 기존의 남성/여성이라는 이분법을 더욱 공고히 하거나 여성문학의 입지점을 더욱 좁게 만들었을 수도 있다. 즉 어떤 특수한 영역을 여성들만의 영역으로 절대화시키면서 더욱 그들의 활동공간을 좁게 만들 뿐만 아니라 여성문학에 대한 주목을 통해 오히려 더욱 효과적인 여성 배제의 장치를 만들 수도 있다는 것이다.[6]

김미현은 여성문학에 대한 관심이 높아지고, 여성작가를 발굴해 문학사적 지위를 확보하기 위해 노력하던 1990년대 여성문학 연구장에서 '여성문학의 게토화'를 미리 고민하고 있었다. 이 시기 한국 여성문학은 양적, 질적 성장을 이루며 전성기를 맞았다. 신경숙, 은희경, 공지영 등 여성작가의 소설이 대형 베스트셀러가 되었고, 배수아, 전경린, 하성란 등도 활발한 활

---

5   김미현(1996), 앞의 책, 389쪽.
6   같은 책, 398쪽.

동을 이어 갔다. 김미현을 비롯한 여성평론가들이 등장해 전례 없이 많은 여성들이 문단의 전면에 나선 시기이기도 했다. 그러나 이 '호황기'에 김미현은 여성문학의 근본 모순을 계속 고민하고 있었다. 그의 선구안을 증명하듯, 2000년대 초반에 이르러 페미니즘문학 연구가 오히려 남성/여성의 젠더적 이분법을 강화하는 결과를 낳았다는 비판이 제기된다.[7] 표시하는 자와 표시당하는 자 모두 남성적인 의미화 양식 내에서 유지되기 때문에 여성은 타자성의 양식을 과시하는 또 하나의 남성적인 성에 불과하다는 것이다. 여성성을 중심으로 한 여성문학 연구는 여성문학을 게토화하는 한계가 있다는 지적이다.[8] 김미현 역시 이러한 문제의식을 1990년대 중반 집필한 자신의 박사논문에서 드러내고 있다. 여성성과 남성성이라는 이분법을 공고화하는 과정에서 여성문학이 오히려 좁은 의미로 구획될 수 있다는 고민이다. 이는 『여성문학을 넘어서』(2002)에서 보다 본격적으로 전개된다.

『여성문학을 넘어서』는 『한국여성소설과 페미니즘』에서 말한 문제의식을 확장한다. '여성문학의 르네상스'라 불렸던 1990년대를 지나 포스트페미니즘의 2000년대에 들어서자 여성문학의 위기, 혹은 페미니즘문학의 위기를 고민하는 목소리가 높아진다. 김미현은 『여성문학을 넘어서』에서 여성문학에 대한 주목을 통해 더욱 효과적인 배제가 일어날 수 있다는 점, 문학은 '다른 목소리'로 이야기해야 하는데, 여성문학이 "너무나 비문학적으로, 너무나 비슷하게 이야기된 감이 있다."라는 점을 지적한다.

> 지금까지의 여성문학은 너무나 비문학적으로, 너무 비슷하게 이야기된 감이 있다. 여성 문제에 대한 비판이나 해결에 성급하게 목말라 하면서

---

[7] 심진경·신수정·이혜령,「젠더의 시각으로 읽는 한국문학사 5」,《파라21》, 2004. 봄, 386쪽.
[8] 심진경,「여성문학은 어떻게 만들어졌는가」,《한국근대문학연구》19(한국근대문학회, 2009), 181~201쪽.

자주 스스로를 모방하는 자가당착에 빠진 경향을 보였기 때문이다. 대개의 여성 인물들은 비슷하게 아프고, 여전히 신음 소리만 낸다. 보편성도 개별성을 확보하지 못하면 상투성을 띠게 되고, 구체적인 환부나 원인이 드러나지 않는 질병은 엄살로 치부될 확률이 높다. 가령 여성문학에서 불륜 모티프가 더 이상 불온성과 파괴력을 갖지 못하는 것은 불륜이 예측 가능한 사고처럼 그려지기 때문이다. 불륜 자체가 문제가 아니라 비슷한 불륜이 문제인 것이다.[9]

이러한 지적은 '여성문학의 빛과 그늘'을 공히 담으려 한 김미현의 노력에 기인한다. 여성평론가로서 여성문학에 쓴소리를 하는 입장을 취하는 것이다. "논의되지 않고 상처받지 않은 여성문학은 죽은 문학"이라는 그의 태도는 여성문학, 페미니즘문학을 둘러싸고 더 엄중한 논의가 이루어져야 함을 보여 준다. 이런 입장에서 여성문학사를 정리한 글이 「이브, 잔치는 끝났다」이다. 소천비평문학상을 수상한 이 글은 여성문학사를 1기(1920~1930년대), 2기(1950~1960년대), 3기(1980~1990년대)로 나눠 개관하면서 남성 문단이 여성작가와 그들의 작품을 어떻게 평가했는지 살핀다. 1기 여성문학은 "그들의 작품이 문학사에 편입됨으로써 코페르니쿠스적 전환이 이루어진 시대"이자 여성성이 억압의 기제로 사용됐던 시기다. 2기 여성문학은 '가장 여류다운 여류'라는 평가를 받을 만큼, 여성적 글쓰기의 특성이 두드러졌지만, 그로 인해 문단으로부터 가치 없다는 평가를 받았다. 김미현은 이에 반박하면서 "여성이 처한 특수한 환경이나 배경을 문학적 소재로 인정하지 않는"[10] 한국 문단을 비판한다. 3기에서는 박완서를 중심으로 한 비평 담론을 평가하면서, "박완서 문학에 대해 그들이 잘못 접근한다는 사실

---

9 김미현, 『여성문학을 넘어서』(민음사, 2002), 7~8쪽.

이 아니라 아예 접근조차 하지 않는다"는 점을 지적하면서 여성 연구자들과 평론가들이 박완서 문학을 둘러싸고 논쟁을 벌였다는 점을 꼽는다. 여성문학에 대한 가치평가를 다각도에서 진행할 수 있는 "여성들만의 리그"[11]가 등장했다는 것이다.

그는 여성문학사의 계보를 진단하면서 1990년대 여성문학에 대해 엄격한 평가를 한다. 많은 여성작가가 등장해 여성문학의 조류를 형성했고, 포스트모더니즘의 탈이념·일상성·내면성의 추구가 여성성과 자연스럽게 맥이 통한 것은 1990년대의 특징으로, 여성문학의 약진이라고 볼 수도 있지만, 이것이 문학의 주변화로 인해 생겨난 현상일 수 있다는 것이다. "혹시 우리는 그동안 작가보다 여성을, 그리고 여성문학 자체보다 여성문학이라는 환상을 더 좋아하며 잔치를 벌였던 것은 아닐까."[12] 이러한 질문을 되새기며 김미현은 "여성적인 주제를 남성적으로 쓰거나 여성적으로 쓰지 않고, 인간적인 주제를 여성적으로 쓰거나 인간적으로 쓰게 될지도 모를"[13] 상황을 상상한다. 강경애에서부터 강신재, 오정희 등에 이르는 여성작가들의 소설을 다시 보면서, 남성 연구자들이 주목하지 않았던 강경애의 후기 소설은 당연히 와야 할 전망으로 여겨지는 결론을 부정하고, 현실에 대한 인식과 통찰을 더 강조했다고 평가한다.[14] 김말봉의 연애소설 역시 재발견된다. 김미현은 김말봉 소설에 대한 평가가 낮은 것은 대중소설에 대한 평가절하일 뿐 아니라 여성문학에 대한 편견 때문이라고 지적한다. 여성작가의 소설은 사적인 현실을 다루는 사소한 이야기일 뿐이라고 여겨졌던 것이

---

10 같은 책, 30쪽.
11 같은 책, 33쪽.
12 같은 책, 41쪽.
13 같은 책, 40쪽.
14 같은 책, 199~218쪽.

다. 하지만 이러한 대중소설은 사회적 약자의 현실을 위무하고 차별을 고발하는 변혁적 기능 역시 포함하고 있다. 중층적이고 복합적인 시선으로 대중소설의 무의식을 살펴보아야 한다는 것이다.[15] 김미현은 이 책에서 사랑, 모성, 자연 등 여성적 가치를 강조하는 방향을 여성문학의 해법으로 제시한다. 이는 『한국여성소설과 페미니즘』에서 여성적 글쓰기를 강조했던 것과 마찬가지로, 여성문학 고유의 미학적 차원을 이론화하는 데 관심을 쏟았기 때문이다.

3 '피해자' 개념에 대한 반성과 '행복한 페미니즘'

1990년대 후반 그의 평론에서 다소 돌발적으로 출현한 것으로 보이는 핵심어가 '피해(의식)자(들)'이다. 이 단어가 불러일으키는 의문은 쉽게 해소될 수 있는 것이 아니었다. 2000년대 중반에 이르러서야 회고의 관점에서 이 개념이 우연히, 부주의한 가운데 돌출한 것이 아니었다는 사실을 깨달을 수 있게 된다. 사후적 관점에 서야만 그가 어떤 문제를 제기하고, 또한 답하려 했는지 분명하게 알 수 있는 것이다.

'피해자' 개념에 대한 고찰은 「절망이 있는 세 개의 풍경」에서의 차현숙과 오수연을 분석[16]하는 문장을 기점으로 시작되었다. 이 평론은 '소설 읽기의 즐거움'이라는 코너명과 정면으로 배치된다고 할 수 있는데, 예컨대 차현숙과 오수연을 다루는 절 제목은 "피해의식자들, 절망의 밑에서"이다.

---

15 김미현은 2004년 '한국 근현대 베스트셀러 문학에 나타난 독서의 사회사'라는 한국연구재단 공동 연구를 수행했다. 이 연구는 시와 소설 연구자들이 베스트셀러 목록 자료를 정리하고, 그 특징을 독자의 욕망과 더불어 분석하는 작업이었다. 이를 통해 이전까지 본격화되지 않았던 대중소설 연구를 본격화해, 1910년대부터 1990년대까지 한국문학의 베스트셀러를 역사적으로 계보화했다.

"이 두 경우 모두 남성으로 대표되는 세상을 가해자로 생각한다는 공통점이 있는데, 그들은 항상 외부 세계로부터 정신적·육체적 강간을 당하고 있다는 피해의식에 시달린다." 물론 이 뒤에 "사랑 없는 침범이 여성들을 황폐화시키거나 수동적으로 만들기 때문이다."[17]라는 문장이 덧붙기는 하지만, "세상이 자신들을 가만히 놔두지 않는다고 생각하는 사람들이 피해의식자들"이고, "세상으로부터 침범을 받"는 그들은 "알고도 모르는 척하며", "부정적 사유가 피해의식자들을 낳는다."[18]라는 서술이 이어진다. 그가 직접 비판하고자 한 바는 차현숙이 계속해서 여성들의 불행한 이야기를 불행하게 전달했다는 점에 놓여 있었다. 즉 "끊임없는 반복을 행함으로써 도돌이표로 된 일기를 훔쳐보는 것 같은 식상함이나 답답함을 주어서는 안 될 것"[19]이라는 진술과 같이 '무엇을'이 아니라, '어떻게'에 관심을 보여야 한다고 요청하고 있는 것이다.[20] 이 텍스트만 살펴볼 경우, 특정 작가에 대한 비판의 외양을 띠고 있었다는 점에서 '오독'이 일어날 위험성이 적지 않았을 것이다.[21]

---

16 김미현, 「절망이 있는 세 개의 풍경」, 《문학동네》, 1997. 여름, 532쪽.
17 같은 글, 같은 쪽.
18 같은 글, 543쪽.
19 같은 글, 535쪽.
20 이신조의 『기대어 앉은 오후』 리뷰에서 "문학은 아프다거나 그래도 아프지 말아야 한다는 사실이 아니라 왜 아픈가나 어디가 아픈가, 어떻게 아픈가에 초점을 맞추어야 한다."라고 이야기할 때도 바로 이 지점을 가리키고 있다는 점을 알 수 있다. 김미현, 「상처의 부름켜와 떨켜——이신조, 『기대어 앉은 오후』」, 《문학동네》, 1999. 겨울, 542쪽.
21 '오독(誤讀)'이라고 판단할 수 있는 근거는 '곡비(哭婢)'에 관한 비유에서 찾을 수 있다. 차현숙이 그 울음소리의 완급과 고저를 보다 잘 조절한다면, 확실히 결혼한 30대 여성들을 위해 대신 울어 주는 훌륭한 곡비(哭婢)가 될 것(김미현, 「절망이 있는 세 개의 풍경」, 앞의 책, 535쪽)이라 단언하고 있다. 이후 여성문학사에 대한 논의에서 이 단어가 다시 언급된다. 여성들은 아직도 해피 엔딩의 영화가 아니라 비극적인 신화 속에 더 많이 살지만, 그럼에도 불구하고 여성들은 행복이 아니라 자유를 원한다는 사실을 확인하는 작업은 20세기 한국 여성문학사에서 사라지지 않았던 여성의 좌절과 절망을 곡비(哭婢)처럼 대신 울어 주는 일이 된다(김미현, 「이브, 잔치는 끝났다」, 《문학동네》, 1999. 봄, 311쪽)는 것이다. 차현

이어 《문학동네》 1999년 봄호 특집 "20세기 한국문학의 반성 I"에 실린 글이 위에서 살펴본 「이브, 잔치는 끝났다」이다. 여기에서 '피해자 페미니즘(Victim Feminism)'과 '파워 페미니즘(Power Feminism)'을 언급한다. 이 글은 《문학동네》의 1999년 연속기획특집 '20세기 문학이란 무엇인가'의 서두에 놓여 있었고, 그 시리즈[22]를 마감한 후 《문학동네》 2000년 봄호에서는 좌담을 진행한다. 1999년에서 2000년으로 넘어가는 시기, 20세기 문학에 대한 질문과 답변을 정리하면서 21세기를 분주하게 맞이하고 있었던 것이다. 이 좌담[23]에서의 발언을 면밀히 살펴보면 그가 무엇과 대결하고 있었는가가 보다 분명해진다.

먼저 그는 여성문학을 둘러싼 비평 측면에서 구체적인 텍스트의 실상에 소홀했고, 창작 측면에서 도식적 결론에 이르는 경우가 많다고 지적한다. 비평 및 창작과 관련된 이와 같은 문제의식은 여성문학에서는 형식 자체가 내용이 되는 경우가 중요하다는 의견 제시로 이어진다. 여성문학에서 여성을 '피해자', '주변부'로 이야기하는 것은 과도기적 단계이고, 궁극적으로 지향하는 것은 차이로서의 성정체성이다.[24] 여성문학의 형식적 측면을 고려해야 한다는 주장과 내용적 측면에서 도식적인 결론을 피해야 한다는 주장, 그리고 여성을 반복적으로 '피해자'로 묘사하는 것을 중단해야 한다는 주장은 이처럼 내적으로 연관되어 있었다. 이와 같은 이해 위에서만 『여성문학을 넘어서』의 「책머리에」에 놓인 '피해자 페미니즘'이나 '파워

숙의 '울음'과 '여성문학사'에서의 좌절과 절망 그 자체를 문제 삼은 것이 아니라, 그 표현의 중요성을 강조한 것임을 확인할 수 있다.
22 《문학동네》 1999년 봄호 특집은 '20세기 한국문학의 반성 I', 1999년 여름호 특집은 '20세기 한국문학의 반성 II', 1999년 가을호 특집은 '90년대 한국문학이란 무엇인가 I', 1999년 겨울호 특집은 '90년대 한국문학이란 무엇인가 II'로 꾸려졌다.
23 좌담, 「다시 문학이란 무엇인가」, 《문학동네》, 2000, 봄.
24 같은 글, 405~407쪽.

페미니즘'의 의미를 명확히 할 수 있을 것이다.[25]

김미현에 따르면 1999년 6월 말, 이 계절의 좋은 소설을 선정해 달라는 출판사 측의 부탁을 받고 편집위원을 구했다. 하응백, 우찬제와 함께 그는 16종의 문예지에 실린 소설을 분담해 검토하고, 문학성의 원칙에 따라 좋은 소설을 추천하기로 합의했다. 이 책에서 그는 권현숙의 「열린 문」, 한창훈의 「그대, 저문 바닷가에서 우는」, 이승우의 「야유」를 해설한다. 한창훈의 작품 해설 「고통이 아름다운 이유」에서 그는 이 소설이 여성의 억압적인 현실을 고발하는, 남성작가가 쓴 페미니즘 소설은 아니라고 밝힌다.

이 소설의 결론이 "따지고 보면 누가 뭐 잘못했냐. 일찍 돌아가신 아버지가 잘못이냐, 재가 안 한 엄마가 잘못이냐, 아들 못 낳은 올케가 잘못이

---

[25] 강지희는 「여성주의 비평을 넘어서는 빛」에서 1990년대와 2000년대, 2010년대 김미현의 비평의 강조점과 변모 지점을 섬세하게 독해한다. 그는 이 평론에서 『여성문학을 넘어서』의 첫 번째 글 「이브, 잔치는 끝났다」에서 김미현이 1990년대 탈이념, 일상성, 내면성의 추구가 여성성과 함수관계를 맺고 있다고 말한 것에 주목한다. 중요한 것은 포스트모던적 감각과 페미니즘적 인식 사이의 관계가 양가적으로 작동하고 있다는 사실인데, 그는 이를 포스트모더니즘과 페미니즘의 친화성과 괴리감이라 명명하면서, 『판도라 상자 속의 문학』과 『여성문학을 넘어서』라는 두 책 사이의 분리를 둘러싼 고민에도 이 관계가 반영되어 있는 것으로 분석한다. 이어서 그는 '여성문학의 부흥기'가 지나갔다고 여겨진 시기인 2008년 출간된 『젠더 프리즘』의 현재적 의의를 규명한다. 이는 「이브, 잔치는 끝났다」에서 김미현이 이미 가장 객관적인 태도로 짚어 낸 바와 같이 여성문학의 부흥은 일종의 안전판이자, 교묘하게 위장된 통치 수단의 성격을 지닌 '잔치'의 성격을 지니고 있었다는 점으로부터 출발한다. 그에 따르면, 『젠더 프리즘』은 성별 이분법과 이성애적 매트릭스에 갇히지 않아야 한다는 의제가 제출되고 있는 현 시점에 더욱 중요하게 읽힐 수 있다. 최근 한국에서 미디어 중심으로 부상한 페미니즘이 1세대 페미니즘, 이분법적이거나 피해자-억압 담론을 품고 있다는 우려 섞인 시선을 받고 있다는 점을 상기할 때, 『젠더 프리즘』이 포스트페미니즘을 경유해 즐겁고 유쾌한 페미니즘문학으로 나아가고자 시도한다는 점은 중요한 참조점이 되어 준다는 것이다. 김미현에 따르면 전투적이고 분리주의적인 페미니즘문학이 주류를 이루었던 이유는 착취와 억압을 종식시키고 여성의 행복이라는 미래적 목표로 나아가는 과정에서 고쳐져야 하는 '피해'와 '차별'을 강조했기 때문이다. 이와 같은 맥락 위에서 강지희는 김미현의 '파워 페미니즘'과 연결되는 '포스트페미니즘'이 갖는 의미를 명확하게 드러내기 위해, 복수의 정체성을 인정하고, 개인의 다양한 욕망과 실천을 강조하는 세 번째 물결에 가까운 것이라 규정하고 있다.(강지희, 「여성주의 비평을 넘어서는 빛」, 《현대비평》, 2022. 겨울, 183~188쪽.

냐, 응? 경애야. 그렇다고 바람피운 오빠가 죽을죄를 지은 것도 아니고 그렇다고 저 마담이 죽을죄를 지은 것 같지도 않고 솔직히. 근데 왜 이리 화가 나고 눈물이 나냐?"인 것에서 확인되듯이, 작가는 가해자는 없고 피해자만 있는 삶의 치명적 상처나 제도적 모순을 문제 삼고 있는 것이다.[26]

　이승우의 작품에 대한 해설「복숭아 속의 벌레」에서는 무엇이든 사고 팔 수 있는 시대, 분명하게 '개' 또는 '벌레'를 규정짓고, 비난하고, 공격할 수 있는 1990년대는 그나마 행복한 시기라는 생각이 든다고 서술한다. 이승우는 타자가 아닌 자아에게 향하는 의심과 회의를 표현하기 위해 복숭아 표면에서 홈집을 찾을 수 없을 때, 건강한 복숭아의 어디로 벌레가 침입해 들어간 것이냐고 묻지 말라고 주문한다. "안에 있는 것은 모두 밖으로부터 유입된 것이라는 생각으로부터 벗어나기 바란다. 벌레는 처음부터 안에서 태어나고 자랄 수 있다."는 것이다. 김미현에 따르면, 소설 전체를 관통하는 이 비유를 통해 작가는 이 소설에서 물질로 인한 정신의 타락을 비판하는 대신 '나 속의 나', '나'의 이면으로 논의의 초점을 옮기고 있다. 작가가 이 소설에서 문제 삼는 것은 세계 자체가 아니라, 세계 속에 있는 자아로, 이 소설은 작가의 문학적 고백성사일 수 있다[27]는 것이다.

　이 짧은 작품 해설 두 편에서 김미현은 '가해자'와 '피해자'를 나누는 이분법적 접근에 대해 질문을 던지고, 자본주의적 질서를 비판하는 것으로도 충분했던 1990년대식 문제 틀과 이별할 준비를 한다. '해(害)'를 기준으로 '가해'와 '피해'를 나눌 때 그 경계는 분명해지고, 비난의 구도는 선명해진다. 반면 한창훈이 시도하는 바와 같이, '가해자'에 대해 계속 질문하고 답변

26　권현숙 외, 『열린 문』(청어와삐삐, 1999), 172쪽.
27　같은 책, 296~298쪽.

하는 과정에서 그와 같은 이분법의 토대가 허약해지는 지점에 이르면, '피해자'의 고통을 '가해자'에 기대는 것이 어려워진다. 김미현은 자본주의적 질서에 대한 일면적인 비판이 가능했던 것은 자본주의적 질서와 '나' 자신의 관계에 대해서는 논의하지 않았기 때문이라는 점을 인정해야 한다고 주장한다. 이와 같이 그는 한창훈 소설에서 '가해자'와 '피해자' 사이를 가르는 선이 어떻게 희미해질 수 있는가를 살피고, 이승우 소설에서 자본주의적 질서와 '나' 사이의 관계에 주목함으로써 주체 내부로 시선을 돌리고 있다.

이러한 '피해자 페미니즘'에 대한 문제의식은 『젠더 프리즘』에서 좀 더 구체화된다. 『여성문학을 넘어서』 이후 6년 만에 펴낸 『젠더 프리즘』(2008)의 서문에서 김미현은 "그때 내가 넘어서려던 여성문학은 (남성)문학과 대립되는 문학, 불행이나 상처만을 강조하는 '상상의' 여성문학"이었다고 고백한다. 환원주의와 본질주의를 넘어서, "진짜 여성문학이냐 가짜 여성문학이냐가 더 중요한 문제"로 느껴졌다는 솔직한 고백은 여성문학 연구자들은 한 번쯤 거쳐 갔을 고민이기도 하다.

페미니즘의 제도화라 일컬어지는 2000년대 중반 이후 '나는 페미니스트는 아니지만'이라는 말이 공론장에 등장했다.[28] 성평등은 제도적 기틀을 마련했고, 여성은 더 이상 억압받는 피해자가 아니라는 감각이 생겨났다. 이 시기 등장한 소설 장르인 칙릿이 전문직 여성의 화려한 삶을 다루게 된 것도 이러한 분위기에서다. 김미현은 이러한 상황을 주디스 버틀러와 그의 젠더 수행성 개념을 적극적으로 차용하면서 대문자 여성 주체를 해

---

[28] 성차별이 존재하고 여성이 그로부터 고통받고 있음을 분명히 알기에 페미니즘의 필요성에는 충분히 동의하지만, 페미니스트로 인식되는 것은 기피하는 이 말은 페미니스트를 경직되고 교조적이며 정치적 올바름에 사로잡힌 존재로 여긴다.(이경, 「"나는 페미니스트는 아니지만" 증후군」, 『페미니즘의 개념들』(동녘, 2015), 63~75쪽) 이는 2000년대 중반 이후 본격화될 거대한 백래시를 예비하는 말이기도 했다. 물론 페미니즘의 문제의식에 공감하는 일련의 여성 대중은 스스로를 페미니스트라고 호명하지는 않았지만, 다양한 페미니즘적 문제의식을 보여 주었다. 일례로 천운영의 소설을 들 수 있다.

체하고, 여성들 사이의 차이를 들여다볼 수 있는 기회로 사유하자고 제안한다. 실상 이는 김미현이 여성문학을 통해 계속 고민하던 문제기도 했다.

이 폐허 혹은 실패의 자리에서 김미현은 "페미니즘문학이 쇠퇴했다는 엄살조차 환상사지에 대한 환상통에 다름 아닐" 수 있다는 점을 지적하며, '파워 페미니즘'을 본격적으로 구체화해 나간다. 여성성 자체를 거부하거나 여성작가이기를 원하지 않는 (여성)문학을 어떻게 볼 것인가를 고민하기 시작하는 것이다. 서구 중심의 페미니즘 이론에 대한 반성과 더불어 한국문학장의 변화에 대한 경계도 놓치지 않는다. 2000년대 중반 이후 한국문학장에 풍속사 열풍이 시작되고, 문학 텍스트를 둘러싼 맥락을 구체화해 나가는 연구들이 활발해질 때, 김미현은 "여성의 일상 혹은 생활에 대한 관심이 다시 여성을 관음증의 대상으로 재구성한다."[29]라는 점을 우려한다. 이 과정에서 신여성이 자본주의 이데올로기의 대변자로 여겨지거나, 할 일 없이 백화점을 거니는 여성 산책자로 낙인찍힌다는 것이다. 이처럼 김미현은 한국문학장의 변화를 예민하게 감각하면서, 다시 보기를 잊지 않는다. 이론적 유행을 따르는 것이 아니라 이를 자기화하기 위해 노력했다. 그런 점에서 한국적 페미니즘문학 방법론을 고민한 『젠더 프리즘』의 성과는 자연스러운 것이기도 하다.

4 경계를 넘나드는 '나선형의 성장'

'한국 젠더문학의 12가지 키워드'라는 부제를 달고 있는 『젠더 프리즘』은 페미니즘과 포스트페미니즘, 여성성과 남성성, 주변과 중심, 의식과

---

[29] 김미현(2008), 앞의 책, 26쪽.

무의식, 이론과 작품, 현실과 환상, 자연과 근대, 동물성과 식물성, 이성애와 동성애 등 이분법의 경계를 횡단한다. 이 작업은 몸·환상·가족·대중성·섹슈얼리티·동성애·근대성·여성 이미지·성장·남성성·동물성·윤리 등의 키워드를 경유해서 이루어진다. 이제 김미현은 여성문학 대신 젠더문학이라는 표현을 사용하기 시작한다. 젠더의 원본은 없으며, 복사물을 복사하는 구조에서 결국 "젠더는 실패한다. 고로 존재한다." 김미현은 이 실패의 의미를 읽어 내는 것, 문학의 수행성과 정치성을 살피는 것을 젠더문학의 특장으로 삼는다.[30]

몸이나 가족, 대중성과 여성 이미지, 성장 등의 주제어는 1990년대부터 김미현의 문학 연구에서 주요한 키워드로 자리 잡은 것들이다. 여기에 환상, 동성애, 근대성, 남성성, 동물성, 윤리 등 2000년대 이후의 주제어가 더해지면서 여러 텍스트들이 등장한다. 평론과 달리, 이전까지 김미현 문학 연구가 여성작가의 소설에 좀 더 초점이 맞춰져 있었다면, 『젠더 프리즘』에 오면서 남성작가들의 '남성적' 소설들이 본격적으로 분석 대상이 된다. 1980~1990년대 남성작가들의 베스트셀러 소설이나 김승옥(근대성), 황석영(여성 이미지), 백민석·김소진(동물성) 등을 다룬다. '남성적' 방식으로 독해된 소설의 숨겨진 의미를 분석해 냄으로써 한국문학의 '정전'을 뒤집어 보는 것이다.

이제 김미현의 문학 세계는 문화번역의 단계로 넘어간다. 문화번역은 서로 다른 문화의 차이에 대한 의미 있는 해석을 이끌어 내는 행위로서, 문화 간 이동·횡단·소통의 양식 등으로 정의된다. 문화 간 충돌과 갈등, 반복과 인용, 변화와 확대 등을 통한 새로운 문화의 창조나 수용이라는 문화번역의 기본 개념은 "해석의 해석"에 해당하며, "기존의 포스트식민주의나

---

30 같은 책, 9~10쪽.

타자 이론, 다문화주의 등이 지닌 경계를 문제 삼음과 동시에 그 경계를 넘어서려는 움직임을 보이"[31]는 데까지 나아간다. 김미현이 문화번역이라는 의제로 나아간 것은 여성문학의 경계를 넘어서려는 젠더문학론의 연장선상에 있다. 비서구/서구, 동양/서양, 여성/남성, 유색인/백인, 타자/주체, 주변/중심 등의 이항대립을 영토화하는 데 반대하고 복수 보편성을 강조하는 문화번역의 문제의식은 여성문학의 모순을 극복하고 문학의 경계를 넓히고 풍부하게 만들 수 있기 때문이다. 김미현은 문화번역이라는 문제의식을 바탕으로 근대성, 민족, 감정 등의 주제를 다룬다. 근대성이나 민족주의와 같이 포스트모더니즘과 함께 해체되었던(혹은 해체되어야 했던) 요소들을 재검토하고, 감정과 젠더 등의 근대성이 비가시화했던 영역을 개척해 나갔다. 이창래의 『영원한 이방인』을 모어 문제 중심으로 읽어 낸 「모국어, 모국과 국어 사이」는 언어, 민족, 정체성의 경계를 묻는다. 이창래가 재현하는 혼종문화에서 중요한 것은 동화나 거부에서 나타나는 다양한 전유나 이행, 틈입과 공존의 혼종화 방식들이다. 소설에서 주인공의 아내 릴리아는 이민자 아이들의 불완전한 영어와 접촉하고, 언어의 크레올화를 경험한다. 박경리 소설을 사회와 불화하는 1960년대 청년 담론으로 읽어 내는 「1960년대 청년문학의 근대성」도 마찬가지다. 『녹지대』의 인애는 가져 본 적 없는 근대를 복원하거나 추구하지 않고, 자신이 선 그 자리에서 만들어 나가려 한다. 이는 김승옥으로 표상되는 1960년대 청년의 이미지와는 사뭇 다르다. 이러한 분석은 문화번역과 함께 페미니즘의 문제의식과 경계를

---

31 김미현, 『번역트러블 — 한국 소설과 문화번역』(이화여자대학교 출판문화원, 2016), 9쪽. 이 시기 김미현은 이화 인문과학원의 HK 사업단 '탈경계인문학'(2007~2017)의 공동연구원으로 활동하면서 문화번역 개념을 적극적으로 사유했다. 탈경계인문학 사업단은 세계화 시대에 지구상에 존재하는 각종 '경계' 넘기 혹은 가로지르기 현상들을 인문학적으로 재성찰하는 한편, '트랜스(trans)' 현상이 갖는 잠재력을 적극적으로 조명함으로써 현 사회와 문화의 변동에 적극적으로 대처하는 인문학의 새로운 지평을 제시하려는 목표를 세웠다.

확장하는 작업이라 볼 수 있다. 근대적이고 청년적이라고 규정된 것을 재검토한 것이다.

특히 2015년을 전후로 김미현이 근대 남성작가들을 분석 대상으로 삼았던 점이 눈에 띈다. 『번역 트러블』은 문화번역을 통해 이효석, 이창래, 박태원 등을 새롭게 해석하려 시도한다. 일제강점기 말 미적 근대성이나 친일 협력의 틀에서 이루어져 왔던 이효석의 소설을 '의도적 오역'으로 읽어 내는 것을 통해, 이효석이 주변의 입장에서 중심을 모방하고 전유하고 있음을 밝혀낸다. 이분법적 질서를 따르는 것이 아니라, 이분법적 개념을 사유하는 것이다.(「미적 근대성의 진폭과 경계사유」) 『번역 트러블』에 수록되지 않은 다섯 편의 논문 또한 최서해, 이효석, 현진건, 나도향, 김성한 등 근현대 남성작가들의 작품을 다루고 있다. 이 논문들은 공통적으로 감정에 주목한다.[32] 2010년대 감정 구조와 정동에 대한 관심은 한국문학장에서 중요한 전환점을 마련했다. 혐오에 대한 혐오를 내포하고 있는 1920년대 나도향의 연애소설이나 갈등을 폭발시키는 분노를 통해 윤리적 사유를 보여 주는 김성한 등은 감정을 통해 기존의 문학 연구를 재해석하려는 시도였다.

김미현의 마지막 단행본인 『그림자의 빛』(2020)은 "그림자로 인해 균열과 모순이 극대화되는 시간"을 문학과 비평의 관계로 유비해, "정오에도 그림자를 보려는 문학"을 자신이 생각하는 문학으로 정의한다. "모순 안에

---

32 김미현, 「김성한의 전후소설과 폭발(暴發)의 윤리」, 《현대소설연구》 74(현대소설학회, 2019), 5~33쪽; 김미현, 「이효석 소설과 남성성의 균열 ― 『화분』을 중심으로」, 《비평문학》 67(한국비평문학회, 2018), 37~61쪽; 김미현, 「현진건 소설에 나타난 고백의 근대성 ― 초기 자전소설 3부작을 중심으로」, 《어문연구》 45권 3호(한국어문교육연구회, 2017), 237~258쪽; 김미현, 「나도향 소설에 나타난 혐오의 감정 구조 ― 『환희』를 중심으로」, 《국어문학》 65(국어문학회, 2017), 29~53쪽; 김미현, 「최서해 소설에 나타난 멜로드라마적 서사의 감정 동학 ― 폭력 3부작을 중심으로」, 《이화어문논집》 54(이화어문학회, 2021), 231~255쪽.

열린 가능성"이자 "절망 속에서도 힘들게 작동하는 희망"으로, "부정 자체의 부정"을 지향하는 그의 마지막 단행본은 감정 담론과 주체의 윤리 문제에 초점을 맞춘다.[33] 이르게는 2010년(「모성 트러블과 모성의 확장」)부터 2020년(「포스트휴먼으로서의 여성과 테크노페미니즘」, 「여성 가족로망스의 교차성 — 김이설 소설을 중심으로」) 사이에 쓰인 논문과 평론을 묶은 이 책에서는 바틀비적 이중부정의 윤리와 '페미니즘 리부트'를 관통하면서 여전히 문학을 올곧게 바라보는 그의 태도를 확인할 수 있다. 공교롭게도 2010년의 글은 '모성 트러블'을, 2020년의 글은 여성 가족로망스를 다루고 있다. 1990년대 김미현 문학은 여성의 몸과 섹슈얼리티, 모성에 대한 이야기에서 출발해, 시대를 앞서 나가면서도 2010년과 2020년에 이르기까지 계속해서 모성과 여성 가족 서사로 돌아왔다. 김이설의 여성 가족로망스는 아버지와 자녀 관계가 아니라 어머니와 딸 관계에 주목한다. 기존의 가족로망스가 어머니나 딸, 자매 등 여성 경험을 주변화했던 데 반해,[34] 김이설의 소설에서는 어머니와 미분리되고, 아버지를 거부하는 딸들이 등장한다. 비체화된 여성의 몸은 폭력적 세계에 저항하는 폭력적 여성 주체를 보여 준다. 이는 피를 나누지 않은 가족 외부 여성들과의 상호 연대로도 이어진다. 즉 극단적이고 폭력적인 것처럼 보이는 김이설 소설은 남성중심적 사회로 편입하려 하지 않고, 신비화되거나 이상화된 모성으로 회귀하지 않는다는 것이다. 이처럼 여전히 불안정하고, 모순적인 가족의 모습은 가족이 "21세기에도 여전히 뜨거운 여성 소설의 화두"임을 보여 준다.[35]

    이 반복은 그가 불화를 일으키며 기존의 정해진 해석을 계속해서 되

---

33 김미현, 『그림자의 빛』(민음사, 2020), 6쪽.
34 이는 김미현이 「수상한 소설들 — 한국 소설의 이기적 유전자」를 통해 한국문학의 근원적 욕망으로 지적한 바 있는 강력한 아버지를 향한 의지 때문이기도 하다.
35 김미현(2020), 「여성 가족로망스의 교차성 — 김이설 소설을 중심으로」, 앞의 책, 202쪽.

묻고 텍스트의 면면을 분석하는 연구자였음을, 끝까지 문학의 문학됨을 탐구하는 철저한 문학주의자이고자 했음을 확인할 수 있게 한다. 나아가지만 되돌아오고, 열려 있지만 닫혀 있기에 나선형이라고 이름 붙였던 여성성장소설처럼, 김미현의 문학 세계도 그렇게 나아갔다 돌아오고, 자기의 해석을 돌아보는 방식으로 성장해 나갔다.

5 나가며

김미현은 1990년대 한국문학장과의 긴밀한 연관 속에서 연구 및 평론 활동을 시작했다. 여성학과 페미니즘의 의제가 한국 사회와 대학에서 영향력을 넓혀 가고 있었고, 여성작가의 약진과 더불어 여성평론가의 활동이 두드러진 시기였다. 그는 근대 여성작가와 그 텍스트를 분석해 한국 근대 여성문학이 어떤 미학적 성취를 보여 주었는가를 규명했다. 김미현의 박사학위논문과 단행본은 여성문학 연구를 시작하는 연구자들의 필독서가 되었으며, 30여 년이 흐른 현시점까지도 지속적으로 읽히고 있다.

그는 박사학위논문에서 이미 여성문학이 여성만이 쓸 수 있는 문학으로 그 관심을 제한하는 것, 그리하여 여성문학의 특질을 설명하는 방식 자체가 성별화되는 것을 경계하고 있었다. 이에 대한 고민은 이후 그가 여성을 '피해자'로만 묘사하거나, '무엇을' 쓰는가에만 주목한 나머지 '어떻게' 표현하는가에 관심을 기울이지 않은 채 도식적 결말을 반복하는 문학에 대한 비판을 시도할 때 구체화되었다. 여성문학은 '피해자 페미니즘'과 결별하고, '행복한 페미니즘', '파워 페미니즘'으로 나아가야 한다는 것이다. 그는 젠더의 수행성과 교차성을 강조하는 젠더문학론을 전개함으로써 향후 집중적 조명을 받은 젠더론을 선취했다. 또한 이 연장선에서 '근대', '민족',

'감정', '젠더' 번역에 관한 연구를 진행한다. 언어뿐 아니라 문화까지 포괄하는 '문화번역'의 측면에서 문학을 고찰함으로써 생산적이고 창조적인 접근법을 모색한 것이다.

동시에 그는 평론가로서도 활발하게 활동했다. 1999년 여름호부터 《세계의 문학》 편집위원의 중임을 맡아 2014년 가을호까지 활동했으며, 심화된 문학의 위기를 진단하고, 문학잡지가 수행해야 할 비평적 사명을 모색하는 데 주력했다. 그는 동시대 문학이 "너무 공식화되거나 건전해진 것은 아닌지"[36] 우려를 제기하며, "치욕과 모욕, 자학과 교만, 배신과 모함을 견디며 살아남아 문학의 문학다움과 문학의 문학답지 않음에 대해 서로 다른 목소리로 이야기"[37]할 것을 요청했다. 문학의 존재 가치를 증명하기 위해 김미현은 "문학에 대해 '따로 또 같이' 고민해 본 흔적"[38]을 《세계의 문학》 안에 담아내고자 부단히 노력했는데, 이렇게 그는 누구보다 문학이 지닌 '고유한' 힘을 믿고, 또 문학을 사랑한 평론가였다.

그가 또 하나 사랑한 것은 학교와 제자들이었다. 2015년 김미현은 『21세기 문화 현실과 젊은 소설가들』(역락, 2015)을 출간한다. 그가 대학원생인 제자들과 함께 쓴 책이다. 문학의 주변화를 목도하며 "왜 여전히 문학인가"에 대한 고민이 이 책에 담겨 있다. 여기서 주목한 키워드가 '가난과 계급', '정치와 윤리', '재난과 파국', '인간과 주체', '감정과 고통', '현실과 포스트리얼리즘' 등이고, 이는 김미현이 제자들과 함께 수업 시간에 만들어 나간 고민들이기도 하다. 강지희의 『파토스의 그림자』[39] 뒤표지에 실린 추천사에는 제자를 향한 깊은 애정이 드러난다. 그에 따르면 이 책은 "붉은 불

---

36 김미현, 「편집자의 말」, 《세계의 문학》, 2004, 겨울.
37 김미현, 「편집자의 말: 베드로의 잡지」, 《세계의 문학》, 2006, 가을.
38 박성창·조형준·김미현, 「편집자의 말」, 《세계의 문학》, 2001, 봄.
39 강지희, 『파토스의 그림자』(문학동네, 2022).

꽃보다 더 뜨거운 파란 불꽃으로 문학을 향해 돌진한다".

이런 파토스의 '그림자'에까지 주목하는 것은 빛과 어둠의 구분이 무의미하다는 것을 증명하기 위한 '치열한 무력감' 때문이다. 그래서 파토스가 '부정의 부정'을 통한 '긍정'이듯이 그림자 또한 동격(同格)의 과정을 거치면서 문학을 '이중 긍정'하도록 만든다. 상처 입은 파토스를 한시도 떠나지 않는 그림자 연인의 행보에 다름 아니다.[40]

이 강렬한 추천사를 『그림자의 빛』의 「책머리에」와 겹쳐 읽을 수 있다.

자학적으로 말해 본다면 평론은 작가나 작품, 이론의 그림자에 지나지 않을 수도 있다. 반대로 자긍심을 가지고 말해 본다면 평론이 작가나 작품에 빛을 더해 줄 수도 있다. '그림자의 빛'이라는 이 평론집의 제목은 그런 평론의 자학과 자긍 사이에서, 그리고 빛 사이에서 제 위치를 찾으려 했던 과정의 산물이다.[41]

스승의 표제가 '그림자의 빛'일 때, 제자의 표제가 '파토스의 그림자'일 수 있다는 것을, 그 상호텍스트적 관계는 오래 시선을 끈다. 『그림자의 빛』은 김미현의 마지막 단행본이자, '가장 최근'의 단행본이다. '가장 최근'이라 표현한 것은 그의 제자들이 각자 자신의 글쓰기에서 이 '그림자'를 최신의 것으로 갱신해 나갈 것이기 때문이다.

---

40 같은 책, 뒤표지.
41 김미현(2020), 앞의 책, 5쪽.

| 포스트휴먼 |

얼마나 다른가: 포스트휴먼 선언문

김미현

1 지독한, 그러나 정상적인 혼란 — 포스트휴먼과의 만남

'가장 SF다운 SF를 쓰는 작가'로 평가되는 김보영을 이야기하기 위해 의고적(擬古的)으로 도스토옙스키와 카프카를 경유하려고 한다. 낡은 우회로로 보일 것이다. 김보영의 소설은 그 자체로 "외계인과의 조우, 로봇 및 다른 창조된 존재들, 다른 시간이나 외계로 가는 여행, 종말론적이거나 완벽한 미래, 사후 인류의 후손 및 인공지능"[1] 같은 과학기술을 망라하고 있는 메가텍스트(megatext)이다. 하지만 그런 특징의 이면에 "데카르트적 코기토를 변주해 지금까지 당연시되어 온 인간중심적 사고와 감각의 중추를 뒤흔드는 실험"[2]을 하는 '데카르트의 후예'로서의 면모가 있다면, 이런 접근이 비효율적인 방식만은 아닐 수도 있다. 무엇보다도 김보영의 SF에서 '과학(Science)'과 '소설(Fiction)'은 이중구조를 형성하고 있기 때문이기도 하

---

1   셰릴 빈트, 전행선 옮김, 『에스에프 에스프리』(아르테, 2019), 14쪽.
2   복도훈, 「데카르트의 SF적 후예들 — 배명훈과 김보영의 SF에 대하여」, 『SF는 공상하지 않는다』(은행나무, 2019), 113쪽.

다. 일반 독자들은 소설 속 과학 지식이 어렵다고 말하고, 과학자들은 그것이 틀렸다고 지적하는 이중고를 해결하기 위해 소설의 절반을 이루는 과학을 이해하지 못해도 독해 가능한 '과학소설'을 쓰려고 한다는 작가의 고백[3]을 고려하면, 이러한 우회적 접근을 통해 '절반의 실패'가 아닌 '절반의 성공'을 이룰 수도 있다.

　널리 알려진 바와 같이 도박에 빠져 늘 빚 독촉에 시달렸던 도스토옙스키[4]는 고료를 가불받은 원고 마감에 쫓겨 당시로서는 '문명의 이기'에 해당하는 속기사를 고용하는데, 그 속기사가 바로 나중에 두 번째 부인이 되는 안나이다. 그리고 그녀의 힘을 빌려 완성한 소설이 바로 『죄와 벌』이다. 그렇다면 도스토옙스키의 위대한 소설들은 "도스토옙스키와 안나라는 두 기계, 아니 작품을 구상할 때마다 그가 물고 살았던 담배, 안나의 펜, 속기를 위해 동원되는 약어(略語) 표시들, 생각의 문을 활짝 열어 준다고 평생 믿었던 작업실의 높은 천장…… 모든 것이 한데 결합하여 하나의 기계로서 작동"[5]한 결과물이기도 할 터이다. 이런 기계의 가장 진화한 형태가 김보영의 소설 「얼마나 닮았는가」[6]에 등장한다. 말을 못하는 프로그래머가 금속칩이 박힌 손가락으로 타자를 치면 홀로그램 자막이 실시간으로 구현된다. 이처럼 맹인의 지팡이나 근시인(近視人)의 안경, 현대인들의 스마트폰에 이르기까지 인간 능력의 보완이나 증강을 위한 도구들은 내재적 연속성을 가

3　김보영, 「SF를 쓴다는 것」, 박상준 외, 『한국 창작 SF의 거의 모든 것』(케포이북스, 2016), 37~50쪽 참조.
4　이하 도스토옙스키와 글쓰기 기계에 관한 내용은 다음 글을 참조했다. 최진석, 「휴머니즘과 포스트휴머니즘의 (탈)인간학」, 《문학동네》, 2016. 여름, 395~415쪽.
5　같은 글, 413쪽.
6　이 글에서는 김보영이 『멀리 가는 이야기』(행복한책읽기, 2010)와 『진화신화』(행복한책읽기, 2010)를 동시에 출간한 이후 10년 만에 출간한 최근 소설집 『얼마나 닮았는가』(아작, 2020)를 중심으로 논의한다. 앞으로 이 소설집에 실린 작품을 인용할 때는 소설 제목과 쪽수만 밝히고, 이외의 다른 작품들을 언급할 때는 괄호 안에 출처를 밝히도록 한다.

지기에 인간과 분리될 수 없으며, 이런 경우 인간은 기계에 의존할 때만이 더욱 인간적일 수 있다는 역설이 발생한다. '인간이 도구다.'라고 말하면 불편했을 명제가 '도구가 인간이다.'라는 편안한 명제로 전환되는 것이다.

카프카[7]의 경우는 어떤가. 짧은 소설 「가장(家長)의 근심」에 나오는 정체불명의 존재인 '오드라덱(Odradek)'은 별 모양의 실패처럼 생겼지만 다리처럼 사용 가능한 막대기가 몸통에서 튀어나와 있고, 웃거나 말도 한다. 이처럼 "살아 있는 생물이기도 하고 사물이기도 하며, 아이이기도 하고 어른이기도 하며, 유기체이면서도 비유기체이기도 하다는"[8] 혼종체로서의 오드라덱은 합리적이고 이성적 주체인 가장에게는 소위 '인간적인 것'에 대한 자부심을 파괴하는 '비인간적인 것'의 대표적 상징이다. 코로나19 시대의 팬데믹 현상을 연상시키는 김보영의 소설 『역병의 바다』(알마, 2020)에도 '괴물 아닌 괴물' 즉 '괴인(怪人)'이 등장한다. 인간과는 다른 신체를 지닌 괴인들은 전염병의 창궐로 고립된 섬에서 국가에서도 포기한 감염자들과 함께 살아간다. 그런 괴인들의 모습은 초록색 피부에 지느러미와 물갈퀴가 있는 물고기에 가깝다. 문제는 이들이 오히려 인간에 가깝고, 이들을 포용하지 못하는 '미감염자'들이 더 괴물에 가깝다는 사실이다.

이 글에서는 김보영 소설 속 이런 인간의 '비인간 전환(nonhuman turn)'[9]을 중심으로 인간과 '포스트휴먼(posthuman)'의 (탈)경계에 대해 논의하려 한

---

7   이하 카프카와 비인간으로서의 오드라덱에 관한 내용은 다음 글을 참고했다. 전유정, 「비인간적인 것의 정치윤리적 가능성 — 오염되는 것, 죽지 못하는 것 혹은 오드라덱에 대한 고찰」, 《카프카연구》 38(한국카프카학회, 2017), 51~69쪽.

8   같은 글, 58쪽.

9   비인간 전환은 "인간과 비인간의 결합 혹은 연계를 전제하는 학문 경향"을 지칭한다. 구체적으로 "객체지향 존재론, 정동 이론, 신생기론, 행위자 연결망 이론, 신유물론, 페미니즘 장치의 이론, 동물 연구, 뉴미디어 이론, 새로운 뇌과학(신경과학, 인지과학, 인공지능), 사이버네틱스와 시스템 이론 등을 통칭하는 개념"이다. 이양숙, 「한국 소설의 비인간 전환과 탈인간중심주의」, 《한국문학과예술》 34(사단법인 한국문학과예술연구소, 2020), 228쪽 참조.

다. 둘 사이의 경계 설정에 대한 공포보다는 책임에 더 관심을 두려고 하기 때문이다. 포스트휴먼은 "다양한 기술의 발전 때문에 생겨난 새로운 인간형"[10]이기에 "이전에는 분리되어 있던 종과 범주와 영역을 가로질러 재연결하는 횡단적 힘"[11]을 지닌다. 물론 이런 비인간 전환에서 '포스트휴먼 같은 인간'이나 '인간 같은 포스트휴먼'이라는 시각은 당연히 위험하다. '포스트휴먼 같은 인간'은 인간의 순혈성에 대한 오독을 초래할 수 있다. '인간 같은 포스트휴먼'은 인간을 닮고 싶지 않은 포스트휴먼에게는 모독이 될 수 있다. 무엇보다도 이런 패러다임은 인간과 포스트휴먼 중 어느 한쪽으로의 동일화나 제3항으로의 변증법적 합일을 전제로 하는 것이기에 위험하다. 이런 위험을 피하기 위해서는 인간과 포스트휴먼 각각의 특성을 인정하면서 이 둘이 '얼마나 다른가'에 중점을 두어야 한다. 비슷하지만 인간과 완전히 같지는 않고, 새롭지만 인간과 완전히 다르지는 않기에 포스트휴먼의 위치 자체가 불확실하고 불확정적이라면 더욱 그렇다.

김보영의 소설 「0과 1 사이」에 등장하는 시간 여행에서는 거칠게 요약하자면 0 아니면 1이라는 뉴턴 물리학의 확실성이 아니라 0과 1이 동시에 존재할 수도 있는 양자역학의 불확실성으로 인해 혼란이 발생한다. 하지만 이런 혼란 자체가 잘못된 과거에 작용하기도 하고 동시에 더 좋은 미래를 만들기 위한 잠재력으로도 인정된다. 즉 과거의 인간과 미래의 포스트휴먼이 '따로 또 같이' 존재해야 가능한 변화가 바로 0과 1 사이의 혼란 속에 잠재해 있다는 것이다. 이와 비슷하게 해러웨이는 인간과 사이보그의 관계를 기존의 '주체와 타자'처럼 이분법적으로 파악해서는 안 되는 이유를 "하나는 너무 적지만 둘은 너무 많다."[12]라고 비유한다. 인간과 사이

---

10 한국포스트휴먼연구소·한국포스트휴먼학회 편, 『포스트휴먼 시대의 휴먼』(아카넷, 2016), 14~15쪽.
11 로지 브라이도티, 이경란 옮김, 『포스트휴먼』(아카넷, 2015), 62쪽.
12 도나 해러웨이, 황희선 옮김, 「사이보그 선언」, 『해러웨이 선언문』(책세상, 2019), 77쪽.

보그가 '하나'가 될 수 있다고 믿는 것은 인간중심주의에 대한 낭만이나 향수에 다름 아니고, '둘'로 분리시키는 것은 타자화로 인한 차별이나 폭력을 방관하는 것이다. 그렇다면 인간과 포스트휴먼은 어떻게 이런 양극단의 위험으로부터 벗어날 수 있을까. 이를 위해 미메시스, 아이러니, 언캐니(uncanny) 등과 같은 의고적인 개념들을 빌려 와 포스트휴먼을 경유하게 하는 우회적 방법을 다시 활용해 보자. 같은 길을 어떻게 다르게 걸어가는지를 살펴보면 0과 1 사이, 하나와 둘 사이에 있는 이들의 관계를 나름 가늠해 볼 수 있기 때문이다.

2 일인칭 회절(回折) 시점 ─ 포스트휴먼 미메시스

김보영의 대표작이라고 할 수 있는 「얼마나 닮았는가」는 "HUN(훈)-1029"(252쪽)이라는 모델명을 지닌 위기관리 담당 AI 컴퓨터의 일인칭 시점으로 우주를 오가는 보급용 원양 우주선 안에서 벌어지는 사건을 서사화하고 있다. 소설에서 여러 번 반복되고 있는 "내가 보지 못하는 것이 있다."(251쪽)라는 말이 의미하는 바가 과연 무엇인지 규명하는 것이 서사의 중심축이다. 왜 자신이 예비 하드를 장착하기 위한 의체 속에 이전의 정보가 삭제된 채 존재하는지가 풀어야 할 숙제인 것이다. 선원들의 말에 의하면 그것은 '나'가 인간적인 대우를 요구하며 파업을 선언했기 때문이다. 이런 요구를 한 '나'의 배경에는 유로파 위성으로 보급 물자를 나르는 임무를 속행하자는 쪽과, 도중에 포착된 타이탄 위성으로부터의 구조 요청을 먼저 처리해야 한다는 쪽 사이의 갈등이 있었다. '나'는 양쪽 모두에게 '공공의 적'이 됨으로써 인간들을 화해시켜 위기 상황을 타개하려는 목적하에 AI로서의 결정을 내린 것이다. 그럼에도 이런 '나'의 결정이 성공하지 못한 것은 여성 선장과 가부장적 남성 선원들 사이의 젠더 갈등을 제대로 인식하지 못했기 때문이다.[13] 이와는 다른 포스트휴먼적 시각에서 '나'의 맹점에 더 집중해 보면 또 다른 이유도 발견된다. 이 소설 자체가 "인간의 신체를 가진 AI의 젠더화뿐만 아니라 인간과 비인간의 경계를 첨예하게 묻는"[14] 방향성도 지니고 있기 때문이다.

> 인간이 볼 수 있는 의식은 단 하나, 자신의 의식뿐이야. 타인의 의식은 단지 추측할 수 있을 뿐이야. 실상 인간이 타인에게 자아가 있다고 추측하는 방법은 하나밖에 없어. '자신과 얼마나 닮았는가.' (……) 인간이 누구에게 자아가 있다고 생각하는가는 단순한 습관일 뿐이야. '인간이 아닌' 인간은 역사상 얼마든지 있었어. 노예라든가, 식민지 주민이라든가, 다른 인종이라든가. 하지만 볼 수 있는 게 자신의 자아뿐이라면 그게 정말 자아인지 증명할 도리는 없어.(「얼마나 닮았는가」, 288쪽)

인용문에서 인간이 비인간과 자신을 구분하는 단 하나의 기준은 "자신과 얼마나 닮았는가"라는 것이다. 그리고 이때의 비인간은 "노예라든가, 식민지 주민이라든가, 다른 인종이라든가"라는 예시에서 볼 수 있듯이 이전부터 타자로 간주되었던 존재들이다. 그리고 여기에 포스트휴먼인 '나'가 추가된다. '나' 또한 "인간의 야만성이 분출될 만한 취약한 구멍"(311쪽)으로 간주되면서 공격받고 있기 때문이다. 하지만 이처럼 이 소설을 기존의 타자

---

13 포스트휴먼으로서의 '여성'에 대한 젠더적 시각이나 테크노페미니즘 논의에 대해서는 차미령, 「고양이, 사이보그 그리고 눈물—2010년대 여성 소설과 포스트휴먼 '몸'의 징후들」, 《문학동네》, 2019. 가을, 534~557쪽과 필자의 글, 「포스트휴먼으로서의 여성과 테크노페미니즘—윤이형과 김초엽 소설을 중심으로」, 『그림자의 빛』(민음사, 2020), 203~228쪽 등을 참고할 수 있다.
14 인아영, 「젠더로 SF하기」, 《자음과모음》, 2019. 가을, 50쪽.

성 논의의 SF 버전으로 읽는 것에서 더 나아가 포스트휴먼 중심의 SF로 다시 읽어 보자. '나'는 인간들에게 타자에 대한 "망상"(328쪽)을 갖지 말기를 권고한다. 이때의 망상은 포스트휴먼들이 인간을 동경하거나 해칠 것이라는 인간들의 착각을 의미한다. '나'는 여전히 인간에 대해 관심이 없거나 인간을 이해하지 못한다. "난 인간에 대해 아무 생각 없어. 내가 생각하는 건 보급뿐이야."라거나 "인간을 생각할 까닭이 없어."(330쪽)라고 말한다. 심지어 한시적이나마 선장과 친밀한 교감을 나눈 뒤에도, 보급을 성공시키기 위해 최종적으로 다시 AI로 돌아왔을 때는 "나 자신이지. 다행스럽게도."라거나 "아쉽기는 했지만 어차피 내 것이 아니었다."(338쪽)라고 말한다. 이럴 때 인간과 포스트휴먼은 공통점을 거울처럼 모방하는 관계가 아니라 차이점을 유지하는 교차적 관계에 있다고 할 수 있다. 그렇다면 자아가 있는 AI인 '나'는 '인간화'된 AI가 아니라 '인간적이기도 한' AI에 해당한다.

「같은 무게」 또한 인간중심의 단일하고 보편적인 가치를 거부하는 포스트휴먼의 모습을 잘 형상화하고 있다. 잠시 다녀올 생각으로 다른 우주로 이동했으나 목적지가 아니었고, 되돌아온 곳도 원래 살던 곳이 아니어서 여러 차원을 떠돌며 남의 신분으로 살아야 하는 주인공이 등장하기 때문이다. 심지어 이번 세계에서는 "컴퓨터 같은 사람"(353쪽)으로 살아야 하기에 소위 정상인으로서의 사고나 반응이 부족한 장애인 취급을 당하면서 차별받고 있다. 소설의 제목이기도 한 '같은 무게'에 대한 인식에서 이런 인간과 비인간의 차이가 잘 드러난다. 인간은 "하나만 알면 전체를 안다고 믿는다"(357쪽). 이럴 때의 '같음'은 동일성, 즉 '일자(the One)'와 연결되면서 단일성이나 총체성, 일방성을 의미하기에 그 속에 편입되지 않는 타자는 배제하게 된다. 반면 '나'에게는 모든 것이 동등하다. "길 가다 잠시 만난 사람과 내 친척의 얼굴"도 "같은 무게"(같은 쪽)를 지닌다. 이때의 '같음'은 동등성, 즉 '비일자(Non-Ones)'와 연관되면서 다수성이나 개별성, 상호성을 의미한다.[15] 비인간인 '나'는 "누구도 중요하게 생각하지 않는 것과 누구나 중요하게 생각하는 것을 동일한 가치로 사랑한다."(365쪽) 그래서 "내겐 사소한 것이 없다. 모든 것이 같은 가치를 갖는다."(370쪽)

벤야민에 의하면 근대 리얼리즘 차원에서의 미메시스 능력이란 인간 아닌 것(자연, 동물, 기계 등)과 유사하게 되는 인간의 능력을 통해 비인간과의 유사성을 발전시키는 것을 의미한다. 어린아이들이 놀이를 할 때 사람만 흉내 내지 않고 물레방아나 기차 등 다양한 사물들을 흉내 내는 것은 이런 비인간과의 교감을 통해 비인간 안에서 인간과의 유사성을 끌어내려는 시도이다.[16] 이런 근대적 미메시스는 그것이 긍정적이건 부정적이건 인간을 그 중심에 둔다. 반면 포스트휴먼 미메시스는 비인간을 중심으로 이루어진다. 김보영 소설에서 포스트휴먼 자아가 주로 일인칭 시점을 지니면서 주체성을 확보하는 것도 이 때문이다. 일인칭 포스트휴먼은 인간중심적 미메시스의 유사성 개념이 놓치고 있는 '차이성'을 재조명하려고 한다.

해러웨이는 이런 포스트휴먼적 차이성을 설명하기 위해 반사(reflection)가 아닌 '회절(diffraction)'이라는 물리학 용어를 가져온다. 광학에서 회절은 빛이 장애물을 통과할 때 다양한 스펙트럼을 만들면서 분산되는 현상을 말한다. 이런 빛의 회절을 통해 보이지 않던 장애물의 뒷면이나 그늘진 곳까지 보이게 된다. 때문에 반사가 동일한 것을 반복하거나 자리만 바꾸는 것이라면, 회절은 "세계 속에 차이를 낳으려는 노력을 표현하기에 적절한 광학적 은유"[17]에 해당한다. 포스트휴먼은 인간처럼 교만하지 않다. 기술

---

15 '일자'와 '비일자'에 대한 논의는 다음 책을 참고했다. 이경란, 『로지 브라이도티, 포스트휴먼』(커뮤니케이션북스, 2017), 64~69쪽.
16 발터 벤야민, 최성만 옮김, 「미메시스 능력에 대하여」, 『언어 일반과 인간의 언어에 대하여/번역자의 과제 외』(도서출판 길, 2008), 211~212쪽 참조.
17 도나 해러웨이, 민경숙 옮김, 『겸손한_목격자@제2의_천년.여성인간ⓒ_앙코마우스TM를_만나다』(갈무리, 2007), 64쪽.

애호증과 기술 공포증 모두로부터 자유로운 까닭이다. 그래서 '검손한 목격자'가 되어 자신을 가능하게 만들어 준 기술을 회절시킨다. 상황적 지식을 통해 스스로의 취약성과 유한성을 자각했기 때문이다. "동일한 것을 반복하는 것이 아니라 차이를 만드는"[18] 회절 중심의 포스트휴먼 미메시스를 통해 포스트휴먼들은 인간의 권력이나 영향력을 반사하는 데에 집중하기보다는 일인칭 주체로서 자신들의 상처와 한계까지도 적극적으로 반영한다. 이것이 바로 인간중심적인 근대의 미메시스를 삐딱하게 혹은 어긋나게 계승하는 김보영 소설 속 포스트휴먼 미메시스의 '차이성'이다.

3 비인간들 사이의 불협화음 —— 포스트휴먼 아이러니

해러웨이의 「사이보그 선언」 도입부에서는 아이러니적 시각에 대한 강조가 두드러진다. "아이러니는 변증법을 통하더라도 더 큰 전체로 통합할 수 없는 모순에 관한 것이며 양립할 수 없는 것들이 모두 필연적이고 참되기 때문에 그대로 감당할 때 발생하는 긴장과 관계가 깊다. (……) 나의 아이러니한 믿음, 신성모독의 한복판에 사이보그의 이미지가 있다."[19] 사이보그를 중심으로 한 아이러니에 대한 강조는 캐리 울프와의 대담에서도 "비-자기-동일성(non-self-identity)"[20]을 강조하기 위해서 재등장한다. 아이러니를 통해 사이보그는 인간과 상반된 자신의 이미지를 무한 대립 속에 위치시킬 수 있다는 것이다. 이럴 때 포스트휴먼의 수사학으로 아이러니를 설정

---

18 김애령, 「사이보그와 그 자매들 —— 해러웨이의 포스트휴먼 수사 전략」, 《한국여성철학》 21(한국여성철학회, 2014), 90쪽.
19 도나 해러웨이(2019), 앞의 책, 17쪽.
20 같은 책, 257쪽.

해 볼 수 있다. 외양과 실체의 대조를 통해 '통합할 수 없는 모순'이나 '양립할 수 없는 긴장', '총체적인 앎의 불가능성'을 구현함으로써 인간의 무지 혹은 인간에 대한 기대의 배반을 제시하는 데에 유효한 수사학적 전략이라는 것이다. 김보영 소설은 여기서 더 나아가 포스트휴먼 사이의 긴장과 분열을 문제 삼는 포스트휴먼 아이러니를 보여 준다. 포스트휴먼과 또 다른 포스트휴먼 사이에서도 불협화음이 발생한다는 사실을 전면화하고 있는 것이다. 이럴 때의 아이러니는 포스트휴먼 중 어느 한쪽이 독단적이 되는 것을 막아 준다. 포스트휴먼마저도 모두 맞거나 모두 틀릴 수 있으며, 그래서 포스트휴먼의 시각조차 부분적으로만 진실일 수 있음을 강조한다. 그렇다면 포스트휴먼 수사학으로서의 아이러니는 "공통언어를 향한 꿈이 아니라, 불신앙을 통한 강력한 이종언어(heteroglossia)를 향한 꿈"[21]을 실현시켜 줄 가장 강력한 언어가 된다.

"계속 요 모양 요 꼴이겠지. 사람 안 죽으면 어차피 아무도 신경 안 써. 늙은이들이 손해 봤다고 노발대발이나 하고 다음에 그 손해 메꾸려고 더 해 처먹겠지."

순간 무시무시한 예감이 시뻘건 맨몸뚱이로 눈앞에 내리꽂혔다.

"다 죽게 냅둬야 정신머리를……."

녀석은 말을 잇지 못했다. 내가 뺨따귀를 날렸기 때문이다.

"다시 한번 그딴 말 입에 담으면……."

나도 말을 잇지 못했다. 녀석의 주먹이 내 명치에 꽂혔기 때문이다. 매웠다, 시발. 비틀거리며 물러나다가 쿵 하고 엉덩방아를 찧었다.

(「세상에서 가장 빠른 사람」, 152쪽)

---

21 같은 책, 86쪽.

판타지적 요소가 강한 「세상에서 가장 빠른 사람」의 주인공은 DC 만화의 슈퍼히어로인 '플래시'처럼 빛의 속도로 달릴 수 있는, 세상에서 가장 빠른 '번개'이다. 번개는 이런 자신의 초능력을 이용해 사고 현장에 누구보다도 빨리 도착해 눈 깜짝할 사이에 인간을 구해 낸다. 그런데 아이러니하게도 번개처럼 초자연적인 능력을 지닌 초인들을 악당으로 취급하면서 공격하고 혐오하는 것이 인간 세상이다. 초인은 인간의 신체 능력을 증강시킨 '포스트 보디(post body)'의 소유자이지만 언제나 완벽하게 사태를 해결할 수는 없는데, 대개의 재난은 인재(人災)이기에 더욱 그렇다. 번개와 그의 포식자인 '운석'은 인용문에서처럼 인간의 구제 여부를 두고 정반대의 의견을 가지고 있다. 번개는 마지막 한 명이라도 인간을 더 구하려는 안간힘을 보여 주지만, 그의 천적인 운석은 그런 번개의 목숨을 빼앗으려고 한다. 하지만 이런 번개와 운석의 대립과 긴장은 열린 결말로 마무리된다. 포스트 휴먼 아이러니는 상대주의가 아니라 관계주의를 중시하기 때문이다. 이런 초인 사이의 대결은 이 소설의 속편에 해당하는 「로그스 갤러리, 종로」에서 후대 번개와 '캡틴 콜드' 캐릭터를 연상시키는 '서리'의 대결로 다시 이어진다. '로그스 갤러리(Rogues' gallery)'가 "범죄자 사진 대장을 뜻하는 용어로 DC 만화의 악당들이 팀을 이룰 때에 주로"(180쪽) 쓰인다는 것을 감안하면, 번개, 운석, 서리 등은 초인들의 열전 아닌 열전, 대결 아닌 대결을 위해 설정된 캐릭터들이라고 할 수 있다. 초대 번개가 죽고 속편에서는 젊은 번개가 그 뒤를 이어 계속 대결을 이어 나가는 것도 이 때문이다. 아마도 초인들의 싸움은 끝이 나지 않을 것이다.

이들 소설에서 중요한 것은 인간의 무지가 아니다. 이미 인간은 충분히 무지해서 아이러니의 변수가 되지 못한다. 그렇다면 아이러니의 패러다임을 더 무지한 초인과 덜 무지한 초인의 축으로 이동시켜야 한다. 포스트 휴먼 아이러니에서는 무지한 알라존(Alazon)도 비인간이고, 그런 무지를 비판하는 에이론(Eiron)도 비인간이다. 인간의 미래를 놓고 대립하면서 불협화음을 보여 주는 이 두 비인간들은 떼려야 뗄 수 없는 한 쌍이다. 그래서 이 둘을 동시에 볼 수밖에 없다. 기계적인 균형이나 변증법적인 합일이 아니라 겹눈으로만 파악 가능한 비인간의 불안정한 위치를 대변하고 있기 때문이다. 이를 통해 결국에는 인간중심적인 시각을 배제하면서도 인간의 무지를 폭로하고, 인간에 대한 기대를 배반하면서도 희망을 추구하는 복화술이 바로 이런 비인간들이 구사하는 포스트휴먼 아이러니라고 할 수 있다. "기술이 무엇을 할 수 있느냐가 아니라, 오히려 기술이 할 수 있는 것을 못하게 하는 것이 진정 무엇인가."[22]라는 것이 이런 포스트휴먼 아이러니의 궁극적인 질문이다.

「엄마는 초능력이 있어」는 짧지만 아름다운 소설이다. 이 소설의 엄마에게도 인간을 일종의 기체, 즉 분자나 원자, 이온의 흐름으로 볼 수 있는 초능력이 있다. 이런 엄마의 초능력은 인간의 만남을 단순히 몸과 몸의 접속이 아니라 마음과 마음의 접촉으로 변화시켜 준다. 마치 눈에 현미경이 달려 있는 것과 같기 때문이다.[23] "네 아빠는 나로 가득했어."라거나 "네 몸을 구성하는 것은 8할이 나야."(15쪽)라는 고백을 이토록 아름다운 초자연적 현상을 통해 할 수 있는 힘이 바로 엄마의 초능력이다. 이때 서로가 독립적으로 분리되어 있지 않고 섞여 있는 존재라는 사실을 모르는 초능력자 딸은 알라존이 되고, 그것을 볼 줄 아는 초능력자 엄마는 에이론이 된다. 하지만 여기서 더 중요한 것은 엄마가 이런 초능력을 통해 "눈으로 보는 그 경계선이 아니라, 그보다 조금 더 바깥에 경계선이 있는 것"(14쪽)을 본다는 사실

---

22 김재희, 「우리는 어떻게 포스트휴먼 주체가 될 수 있는가?」, 《철학연구》 106(철학연구회, 2014), 238쪽.
23 『멀리 가는 이야기』에 수록된 등단작인 「촉각의 경험」이나 「다섯 번째 감각」에도 촉각이나 청각을 중심으로 인간과 비인간(클론, 청각이 사라진 인간들) 사이를 이어 주는 초능력이 등장한다. 이 소설들에서도 인간과 비인간 사이의 거리를 극복할 때 인간의 예민한 신체감각이 중요한 역할을 하고 있다.

이다. 주체 사이의 경계를 없애는 합일은 다시 '일자'가 되는 것이기에 타자의 주체화처럼 위험할 수 있다. 그러나 주체의 바깥으로 경계를 조금 더 넓히는 확장은 동등한 주체들끼리 '비일자'로서 진정한 공동체를 이루게 한다. 그럴 때 엄마가 딸로 가득하다는 고백은 엄마의 '사라짐'이 아닌 '굳건함'을 의미한다. 이런 사실을 알려 주는 엄마는 최고의 포스트휴먼 아이러니스트라고 할 수 있다. 경계의 안과 밖, 위와 아래에서 적절한 거리를 유지하면서 대체나 합일을 넘어서는 생성과 변형의 힘을 보여 주고 있기 때문이다.[24]

　포스트휴먼 아이러니스트들은 합리론자나 형이상학자인 아이러니스트들과는 달리 인간의 이성이나 기존 관념을 의심하면서 끊임없이 인간중심주의를 부정한다. 물론 이 둘 모두 대답이 아닌 질문을 선호하는 자이기는 하지만, 포스트휴먼 아이러니스트들은 거기서 더 나아가 질문에 대한 질문, 질문을 분열시키는 질문, 그래서 긴장을 유발하는 재질문을 선호한다는 특징이 있다. '인간은 무엇인가.'라고 묻는 질문에 '인간은 무엇인가라는 질문은 무엇인가.'라고 되묻는 것이다. 그래서 김보영의 소설은 아이러니의 반대말은 진담이 아니라 '상투어'라는 사실을 잘 아는 포스트휴먼 아이러니스트들의 언어로 구성된다. 이때의 상투어는 정해진 정답에 종속되면서 인간중심주의에서 벗어나지 못하는 아이러니와 가까운 언어이다. 반면 포스트휴먼 아이러니는 인간을 바라보는 시각의 분열과 긴장을 확보함으로써 인간중심주의로부터 벗어나게 해 주는 언어이다. 이처럼 인간의 우월성을 해체시킴과 동시에 비인간 스스로의 무지로부터도 벗어나게 만

24　SF로서의 이 소설의 탈인간중심주의적 의미는 "'서로를 변양하고 뒤섞고 분해하고 합성하는', 상대적으로 자율적인 통일체들이자 개체를 가로지르는 관개체성(貫個體性, transindividualité)으로 이해한다면, (……) 인간중심주의라는 근대 휴머니즘 역시 이 관개체성과 함께 해체되어 수많은 종들과 상호작용하는 공존의 지평으로 바뀔 수 있다."라는 분석에서 잘 드러난다. 정은경, 「SF, 인류세의 리얼리즘」, 《문학동네》, 2020. 겨울, 141쪽.

들어 주는 틈새와 균열의 언어가 바로 포스트휴먼 아이러니이다.

4 인간적인, 너무나 인간적인 —— 포스트휴먼 언캐니[25]

인간은 어떨 때 가장 비인간성을 느낄까? 이 질문은 비인간성에 대해 다음과 같은 두 가지 전제를 설정해야 대답이 가능하다. 하나는 비인간성을 논의하기 위해서는 인간성이라는 '익숙함'의 차원을 먼저 기준으로 삼아야 한다는 것이다. 인간성이라는 기준이 없다면 비인간성에 대한 인식 자체도 불가능하기 때문이다. 다음으로는 이런 익숙한 인간성이 낯설어질 때가 바로 비인간성이 최고조에 달한 순간이라는 것이다. 익숙했던 것이 '익숙하지 않은 것'으로 전도될 때 감각되는 공포나 두려움은 처음 경험하는 낯섦보다 더 비인간적으로 느껴진다. 때문에 비인간성에 대해 논할 때 이 두 가지 의미와 모두 연관되는 '언캐니' 개념이 유효할 수 있다. 언캐니의 의미 자체가 집이나 가족, 고향처럼 친숙하고 따듯했던 것이 갑자기 낯설고 섬뜩한 것으로 뒤바뀌는 현상을 통해 '억압된 것의 귀환'이나 '위반으로의 초대'가 일어나는 상황을 가리키기 때문이다.[26]

특히 일본의 로봇 공학자 모리 마사히로의 '불쾌한 골짜기(uncanny

---

[25] 프로이트의 정신분석학 용어인 '언캐니(uncanny)'는 '기이함'이나 '숭고함', '두려운 낯섦', '기이한 낯섦', '낯선 공포감', '기이한 공포감'에 이르기까지 번역어가 다양하다. 물론 독일어 'unheimlich'를 영어 'uncanny'로 옮기는 것도 정확하지 않을 수 있지만, 이 글에서는 원어 자체에 담긴 이중적 의미를 그대로 살리기 위해 영어를 그대로 사용한다.

[26] 이 글에서 논의되는 언캐니의 개념은 다음을 참고했다. 리처드 커니, 이지영 옮김, 『이방인, 신, 괴물』(개마고원, 2004), 130~135쪽; 핼 포스터, 조주연 옮김, 『강박적 아름다움 —— 언캐니로 다시 읽는 초현실주의』(아트북스, 2018), 22~24쪽; 진중권, 『이미지 인문학 2 —— 섬뜩한 아름다움을 창조하는 언캐니의 세계』(천년의상상, 2014), 90~107쪽; 임옥희, 「기괴함」, 여성문화이론연구소 정신분석세미나 팀, 『페미니즘과 정신분석』(여이연, 2003), 141~159쪽.

valley)' 이론에서 로봇에 대한 인간의 호감도를 설명할 때 이 언캐니 개념을 활용한다. 로봇에 대한 호감도는 인간의 외관을 닮을수록 증가한다. 하지만 어느 수준을 넘어 인간과 지나치게 닮으면 오히려 공통점이 부각되어 호감도가 떨어지는데, 이때 낮은 호감도가 형성되는 구간을 '불쾌한 골짜기'라고 부른다. 완벽하게 같지는 않지만 잘 구분되지 않을 정도로 닮은 로봇을 볼 때 인간은 자신의 영역을 침범당했다는 불쾌감을 느끼게 된다는 것이다. 앞에서 살펴본 「얼마나 닮았는가」가 이 경우에 해당한다. 이처럼 인간과 닮았다는 이유로 호감을 느끼다가도 그 정도가 지나쳐 너무 닮으면 오히려 불안과 공포를 초래한다는 것이 바로 언캐니의 교란 혹은 분열의 감정이다. 인간과 확연히 구분되는 휴머노이드(humanoid)보다 인간으로 착각할 수도 있는 안드로이드(android)에게 더 공포감을 느끼는 이유가 여기에 있다. 그리고 이 단계를 극복한 후 인간과 완전히 똑같아졌을 때에 이런 불쾌감은 다시 사라지게 된다. 인간과 로봇 사이의 이질감이 사라짐으로써 완벽한 동일화가 일어나기 때문이다. SF에서는 생명이 있는 것과 생명이 없는 것 사이의 불확실성에서 오는 정체성의 혼란을 이야기할 때 언캐니의 개념이 유용하다.

 김보영의 소설에서는 이런 언캐니의 미학이 초현실주의에서 "무질서를 해명해 주는 질서"[27]의 원리로 작동했던 것과 유사하면서도 다르게 나타나고 있다. 김보영의 소설에서도 비인간화된 인간은 자본주의의 상품화나 기계화, 젠더 불평등을 더욱 부각시킨다는 측면에서 언캐니의 기존 작동 방식을 그대로 보여 준다. 그러나 그를 통해 인간중심주의적 유토피아에 대한 향수를 토대로 한 인간으로의 회귀를 말하려는 것이 아니라 변화된 포스트휴먼의 위치에 더 초점을 맞추려고 한다는 점에서 다르다. 그리

---

27 핼 포스터, 앞의 책, 23쪽.

고 이를 위해 비인간이 아니라 인간을 낯설게 바라보기에 인간이 언캐니의 대상이 된다는 점에서도 다르다.[28] 즉 익숙했던 인간의 모습을 그대로 유지한 인간이 오히려 이방인이나 외계인, 괴물 취급을 받게 되는 것이다.

> 아가씨는 주목을 원하지 않는다. 무시당하거나 지워지기를 원하지도 않는다. 그저 자연스러움을 원한다. 자신이 어디에 있든, 어디서 뭘 하든 자연스럽기를. 어느 풍경에 끼어 있든 별스러워 보이지 않기를. 거리를 무심히 걷는 모든 사람들처럼 자연스럽기를.
> 그게 가능할까. 그런 날이 오기는 할까.
> 아가씨는 시위를 하고 있다. 평범한 하루를 보내는 시위.
> 걷고, 쇼핑을 하고, 나다니고, 차를 타고, 찬거리를 사고. 일상을 사는 시위.(「빨간 두건 아가씨」, 75~76쪽)

「빨간 두건 아가씨」의 배경은 합성 신체, 즉 인격 데이터를 서버에 저장했다가 새로운 의체에 이식시키는 것이 유행이 된 시대다. 이처럼 마음대로 몸을 바꿀 수 있는 세상이 되자 여성들은 모두 사회적 불평등으로부터 벗어나기 위해 남성 합성 신체를 선택한다. 이로 인해 '내추럴 본' 여성이 엄청 드문 성차 불균형 사회가 된다. "여성 여러분, 태어난 성으로 삽시다." "우리는 여자가 필요하다."(72쪽) 같은 남성들의 불만이 촉발된 것도 이 때문이다. 빨간 두건을 쓰고 외출을 감행한 소설의 주인공 '아가씨'는 바로 이런 "진짜 여자", 즉 "날 때부터 여자"(71쪽)이다. 아가씨는 인용문에서처럼

---

28 「종의 기원」과 「종의 기원; 그 후에 있었을지도 모르는 이야기」(『멀리 가는 이야기』)는 인류가 완전히 멸망한 이후 로봇들이 물이나 빛 같은 지구적 환경을 조성해 인간을 인공적으로 만들어 내는 이야기이다. 그러나 생명과 영혼까지도 로봇이 지배하는 세상에서는 인간 자체가 언캐니의 대상이기에 로봇에게 죽임을 당함으로써 다시 멸종된다는, 인간과 로봇의 관계가 완전히 전도된 상황이 그려지고 있다.

"자연스러움", "별스러워 보이지 않기", "평범한 하루"가 가능한 삶을 위해 자신을 노리는 위험한 남성들이 우글거리는 세상 속으로 용기 있게 걸어 나간다. 그리고 자신의 이런 시도가 다른 여성들과의 연대에 시발점이 되기를 바란다. '희귀종'이나 '재래종'으로서의 이런 '자연여성'은 합성 신체가 된 포스트휴먼들에게는 그 자체로 이미 잃어버린 것을 상기시키는 언캐니의 대상이다. 때문에 되찾아야 할 인간성·정상성·여성성의 상징이기도 하다. 이때 언캐니의 접두사 'un'은 "논리적으로 반대됨의 의미를 갖는다기보다 변증법적 역전의 의미"[29]를 가지게 된다.

「니엔이 오는 날」은 중국의 춘절(春節)을 모티프로 해서 창작된 소설로, 1년 중 니엔(年)이 오는 단 하루 동안만 시간 여행이 가능해진다는 설정 아래 쓰였다. 이날 도착한 열차에서만 니엔과 같은 고대의 괴물이나 선조들이 타고 내릴 수 있다는 것이다. 이런 시간 여행이 가능한 것은 과학이 가장 발달했던 요순시대의 과학 마법사들이 만든 열차가 빛의 속도로 달릴 수 있기 때문이고, 이에 따라 시대를 초월한 이동이 가능해졌기 때문이다. 요임금의 사위이자 이름이 순(임금)인 '나'는 요임금이 만든 도원향을 거부하고 종착역인 982년 뒤의 세계로 가려고 한다. 모든 변수들이 제거된 요임금의 도원향에서는 자신의 "치세"(119쪽)가 불가능하기 때문이고, 어떤 이상향도 영원하지 않다는 것 또한 알기 때문이다. 더욱이 '나'는 거기서 자신을 괴롭히거나 죽이려고 했던 가족에 대해서도 진정한 애도를 행하려고 한다. 가족에 대한 자신의 사랑도 온전하지 못했음을 인정하기 때문이다. 유토피아에서도 저절로 주어지지 않는 것이 사랑이다. 이럴 때의 사랑은 인간 최대의 약점이자 최후의 징표이다. "내가 그대들을 그리워함은 우리가 사랑했기 때문이 아니다. 아직 채 사랑하지 못했기 때문이다."(122쪽)

---

29 리처드 커니, 앞의 책, 134쪽.

도원향에서 행복하게 살 수 있는 시대에도 이런 감정을 잃지 않은 인간은 언캐니의 대상이 될 수밖에 없다.[30]

이처럼 약점 많은 본래의 신체 혹은 영원히 미완성일 수밖에 없는 사랑을 추구하는 이들 작품 속 인물들에게서 다시 한번 포스트휴먼적 언캐니의 전도 현상을 확인하게 된다. 불쾌함이나 공포감을 불러일으키는 기존의 언캐니가 잃어버린 신체를 되찾거나 가치 있는 사랑을 유지하게 해주는 '긍정'의 미학으로 변화되고 있기 때문이다. 취약성이나 유한성이 오히려 포스트휴먼의 특성으로 재활성화되는 전도가 일어난 것이다. 나아가 김보영의 작품은 비인간이 대세가 된 세상에서 이루어지는 '인간 선언'을 통해 사이보그 선언에 맞먹는 전위성과 혁명성을 확보하기도 한다. 무엇보다도 SF의 중요 요소인 '낯설게 하기'나 '인지적 소외'를 불러일으키면서 거기서 유발되는 예상치 못한 새로움을 의미하는 '노붐(novum)'이 형성된다는 것이 중요하다.[31] 인간의 약점을 부정하는 포스트휴먼 소설들과 달리, 김보영 소설이 지닌 노붐은 인간의 약점에 대한 긍정을 통해 포스트휴먼 언캐니의 특성을 찾는 데에서 유발된다. 이처럼 너무나 인간적인, 그래서 오히려 낯설어진 인간들이라고 해서 포스트휴먼이 아닌 것은 아니다. "생물학적 변화가 없는 호모사피엔스도 포스트휴먼으로 간주될 수 있다."[32]

---

30 김보영의 '스텔라 오디세이 트릴로지'로 불리는 『당신을 기다리고 있어』, 『당신에게 가고 있어』, 『미래로 가는 사람들』(파란미디어, 2020)에서 각각 '남자―여자―아들'이 무한한 우주여행과 시간 여행을 지속할 수 있는 동력은 바로 그들 사이의 사랑과 영혼(생명)에 대한 열정이다. 이 소설들에서는 사랑이 우주를 바꾸고, 영혼이 시간을 발명해 낸다. 이런 '로맨틱 SF'에서는 인간의 마음 혹은 인간성이 과학을 초월한다.

31 셰릴 빈트, 앞의 책, 66~68쪽 참조. 정소연은 이 책의 해제에서 SF 연구자인 다코 수빈(Darko Suvin)이 SF를 정의하기 위해 도입한 용어인 노붐에 대해 "라틴어로 새로운 것을 의미하는 노붐을 SF 해석에 도입해, 어떤 이야기가 SF이려면 그 안에는 반드시 하나 이상의 노붐이 있어야 한다고 주장"했음을 소개한다. 정소연, 「변화하는 과정으로서의 SF 장르 읽기」, 304쪽.

32 캐서린 헤일스, 허진 옮김, 『우리는 어떻게 포스트휴먼이 되었는가』(열린책들, 2013), 26쪽.

과학기술이 접목된 신체를 가졌는지의 여부가 아니라 주체가 구성되는 방식이 포스트휴먼의 정체성을 규명해 주기 때문이다. 포스트휴먼이 되기 위해 인간의 신체나 사랑이 필요한 상황은 얼마나 언캐니한가. 역시 "21세기의 가장 중요한 미개척지는 우주가 아니라 마음이다."[33]

5 낙관하지 않는 희망 — 포스트휴먼 인문학

해러웨이는 인간(human)이 어원학적으로 '후무스(humus, 부엽토)'에서 유래했다고 본다. 그런데도 지나치게 호모(homo)를 연상하는 것은 인간 중심적이기에 나쁜 사고라고 비판한다. 그리고 그 연장선상에서 포스트휴먼 또한 퇴비(compost)가 되어야 한다고 일침을 놓는다.[34] 이때의 퇴비는 인간이 지배함에 따라 파국으로 치닫고 있는 인류세(Anthropocene)의 해결책이 될 수 있는 "흙과 미생물이 엉켜 새로운 생명을 만드는 원동력"[35]을 의미하기에 탈인간중심주의의 토대가 된다. 하지만 인간중심주의가 판타지일 수밖에 없었듯이 탈인간중심주의도 또 다른 판타지일 수 있다. "휴머니즘을 완전히 버릴 수 있다는 주장은 반어적으로 의지와 행위성에 관한 휴머니즘의 기본적 가정에 동의하는 셈이다."[36]라거나 "천년을 살아도 인간은 인간이다. 다른 것이 되지 않는다."[37]라는 말을 떠올리면 다시 의기소침해진다. 이 글에서 지금까지 인간과 포스트휴먼이 '얼마나 다른가.'를 밝히기 위해

---

33 앤디 클락, 신상규 옮김, 『내추럴 본 사이보그』(아카넷, 2015), 313쪽.
34 도나 해러웨이(2019), 앞의 책, 321~323쪽.
35 정은경, 앞의 글, 138쪽.
36 로지 브라이도티(2015), 앞의 책, 44쪽.
37 김보영·박상준, 『SF는 인류 종말에 반대합니다』(지상의책, 2019), 141쪽.

펼친 논의가 결과적으로는 그 둘이 '얼마나 닮았는가.'를 재확인한 것이라면 얼마나 허무한가. 사실 인간과 포스트휴먼의 다른 점을 강조하기 위해 둘 사이를 본의 아니게 대립적으로 파악한 한계도 분명 있기 때문이다.

그럼에도 잊지 말아야 할 것은 탈인간중심주의는 인간을 중심에 두는 사고를 거부하는 것이지 인간의 종말을 원하는 것은 아니라는 점이다. 그렇다면 탈인간중심주의는 '탈인간'보다는 '탈중심'에 방점이 찍혀야 한다. 포스트휴머니즘이 "포스트휴머니즘"뿐만 아니라 "포스트휴머니즘"까지 모두 포함하는 "포스트휴먼-이즘"이 되어야 한다는 주장도 이와 연관된다.[38] 포스트휴먼이 싸워야 할 적은 '호모사피엔스'가 아니라 신으로 업그레이드된 '호모 데우스'일 수도 있기 때문이다. 다시 강조하자면, "포스트휴먼이 된다는 것은 인간에게 무관심해지거나 탈인간화된다는 의미는 아니다".[39] 그래서 「포스트휴먼 선언문」에는 다음과 같은 내용이 담겨 있다. "우리가 기계에 대해 생각한다면, 그러면 기계는 생각을 할 수 있다. 생각하는 기계에 대해 우리가 생각할 수 있으면, 기계는 우리에 대해 생각할 수 있다."[40] 이것은 포스트휴먼에 대한 대부분의 논의들에서 발견할 수 있는 훈훈하고 뻔한 결말인가. 하지만 이런 결말이 포스트휴먼도 새롭지 않다는 안도감으로 이어지게 하기보다는, 새로운 포스트휴먼도 인간의 오래된 문제의 영향을 받는다는 책임감을 이끌어 내도록 만들어야 한다.

김보영은 소설 『역병의 바다』의 「작가의 말」에서 "무력함은 내 취향이 아니었기에 무력하지 않고도 무력해질 방법이 무엇인가 고민하게 되었다." (153쪽)라고 밝힌다. 이것이 바로 이 글에서 포스트휴먼이 추구하는 미메

---

38 슈테판 헤어브레히터, 김연순·김응준 옮김, 『포스트휴머니즘─인간 이후의 인간에 관한 문화철학적 담론』(성균관대학교 출판부, 2012), 30쪽 참조.
39 로지 브라이도티(2015), 앞의 책, 243쪽.
40 로버트 페페렐, 이선주 옮김, 『포스트휴먼의 조건』(아카넷, 2017), 281쪽.

시스의 윤리(2장)와 아이러니의 수사학(3장), 언캐니의 미학(4장) 등을 살펴보는 과정에서 결코 놓치고 싶지 않았던 작가의 양가적 태도이다. 김보영 소설의 인물들은 강하지 않은 듯 강하다. 마치 '상처 입을 권리'를 누리는 사람들처럼 고통받고 좌절하면서도 쉽게 혹은 완전히 패배하지는 않는다. 과거를 잊지도 않지만 미래를 포기하지도 않는다. 마치 '무력하지 않고도 무력해질 방법'을 보여 주려는 듯이. 인간이 절망에 취약한 것은 희망에도 취약하기 때문이다. 그렇다면 절망과 희망은 동반종(companion species)이 될 수밖에 없다. 마치 인간과 포스트휴먼의 관계처럼. 이런 동반종들에게 필요한 것은 '희망에 절망하는 희망', 즉 '낙관하지 않는 희망'일 터이다. "희망은 적절하게 이완되어야 한다. 그렇지 않으면 인간은 속죄되어야 할 것의 악행을 과소평가하면서 인간의 초월 능력을 헐값에 구매한다."[41] 이것이 현재로서는 가장 '퇴비스러운' 포스트휴먼 인문학의 희망일 듯하다. 아직도 이 말이 그저 '인간'의 말로 들리는가. 그래서 여전히 식상한가.

---

41   테리 이글턴, 김성균 옮김, 『낙관하지 않는 희망』(우물이있는집, 2016), 249쪽.

| 몸 |

동아시아 여성 SF 문학에 나타난 '몸'의 정치성 연구

김윤정

1 들어가며

동아시아 SF 문학은 각 국가의 사회적 현실과 밀접하게 연결되어 있으며 현대 동아시아 사회가 직면하고 있는 모순과 갈등을 반영한다. 이를테면 최근의 동아시아 SF 문학에서 포스트휴먼은 인간중심적 세계관에서 벗어나 동물, 광물, 식물, 외계, 기술 등과 접속해 새로운 존재성을 보여 주며 현대사회의 사회적 논점에 대한 통찰력을 제시한다. 이러한 문학의 저변 확대는 문화적인 생산뿐만 아니라 사회구조화에 대한 새로운 관점에서 생각해 볼 수 있는 기회를 마련한다는 점에서 SF 문학의 역사적, 사회적 의의를 제고한다. 특히 2000년대 이후, 한국과 중국,[1] 일본[2]의 SF 문학은 세계문학사에서 양적, 질적으로 괄목할 만한 성취를 보여 주고 있다. 세계적인 SF 문학 시상식에서 한국과 중국의 작품들이 수상했으며 로봇공학, 인공지능, 우주 탐사 등과 같은 주제뿐 아니라 동양적 종교, 신화, 전설을 과학적 요소와 결합해 현대 SF 문학의 주제 범주를 확장하고 있는 중이다.

따라서 2000년대 이후의 동아시아 SF 문학에 대한 주제와 모티프 비교연구는 인류세적 위기에 대응하는 다양한 문학적 시도들을 확인할 수 있는 기회가 될 것이다. 나아가 동아시아 SF 문학을 연구하는 것은 서양 중심적 시각을 탈피하고 동아시아 문학의 문화적 주제와 가치를 탐구할 수 있도록 할 것이다. 이는 문학적 다양성을 증가시키고 기술과학 시대의 독자들에게 새로운 윤리적 시각을 제공한다는 점에서 시의적 성과를 기대할 수 있다. 또한 기후변화 위기에 대한 재난적 인식은 동아시아 여성 SF 문학에서 점점 더 중요한 주제가 되고 있다. 여성 SF 작가들은 미래의 세계에서 발생할 수 있는 인류의 위기와 도전에 대한 고민을 다양한 시각으로 제시한다. 각 작품들은 동아시아 지역의 문화적, 사회적 배경을 반영해 인간의 활동이 자연 세계에 미치는 영향을 재현하며 지속 가능한 미래를 위한 대안적인 생활 방식과 가치관을 모색한다. 그러므로 동아시아 여성 SF 문학을 비교분석을 통해 서로 다른 동아시아 국가들에서 발생할 수 있는 잠재적 위기에 대한 여성의 시각과 대응 방식을 이해할 수 있다. 이러한 분석은 인류가 직면한 긴급한 문제에 대한 해결책 모색과 인류 전체의 번영을

---

1 중국의 과학소설이 서구의 동종 장르소설들과 구분되는 특질은 무엇일까. 우옌은 그 답이 중국 역사의 이상과 현실이 교차하며 만들어 낸 굴곡을 끌어안는 데에 있다고 본다. 다시 말해 반복되는 개혁과 좌절의 부침 속에서 중국인들이 갈망해 온 낡은 정치제도와 문화적 인습으로부터의 해방과 일탈을 끊임없이 탐구하는 것이 중국 과학소설의 특질이라는 뜻이다. 서구 과학소설이 과학기술 발전의 기회와 상실에 초점을 맞춘다면 중국 과학소설은 유사한 개념을 다뤄도 문화의 쇠퇴에 대한 불안과 희생의 잠재력에 더 초점을 맞춘다. 후자의 시각에 입각한 과학소설을 우옌은 '경계에서 외치는 문학'(Shouting on the Edge)이라 정의한다. 같은 맥락에서 (……) 1990년대에 등장한 젊은 작가들은 과학소설의 역할은 과학의 대중화가 아니라 진실을 전달하는 데 있다고 믿는다. 과학소설이 정치적 외풍으로부터 완전히 독립되어 작가 개인의 표현의 자유 아래 엔터테인먼트를 제공하는 데 주안점을 둬야 한다는 것이다. 고장원, 『중국과 일본에서 SF 소설은 어떻게 진화했는가』(주식회사 부크크, 2017), 100~101쪽.
2 일본의 SF 문학은 2차 세계대전 후, 과학기술의 역설적인 면에 대해서 전면적으로 고찰하기 시작하면서 본격화되었다. 원폭 전쟁의 상흔은 SF 작품에서 인류의 미래와 기술의 위험성에 대한 문제를 제기하며 다양한 문화 장르로 확장하였다. 대중적으로 잘 알려진 일본 과학소설은 1950년대 말부터 1970년대 사이에 발표되었다. 고도의 경제성장으로 일본이 풍요로운 문화를 한껏 누리며 자축해야 할 1980년대와 1990년대 사이 과학소설계는 침체기를 맞이한다. 같은 글, 106~107쪽.

위한 방향성을 제시하는 데 기여할 것이다. 요컨대 동아시아 SF 문학에서는 기존에 다루어지지 않았던 동아시아의 고유한 문화와 역사를 탐구함으로써 독창적인 사상과 윤리를 발견할 수 있다. 동아시아 각국의 SF 문학은 해당 국가의 역사적, 문화적 맥락에 깊은 영향을 받는다는 점을 고려할 때, 과학소설 장르 안에서 드러나는, 서구 유럽과는 다른 맥락과 차이를 이해하기 위해서는 동아시아 SF 문학에 대한 본격적인 연구가 수행되어야 할 것이다.

최근 국내에서는 동아시아 SF 문학에 대한 비교분석 연구가 시작되어 한국과 중국의 SF 문학 비교[3]나 한국과 일본의 SF 문학 비교[4] 등은 그 성과가 축적되고 있다.[5] 임태훈[6]은 '지정학적 SF'라는 새로운 개념적 틀을 제안하고, 이를 통해 한국 SF 문학사를 재조명하며 지정학적 상상력이 SF에 미친 영향을 분석했다. '지정학적 SF'는 열강들의 패권 구도와 영토적 제약을 배경으로 미래의 전쟁, 안보 위기, 사회 변화를 상상하는 SF를 의미하는 것으로, 과학기술 중심의 접근과는 달리 한국 SF 문학에서 지정학적 요인의 중요성을 강조하며 이를 통해 SF 창작이 위축된 이유를 분석했다.

본 연구는 한국과 중국, 일본의 여성 SF 문학을 대상으로 포스트휴먼의 몸에 대한 정치적이고 급진적인 상상력을 고찰하고자 한다. 동아시아의 여성 SF 문학에서 공통적으로 나타나는, 기술 발전과 그에 따른 사회적 변

---

3 서묘연, 「류츠신(劉慈欣)의 『삼체(三體)』와 배명훈의 『신의 궤도』 비교연구——대재앙 서사를 중심으로」, 서울대학교 석사논문, 2021.

4 이승우, 「韓日애니메이션의 환상적 소환 연구——2000년대 이후 판타지 및 SF 장르를 중심으로」, 중앙대학교 박사논문, 2020.

5 딩징이, 「한·중 여성 SF소설에 나타난 페미니즘 양상——『지구 끝의 온실』과 『작은 버섯(小蘑菇)』을 중심으로」, 《한중언어문화연구》 73(한국중국언어문화연구회, 2024); 진아구·김지혜, 「한·중 SF에 나타난 포스트휴머니즘 비교연구——김초엽과 하오징팡(郝景芳)을 중심으로」, 《국제한인문학연구》 38(국제한인문학회, 2024).

6 임태훈, 「'지정학적 SF' 연구를 위한 시론」, 《반교어문연구》 63(반교어문학회, 2023).

화, 젠더 정체성과 성 역할, 환경 문제와 자본주의 비판 등의 서사는 포스트휴머니즘과 생명 중심 평등주의를 지향한다. 즉 각국의 여성 SF 문학이 단순히 과학적 상상력의 산물이 아니라 현실 세계의 복잡한 문제들에 대한 깊은 성찰과 비판을 재현하는 것이라는 점에 주목할 필요가 있다. 더욱이 동아시아 여성 SF 문학에서 '몸'은 젠더와 환경, 자본이 교차하는 지점에 놓인다. 2000년대 한국과 중국, 일본의 SF 문학은 기술과학의 발전에서 소외되고 배제되는 몸, 통제되고 희생을 강요받는 몸을 집중적으로 재현하고 있다. 한편에서는 사이보그들이 출현하고 다른 한편에서는 새로운 취약한 형식들이 출현하면서 신체의 정치학이 바뀌고 있음을 서사화한다. 포스트휴먼 사회는 인류를 선별하고 한정된 재화(기술의 수혜 가능성)를 불평등하게 나누게 될 것이며 이는 인간의 주체화 과정에 심각하게 개입할 뿐만 아니라 특정 부류를 '죽게 내버려두는', 확장된 죽음 정치에 포획된 몸의 재생산으로 이어지게 될 것이라는 디스토피아적 가능성을 경계하는 것이다. 이와 동시에 동아시아 여성 SF 문학은 포스트휴먼이 처한 몸의 곤경을 극복하고 공생적 성장을 위한 발생적 비전을 제시한다. 이들의 작품 세계는 인간과 비인간 물질의 연결성, 호혜적 공존의 가능성에 대한 상상력을 통해 사회적인 문제와 윤리적인 고려 사항을 탐구하고 재현한다. 이와 같이 동아시아 여성 SF 문학에 재현된 포스트휴먼의 몸은 기술이 개입하는 테크노 식민 권력의 생성과 죽음 정치에 대한 여성 SF 문학의 비판적 문제의식을 보여 준다.

동아시아 여성 SF 문학에서 포스트휴먼의 몸은 물질과 페미니즘의 접점을 생성한다. 이명호[7]는 인류세 시대에 페미니즘이 기존 사회구성주의

---

7   이명호, 「인류세의 성 정치학: 조에 평등주의와 페미니즘의 재구성」, 《비교문화연구》 62(경희대학교 비교문화연구소, 2021), 29~52쪽.

적 시각을 넘어서 자연과 물질을 새로운 방식으로 사유해야 한다고 강조했다. 자연과 문화, 담론과 물질의 이분법을 극복하고 새로운 방식의 페미니즘으로 나아가야 한다는 것이다. 이에 본 연구에서는 신유물론 페미니즘의 이론을 차용해 동아시아 여성 SF 문학을 분석할 것이다. 신유물론의 등장은 탈인간중심주의와 탈이원론의 철학인 포스트휴머니즘을 배경으로 한다. 따라서 신유물론은 포스트휴먼의 존재론적 국면을 심층적으로 탐색하기 위해 적합한 방법론이라고 하겠다. 그중에서 로지 브라이도티(Rosi Braidotti)의 『포스트휴먼』은 1990년대부터 급부상하고 있는 동아시아의 여성 SF 문학을 이해하고 해석하는 데에 유용한 기준점이 된다. 브라이도티는 여러 권의 포스트휴먼 시리즈를 통해 인간과 자연환경과의 상호연결성, 상호의존성을 확인하고 사회적인 것과 생물학적인 것 사이의 경계와 구분, 위계를 부정했다. 사회적인 것과 생물학적인 것은 각각 창의적이고 유동적이며 동시에 상호혁신적으로 관계 맺고 있기 때문이다. 브라이도티는 이를 '자연-문화 연속체'라고 했는데, 나아가 기술로 매개된 포스트휴먼은 '자연-문화-기술 연속체'로서 존재한다고 본다. 이는 성적, 인종적, 자연적으로 구분되어 온 서로 다른 종류의 타자들을 가로지르는 횡단적 연결점으로, 이를 위해서는 소수자들과 여성들 모두를 포괄하는 '자연(nature)'이라는 개념이 재구성되어야 한다. 브라이도티는 비인간 물질의 행위성과 능동성을 인정하고 자연을 재정의함으로써 페미니즘이 벗어나려 했던 자연과 다시 연결될 수 있는 길을 보여 주었다. 요컨대 인간과 비인간 물질의 관계는 생명 문화 연속체라는 인식이며, '조에(Zoe)' 중심의 평등주의[8]는 포스트휴먼의 존재론이며 미래 사회의 정치적 생태학의 기반이 된다.

브라이도티는 포스트휴머니즘으로의 전환을 페미니즘과 비판 이론

---

[8]   로지 브라이도티, 김은주 옮김, 『변신: 되기의 유물론을 향해』(꿈꾼문고, 2020), 252쪽.

이 "다르게-인간-되기"를 사유하는 과정[9]으로 보며 포스트휴먼 사회에서 새로운 취약한 형식들이 출현하면서 신체의 정치학[10]이 바뀌고 있다는 점에 주목했다. 죽어 감의 사회적, 개인적 실천과 살해 방식, 멸종의 형태들은 거대한 규모로 이미 발생하고 있으며 이는 살아 있는 것의 관리, 즉 생명 정치적(bio-political)인 것이 아니라 죽어 감에 대한 죽음정치적(necro-political)[11] 문제라고 했다. 따라서 인간중심적 사유체계와 비인간 타자에 대한 폭력적인 착취를 강력하게 비판하며 다양한 정체성의 형성과 상호작용을 강조했는데, 이는 인간과 비인간의 경계를 허물고, 대신 새로운 형태의 주체성과 지식의 형성을 제안하는 것으로 나타난다. '조에/지오/테크놀로지로 매개된 포스트휴먼 몸'들은 포스트휴먼 생명 정치를 가능하게 한다. 이것은 물질을 포스트휴먼 페미니즘 유물론의 역동적인 행위자로 포함시킴으로써 정치학을 확장하는 것이며 곧 생명을 내재적 힘으로 재사유하는 방법이 된다.[12]

동아시아 여성 SF 문학의 주된 소재로 제시되는 성평등, 기후 재난, 경제적 계급화는 모두 인간의 물리적 몸을 중심으로 구현된다. 본 연구에서는 동아시아 여성 SF 문학에서 포스트휴먼의 몸에 대한 작가 의식을 분석할 것이다. 특히 동아시아의 지정학적 특성과 맞물린 포스트휴먼의 몸이 식민주의 담론과 조우하는 양상을 구체적으로 고찰할 것이다. 또한 기후 위기에 대한 대응으로써 비인간 물질의 행위성을 수용하고 능동적 자연과 인간의 상호작용을 통해 대안을 모색하려는 작가의 전략적 의지도 살필 것이다.

---

9 로지 브라이도티, 윤조원·이현재·박미선 옮김, 『포스트휴먼 페미니즘』(아카넷, 2024), 24쪽.
10 이지선, 「물질과 의미의 물의(物議) 빚기—캐런 버라드의 행위적 실재론에 관한 예비적 고찰」, 《시대와 철학》 32권 1호(한국철학사상연구회, 2021), 239~244쪽 참조.
11 로지 브라이도티, 이경란 옮김, 『포스트휴먼』(아카넷, 2015), 146~149쪽 참조.
12 로지 브라이도티(2024), 앞의 책, 233쪽.

나아가 SF 문학에 반영된 여성적 인식과 윤리성을 고찰할 것이다. SF 문학은 미래 사회나 기술의 발전 등을 다루는데, 이 과정에서 여성의 역할과 인식은 중요한 주제이다. 여성 SF 문학에서는 전통적인 젠더 역할과 기대를 비판적으로 재검토하며 작가들은 가상의 시공간을 배경으로 젠더 역할의 유동성을 실험하고, 여성과 남성이 사회적, 경제적, 정치적으로 동등한 위치를 차지할 수 있는 대안적인 미래를 상상함으로써 여성의 역할과 가치에 대한 성찰을 유도한다. 무엇보다 동아시아 여성문학은 다양한 문화적, 사회적 배경을 가진 여성들의 목소리와 경험을 담고 있다. 동아시아 여성 SF 문학은 서양과는 다른 여성의 경험과 관점을 제시하며 세계적으로 여성의 다양성을 요구하는 데 중요한 역할을 할 수 있다. 동아시아 여성 SF 문학은 사변적 요소와 문화적 통찰력, 페미니즘적 관점을 결합한 다양한 서사를 보여 줌으로써 급변하는 세계에서 여성의 위치를 재조명하고 있다. 이에 본고는 비교문학 연구를 통해 동아시아 여성 SF 문학이 현대사회의 여성 문제와 윤리적 고민을 어떻게 반영하고 있는지 상징적 의미를 분석하고 다양한 사회문화적 맥락 속에서 젠더, 자본, 환경이 어떻게 교차하고 상호작용하는지 구체적인 양상을 검토할 것이다. 이러한 연구는 기존의 SF 문학 연구의 영역을 확장시키고 다양성을 존중하며 특정 문학적 표현이나 사회적 현상이 어떻게 다양한 문화적 맥락에서 조직되고 해석되는지를 이해하는 데 도움이 될 것이다.

본고에서 연구 대상으로 선정한 작품[13]은 한국과 중국, 일본의 여성

---

13 본고의 연구 대상으로 제시하는 작품 목록은 다음과 같다. 션잉잉, 김이삭 옮김, 「도롱」, 『베스트 오브 차이니즈 SF: 중국 여성 SF 걸작선』(아작, 2023); 정보라, 「작은 종말」, 『작은 종말』(도서출판 갈매나무, 2024), 「씨앗」, 『그녀를 만나다』(아작, 2021); 남유하, 박산호·이홍이 옮김, 「거인 소녀」, 『아시아 설화 SF, 일곱 번째 달 일곱 번째 밤』(알마, 2021); 미야베 미유키, 홍은주 옮김, 「안녕의 의식」, 『안녕의 의식』(김영사, 2023); 왕콴유, 박산호·이홍이 옮김, 「새해 이야기」, 『일곱 번째 달, 일곱 번째 밤』(알마, 2021). 이후 소설 인용 시 본문에 제목과 쪽수만 표기한다.

SF 문학에서 2000년대 이후 발표된 작품으로, 이들 작품은 독자들에게 현실 세계의 사회적, 경제적, 환경적 문제를 새로운 시각에서 바라보게 하며 더 평등하고 지속 가능한 미래를 위한 가능성을 모색하도록 유도한다는 점에서 유의미하다. 사변소설로서의 구체적 작품의 비교연구는 동아시아 여성 SF 문학의 성과와 의의를 제고할 것이다.

2 '기괴'한 몸과 반성적 목격자: 「도롱」, 「작은 종말」

최근의 동아시아 여성 SF 문학에서 공통적으로 재현되는 것은 특정한 몸들이 기술과 매개된 통치 권력으로부터 식민화되고 있다는 문제의식이다. 포스트휴먼 사회에서 물질적 몸에 각인된 테크노 권력의 재현은 식민화된 몸에 대한 확장 정치와 식민성을 보여 준다. 중국의 단편소설 선잉잉의 「도롱」은 수중동물인 '교인(鮫人)'을 인간으로 개조하는 '도롱'에 관한 소설이다. 교인은 인어의 형체로 물속에 사는 동물인데 살아 있는 상태로 인간에게 잡혀 인간의 형체로 개조된다. 이 작품은 '여성 의원'인 '소면'이 교인의 몸을 인간의 몸으로 바꾸는 개조 수술을 배우기 위해 전문 도롱꾼을 찾아가 개조 과정을 관찰하는 과정으로 전개된다.

교인이 옮겨진 방은 약방 같았다. 그곳에서 교인은 여러 약물을 억지로 마시게 될 것이다. 어쩌면 순조롭게 성장해 인류의 다리를 갖게 될 수도 있고, 어쩌면 약물중독으로 죽을 수도 있을 것이다. 또 어쩌면 다리가 자라나지 않아 실패한 불량품이 될 수도 있다.
사람의 다리를 갖게 되는 교인은 끝없는 매매와 훈련 그리고 개조를 겪으면서 마지막에는 제도의 귀족이 자신의 욕망을 분출하는 데에 쓰이는 장난감이 될 것이다. 교인은 수명이 길었다. 저 교인은 최소 200년을 살 것이다. 나이가 들면서 아름다움이 옅어져 더는 감상품으로 쓰이지 않게 된다면, 죽임을 당할 것이다. 그럼 값비싼 눈알 한 쌍만 남게 되겠지. 교인의 두 눈은 귀부인의 보석이 될 것이다.

　　꼬리를 잘리는 것은 그저 이 기나긴 여정의 첫 단계일 뿐이었다.

(「도롱」, 271쪽)

　　인간의 상체에 물고기의 하체를 가진 교인은 꼬리를 자르고 하반신을 분리하는 수술로써 인간의 다리를 갖게 된다. 마치 도마 위에 놓인 물고기를 손질하듯, 인간에게 유용하지 않은 가시를 제거하듯 교인의 꼬리는 잘리고 하체는 둘로 갈라진다. 수술이라기보다는 가학적 폭력에 가까운 개조 방식은 자연물에 대한 인간의 잔혹함을 보여 준다. 더군다나 교인을 인간으로 개조하는 목적은 귀족들의 감상품이나 노비로 만들어 팔기 위해서이다. 개조 후의 미적 가치를 평가하여 학대의 정도를 정하는 방식 역시 인간중심의 인식에 기반한 폭력성에 기인한다. 교인을 개조하는 도롱 또한 교인과 같은 종족이었다는 점에서 '목소리를 잃은 교인'이 전문 도롱꾼이 되어 동족을 죽이거나 살리게 하는 규율은 생명의 존엄이 상실된 사회에서 생명을 계급화하고 '죽게 내버려두는' 생명 정치의 극한을 보여 준다.

　　'기괴'한 몸으로 재현된 교인과 함께 이들의 신체 개조를 전담하는, 교인의 동족이자 후예들인 도롱꾼들은 비인간 하위주체로서 식민화된 존재들이다. 인간-괴물인 이들의 개조된 몸은 사회적 불평등과 착취 구조를 체현한다. 교인은 인간의 형태로 존재하지만 쓰고 버리는 몸으로 비천한 존재, 조에(zoe)이다. 인간은 자연으로 여겨지는 비인간 타자의 주체성과 권리를 착취하고 생명 물질로서의 인식과 상징체계에서 배제한다. 교인은 인간중심 사회의 "구조적 불평등과 여러 형태의 사회적, 상징적 박탈을 옹호하는 배타적 실천"[14]의 재현이며 이는 식민주의적 박탈의 비인간적 폭력성을 증명하는 것이다.

교인과 도룡뇽들은 과학기술의 발전과 무관하게 존재하는 몸들, 다만 기술 권력이 쉽게 통제할 수 있는 몸들이기 때문에 생명공학기술을 매개로 한 권력으로부터 스스로 무력하다고 생각하는 존재들, 곧 포스트휴먼 사회의 식민화된 존재들이 된다. 이들은 희생양으로 도구화되는 몸들에게 과학기술의 진보란 단지 배제의 방식을 바꾸는 것에 불과하다는 사실을 증명한다. 요컨대 이 작품에서 재현되는 '기괴한 몸'은, 생명과학기술과 통치 권력의 결합으로 희생양이 되는 몸이다.

비인간 존재는 여성 인물이 사회적 구조를 비판하는 방식으로 나타난다. 여자 의원 '소면'은 기괴한 몸의 목격자로서 역할을 한다. 해러웨이에 따르면 목격하기란 경청처럼 주제넘지 않게 삼가는 신중한 관찰, 책임성, 그리고 판단을 유보하는 열린 대화를 필요로 한다. 소면은 비인간 존재와의 관계를 통해 사회적 억압과 불평등에 대해 성찰하고 저항하는 모습으로써 독자에게 메시지를 전달하는, 목격자로서 역할을 담당한다. 소면의 관점에서 서술되는 개조 수술 과정은 자연화된 타자들이 사회적 상징적 존재를 부정당하며 쉽게 소모되고 보호받지 못한다는 사실을 냉정하게 전달한다. 이 작품에서 소면에게 부여된 역할은 이성과 감정 사이의 균형을 잡는 것이며 "비합리성에 대한 과학계의 위선을 질타하고 테크놀로지와 관련하여 인류에게 주어진 미래의 선택지를 상당히 부정적으로 평가"[15] 할 수 있는 여지를 남겨 두는 것, "인간과 비인간의 차이들에 다리를 놓는 방식인 상호성(mutuality)과 공감(compassion)에 기초"[16]하여 인간에게 관계

---

14 로지 브라이도티(2024), 앞의 책, 29쪽.
15 같은 책, 47쪽.
16 같은 책, 145쪽.

적 능력 확장을 통한 윤리적 인식을 강조하는 것이다.

지금까지 많은 SF 소설에서 인간의 기능적 향상을 목적으로 한 트랜스휴먼으로의 전환에 내재된 문제들을 인식해 왔다면 이 작품의 경우, 과학기술을 매개로 한 인간중심주의의 극단을 재현함으로써 지구 생물의 물리적 몸을 대상으로 몸의 기능적 향상을 추구하는 방식에서 나타난 인간의 가학적 욕망과 식민화 권력의 가능성을 상상하게 한다. 비인간 물질에서 인간으로 개조된 포스트휴먼인 교인을 통해 특정 부류의 인간을 식민화하는 포스트휴먼 사회를 직시하게 하는 것이다. 또한 "여성 착취와 자연 착취 사이의 연결을 인식하고 인간의 도덕적 상상력의 도약을 촉구하면서 비인간 존재들과의 관계에 대한 갱신된 감각을 발전시킬 것을 요청"[17]하고 있다.

인간과 비인간 존재와의 관계는 갈등이나 대립으로 나타나기도 한다. 인간의 인지적 능력을 초과하고 인간 신체의 물리적 한계를 극복할 것으로 기대되는 포스트휴먼의 등장은 기술과학과 인간의 대결이 불평등 관계를 전제로 한다는 사실을 의미한다. 2000년대 이후 SF 문학에서 포스트휴먼은 인간을 조력하기보다는 인간의 역량을 초월하여 인간을 위협하는 비인간 존재로 재현되는 경우가 많다. 이러한 디스토피아적 상상력의 기저에는 유기체적 물질로서의 인간의 물질적 몸에 대한 회의적 인식이 내재하기 때문이다. 인간의 몸을 대체할 수 있는 AI와 가상현실, 가상 세계의 활성화, 유전자 편집 기술의 발전에 맞서 '나'의 몸은 손쉽게 대체되고 심지어 소멸될 수 있다는 불안과 공포가 반영된 것이다.

정보라의 단편소설 「작은 종말」에서 MTF(male to female) 트랜스젠더인 '상'과 트랜지션을 선택한 동생 '세류'의 몸은 사회적 저항의 상징으로 해

---

17 같은 책, 360쪽.

석할 수 있다. 트랜지션은 인간의 몸을 기계로 전환하는 것으로 "통신 장치나 카메라 혹은 다른 감각 증폭기를 몸에 부착하거나 연결하는 수준부터 아예 몸을 전부 기계로 바꾸는 100퍼센트 트랜지션까지 완전히 본인 의향대로 선택이 가능"(102쪽)하다. 비정규직 노동자이자 미혼모인 세류는 경제적 고난과 양육의 어려움, 정서적 소외 등을 이유로 트랜지션을 결정하고 "트랜스휴먼 기계체"(143쪽)가 되었다. 성전환과 몸전환이라는 선택을 통해 이들 자매는 자신의 정체성을 확인하고 사회적 억압에 저항하는 모습을 보여 준다.

로봇이 되면 일단 잠을 덜 자도 되니까 애도 더 잘 볼 수 있고, 손목이나 허리가 아프면 교체하면 되니까 아이도 더 많이 안아 줄 수 있고, 지치지 않으니까 더 많이 놀아 주고 일도 더 많이 할 수 있어. 병에 걸릴 걱정도 덜하고 다쳐도 더 빨리 고칠 수 있고, 내 회로가 네트워크하고 연결돼 있으니까 집을 내가 원하는 방식으로 결정하고 통제할 수 있고 여러 가지 정보도 핸드폰 들여다보는 것보다 훨씬 더 빨리 알 수 있단 말이야. 혼자서 애 키우는 데는 이게 최고라고.(「작은 종말」, 105쪽)

예문에서와 같이 이 작품에서 '트랜스휴먼 기계체'는 사회의 구조적 모순에 대한 여성적 저항의 상징이다. '미혼', '모'이자 '비정규직', '여성'인 세류에게 일상을 유지하는 것은 여성적 몸의 한계를 반복적으로 각인하는 일이다. 또한 '정상'이 아닌 '인간'이 되고 싶었던 트랜스젠더, 이 작품의 화자인 '상'은 마찬가지로 목격자로서 역할을 담당한다. "동생이 기계가 되겠다고 했을 때 상(翔)은 반대했다."(101쪽) 네트워크 이상으로 사회 전체가 마비가 되고 통제되는 상황에 이르자 '상'은 동생을 찾기 위해 집을 나섰다. 편의점의 점원은 외국인 노동자이다. 외국인 노동자의 언니는 한국 사회의 차별과 혐오로부터 벗어나기 위해 트랜지션을 결정했다. 이미 한국 사회의 많은 시민들이, 하층민들이, 외국인 노동자들이 트랜스휴먼으로 전환해 '트랜스휴먼 기계체'가 되었다. '상'은 '트랜스휴먼 기계체'가 된 인물들과의 관계를 통해 개인의 자아를 억압하고 규범화하며 통제, 장악하는 사회적 구조에 대해 간접적으로 비판하며 한국 사회 내부에 점철된 부조리와 차별, 혐오 등의 갈등을 표면화하는 목격자이다.

그러나 이 작품에서 주요한 갈등은 기계로 변한 '트랜스휴먼 기계체'가 인간의 몸이 갖는 취약성을 더욱 극단으로 심화하는 양상으로 제시된다는 점에서 작품의 의미를 검토할 필요가 있다. "전 우주적 공존을 준비하며 트랜스휴먼의 시대를 맞이하라."(101쪽)라는 과학기술 회사의 광고는 지구 정복을 목표로 인간을 식민화하기 위한 지구 밖 지적 생명체의 명령이었기 때문이다. 트랜스휴먼 기계체의 모든 신경은 통신 네크워크에 연결되어 인간의 몸은 외계인 권력 집단인 '성단연방연합의 지구파견대'의 공유망을 통해 통제된다. "회색형체들"(외계인들)은 트랜지션 인간-기계체의 네트워크를 장악해 인간을 기계적으로 조작, 통제할 수 있는 환경을 구성했고 지배하기 시작했다. 트랜스휴먼 기계체의 기괴한 몸은 외계인에 대해 벌거벗은 생명이라 할 수 있을 것이다. 아감벤에게 벌거벗은 생명은 생성적인 활력이 아니라 통치권이 죽일 수 있는 인간 주체를 구성하는 취약성을 의미하기 때문이다. 요컨대 효율성과 기능적 향상을 목적으로 한 '트랜지션'은 인간의 몸이 얼마나 손쉽게 식민화될 수 있는지 그 심각성을 보여 준다. 트랜스휴먼 기계체는 제한받지 않은 권력의 전제적 힘 안에서 신체를 쓰다 버릴 수 있는 물질로 만드는, 포스트휴먼 사회의 식민화된 몸을 상징하는 것으로 이해할 수 있다.

3 기생하는 몸과 전략적 재자연화: 「씨앗」, 「거인 소녀」

인간과 비인간 존재 간의 관계는 공생적 물질로서 상호 변형적인 특성으로 나타나기도 한다. 비인간 존재는 인간의 몸에 영향을 미치고 인간 역시 비인간 존재와 상호작용을 일으킴으로써 두 존재가 서로의 정체성과 존재 방식을 재구성한다. 이러한 생태적 상상력은 새로운 형태의 주체성을 창출하는 데 기여한다. 린 마굴리스의 공생발생(symbiogenesis)은, 서로 다른 유기체들이 힘을 합쳐 재조합되면서 새로운 유기체를 생산해 내는 능력을 설명하게 되었다. 마굴리스는 이러한 협력의 노력을 유전자 변화가 발생하는 방식이며 유기체 사이의 생산적 관계라고 주장한다.[18] 애나 칭 역시 인간을 비롯한 지구의 다양한 생물들이 다종의 집합으로서 협력하며 생존하는 과정에 주목해야 한다고 본다.[19] 이에 따른다면 SF 소설에서 포스트휴먼의 몸이란 인간과 비인간 물질이 불가분하게 서로 연결되고 투과하는 양상임을 밝히고 인간과 기술, 환경의 연결성을 증명하는 것이다.

정보라의 단편소설 「씨앗」에서 식물화된 인간의 몸은 자연과의 연결이나 생명에 대한 새로운 인식뿐 아니라 글로벌 자본주의가 사회적, 생태적 관계를 변화시킨 방식과 이러한 변화에 직면한 저항, 회복력의 가능성을 보여 준다. 인류는 모두 생명공학을 통해 유전자조작된 상태로 태어나는 미래 사회에서 자본주의적 가치에 종속된 자연물 역시 살아남기 위해 진화했다. 예컨대 땅 위에 최후로 남은 야생식물은 씨앗을 무기로 이용해 인간에 맞서 진화했다. 인간-식물체는 자본주의적 폐허에 적응하고 창의적으로 변형하는 자연의 생명력과 저항의 상징이다.

---

18   로지 브라이도티(2024), 앞의 책, 208쪽.
19   노고운, 「애나 칭: 비인간 생물은 역사의 주인공이 될 수 있는가」, 김환석 외 21인, 『21세기 사상의 최전선──전 지구적 공존을 위한 사유의 대전환』(이성과감성, 2020), 108쪽.

얼마 지나지 않아 사람들의 머리카락 사이에서 혹은 손가락 사이에서 뭔가 자라나기 시작했다. 가슴이나 배 혹은 목 안쪽에서 자라기도 했다. 대체로 지구상에서 마지막 숲과 마지막 초원이 남아 있었던 장소는 최첨단 시설을 갖춘 병원에서 아주 멀리 떨어져 있었으므로 사람들은 몸 안에 침범하는 씨앗을 막아 내지 못했다. 씨앗은 공기를 타고 퍼졌고 인간의 눈과 코와 귀와 입과 털구멍은 언제나 열려 있었다. 씨앗을 받아들여 키울 수 있었던 사람은 살아남았고 그렇지 못한 사람은 죽었다. 시간이 지나고 세대가 바뀌면서 사람은 식물과 하나가 되었다.(「씨앗」, 338~339쪽)

따라서 인간-식물 존재는 인간과 자연의 관계를 재조명해 생태 위기에서 나타나는 삶의 가능성을 살핀다. 인간과 식물의 융합을 통해 새로운 존재로 진화 발전한다. 또한 인간-식물 존재들은 이질적인 생물학적 공동체를 조합하는데, 이 공동체는 서로 얽힌 채 몸들을 지니고서 상호작용한다. 이와 같은 서사는 자본주의적 발전 위주의 가치관과 인간중심적 사고에 도전하는 계기를 마련한다. 이 작품에서 자본주의적 교환가치는 살아 있는 모든 것을 통제하고자 한다는 점에서 푸코가 주장하는 생명 정치적이다. 하지만 생명(Life)은 인간만의 특권이 아니기 때문에 조에 정치적 혹은 탈-인간중심적 차원을 연다. 상호적 특수화와 환경적 상호의존성을 지닌 생태 중심적 체계는 생명 체계의 주요 참조점이 유전자가 아니라 세포라는 생각을 기반으로 한다. 생명은 세포에 의해 추동되며 세포는 "자기생산(autopoietic)" 모드로 돌아가는 자기 변형 체계라는 것이다.[20] 이처럼 "경계를 지닌 유기체가 역동적 박테리아로 이루어진 세균 서식지들의 집합체라는 생각은 인간 개인을 어떤 예외적인 존재로 보는 통념을 탈중심화"[21]한

---

20 로지 브라이도티(2024), 앞의 책, 209쪽.

다. 탈인간중심적인 포스트휴먼 사회에서 관계들의 횡단성은 조에 중심적 평등주의를 실현한다.

　인간의 몸이 식물과 결합해 진화하는 것은 생태적 연대와 상호연결성을 강조하는 메시지이다. 식물과 인간 몸의 융합은 자연과 인간이 서로 의존하고 있다는 인식을 강화하며, 환경 문제와 지속가능한 삶에 대한 강력한 질문을 제기한다. 인간의 몸은 식물적 요소로 변형됨으로써 생태계의 일부로서 정체성을 재구성하고 자연물로서 생명을 연장, 진화해 가는 모습으로 재현된다. 마찬가지로 자연(nature)인 식물은 차별이 아닌 차이를 생산하는 능동적 힘을 발생하고 문화와 연결되어 상호작용함으로써 인간과 비인간 행위자 간의 차이와 연속성을 포함한다. 인간의 몸과 식물의 결합은 인간성과 비인간성 간의 경계를 허물어 주는 역할을 하는 것이다.

　브라이도티는 '생명/조에' 자체에 대한 포스트휴먼적 강조가 긍정의 정치학을 발생시킬 수 있다고 주장한다. 관계와 상호의존의 우선성에 기반한 윤리학은 조에 자체를 높이 평가하기 때문이다.[22] 이에 브라이도티는 전략적 재-자연화(re-naturalization)라는 방법론적 개입으로써 포스트휴먼으로의 전회를 가시화하고 인간과 비물질 인간 존재들의 횡단 신체성(transcorporeality), 종-횡단적 상호의존성을 강조하며 윤리적 주체의 존재론적 핵심으로서, 조에-지오-테크노의 관계들을 포함하는 종 횡단적 사고방식을 제시했다.

　이러한 관점에서 '씨앗'은 종의 횡단을 가능하게 하는, 생명의 연속성과 재생의 상징으로 사용된다. 인간의 몸에 달라붙어 인간의 몸과 결합함으로써 씨앗은 생명의 성장과 소멸의 과정을 드러낸다. 인간과 씨앗의 상호

21　같은 책, 209쪽.
22　로지 브라이도티(2015), 앞의 책, 124, 145쪽.

침투는 미생물의 행성적 그물망을 구성해 살아 있는 환경 전체에 횡단적으로 펼쳐진다. 주체, 타자, 안과 밖, 자연과 문화, 인간과 비인간 경계가 모호해지고 서로 넘나들면서 경계를 해체하는 것이다. 요컨대 씨앗은 예외주의를 넘어서는 생태적 상호의존성의 구체적인 예시이자 횡단-종의 협력[23]을 보여 줌으로써 비인간 물질의 수행성을 증명한다.

생명/조에는 생성적인 힘이지만 바로 그만큼 위협적인 힘이기도 하다. 남유하의 단편소설 「거인 소녀」는 외계인 수태(受胎)를 소재로 한 작품이다. 제주도에 살고 있는 17세 여고생 5명은 외계인에 납치되었다가 풀려나자 국가 기관의 통제를 받으며 연구실에 갇혀 관찰의 대상이 된다. 며칠 뒤, 소녀들의 몸은 건물 3층 높이의 크기로 거대해지는데 이와 같은 기형적인 신체들의 재현, 기괴한 몸으로의 변형은 사회 구성원으로서의 자격 박탈을 의미한다. 더군다나 외계인과 접촉한 후에 변형된 소녀들의 몸은 인간에게 위협이자 공포로 인식된다. 이러한 서사는 여성 인물들이 변모하는 과정에서 SF 소설이 제기하는 복잡한 주제를 드러내며 단순히 비인간 존재에 대한 공포의 상징을 넘어 사회적, 정치적 맥락을 담고 있는 것으로 볼 수 있다. 소녀들은 새로운 생명의 가능성을 경험하거나 기존의 존재성이 어떻게 변형되는지를 확인한다. 이는 여성의 몸과 생명에 대한 국가적 또는 사회적 통제를 비판하고 새로운 형태의 자연적인 몸으로서 주체성을 제시하는 것으로 나타난다.

난감한 얼굴로 서 있던 단발머리가 결심한 듯 현서의 안으로 팔을 아주 깊이 넣었다. 그러자 화면에 영상이 나타났다. 새카맣고 큰 눈, 코 없는 콧구멍…… 그건, 외계인의 얼굴이었다.

---

23 로지 브라이도티(2024), 앞의 책, 212쪽.

악! 팔을 빼며 작게 소리를 지르는 단발머리의 눈이 나와 마주쳤다. 그녀는 얼굴에 떠올랐던 혐오를 급하게 지웠다.

나의 자궁에도, 솔의 자궁에도 저렇게 생긴 외계인이 들어 있겠지. 솔과 인주는 서로의 어깨를 끌어안고 가늘게 몸을 떨었다.

(「거인 소녀」, 156~157쪽)

SF 문학에서 외계인은 타자성과 이질성을 탐구하는 매개체로 사용되어 왔다.[24] 더욱이 "여성으로 코드화된 외계인 형상"[25]은 강탈, 침략, 폭압의 대상이 되는 여성 섹슈얼리티가 취약하고 비체적이라는 가부장제적 가정을 강화한다. 실험실에서 관찰의 대상으로 묶인 소녀들의 몸 역시 비체로서 감금의 방식으로 통제되었다. 그러나 이 작품에서 외계생명체와의 접촉을 통해 여성 섹슈얼리티에 대한 비체 경험을 하게 된 소녀들은 외계인을 품은 자신들의 몸을 여성으로서의 자아를 확립하고 사회의 감시와 통제에 도전하는 계기로 전환한다. 엘라이모는 트랜스-육체적 얽힘이 주는 도전뿐 아니라 독특한 이점과 쾌락도 전면에 강조하면서 유물론적 윤리학을 제안한다. 이것은 긍정, 즉 대안적인 긍정적 가치와 관계들에 함께 창출하는 주체의 능력이 매우 중요함을 강조하는 것이다.[26] 거대한 몸과 괴력을 갖게 된 소녀들은 여성에 대한 사회적 기대와 정체성을 회의(懷疑)하고 거부할 수 있는 힘을 얻게 된 것이다. 더욱이 외계인을 임신한 여성의 몸은 "인간과 비인간의 혼합된 혼종체의 장소"[27]가 된다. 소녀들은 비인간과 혼합된

---

24 외계인은 그 실존 여부와는 별개로 우리의 사회문화 속에서 오랫동안 타자에 대한 비유로서 상징적이고 풍자적인 기능을 수행해 왔다. 외계인은 우리 사회 내부의 가치관과 강박관념을 비추는 반사경으로서 인간중심의 사회와 그 사회 내부의 모순과 타자에 대한 혐오를 상징적으로 재현한다. 고장원, 『SF의 힘』(추수밭, 2017), 249~271쪽.
25 로지 브라이도티(2020), 앞의 책, 363쪽.
26 로지 브라이도티(2024), 앞의 책, 230쪽.

혼종체로서 자기 정체성을 구성하게 된다. 이때 '거인 소녀'들의 몸은 비인간 물질과 인간의 중첩된 몸으로서 규율 권력에 대한 저항의 상징성을 내포하며, 소녀들의 몸에 기생하는 외계인은 중첩된 혼종체의 변혁적인 힘과 잠재적 가능성을 상징하게 된다. 혼종체로서 '거인 소녀'들은 인간의 몸 인식을 탈피해 새로운 자연의 존재로 자기를 재구성하려는 시도를 보여 준다. 군인과 경찰로부터 쫓기던 거인 소녀들은 더 이상 인간 세상에 살 수 없음을 깨닫고 "이어도를 향해, 검은 바다로"(172쪽) 나아갔다. 이를 인간과 비인간 물질의 중첩된 몸들이 재자연화한 것으로 해석해 볼 수 있다. 포스트휴먼 몸은 몸의 생태적 토대와 환경적 근거지에 다시 접속함으로써 재자연화되기 때문이다. 혼종적이고 기형적인 이 몸들의 재현은 타자와의 차이를 병리화하고 범죄화했던 인식에 저항한다.

4 기계적인 몸과 역전적 행위성: 「안녕의 의식」, 「새해 이야기」

SF 소설에서 상당히 많은 작품들은 인간과 기계와의 관계를 통해 기술에 대한 비판적인 시각을 드러낸다. 그러나 다른 한편으로 SF 소설에서 비인간 존재는 인간의 동반자로 등장해 인간의 경험과 정서를 공유하기도 한다. 특히 비인간 존재가 제공하는 지식이나 감정적 지지는 인간의 정체성 형성에 기여한다. 비인간 행위자의 적극적인 행위에는 인간 행위의 경로를 바꿀 수 있는 능동성이 있다.[28] 현대사회에서 기계는 힘과 에너지를 포착하고 처리하며 상호 관계와 다양한 접속과 배치를 촉진하는 엔진이자

---

27 로지 브라이도티(2020), 앞의 책, 365쪽.
28 김종미, 「제인 베넷: 호수와 나무에도 법적·정치적 권리가 주어져야 하는가?」, 『21세기 사상의 최전선—전 지구적 공존을 위한 사유의 대전환』(이성과감성, 2020), 144쪽.

장치이다. 이런 의미에서 '기계-되기'는 주체의 관계적 힘들을 지시하고 실현한다.[29] 브뤼노 라투르(Bruno Latour)는 비인간도 행위자로 간주한다. 인간 과학자들이 비인간 사물들과 안정된 연결망을 구축했을 때 과학 지식이 비로소 성공적으로 만들어지는 바와 같이 라투르의 정치 생태학은 사물의 의회를 통한 인간과 비인간의 바람직한 공동 세계 구성을 제안하는 것으로 해결 방안을 모색한다.

미야베 미유키의 단편소설 「안녕의 의식」은 인간과 로봇의 사이의 "강력한 협력, 그것은 긍정적 관계성과 다층적 되기"를 보여 준다. 이 작품은 테크노바디를 통해 "삶과 죽음 사이의 경계 변화를 새롭게 조명하고, 이것들의 윤리적, 정치적 함의들을 연대, 돌봄, 함께 느낌의 기본적 원칙들을 존중하는 방식"[30]을 탐구할 수 있게 한다. 이 윤리는 인간 아닌, 비인격적 생명에 가치를 부여하는 것으로, 브라이도티는 이를 포스트휴먼 정치학이라고 정의한다.

제조원마저 폐업되고 없는 "늙은 로봇"(160쪽) 하먼은 폐기 대상이다. 하먼은 말을 못하고 인간의 목소리도 잘 듣지 못하는 고장난 상태였지만 하먼의 사용자들은 하먼의 기능적 결함을 문제 삼지 않고 사용해 왔다. 로봇 회수 센터에서 근무하는 '나'에게 하먼의 사용자들은 "로봇에 집착하는 사람들", "지나친 의인화로 인해 애정 과잉에 빠지는 사람들"(182쪽)로 이해되며 "애정과 공감, 이건 인류의 고질병"(183쪽)이라고 폄하한다. 폐기 센터에 입고된 하먼의 기초기억을 보존하고자 하먼의 사용자인 "여자애"는 폐기되기 전의 하먼을 만나기 위해 센터를 방문한다.

---

29   로지 브라이도티(2015), 앞의 책, 120~121쪽.
30   로지 브라이도티(2024), 앞의 책, 290쪽.

하먼이 볼품없는 오른손을 들어 올렸다. 옆 로봇의 팔꿈치가 하먼의 손목에 부딪혔다.

그 손과 손가락이 움직였다.

여자애가 수화를 중단하고 난간에 매달려 하먼을 바라본다.

하먼은 오른손을 얼굴 앞으로 가져가, 손바닥을 세워 오른쪽에서 왼쪽으로 움직였다. 그러고는 왼손 손바닥을 제 가슴에 갖다댔다.

케이지 밖, 난간 앞에서 여자애가 고개를 끄덕인다.

하먼이 이번에는 양손을 가슴 앞에서 합장했다. 그런 다음 천천히, 매우 천천히 손을 펼치고 좌우 손바닥을 이쪽으로 향했다.

그걸로 끝이었다. 하먼의 손이 툭 떨어졌다. 머리도 다시 꺾였다. 역시 고개가 오른쪽으로 기울어진 채다. (……)

"하먼은 이렇게 말했어요. 나를, 죽게, 해 주세요."

……나를 죽게 해 주세요.(「안녕의 의식」, 186~187쪽)

라투르에 따르면 사물의 행위성은 인간과 비인간의 결합에 의한 네트워크에서 발휘된다. 음성인식 기능도 발성 능력도 상실한 로봇과 수화로 대화하는 인간, 이러한 서사는 기술이 인간 경험에 미치는 영향을 질문하고 인간과 기계 간의 경계가 허물어지는 양상을 보여 준다. 이를 새로운 생기론(vitalism)의 관점에서 해석해 볼 수 있다. 인간과 사물이 서로 만들어 내는 다양한 감수성(정동성)은 인간과 사물이 결합된 집합체가 만드는 정치적·행동으로서 정치 생태학의 기반을 마련한다. 말하지 못하는 기계와 소통하기 위해 인간이 손과 손가락을 움직여 줄곧 소통을 해 왔다는 사실은 기계와 인간의 교감과 신뢰의 정도를 보여 준다. 전원이 차단된 상태에서 백업용 보조 배터리에 의존한 폐기용 기체는 자신의 마지막 에너지를 자기 의도를 전달하는 데에 집중한다. 로봇 하먼의 마지막 행위는 인간의

'자기중심적' 결정이었던 '기억 정보 보존'의 의지를 꺾고 하먼의 의지를 지지하는 방향으로 수정되었다는 점에서, 비인간 물질도 인간처럼 세계의 변화에 능동적이고 적극적으로 반응하는 행위자로서 비인간 행위자들의 적극적인 행위는 인간 행위의 경로를 바꿀 수도 있는 영향력을 발휘하게 된다는 사실을 증명한다.

　이 작품의 핵심은 비인간 물질과 인간의 교류에서 정동의 이행을 통한 감정과 관계의 재구성이다. SF 소설에서 인공지능은 인간의 감정을 이해하고 심지어 그것을 초월하는 경우가 많다. 인간이 감각하는 감정의 복잡성이 비인간 존재와의 관계를 통해 드러나면서 인간성과 비인간성 간의 경계를 해체하는 것이다. 이는 인간 존재의 본질에 대한 질문이며 비인간 존재는 생명과 존재의 개념을 재정의하는 역할을 한다. 기술과학과 인간 사회의 상호작용에 대한 새로운 사유를 제시한 그레이엄 하먼은 인간은 더 이상 독립적 주체로서 객체와 유리된 채 존재할 수 없다고 말한다. 포스트휴먼 사회에서 인간과 비인간 물질은 구분될 수 없고 모든 것이 객체로 존재하며 객체로 일원화된 구성원으로서 세계의 문제점을 해결 또는 해소해 나아가야 한다고 주장함으로써 포스트휴먼 사회에서 인간-기계의 지향점을 제시했다.[31] 이와 유사한 방향에서 신유물론 페미니즘은 근본적으로 사회적인 현상을 이해하는 데 자연과 인간, 신체와 기술, 그리고 문화와 사회 간의 불분명한 경계를 강조한다. 이 이론의 기초 개념은 인간의 몸과 기술의 상호작용에 대한 관심에서 비롯된다. 비인간 물질과 인간 사이에서 발생하는 "혼합된 배치", "프로그램화되지 않은 기술적 진화"는 "몸들(과 정신들)을 평가하는 데 사용된 규범들이 처음부터 이미 손상된 것"이라는 인

31　이준석, 「그레이엄 하먼: 인간과 비인간을 객체로 일원화 할 수 있는가」, 『21세기 사상의 최전선』(이성과 감성, 2020), 238~239쪽.

식적 도약을 가능하게 한다고 본다.[32]

한편 레이 커즈와일은 특이점을 뒷받침할 세 가지 주된 혁명들(G, N, R) 중에서도 R(로봇공학)은 가장 심원한 혁명이라고 했다. 이것은 평범한 인간을 뛰어넘는 비생물학적 지능의 탄생을 뜻한다. 비생물학적 지능은 모든 분야에서 인간 기술에 동등하거나 넘어설 것이다.[33] 좀 더 지능적인 사고 과정이 탄생한다면 덜 지능적인 존재는 결국 뒤처질 것이고, 지능은 우주에서 가장 강력한 힘이 될 것이라고 본다. 이때 로봇공학을 강조하는 이유는 지능이 세계에 영향을 미치기 위해서는 육체, 즉 물리적 실체가 필요하기 때문이다.

왕관유의 단편소설인 「새해 이야기」는 인공지능 로봇이 마지막 인류를 구원하는 내용을 다룬다. 가상 세계에 몰입하게 된 인류는 '투명한 관'에 누워 더 이상의 성장을 멈추고 후손을 이어 가지도 못하고 있는 상태에 있다. 인공지능 로봇은 인류를 각성시키기 위해서 괴물에 대한 공포와 두려움, 경외심을 갖도록 고전 설화 속 '괴물'인 '새해'를 불러낸다.

인류가 현실 세계를 살던 시대에 '새해'는 한 해가 저물고 새해가 밝아 온다는 희망과 믿음의 상징으로 존재했다. 인간들은 새해가 왔다는 것을 기뻐하고 축하하며 기대와 소망으로 새로운 시간을 이어 갈 수 있었다. 그러나 가상현실에서 인간은 시간을 망각한다. 각자 자신이 접속한 세계에 빠져들면서 인류는 미래를, 희망을, 기대를 갖지 않게 되고 때문에 괴물 '새해'는 잊혔다. 아울러 지구 행성의 대재앙으로 나타난 대기오염 등으로 인해 지구는 더 이상 인류가 살 수 없이 황폐화되었다.

지구에 남은 마지막 인류를 구하고 그들의 생명을 보존하기 위해 살

---

32 로지 브라이도티(2024), 앞의 책, 258, 272쪽.
33 레이 커즈와일, 김명남·장시형 옮김, 『특이점이 온다』(김영사, 2007), 356~357쪽.

아남은 인간을 모두 지하공간으로 옮겨 지속적으로 관리해 온 것은 인공지능 로봇, '렌'이다.[34] 지하 세계에서조차 인류는 여전히 "또 다른 현실에 너무 빠져든 나머지"(70쪽) 시간의 감각을 모두 상실해 버렸다. '렌'은 인류를 각성시킬 방법으로 괴물 '새해'를 불러오는 것, 다시 말해서 인간이 시간에 대한 인지를 회복하고 기대와 소망을 품게 해야 한다고 판단한 것이다.

"가끔 나는 인간들이 왜 이렇게 아름다운 세상을 버리는지 이해가 안 돼."
"또 다른 현실의 세상이 더 아름다운가 보지." 새해가 대꾸했다.
렌이 고개를 저었다. "난 거기서 태어났어. 거긴 무수한 환상과 가상의 감각들과 아주 강렬한 느낌들로 가득 차 있는 다채로운 곳이지. 하지만 현실이 아니야. 이 현실에서 내가 물리적인 몸과 인식을 얻기까지는 오랜 시간이 걸렸어. 난 이곳을 사랑해. 보드라운 비의 촉감, 백합 향기, 심지어 차에 브레이크가 걸렸을 때는 끼익 소리까지 좋아. 그런 감각들은 굉장히 생생하면서도 실제로 존재하니까. 인간이 여길 놔두고 왜 또 다른 현실을 선호하는지 이해할 수 없어."(「새해 이야기」, 73~74쪽)

왕콴유의 「새해 이야기」는 몸의 감각에 대한 인간과 로봇의 역전된 인식을 보여 줌으로써 휴머니즘의 본질에 대해 회의(懷疑)한다. 죽음을 연상하는 '투명한 관' 속에서 인간의 몸은 성장과 진화를 중단하고 물질로서의 몸의 쇠퇴에 직면해 있다. 인간의 감각은 뇌를 통해서만 반응할 뿐 물질로서 몸의 감각은 전혀 사라진, 이를테면 기계 로봇과 다르지 않다. 반면 인공

---

[34] "그냥 렌이라고 불러. 제2성이고, 중국어로 자비란 뜻이야. 인간이란 글자와도 발음이 같아." 왕콴유, 「새해 이야기」, 59쪽.

지능 로봇의 몸은 실제적 감각으로 인식되는 형질로 진화 발전했다.

한스 모라벡은 인공지능을 개발할 때 처음 겪는 어려움은 인간에게 쉬운 일을 기계에 구현시키기는 것이라고 했다. 기계가 '지능'을 얻기 위해서는 '인간'의 입력 과정('공')이 반드시 전제되어야 하기 때문이다. 이를 '모라벡의 역설(Moravec's paradox)'이라고 한다.[35] 그러나 딥러닝은 더 이상 인간이 기계에게 세상을 설명하지 않는다. 딥러닝은 인간의 물체 인지 과정을 개념적으로 모방한 시스템으로 기계는 이 엄청난 양의 데이터를 자체 인공신경망 구조를 통해 스스로 학습한다. 세상을 알아보고 알아듣고, 이야기하고, 글을 읽고 쓰고, 정보를 조합하고, 이해하는 것을 사람과 비슷한 수준으로 수행하는 것을 넘어서 독립성이 있고, 자아가 있고, 정신이 있고, 자유의지가 있는 기계, 인공지능 로봇은 보편화 될 것이다.[36]

인공지능 로봇은 적극적으로 새해가 존재한다고 믿음으로써 잠들어 있던 새해를 인간 세계에 불러낼 수 있었다. 인간으로부터 잊힌 괴물인 새해를 불러내는 것은 다름 아닌 인공지능 로봇의 믿음이다. 주목할 것은 '믿음'으로써, 고전 설화 속 시대와는 전혀 다르게 변모한 도시 속으로 괴물 '새해'를 불러낸 "인간 소년" '렌'은 "슬픔도, 다른 감정도 느낄 수 없"[37]는 인공지능 로봇이라는 점이다. 렌은 인간에게 '두려움'이라는 감정이 필요하다는 것을 알고 있다. 이때 인공지능 로봇이 지닌 믿음의 근원은 바로 인류를 구원해야 한다는 것이다.

이제 모라벡의 역설은 다른 관점에서 이해해야 한다. 인간은 강한 인공지능에게도, 인간이 자신과는 다르지만 존재할 만한 가치가 있다고 인정을 받아야 한다. 결국 인간이 바라야 하는 것은, 기계가 인간을 봤을 때

---

35 김대식, 『김대식의 인간 vs 기계』(동아시아, 2016), 19, 33쪽.
36 같은 책, 275쪽.
37 왕콴유, 앞의 책, 60쪽.

우습지만 인간들도 살 권리가 있고 존재할 권리가 있다는 점을 인정받는 것이다.[38] '모라벡의 역설'의 역설로서 인공지능 로봇 '렌'은, 가상 세계에 매몰된 인류가 현실 세계의 감각을 회복해야 한다는 믿음과 판단을 실행한다는 점에서 이 작품의 결말은 희망적이고 동시에 낭만적이다.

5 나가며

동아시아 SF 소설에서 비인간 존재는 인간과의 관계 형성을 통해 다양한 의미를 생성한다. 최근의 SF 소설에서 비인간 물질은 인간의 동반자이거나 갈등의 상대에 머물지 않고 상호 변형, 정체성 탐구, 사회적 비판의 매개체 등으로 다양하게 재현되고 있다. 이는 비인간 물질의 생명에 대해 탐구하고 물질로서 존재하는 '몸'의 의미를 재고하게 한다. 신유물론의 사상적 기조는 페미니즘과 결합해 과학의 합리성을 비판하고 과학의 지식 생산과 권력관계의 생성에 개입한다. 이는 물질로서 몸이 사회적으로 상호작용하는 환경, 기술과 함께 교차성의 관점에서 이해되어야 한다는 것을 의미한다. 요컨대 기술과학의 발전과 인간 생명의 경쟁에서 어떤 윤리적 실천이 요구되는지에 대해서 분석하는 것은 그 내부에 작용하는 다양한 현상들의 얽힘에 주목하는 것이다.

본고에서 살펴본 한국과 중국, 일본의 여성 SF 문학에서는 포스트휴먼의 몸이 식민화되고 탈식민화 하는 양상을 보여 주었다. 비인간 존재에 대한 인간의 식민성은 인간중심주의의 극한에 따라 수행되는 폭력성과 잔혹성에 기인한다. 이와 동시에 인간은 외계의 존재로부터 식민화되는 몸이

---

38 김대식, 앞의 책, 336쪽.

되기도 한다. 물질로서 인간의 몸이 갖는 취약성은 기계라는 형태로 전환하게 되고 이는 비인간 존재로부터 식민화되는 몸의 기반이 되는 것이다.

몸의 변형으로 인한 감시와 통제, 억압의 현실을 극복하기 위해서 동아시아 여성 SF 문학이 상상하는 탈식민적 저항은 재자연화이다. 전 지구적 재난, 인류세적 위기, 자본주의 중심의 가치관에서 식민화되는 인간의 몸은 자연과 융합하고 공생함으로써 탈식민적 의지를 드러낸다.

마지막으로 동아시아 여성 SF 문학에서 지향하는 몸의 정치성은 인간중심주의적 사고를 탈피하고 비인간 존재와의 공존을 모색하는 것이다. 이때 인간의 사고와 사상, 윤리적 가치를 전복하고 전향하는 것은 바로 비인간 존재의 역전적 수행성에 따른다는 점에서 동아시아 여성 SF 문학의 도전적이고 전복적인 사유를 엿볼 수 있다.

문학적 형상화를 통한 창조적 사유하기는 일종의 균형을 추구한다. 사유하기란 창조성과 활기를 불어넣는다. 그것은 타자를 재현하거나 그들을 대신해 말하는 것의 문제라기보다 앎의 긍정적 방식들을 구축하는 것이다.[39] 동아시아 여성 SF 문학은 인간과 비인간 물질의 몸의 양태를 변주함으로써 기술과 사회의 상호연결성과 인간과 비인간의 상호의존성에 대한 깊은 이해와 고찰을 제공한다. 비인간 존재는 인간 존재의 본질과 몸의 담론에 대한 성찰의 계기를 마련하고 인간의 미래에 대한 새로운 통찰력을 얻을 수 있도록 한다.

이상에서와 같이 동아시아 여성 SF 문학은 비인간 물질과 인간의 몸에 대한 전향적 사고를 문학적으로 형상화함으로써 현대사회의 구조적 모순뿐 아니라 인류세적 위기를 해결하고 극복하기 위한 인식적 전환의 필요를 강조한다. 이는 과학기술의 발전과 진보에 대한 성찰 없는 추종에 대해

---

[39] 로지 브라이도티(2024), 앞의 책, 358~359쪽.

경계하면서 동시에 인간중심주의로부터 탈피하는 것을 강조하는 것으로 현대사회가 당면한 전 지구적 문제, 기후환경 위기와 젠더 갈등, 빈부 격차 등의 문제에 대해 실천적 윤리를 제시하고 있다는 점에서 문학적 성과와 의의가 있다. 이러한 연구는 동아시아 여성 SF 문학에 대한 비교문학 연구로서 그 초석을 마련하고 후행 연구의 활성화를 위한 기반을 수립하는 데에 기여할 수 있을 것이다.

| 환상 |

여성적 글쓰기의 액체성과 촉각적 환상
—— 정보라 『저주토끼』를 중심으로

원은주

1 여성문학 속 '환상'의 의미

환상은 단순히 '현실이 아닌 세계'를 일컫는 것이 아니라, 현실의 가치 체계를 흔들고 인식의 공고한 틀을 허물며 억압된 욕망의 무질서를 실현하는 '비(非), 반(反), 초(超) 현실적 영역의 세계'를 지칭한다. 이러한 환상은 현실의 질서와 법칙을 위반하는 전복적 성격을 갖는다는 점에서, 남성 중심 부계사회의 구조적 모순을 진단하고 그에 저항하는 페미니즘의 전복성과 궤를 같이한다.[1] 환상의 전복적 성격에 대해 캐서린 흄은 "사실적이고 정상적인 것들이 갖는 제약에 대한 의도적 일탈"[2]이라고 설명한다. 환상이 이성의 시대로 대변되는 합리적이고 경험적이며 이성적인 세계질서

---

1 김미현은 환상의 주체나 생산자로서의 여성작가에 주목한다. 여성작가의 작품 속 반현실·초현실·탈현실적 환상은 미메시스와는 다른 방식으로 현실적 세계에 개입하고 있다고 설명한다. 여성문학 속 환상은 남성의 문학적 전유에 의문을 제기하고 안정적 의미 체계를 와해시키는 여성의 언어로 형상화되며 비현실을 통해 현실을 이야기한다고 보았다. 김미현, 『젠더 프리즘』(민음사, 2008), 55~80쪽.
2 캐서린 흄, 한창엽 옮김, 『환상과 미메시스』(푸른나무, 2000), 17쪽.

를 해체하는 것을 목적으로 삼는다고 본 것이다. 환상을 어떻게 정의하든지 환상이 억압된 것을 드러냄으로써 단성적인 세계를 균열시키며, 금지된 영역에 진입함으로써 침묵 당해 온 세계를 표면화한다는 사실을 부정할 수 없다. 현실 세계의 불만을 표출하든지 내면세계의 불안을 드러내든지, 환상이라는 개념 속에는 일반적으로 받아들여지는 인과적 규칙이나 해석의 관습을 거부하고 위반하는 속성이 내포되어 있다.

페미니즘문학 역시, 남성중심의 사회규범을 흔든다. 페미니즘문학은 작품 속에 구현된 여성 인물을 분석함으로써 사회가 요구하는 왜곡된 여성상의 문제를 파헤치기도 하고, 여성에 대한 고정관념과 사회적 담론의 실체를 드러내는 작업을 수행하기도 한다. 사회적 담론을 형성하는 구조적 메커니즘을 파악하여 어떤 원리로 작동하는지를 고발하기도 하며, 불평등을 생성하는 구조와 그것을 영속화하기 위한 작동 원리를 분석함으로써 불평등 구조가 내재화되는 과정을 폭로하기도 한다. 페미니즘문학이 여성의 불평등을 폭로하는 단계를 넘어선 후에는, 여성의 특징과 본질에 주목한다. 여성의 글쓰기 행위 자체가 남성중심의 언어적 상징질서에 어떻게 위협이 되는지를 알아채고 여성적 글쓰기를 통해 문화적 권력의 핵심인 남성중심적 언어 구조에 도전하게 되는 것이다. 이는 세계를 구성하고 주체를 인식하며 형상화하는 언어가 남성적 성격을 띤다는 자각으로부터 시작된다. 여성의 글쓰기는 남성적 은유로부터 해방되기 위해 도전이 되며 기존 철학과 논리에 종속되지 않기 위한 저항이 된다.

이처럼 환상문학과 여성문학은 공통적 특징이 있다. 둘 다 남성중심 지배문화를 의심하고 거부함으로써 독선적 남근중심주의에 저항하고 있다는 것이며, 사회가 은폐해 온 비이성적이고 비정상적인 것들에 주목함으로써 새로운 의미를 부여하는 작업을 수행하고 있다는 점이다. 여성문학 속 환상이 갖는 의의는 주류 문학에서 배제된 타자를 인식하는 데에 있다. 타자성은 낯섦을 드러내는 '차이'의 의미와 내부와 외부를 구분하는 '차별'의 의미를 내포한 위계적 개념으로, 남성으로 대변되는 중심 권력에 대응한다는 점에서 주체나 정체성의 반대편에 자리한다. 환상은 리얼리즘문학 전통에 대치된다는 점에 더하여, 환상으로 표현되는 알레고리가 말하고자 하는 바를 명확하게 지시하지 못한다는 점에서도 태생적으로 타자성을 갖는다. 로즈메리 잭슨이 환상을 "사실주의적 형식을 통해 말해지지 않은 모든 것, 말해질 수 없는 모든 것"[3]이라고 정의한 것처럼, 여성문학 속 환상은 지배적인 문화의 이면에서 침묵하고 있던 타자의 존재를 들여다보게 만든다.

    리얼리즘문학 전통이 타자를 수용하는 방식은 매우 배타적이어서, 공고한 리얼리즘문학 전통 안에서 환상문학은 오랜 기간 주변적이거나 부수적인 것으로 치부되어 왔다. 하지만 미메시스의 전통 속에 가둘 수 없는 시공간, 통일성을 거부하는 상상력, 합리적 판단을 비웃는 대안적 세계를 제시하는 환상문학의 영역이 점점 넓어지자, 미메시스의 문학 전통 안에 비현실적 문학을 구분하여 '환상문학'이라는 자리를 마련하게 된 것이다. 이는 마치 침묵당하고 가려지고 은폐되었던 여성의 목소리가 더 이상 무시할 수 없는 지경에 이르자 '페미니즘문학'이라는 장르를 통해서 하나의 게토를 형성한 후, 문학의 주류로부터 고립시키는 과정과 유사하다.[4] 환상문학은 미메시스의 문학 전통을 예술의 본질이라 여기는 시각에 대한 저항을 담고 있으며, 페미니즘문학은 남성중심적 관점을 보편적 경험으로 치부하는 시각에 대한 비판을 담고 있다. 페미니즘문학으로서의 환상문학은 이 두 가지 측면을 모두 가진다. 환상문학은 미메시스 전통에서 추방당한

---

3   로즈메리 잭슨, 서강여성문학연구회 옮김, 『환상성: 전복의 문학』(문학동네, 2001), 35쪽.
4   이우창은 페미니즘 문학, 여성주의라는 이름표를 붙이는 것이 기존의 주류들과 구분하여 고립된 게토로 간주하는 한계가 있다고 말한다. 이우창, 「문학을 지극히 정치적으로 이야기하는 법」, 《학산문학》, 2019. 가을, 299쪽.

상상력을 복원하는 과정이 되며, 게토로 추방된 페미니즘문학의 자리를 돌려놓는 작업이 된다.

최근 페미니즘문학으로서의 환상문학은 억압받는 여성의 지위를 복원하기 위한 투쟁이나 남성중심의 지배 질서로부터 해방하기 위한 저항적 전략을 넘어서 은폐되었던 목소리를 복원하고 타자화된 세계를 드러내는 방식으로 작동하고 있다. 그것은 가부장적이며 남성적인 담론으로부터 소외된 세계를, 공적이고 사실적인 언어로부터 배제된 세계를 표면화시킨다. 여성이 글쓰기를 통해 목소리를 내는 방식은 객관적이고 승인된 것 주변에서 부유하는 현상들을 포착하여 드러내는 작업이라 할 수 있다. 이데올로기의 도구로서 표준화된 규범을 흔들고 깨뜨리기 때문에 여성이 목소리를 내기 시작하자, 여성의 목소리는 메두사의 웃음[5]만큼이나 위험한 것으로 인식되며 두려움의 대상이 되고 철저히 경계해야 할 것으로 받아들여졌다. 남성의 문자 중심 문화에서 여성의 목소리는 문화 전 단계의 미숙하고 불완전한 구술적 전통이라 통칭됨으로써 상징계의 완전성에서 벗어난 것, 문자화되지 못한 어떤 것으로 치부되어 온 것이다. 하지만 여성의 목소리는 문자가 만들어지기 이전부터 존재했을 뿐 아니라, 상상계의 아이를 향해 끊임없이 이야기를 들려줌으로써 상상적 합일을 가능케 하는 원형적 목소리가 된다. 상상계의 아이가 상징계로 진입하기 전 단계부터 존재했던 여성의 목소리는 아이가 상징계로 진입하여 주체가 된 이후에도 끊임없이 간섭한다. 엘렌 식수식 표현으로는 기호계의 간섭을 통해 근대라는

---

5 엘렌 식수는 메두사 신화는 남성들이 잘 알지 못하는 여성의 속성에 느끼는 두려움을 표현한다고 말한다. 여성의 성에 가해지는 금기나 이데올로기적 기제를 통한 통제로 남성뿐 아니라 여성 자신도 스스로의 몸을 위험한 것으로 간주하고 소외시킨다고 보았다. 더욱이 '웃음'은 전복적인 성격을 갖는다. 신성한 것, 금기, 권력으로부터 눈뜨게 하는 전복적 성격을 가지며, 이성적인 것을 통한 해방의 비전을 제시한다.

희망이 균열을 일으키는 지점마다, 규범의 균열로 인해 불안이 심화되는 틈새마다 여성의 목소리가 새어 나오게 되는 것이다. 여성의 섹슈얼리티에 자족적 개념을 확립한 이리가레는 여성적 글쓰기의 환유적 성격이 갖는 액체성과 유동성에 주목하고 있는데, 언어적 상징계로 종속되는 순간 재현 불가능해지는 여성성에 관심을 기울이고 있다. 문자화되어 있지만 문자적 의미로 해석 불가능한 유동적 글쓰기는 객관적 정보나 사회적 주류 가치를 전달하는 기능을 상실한 대신, 언어가 축소하거나 버려 버린 가치와 기능을 새롭게 끌어낸다. 여성적 글쓰기가 갖는 유동성은 언어적 세계의 불완전성을, 이성적 세계의 비합리성을, 과학적 세계의 불가능성을 드러내는 도구가 되고 있다.

본고가 정보라 작품에 주목한 이유는 정보라 작품 속 환상이 현실의 규칙을 파괴하며 불가사의한 것에 의한 서사를 진행함으로써 위반의 서사를 이어 가고 있을 뿐 아니라, 말해질 수 없던 것과 보여지지 않은 것을 드러냄으로써 인식의 경계를 넘나들기 때문이다. 또한 의미화로 수렴되지 않고 유동하며 변형됨으로써 문자적 담론 질서를 해체하는 여성적 글쓰기를 시도하고 있음에 주목했다. 정보라의 『저주토끼』(래빗홀, 2023)는 존재를 증명할 수 없으면 존재하지 않는 것인가라는 물음에서 시작한다. 언어와 과학과 이성의 한계로 인해 설명할 수 없던 존재들을 생생히 그려 냄으로써 독단적인 이성 중심 세계를 비판하고, 비존재로 치부되어 왔던 세계 질서 밖의 타자에 주목한다.

2 여성적 글쓰기와 유동하는 말하기

문학이 언어를 매개하여 구현된다는 점에서 문학 속 인간의 욕망과 무의식은 '언어와 사고'를 연결하는 정신분석학 이론에 기대어 설명되곤 한다. 프로이트에서 시작하여 융, 아들러, 라이히, 라캉에 이르기까지 남성 철학자의 이론에는 항상 남근이 있으며, 주체로서의 남성이 자리 잡고 있기 때문에 여성은 설 자리를 잃는다. 이에 대해 쥴리아 크리스테바는 상징계에서 남성이 주체로 완성되는 것이 아니라, 전 오이디푸스 단계인 기호계를 통해 어머니와 소통하며 모성의 흔적을 회복해 가는 과정에서 주체를 획득하게 된다고 말하며 기호계 속 여성의 자리를 마련하고자 했다. 상징계 속 단단히 확립된 주체 개념에 의문을 품으며 어머니를 완전히 타자로 만들지 않고 중재적 위치까지 끌어올려 놓은 것이다. 이에 더하여 엘렌 식수는 언어체계 속 이항대립적인 관계는 계급적일 뿐 아니라 정치적임을 밝히며, 글쓰기가 남성 리비도의 결과물이며 남근중심주의의 특권적 향유 과정임을 비판한다. 그녀는 남근중심주의 이데올로기를 해체하는 글쓰기로써 여성적 글쓰기를 주장하고 있다. 또한 현대사회를 이루는 이항대립적 요소 속 위계질서를 해체하고 새롭게 배열하는 글쓰기를 통해, 상징적 담론 속에서 여성만의 시각을 찾을 수 있음을 강조한다. 우리는 언어적 상징계가 이미 남성 편향성을 전제하고 있음을 부정할 수 없으며, 주체를 확립해 간다는 말 자체가 남성 주체를 가정하기 때문에 여성이 주체가 되는 과정을 설명하기란 매우 어려운 일임을 알고 있다. 때문에 주체에 대하여 성적 중립을 말하는 이리가레의 주장에도 귀 기울일 필요가 있다. 이리가레는 여성성이 경계가 없고 촉각적이며 복수적이고 무정형적이라고 말한다. 이리가레의 비판은 주체로서의 남성을 넘어서 주체를 생산하는 지배담론을 향하고 있으며, 남성중심의 지배담론이 갖는 고체성, 전체성, 고정성, 동일성으로부터 벗어나야 한다고 주장한다. 남성중심 언어체계에 포섭되지 않는 여성적 글쓰기만의 비정형성과 액체성이 남근중심의 고체적 담화와 다름을 강조한 것이다.

정보라의 글쓰기는 남성적 글쓰기와 달리 유동적이며 정의하기 불가능한 '목소리'[6]에 가깝다. 목소리에 가깝다는 것은 하나의 고정적 의미로 환원되거나 체계화되지 않음을 의미한다. 엘렌 식수는 여성적 글쓰기에서 사용하는 언어가 기존의 가치와 질서를 훼손하고 해체할 뿐 아니라, 남성 주체와 대등한 타자의 자리를 찾게 하는 행위라고 말한다. 여성적 글쓰기가 문자에서 배제된 여성을 드러내는 작업이자 여성의 육체를 회복하는 것이라 주장하며 거침없는 언어로 말할 것을 강조한다. 엘렌 식수는 여성적 글쓰기가 남성중심 담론의 가치체계를 전복하는 것이라고 표현하지만 이를 개념화하지 않은 이유에 대해, 의미화를 위한 수렴은 남성적 언어의 지배 영역으로 다시 회귀하여 포섭되는 행위라는 점을 강조했다. 따라서 의미화를 위한 글쓰기가 아니라, "'목소리'와 '리듬'에서 여성적 글쓰기의 감지가 가능"[7]하다고 주장하는 것이다. 정보라의 글쓰기도 목소리를 갖는다. 정보라 소설 속 여성이 '목소리'를 내는 방식은 메두사의 천 개의 혀가 천 개의 말을 하는 것처럼 흘러넘치는 언어가 된다. 이리가레는 여성들의 언어활동이 인과성을 지니지 않으며 모순적이고 광적인, 귀를 기울이는 자에게 들리지 않는 말이라고 설명한다.[8] 정보라 역시 글쓰기를 통해 고정되지 않으며 끝맺지 않는 목소리를 내며, 동일성으로 영역화할 수 없는 복수적인 존재에 대해 말하고 있다.

  정보라 소설에서 목소리를 내는 주체는 '이야기꾼'이 된다. 여성작가의 목소리는 작중인물들의 목소리로 재현된다. 서사는 고정되지 않고 입에서 입으로 전해지는 구전 형식을 취하는데, 이는 구술 전통과도 맥을 같

---

6 정을미, 「엘렌 식수의 "여성적 글쓰기"」, 《한국프랑스학논집》 29(한국프랑스학회, 2000), 253쪽. 여성적 글쓰기는 목소리와 가깝다는 특징이 있다. 발화는 노래에 가깝고 따라서 무의식과 가깝다.
7 위의 책, 54쪽.
8 뤼스 이리가레, 이은민 옮김, 『하나이지 않은 성』(동문선, 2000), 38~39쪽.

이한다. 전통적으로 인과적 짜임새나 논리적 체계로 만들어진 문자에 비해 말은 불완전한 것으로 치부되어 왔는데, 말이 고정되지 않고 번복되며 끊임없이 변형되는 속성을 지니고 있기 때문이다. 그런 점에서 문자가 고체성을 갖는다면 말은 유연한 액체성을 가지며, 문자가 의미를 확정한다면 말은 의미를 흘러넘치게 만든다. 더욱이 소설 장르는 문자언어를 매개로 하지만 청각적 울림을 갖는 구술 전통과의 연속성에서 이해할 수 있다. 소설의 모태가 되는 설화에서 짐작할 수 있듯이, 이야기가 문자로 고정되기 전에 구술 청각적 단계를 거친다는 점에서 "소설은 이야기하는 것을 읽는 것"[9]이라고 말할 수 있다. 기록문학 이전의 구술자나 구연자처럼 보이는 정보라 소설 속 화자는 기록으로서의 문자성을 거부함으로써 의미화의 엇나감을 유도한다. 이러한 전략은 서사 흐름의 역동성을 부여해 장면의 극대화에 기여하고 있다.

  정보라는 이야기꾼의 '목소리'를 작품의 서사 전략으로 사용한다. 이야기는 시간과 배경을 특정하고 인물을 소개하며 시작된다. 비현실적이고 초현실적 복수담의 형식을 빌려 문제를 해결해 가는 과정이 이야기꾼의 목소리를 통해 구현되는데, 이것은 리얼리티를 강화하는 일반적인 서사 전략과는 상충하는 방식이다. 환상적이고 비과학적이며 보이지 않는 것을 의미화하는 이야기꾼은 리얼리티가 균열되는 지점에 출현하여 사회적 억압과 제한을 넘나들며 의미망을 확장해 간다. 이때 이야기꾼이 전하는 이야기나 전해 들은 이야기는 진실일 수도 있고 아닐 수도 있다. 들은 이야기를 진실에 가깝게 만드는 것은 이야기의 내용이 아니라 '반복'적 발화행위 자체에 있다. "이 부분에서 할아버지는 수십 번이나 되풀이한 이야기인데도 언제나, 매번, 목소리가 떨리고 눈시울이 붉어졌다."(「저주토끼」)와 같이 이

---

9 조정래·나병철, 『소설이란 무엇인가』(평민사, 1994), 11쪽.

야기꾼은 같은 이야기를 반복적으로 전달하며 역동적 서사를 이어 간다. 같은 이야기의 반복은 비가시적 환상 세계에 대한 의구심을 해소할 뿐 아니라 평이했던 서사의 미세한 변형을 가하며 의미심장한 변화를 만들어 내기도 한다.

「재회」는 폴란드에서 만난 남자가 귀신을 볼 수 있는 나에게 말을 걸면서 이야기가 시작된다. 남자의 할아버지는 나치 강제수용소 생존자였는데 "할아버지에 관해 이야기해 주었다."로 시작하는 가족의 사연은 독자를 이야기의 장으로 끌어들이며 그의 이야기에 귀 기울이게 만든다. 나치 수용소에서 생존해 왔지만 강박적 행동에서 벗어나지 못했던 할아버지의 이야기, 귀신을 볼 수 있다는 사실을 숨겨야 했던 자신의 어린 시절 이야기, 현재의 삶에 묶여 있는 그녀의 이야기는 겹겹이 덧입혀지며 반복된다. 귀신이 된 지금도 묶여 있어야 안전하다고 느끼는 그와, 과거에 붙잡혀 미래로 나아가지 못하는 그녀의 모습이 겹쳐지며 둘의 상황이 크게 다르지 않음을 효과적으로 드러낸다. 이처럼 구술성이 갖는 일회성이나 단발성을 포착하기 위해 정보라는 이야기의 반복과 병치를 통해 발화되는 상황 속에 청자를 매어 둔다.

노골적으로 목소리를 표방하고 있는 '소문'은 정보라 소설의 중요한 서사 장치로 사용된다. 소문은 인물을 형상화하거나 스토리를 구성할 때 중요하게 작용할 뿐 아니라, 소문 자체가 구술적 전통에 뿌리를 두기 때문에 문자 중심의 사회를 재편하는 강력한 힘을 갖는다. 소문은 진실성의 측면에서 접근할 수는 없다. 낭설이며 뜬소문은 문자 그대로 떠다니며 퍼져 나간다. 「저주토끼」에서 양조장을 운영하는 할아버지의 친구는 "공업용 알코올을 섞는다."라고 비방하는 소문으로 인해 도산한다. 회사가 망하자 할아버지의 친구는 스스로 목을 맸고 그의 아내까지 불귀의 객이 된다. 친구를 잃은 할아버지 역시 같은 방식으로 복수하는데, "양조 회사 창고에 쥐가

산다."라는 소문은 일파만파 걷잡을 수 없이 퍼져 나가 결국 회사를 도산시킨다. 소문은 문자 안에 가둘 수 없는 목소리이다. 진위의 심판자가 되려는 이성을 비웃으며, 실체를 증명하려는 과학을 무색하게 만드는 소문은 입에서 입으로 옮겨 가며 고체화된 문자보다 강력한 힘을 발휘한다. 이처럼 정보라가 들려주는 목소리는 견고한 남성적 문자 체계를 흔든다. 유동적 목소리는 변형되고 확산하며 고체화된 세계 속으로 흘러든다. 목소리는 규범화되고 고정된 세계에 의구심을 가지며 남성적 질서로 영토화하려는 작업을 훼방한다.

3 신화적 세계의 해체와 괴물 이야기

구술적 전통인 '이야기하기'의 기원은 신화시대로 거슬러 간다. 일반적으로 신화적 세계의 주인공은 위험이나 고통, 난관을 극복하고 소망을 성취하는데, 이런 영웅담은 어려움을 극복함으로써 사회적 지위를 획득한다는 행복한 결말을 보장한다. 구술적 전통 속 남성 영웅담이 갖는 환상은, 환상의 형식만을 차용할 뿐이지 철저히 현실의 원리에 의해 작동한다는 특징이 있다. 그런 점에서 신화는 가부장적 검열을 거쳐 만들어진 산물이라 할 수 있으며 지배계급에게 유용한 이데올로기가 각인되어 있다.

정보라는 구술적 전통 중에서 신화적 영웅 이야기를 배제한다. 정보라가 주목한 이야기는 전설이나 민담으로 분류된 것으로, 지배 이데올로기를 재생산하는 데 기여하지 못함으로써 주류 문학에서 배제된 채 유영하는 이야기들이다. 신성성이 탈각된 세속적인 이야기는 영웅담이 아닌 괴물의 이야기가 된다. 「흉터」는 "옛날 옛날에. 모든 전설은 그렇게 시작된다. 옛날 옛날에, 몇 년에 한 번씩 역병이 도는 지역이 있었다. 역병은 그 지방에서 가장 높은 산속의 가장 깊은 동굴에 사는 괴물의 짓으로 여겨졌는데,"와 같이 전설 형식을 그대로 차용하며 괴물의 이야기가 전개된다. 「흉터」는 인간 이기심의 잔혹성을 보여 주기 위해서 제물이 된 아이의 모습을 그로테스크하게 그리고 있다. 일반적으로 그로테스크는 환상 장르에서 괴물의 타자성을 설명하기 위해 사용되며, 그로테스크한 환상은 기존의 고귀함과 숭고함을 추구하는 주류적 미의 원칙에 반하는 위반과 전복적 특징을 갖는다. 미학적 측면에서도 그로테스크는 쾌가 아닌 불쾌의 감정을 소환하며 불편하고 공포스러운 감정을 야기시킨다. 이처럼 불편함의 반미학적 요소를 들춰내는 것에는 변혁의 논리가 작용하기도 한다. 「흉터」는 그로테스크한 환상을 통해 잔혹하고 파괴적이며, 괴물보다 더 괴물스러운 인간의 섬뜩함을 보여 주고 있다. 작품 속 그로테스크함은 단순히 공포감을 유발하기 위한 장치가 아니라 기존 질서가 용납하지 않는 이질적 존재와의 의도적 충돌을 통해 불편함을 환기한다.

정보라는 남성 신화의 지위를 해체하며 여성 신화를 다시 쓰기도 한다. 「바람과 모래의 지배자」에서 모래사막 왕의 눈먼 아들과 결혼하게 된 공주는 왕자의 눈을 고치기 위해 황금 배의 주인을 찾아 나선다. 하지만 난제를 해결하고 돌아온 공주는 오히려 마녀로 몰려 죽음을 맞이할 위기에 처한다. 이 소설은 신화에서 신성함만을 추출한 영웅 이야기가 아니며, 희생의 미덕으로 포장해 여성적 규범을 강화하려는 도덕적 이야기도 아니다. 혼종의 시선이 교차되는 이종교배의 새로운 신화로서, 왕국 건설을 정당화하기 위한 창조의 신화가 아니라 왕국 붕괴가 타당함을 보여 주는 파멸의 신화이다.

이야기꾼의 이야기는 전개 과정에서 내용이 변경되는데, 수수께끼는 풀리지 않고 문제는 해결되지 않으며 이야기는 점점 미궁 속으로 빠져들게 된다. 신화의 신성함을 해체하는 이야기, 전설의 신빙성을 거부하는 이야기가 만들어지는 것이다. 「덫」은 "이것은 오래전에 어디선가 읽은 이야기이다."로 시작하며, 출처가 불확실한 이야기임을 강조하면서 이야기의 신빙성을 희석시킨다. "옛날에 어떤 남자가"로 시작하는 전형적인 구전 설화의 구조는 화자와 청자와의 거리를 좁히며 서사가 재현되는 현재적 상황을 강화한다. 「덫」은 황금 피를 흘리는 여우에게서 황금을 얻어 부를 이룬 남자의 이야기이다. 그는 쌍둥이 남매를 낳았는데 죽은 여우의 원혼이 아들에게 들어가 아들이 황금 피를 흘리게 되고, 황금을 얻기 위해 아들에게 딸을 재물로 바친다. 황금 피를 흘리는 여우 전설은 인간 욕망의 정점을 보여 준다. 설화의 형태를 갖추고 있지만 현대 자본주의 사회를 향해 황금을 얻기 위해서 어떤 일까지 할 수 있는지를 묻고 있으며, 남매간의 근친상간을 보여 줌으로써 금기가 오히려 욕망을 만드는 것은 아닌지를 되묻고 있다.

정보라가 사용하는 설화적 환상은 이야기의 변형 가능성을 보여 주는데, 이야기가 갖는 유동성은 개념화해 정의할 수는 없지만 흔적을 남기게 된다. 이에 대해 벤야민은 "이야기는 옹기그릇에 도공의 손자국이 남아 있듯 이야기하는 사람의 흔적이 남아 있다."[10]라고 말한다. 정보라 작품 속 이야기하기 방식은 문자라는 상징계로 대표되는 문필 문화를 비판하면서 남성중심의 엘리트 문학에 저항하는 흔적을 남기고 있다. 문자적 해석의 한계를 거부하는 구술성은, 문자보다 문명화되지 못함을 의미하는 것이 아니라 문자에 앞서는 원초적이며 보편적인 문화와 정서와 연결되어 있음을 보여 준다.

---

10 발터 벤야민, 최성만 옮김, 『서사 기억 비평의 자리』(길, 2021), 429쪽.

4 시각의 폭력성과 촉각적 환상

정보라는 시각이 점하는 감각적 우위를 해체하는 방식으로 촉각적 경험을 강화한다. 계몽주의 이후 현상을 인식하는 도구는 시각이 점유해 왔다. 오랜 기간 시각은 사실 여부의 확인이나 가치판단의 지표로 사용되었으며, 시각적 정보는 오류가 없는 명징한 진리로 인정받아 왔다. 또한 시각적 정보가 인식과 사유를 끌어낸다는 믿음 때문에 인식의 주체에게 가장 중요한 감각으로 여겨져 왔다. 이러한 시각의 특권화는 촉각을 통한 인식이 시각보다 열등하다는 편견을 만들게 된다. 근대의 시각 중심주의는 들뢰즈나 매클루언 등에 의해 비판되기도 했으나, 이들은 시각과 촉각의 균형과 상호작용을 논의한 반면, 이리가레의 촉각은 남근중심의 형이상학 전통을 비판한다는 점에서 페미니즘적 성격을 강하게 지니고 있다. 시각을 사용해 대상을 바라보기 위해서는 대상과 공간적 거리를 전제해야 하는데, 촉각은 대상에게 실질적으로 영향을 끼치는 관계 맺기를 가능케 만든다. 이리가레는 촉각이 타자를 허용하는 감각이라고 말하며 촉각을 중심으로 재사유할 것을 주장하는데, 이는 촉각이 타자와의 접촉을 전제한다는 점에서 물질성을 갖기 때문이다. 인식 과정에서 시각이 주가 될 때 대상은 물질성을 잃어버리기에, 시각은 대상이 갖는 원초적이고 잠재적인 부분을 드러낼 수 없다는 것이다. 그런 의미에서 촉각이야말로 시각을 가능하게 하는 토대가 되고 시각 중심주의를 해체하는 감각이 된다.

정보라 작품에 재현되는 촉각적 환상은 가시화되지 않는 타자의 존재를 증명하는 감각으로 사용되며, 보이지 않는 것을 존재하지 않는 것으로 치부해 버리는 시각적 독선에 대한 비판적 함의를 내포한다는 점에서 여성적 글쓰기와 연결된다. 「저주토끼」는 "보이지 않는 토끼에게 갉아 먹힌" 저주의 과정을 촉각적으로 기술한다. 기술개발에 힘쓰며 가업인 양조장을 이끌어 가던 할아버지의 친구가 경쟁사의 모함으로 도산한 후 자살하자, 할아버지는 저주토끼를 만들어 경쟁사의 사장을 저주한다. '저주하다'와 같은 비가시적 행위는 서류나 종이, 재산, 신경, 뇌, 마음이라는 단어와 결합한 후 '갉아 먹다'라는 감각에 수렴되고 구체화된다. '갉아 먹다/먹히다'의 행위는 먹는 행위만을 연상시키는 것이 아니라 지속과 깊이의 의미가 더해지며 고통을 증폭시킨다.

「덫」에는 "피를 게걸스럽게 핥아 먹는" 황금 여우의 원혼이 깃든 아들이 등장한다. 주인공은 덫에 걸려 황금 피를 흘리는 여우를 발견하고 집으로 데리고 와서 가둔 후, 상처를 쑤셔서 얻은 황금을 밑천으로 큰 부를 이룬다. 허약해진 여우가 죽자 주인공 아들에게 여우의 혼이 깃들고, 아들은 여동생의 피를 핥아 먹으며 황금 피를 만들어 낸다. 주인공은 황금 피를 계속 얻기 위해 딸을 희생양으로 삼는 선택을 한다. 황금에 눈이 먼 인간의 포악성은 '씹다, 물어뜯다, 핥다, 깨물다'와 같은 촉각적인 언어로 표현된다. 신체에 상처를 내거나 피를 흘리거나 피를 핥는 행위는 욕망의 노예가 되어 버린 인간을 동물보다 못한 지위로 추락시킨다. 정보라는 흡혈 모티프를 통해 이성적 주체를 비판하고 있으며, 이질적인 것을 주변부로 밀어내 버리는 타자성의 문제를 제기하는 동시에 피를 빨아먹는 흡혈 행위 자체를 부각함으로써 착취의 위계적 관계를 드러내고 있다. 기생과 희생의 종속관계를 사회적 차원으로 확장함으로써 사회비판적 메타포로 작동하게 만드는 것이다.

「흉터」는 "뼈를 찢고 골수를 빨아 먹는" 괴물이 등장한다. 괴물에게 어린아이를 제물로 바치기로 공모한 마을 사람들의 집단적 이기심을 폭로하고 있는데, 한 명의 희생으로 마을 전체가 역병이나 공포로부터 벗어날 수 있다면 그 희생은 괜찮은 것인지를 묻고 있다. 이 소설은 어슐러 K. 르 귄의 『오멜라스를 떠나는 사람들』을 연상시킨다. 고통받는 아이 하나와 바꾼 도시 오멜라스의 행복과 번영이 갖는 공리적 딜레마 문제를 정보라는 다른 방식으로 풀어내고 있다. 무고한 한 명의 희생을 담보한 다수의 행복에 대한 물음에서 더 나아가, 현대사회의 행복과 풍요로움도 누군가의 희생과 불평등에 기인한 것임을 강조한다.

「바람과 모래의 지배자」는 시각의 폭력성을 비판하기 위해 "눈이 보이지 않는" 왕자를 등장시킨다. 보는 행위에 의해 탐욕이 생기고, 보는 행위로 인해 편향적이며 폭력적인 위계가 만들어짐을 폭로한다. 왕자는 눈이 보이지 않았을 때는 자신의 신부를 "손가락으로 조심스럽게 얼굴을 더듬는" 촉각적 행위를 통해 원초적이며 감각적인 사랑을 경험한다. 촉각이 대상과의 거리를 없애거나 밀착시키며 대상과의 위계를 무화시키는 방식으로 작동하고 있음을 보여 준다. 하지만 왕자가 볼 수 있게 되자, 왕자는 공주를 "사악한 주술사와 내통한 마녀"라고 명명하며 처단하려 한다. 시각이 회복되자 역설적으로 "자신의 욕심에 스스로 눈먼 인간"이 되어 버린 것이다. 이처럼 정보라는 비가시적 영역이 촉각에 의해 탐지된다는 작동 원리에 집중하며, 촉각을 통해 몸의 기억이 각인된다는 점에 주목했다. 시각적 논리가 몸보다 정신을, 감성보다 이성을, 촉각보다는 시각을 우선하는 철학적 전통에 기반한다는 점을 비판하면서 촉각을 통한 인식의 지평을 확장하고 있다.[11]

촉각적 환상은 몸에 관한 담론과 연결된다. 물질성을 갖는 몸은 비가시적 욕망을 투영하고 있기 때문이다. 「몸하다」는 남성이 없이 임신한 여성

---

11 이리가레는 촉각을 물질적인 것으로, 육체적인 것으로 치부하는 것이 여성을 억압하는 데 기여한다고 보았다. 촉각을 적극적으로 사유하는 것은 남성중심주의의 비판적 도구가 되며, 여성 주체성을 회복하는 것이라고 보았다. 정통 철학에서 진리를 추구하는 방식은 육체적이고 감각적인 요소를 배제하여 이성적이고 논리적으로 철학적 진리에 도달해야 했다. 진리를 추구하는 과정에서 촉각으로 대표되는 육체성이 이성적 사고를 방해하는 감각이라고 여겨졌기 때문이다. 촉각이 시각의 대척점에 자리한 것이 아니라고 하더라도 적어도 진리를 보고 판단하기 위한 보조적 질료로 인식되고 있음은 부정할 수 없다.

의 몸 이야기를, 「머리」는 배설물로 만들어진 새로운 몸 이야기를, 「안녕, 내 사랑」은 반려 사이보그 몸 이야기를 담고 있다. 「몸하다」에서 여성은 피임약 부작용으로 남성 배우자 없이 임신하게 된다. 달걀의 무정란처럼 남자 없이 임신한 그녀는 아이의 아버지가 되어 줄 사람을 찾아 나선다. 남자 없이 임신한 여성이라는 설정은 여성의 몸이 남성 욕망의 대상이 아니며, 아이를 생산하는 도구화된 몸이 아님을 보여 준다. 이는 이리가레가 "페니스가 부재"[12]한 여성이라는 정의에 반대하며 여성의 성기가 짝을 이루고 있어서 여성의 성욕에 반드시 페니스가 필요하지 않다는 점을 강조한 것과 연관 지을 수 있다. 여성이 아이의 아버지를 구하는 과정에서 만나는 남성들을 통해서 남성중심 섹슈얼리티의 허상이 드러나고 있으며 권력관계의 실체가 폭로되고 있다.

「머리」는 그녀의 배설물로 만들어졌기에 그녀의 분신임을 주장하는 '머리'와 머리의 존재를 부정하는 주인공이 등장한다. 배설물과 오물로 만들어진 '머리'에게 결국 먹혀 버리는 이야기는 무시하고 외면하던 부정적 신체에 의해 본래의 지위가 전복되는 과정을 보여 준다. 이 소설에서 "머리처럼 보이는 어떤 것"이 '머리'가 되어 가는 과정은 마치 인간이 오감의 감각을 수용하면서 욕망의 영역을 확장해 가는 과정과 닮아 있다. 작품 속 주객이 전도된 신체는 사회적 규범이나 요구로부터 버려진 것, 표면화되지 못한 것들에 의한 비천한 몸으로 형상화된다. 버려진 것들이 반복적으로 투사되는 환상은 여성의 자아 속에 불안함으로 봉인해 왔던 욕망을 들춰낸다.

「안녕, 내 사랑」에는 반려 로봇인 사이보그 몸이 등장한다. 주인공은

---

12 이리가레는 프로이트가 말하는 오이디푸스 콤플렉스의 금기에 따르면 아이가 경험하는 거세의 위협에서 여아는 페니스가 보이지 않는 존재이기 때문에 보이지 않는다는 것은 이미 결핍을 의미하는 것이라고 지적한다. '보이지 않는 것'을 결핍이 있는 존재로 치부하는 것은 시각중심주의의 오랜 전통에서 거세를 수행해 왔기 때문이라고 말한다.

자신이 개발한 인공 반려자를 "내 피조물이고 내가 만든 반려자"라 말하며 그녀의 소유물로 여긴다. 정부에서는 인조인간의 수명이 다하면 구형 인조인간을 버리고 신형으로 교체하도록 강요하지만 그녀는 고철 덩어리가 된 1호를 옷장에 가둔다. 1호는 그녀의 욕망이 투영된 인공물이기 때문이다. 그녀가 1호를 일컬어 "인공 반려자가 아니라 반려자로 생각"한다고 말하는 것과 달리 그녀와 1호의 관계는 동등하지 않으며 창조자와 피조물의 위계적 관계를 형성하고 있다. 하지만 1호는 데릭으로, 데릭에서 세스로 업그레이드 되며 신체적 기능과 활동 범주를 확장하며 영원성을 획득해 간다. 더이상 소유물로서의 인공물이 아닌, 다중적이고 독립적인 정체성을 가진 초인간적 존재가 된 것이다. 결국 인조인간에 의해 창조자가 공격당하는 결말은 '인공지능이 인간을 대체할 것인가'라는 궁극의 물음에 대한 노골적인 대답이 된다. 인간만이 존엄한 피조물이라는 생각을 비판하며, 인간도 언제든지 초인간에게 자리를 내주어야 함을 예견하고 있다. 살펴본 바와 같이 정보라가 주목한 몸은 남성이 필요 없는 여성의 몸, 늙은 몸을 대체하는 새로운 몸, 인간의 자리를 대체하는 사이보그의 몸이다. 이들은 이질적인 것으로 간주된 것들[13]이라는 점에서 타자성을 대표하는 몸이다.

    정보라는 촉각을 시각 중심적이고 남성중심적인 지배담론을 비판하는 도구로 사용하고 있다. "팔루스-로고스 중심주의를 해체하기 위해 여성적인 것으로 간주된 특징들인 촉각, 액체성, 다수성, 감각, 육체성 등을 여성 주체성과 관련시켜 해체하기 위한 도구로 활용할 것을 주장"[14]한 이리가

---

13 버틀러는 몸의 정체성을 확립하는 과정이 오염된 타자성을 축출하는 행위를 통해서 수립된다고 말한다. 때문에 개인의 안정성을 위해서 몸에서 나오는 배설물들(침, 땀, 똥, 오줌 등)을 배제하며, 성적인 영역 및 인종, 계급, 민족 등의 영역에도 작동한다고 말한다. 전혜은, 『섹스화된 몸』(새물결, 2010), 196쪽.
14 김남이, 「촉각의 현상학과 그 미학적 함의: 뤼스 이리가레의 여성 주체성을 중심으로」, 서울대학교 미학과 석사학위논문, 2014, 120쪽.

레의 사상은 그의 작품에서 문학적으로 실현되고 있다. 촉각의 강조는 단순히 남성중심의 담론을 비판하는 것을 넘어서 시각 뒤에 묻혀 있는 여성적 상상계를 소환하는 감각이 되며, 촉각은 "경계를 흐트러뜨림으로써 양극을 매개하는 감각이고 따라서 관계를 가능하게 하는 감각이면서 동시에 이분법 자체를 해체하는 감각"[15]이 된다. 정보라의 촉각은 위계적 바라봄의 위치를 거부하고 지배적이며 대상화하려는 시각의 폭력성을 고발하는 동시에 접촉을 통해 대상과의 거리를 복원함으로써 상호주체적 관계의 가능성을, 혹은 전치된 관계의 가능성을 열어 두고 있다.

5 비과학적 세계의 가시화와 저주 서사

이성과 과학으로 설명할 수 없는 세계를 드러내는 방식으로 정보라가 사용하는 '저주'의 서사에 주목할 필요가 있다. 일반적으로 선과 악의 대결 구도에서 선이 악을 응징하는 복수와는 달리 저주는 주술을 통해 나쁜 영향을 가하는 행위를 일컫는다. 저주는 주술적인 힘을 가진 대상물에 의해 집행되는 경우가 많다[16]는 점에서 오컬트적 환상[17]과 연결된다. 오컬트는 근대과학으로 설명하기 힘든 초자연적인 요소를 의미하며, 종교와 구분하여 밀교적으로 신비화되고 숨겨진 영역을 가리킨다. 오컬트는 자연이나 우주 속의 감추어진 힘을 끌어낸다는 특징이 있으며 오컬트의 비과학적 요소나

---

15 김지혜, 「루스 이리가라이의 촉각성에 근거한 시각의 재개념화」, 이화여자대학교 박사학위논문, 2007, 73쪽.
16 검색어 「저주」, 『한국민족문화대백과사전』
17 오컬트적 환상은 일반적인 판타지와 구분할 때 판타지에 공포적 양식이 결합된 것으로 해석하며 종교적인 의미가 더해진 개념으로 사용한다. 샤머니즘적 성격을 통칭하는 개념이기도 하다.

초자연적 설명은 과학적이고 이성적인 남성의 상징계 외부에 자리하게 된다. 정보라의 오컬트적 환상은 과학적으로 설명할 수 없는 어떤 것을 설명한다는 점에서 오히려 이성적 법칙을 넘어선다. 정보라의 오컬트적 환상은 선과 악의 대립에 초점을 두기보다는 두 세계를 중재하거나 매개함으로써 샤먼적이고 이질적인 세계를 드러내는 특징이 있다. 오컬트적 환상은 생과 사, 선과 악의 중간 지점에 자리하면서 생과 사가 분리된 것인지 질문하고 선과 악을 규정할 수 있는지 의심한다. 의심하는 순간 선이라 믿었던 도덕적 질서는 균열하게 되는데, 균열을 통해 선이란 본성적 요소가 아니라 규범적 요소가 축적된 부산물이라는 사실을 알아채도록 경고한다.

정보라의 오컬트적 환상은 선하게 세상을 살아가면 받아야 하는 응당한 결말인 행복에 도달하지 못할 때 발생하는 분노의 감정에 주목한다. 「저주토끼」는 인간의 힘으로 제어할 수 없는 문제를 해결하기 위해 오컬트적 환상의 힘을 빌린다. 불안과 공포감을 이용해 상황을 통제하거나 기괴와 섬뜩함을 유발하며 주술적인 봉합을 하기도 한다. 「저주토끼」에서 저주 용품을 만드는 가업을 이어 가는 할아버지는 저주 용품을 개인적 저주에 사용하면 안 된다는 금기를 깨고 친구의 억울함을 풀어 주기 위해 저주가 깃든 토끼 전등을 만들어서 복수한다. 양조장을 운영하는 할아버지의 친구는 정직하고 똑똑했지만, 감미료를 섞은 싸구려 술이 시장을 점유하는 과정에서 도태된다. 할아버지의 저주는 현대사회의 개방성과 속도감에 편승하지 못해서 사회 변화의 속도를 따라가지 못하는 것을 마치 개인의 책임으로 돌리는 세상을 향한 저주이기도 하다. 저주는 피해를 되갚아 준다는 점에서 소극적 복수처럼 해석될 수도 있지만 복수가 통쾌한 보복을 통해 부당한 현실을 바로 잡음으로써 정의가 구현되는 결론으로 마무리된다면 저주는 이와 궤를 달리한다. 일반적으로 복수는 오히려 현실 원리를 공고히 하려는 과정으로 해석될 수 있으며, 권선징악의 주제 역시 보편적 진리를 강조하고 확정한다는 점에서 기존의 규범을 강화한다[18]는 측면이 있다. 반면 저주 행위가 정당성을 부여받는 이유는 피해자의 원한이 사회적 부조리에 기인함에 대한 암묵적 합의가 있기 때문이다. 저주는 법을 초월하는 폭력적 권력과 자본의 횡포에 대항하는 방법이 된다.

저주는 현실 원리에 적용을 받지 않기 때문에 저주를 퍼붓는 주체에게도 공포감을 야기한다. 저주를 통해 초법적인 악의 존재를 응징한 주인공들은 사회로부터 유폐된다. 「즐거운 나의 집」에서 주차 문제로 텃세를 부리며 자동차를 훼손하던 이웃은 "누군가"에 의해 응징당하며 오히려 자해 공갈범으로 취급받는다. 권리금을 요구하던 순댓국집 사장은 변사체로 발견되며, 바람 피운 남편과 내연녀는 교통사고로 즉사한다. 그녀를 괴롭히는 문제들은 지하실에 사는 아이(귀신)의 도움으로 모두 해결되지만, 아내 역시 스스로를 지하실에 가둬 버린다. 현실의 원리로 어쩌지 못하는 억울함이 저주를 통해 봉합되지만, 비과학적 주술은 세상의 원리로 받아들여지지 못하고 아래로 침잠하게 된다. 「저주토끼」에서 타인을 저주하는 일을 가업으로 이어받은 자신에 대해서, 죽어도 죽지 못하고 "닻과 같은 물건 옆에 영원히 앉아 있게 될 것"이라고 말한다. 할아버지가 저주했던 사장, 사장의 아들, 사장의 손주는 모두 죽지만 그들을 저주했던 할아버지의 영혼 역시 편히 쉬지 못하고 이승을 배회한다. 「재회」에서 폴란드 귀신은 "죽었을 때와 같은 모습으로 난방기에 묶은 끈에 목을 맨 상태"를 편안하다고 느낀다. 혼자서 손을 묶고 목을 매었던 귀신은 안식을 누리지 못하고 큰 도시를 끝없이 헤매며 다닌다. 저주의 도움을 받은 이들은 세상으로부터 스스로를 유폐시키거나, 귀신이 되어 끊임없이 찾아오거나, 원혼이 되어 혼자 떠

---

18 일반적 복수극에서 복수 방법은 규범을 위반하더라도 상식적 선을 넘지 말아야 한다. 복수자의 복수가 공감과 설득력을 얻기 위해서는 과거 피해자의 상태에서 법의 보호를 받지 못했던 사각지대를 강조해야 하며, 복수의 방법 역시 법을 위반하지 않는 테두리 내에서 행해져야 한다.

도는 대가를 치르게 되는 것이다.

저주가 작동하는 메커니즘을 이해하기 위해서 원한의 정서를 살펴볼 필요가 있다. 원한은 억울함을 당한 망자가 가졌으리라 추측되는 감정으로, 저주를 퍼부을 정도로 원한을 가지게 된 인과적인 관계를 추론하게 만든다. 인과적 논리는 과학적 세계와 이성을 대표한다. 정보라는 저주 행위가 있기 전, 저주의 원인이 되는 사건을 인과적 논리로 설명하고 있는데, 이는 비과학적 주술 세계를 설명하는 과학적 인과 논리라는 모순적 메커니즘을 보여 준다. 언어로 포착할 수 없는 주술 세계를 언어로 규정해야 하는 딜레마처럼 정보라 소설은 곳곳에서 모순된 세계의 충돌을 보여 주고 있다.

정보라의 저주는 현실적 권위와 규범에 도전하며 인과응보의 상상적 대안을 제시한다. 저주를 통해 초법적인 악을 응징하는 환상은, 부당함을 고발하고 철저히 앙갚음함으로써 급격한 감정의 해소를 경험하게 만든다. 현실적으로 복수는 강자를 향하기 때문에 난관에 부딪혀 좌절될 수밖에 없지만, 저주의 환상은 거침없으며 자비가 없다. 윤리적 갈등이나 고민의 여지가 없이 속행되며 잔혹하게 응징하는 것이 곧 정의가 된다. 정보라는 기존의 문학적 상상력이 구축해 왔던 도덕적 정의로움에 도전하며 인간의 잠재되어 있던 폭력성과 이기적인 공격성을 드러내고 있다. 정보라 작품 속 저주는 복수할 방법이나 도리가 없는 상황에서 정의롭게 움직일 수 있는 또 다른 세계를 상정하고 있다는 점에서 의의가 있다. 나아가 저주 대상은 단순히 영악하고 자본에 결탁한 개인만이 아니라, 근대 자본주의사회의 거대한 부조리 자체이기도 하다.

6 나오며

정보라의 글쓰기는 문자로 고정되지 않고 목소리를 갖는다. 목소리는 의미를 확정할 수 없거나 의미화에 실패했다는 것을 의미한다. 목소리는 진리를 보증하기보다는 발설하고, 규범을 확정하기보다는 방해한다. 고정된 의미를 해체하는 목소리는 문자화되지 못한 이질적인 것을 드러낸다는 점에서 타자성을 갖는다. 근대 이성의 역사에서 타자화된 여성은 광기, 비과학, 초자연적 영역을 복원함으로써 과학적 지식에서 밀려난 여성의 자리를 마련하고자 시도한다. 정보라 역시 현대사회를 움직이는 것이 과학적 사고나 보편적 진리인지를 묻고 있다. 정보라는 이야기 들려주기를 통해 독자에게 말을 걸며, 목소리를 통해 이야기를 무한히 확장한다. 목소리는 소음이나 비명이 되기도 하고, 웅얼거림이나 소문이 되면서 의미화의 틀에 갇히지 않고 유동하면서 퍼져 나간다. 목소리는 문자의 특권적인 의미망을 해체함으로써 언어적 폭력 속 가려진 타자를 드러낸다. 그녀가 차용하는 구술적 전통 속 이야기 들려주기, 소문내기는 문자언어로는 재현할 수 없는 세계를 포착함으로써 문자 중심의 기존 질서를 위협하고 있다.

정보라는 환상을 시각적 폭력성에 저항하여 보이지 않는 것을 이야기하는 방식으로, 버려지고 부정된 것을 드러내는 방법으로 사용한다. 리얼리즘 전통에 포섭되지 못한 타자화된 것들에 공간을 내주며, 배제된 것들의 담론장을 마련하고 있다. 정보라의 환상은 보이지 않는 것, 과학적이지 않은 것, 불길한 것, 열등한 것, 억눌린 것, 배제된 것을 사유하는 과정에 개입한다. 비가시적 세계가 현실 원리에 관여하며 비과학적 세계가 이성 원리에 간섭한다. 특히 저주 서사에 등장하는 오컬트적 환상은 공고한 도덕적 정의로움을 의심하며 부조리한 사회를 향해 분노를 쏟아 낸다. 이러한 환상이 위험하다고 인지되는 것은 남성중심의 이성 세계를 위협하기 때문으로, 이성과 과학으로 설명할 수 없는 초자연적 현상을 조우하는 것은 언제나 두렵다. 정보라 소설은 보이지 않지만 존재하는 삶의 요소를 드러냄으로써 기존 질서를 흔드는 불편한 속성을 가지고 있다. 현대로 올수록 인류 문명의 발전과 진보를 바라보는 시각의 균열이 커지고 있다. 정보라는 문명의 발전으로 해결하지 못하는 불확실성이 오히려 과학적 발전을 거듭할수록 확대되는 기현상을 더 이상 외면할 수 없다고 말하고 있다.

| 가족 |

2010년대 여성가족소설 속 가족의 재발명
―― 백수린과 김혜진 소설의 모녀 서사를 중심으로

박구비

1 '어머니-딸'이라는 오래된 미래

최근 한국문학장에는 그 어느 때보다 다양한 여성 서사들이 등장하고 있다.[1] 특히 여성작가들은 여성가족소설을 통해 가족 내 다양한 여성들의 갈등과 연대를 형상화하며 한국문학의 독특한 특성을 만들어 내고 있다. 모계를 중심으로 한 여성가족소설 속 모녀 서사와 자매 서사들이 한국문학의 새로운 흐름을 형성하고 있다고 해도 과언이 아닐 것이다.[2] 여성가족소설이란 '어머니-딸'의 모녀 관계를 중심으로 가족의 갈등을 그리며 기존의 '아버지-아들' 중심의 가족로망스에 대한 전유나 수정을 시도하는 젠더 서사를 일컫는다. 여성가족소설은 기존 가족 담론 속에서 소외

---

1 심진경, 「한국문학은 여성의 것이 되었나」, 《자음과 모음》, 2023. 가을.
2 윤혜정은 페미니즘 리부트 이후 최은영, 김초엽, 정세랑 등을 중심으로 여성의 연애와 사랑을 그리는 여성 서사가 한국문학의 새로운 흐름을 형성했다고 보면서 주요 특징 중 하나로 가족 이야기의 큰 비중을 짚어 낸다. 윤혜정, 「페미니즘 리부트 이후 여성가족소설에 나타난 균열의 양상과 의미―김혜진『딸에 대하여』와 황정은『연년세세』를 중심으로」, 《여성문학연구》61(한국여성문학학회, 2024).

되고 주변화된 어머니와 딸의 구체적인 경험을 통해 가족 내 여성들의 불행한 현실을 드러내는 동시에 저항과 극복의 양상을 그려 내며 정치성을 획득한다.

특히 페미니즘 리부트 이후 최근 한국의 여성가족소설들에서 주목되는 지점은 "단지 생물학적 여성의 문학"을 넘어서는 "세대 의식이나 노동조건의 변화와 같은 다른 변수"[3]들이 포함되어 있다는 것이다. 이는 한국의 여성가족소설이 단순히 '아버지-아들'의 자리를 '어머니-딸'로 대체하는 것이 아니라, 여성가족 구성원들을 중심으로 '가족'의 의미를 확대하면서 윤리적 공동체로서 가족을 재발명하는 데에까지 나아간다는 것을 보여 준다. 여성가족소설 안에서 어머니와 딸들은 박탈의 경험을 통해 자기혐오에서 벗어나 타자로 열리는 윤리적 주체의 가능성을 얻게 되기 때문이다.

여성가족소설의 핵심은 '어머니-딸'의 관계이다. 여성들은 남성중심적 가족 이데올로기 속에서 "철저히 배제되고 사회적인 것의 영역에서 밀려나지만, 이데올로기적이고 상상적인 층위에서는 신화화"[4]되는 방식으로 이중 소외되어 왔기 때문이다. 여성들은 가족 내부에서 소외를 경험하면서 자신의 삶이 이미 박탈되어 있음을 인식하게 된다. 자신이 원래부터 속해 있다고 생각했던 삶의 토대가 실은 존재하지 않았으며, 삶이 자신의 주체적인 의지나 선택만으로 가능한 것이 아님을 이해하는 것이다.[5] 박탈 상태에 대한 자각을 통해 여성들은 다양한 관계 속에서 수행적 정체성을 추

---

3 심진경(2023), 앞의 글, 41쪽.
4 권명아, 『가족 이야기는 어떻게 만들어지는가』(책세상, 2000), 18쪽.
5 주디스 버틀러와 아테나 아타나시오우는 박탈(dispossession)이 우리가 선택할 수도 없고 통제할 수도 없는 사회적 규범들에 대한 우리의 구조적 의존성을 보여 주는 것이라고 설명한다. 자신이 이미 '박탈'되어 있다는 자각은 우리의 자족성을 한계 지으며, 우리를 관계적이고도 상호의존적인 존재로 확정한다. 박탈 상태에 대한 자각은 자신이 타자와의 관계 속에서만 존재할 수 있다는 것을 인정하게 한다는 것이다. 주디스 버틀러·아테나 아타나시오우, 김응산 옮김, 『박탈』(자음과모음, 2016).

구하는 동시에 가족 역시 수행적 공동체임을 깨닫게 된다. 여성가족소설 속에서 어머니와 딸이 보여 주는 애증의 서사야말로 박탈의 양가성을 통해 가족을 재해석할 가능성을 열어 두는 것이다.

매리앤 허시(Marianne Hirsch)는 프로이트의 가족로망스 이론이 어머니를 아이의 주체 형성 과정에서 수동적인 객체로 환원시켰다는 한계를 지적하며, '여성 가족로망스'라는 개념을 제시한다. 허시는 여성 인물에게 아버지나 남자 형제, 연인 또는 남편과 같은 주변 남성 인물들과의 관계보다 어머니와의 관계가 핵심이라고 본다. 어머니와의 갈등과 동일시를 동시에 경험하는 딸들은 관계 속 주체로서 자기 자신을 재구성하며 남성과는 다른 여성적 서사 모델을 만들어 내기 때문이다. 이때 어머니는 부정적 모델일 수도 있지만, 다른 가능성을 제공한다는 점에서 모순적이고 양가적인 존재이다.[6] 어머니는 침묵당하는 인물이기도 하지만, "전해져서는 안 될 이야기(not a story to pass on)"[7]를 발화하는 문제적 인물이기도 하기 때문이다. 허시가 제시하는 여성가족로망스 개념은 본격적으로 가족 서사 속에서 남성 인물이 배제되기 시작하는 최근 한국 여성 서사를 '어머니-딸'을 중심으로 한 여성가족소설로 구체화할 수 있게 한다.

한국현대소설사에서 '어머니-딸' 중심의 모녀 서사는 강경애의 「어머니와 딸」(1931) 이래로 끊임없이 등장하며 남 중심 사회 속 여성 소외 문제와 모순적인 공동체의 문제를 형상화하고 있다. 이 오래된 서사가 지금도 반복되어 등장하는 이유는 여전히 '어머니-딸'들이 모순된 관계에 놓여 있기 때문일 것이다. '어머니'는 여성에게 허락된 유일한 자리지만, 여성은 '어

6　김미현, 「여성 가족로망스의 교차성—김이설 소설을 중심으로」, 『그림자의 빛』(민음사, 2020), 177쪽 참조.

7　Marianne Hirsch, *The Mother/Daugher Plot: Narrative, Psychoanalysis, Feminism* (Indiana University Press, 1989), p. 3.

머니'가 되어도 결코 원하는 삶을 얻지 못하고 언제나 죄책감에 시달리며 타자화될 뿐이다. 이러한 사회 속에서 딸들은 모성공포증에 시달리며 어머니에 대한 애증을 갖게 되는 동시에 여성혐오를 답습한다. 에이드리언 리치가 설명하는 모성공포증이란 어머니가 되는 것에 대한 두려움을 의미한다. 이 두려움은 매혹과 함께 온다는 점에서 문제적이다. 가부장적 가족을 벗어나고자 하는 딸들은 타협과 자기혐오를 어머니에게서 배우기 때문이다. 딸들은 어머니를 미워하고 거부하는 동시에 어머니를 향해 깊이 끌리면서 자아의 분열을 경험한다.[8] 딸들에게 어머니는 첫 애증의 대상인 동시에 자신의 "정확히 원형이자 예고된 형상"[9]인 반면, 어머니에게 딸은 자신과 가장 닮은 존재이자 "가장 강렬한 형태의 낯섦"[10]이라는 점에서 '어머니-딸' 중심의 모녀 서사는 가족의 모순과 양가성을 이해하는 핵심이라고 할 수 있다.

여성 서사의 다양화와 함께 여성가족소설은 여성을 중심으로 한 가계도를 구축하는 방식을 통해 혈연이나 친족 관계 속에 함몰된 여성들의 삭제된 역사를 복원하는 동시에, 탈-혈연적인 가계도를 통해 가족의 형태와 개념을 재정의하기에 이르렀다.[11] 이는 가족 내의 여성을 순수한 피해자로 그려 내면서 억압적인 현실을 고발하는 데에 그치지 않는다. 오히려 여성가족소설은 '가족'을 매개로 수행적으로 구성되는 여성들의 교차적 위치를 입체적으로 그려 내는 동시에, 이를 통해 공동체로서의 '가족'의 개념

---

8 에이드리언 리치, 이주혜 옮김, 「여성으로 태어남에 대하여: 경험과 제도로서 모성」, 『우리 죽은 자들이 깨어날 때』(바다출판사, 2020), 190~191쪽.
9 Béatrice Didier, *L'Ecriture-femme*(Paris: PUF, 1981), p. 25.(피에르루이 포르, 유치정 옮김, 『어머니와 딸, 애도의 글쓰기』(문학과지성사, 2024), 26쪽에서 재인용)
10 재클린 로즈, 김영아 옮김, 『숭배와 혐오: 모성이라는 신화에 대하여』(창비, 2020), 183쪽 참조.
11 소영현, 「여성 서사의 진화: 2020년대 여성 서사와 가족 서사의 재발견」, 《외국문학연구》 95(외국문학연구학회, 2024).

을 재정의하는 데에까지 나아가고 있기 때문이다.¹²

이 글은 2010년대 여성가족소설에서 '어머니-딸' 중심의 모녀 서사가 '가족'의 개념을 수행적으로 재발명하는 지점에 주목한다. 모녀 서사는 기존 '아버지-아들'의 가족로맨스에서 삭제되었던 여성들의 목소리를 복원하는 대표적인 여성 서사이다. 특히 2010년대 모녀 서사는 개인의 갈등과 사회구조적 문제를 은폐하는 이데올로기적 가족 담론을 경계하고, 물질적 신체들을 매개로 한 함께-하기의 수행성이 작동하는 공동체가 바로 가족임을 드러내고 있다. 모녀를 중심으로 한 여성가족의 이야기는 가족이 '가족 자체'로 존재하지 않으며, 오히려 "가족을 구성하는 것은 가족의 외부"¹³임을 보여 준다. 가족이 이성애와 혈연을 기반으로 하는 고정 불변의 것이 아니라, 변화하는 유동적 관계라는 것이다. 여성들이 수행하는 가족은 "우리가 서로에게 가족으로서 기대하고 욕망하는 바를 구체적으로 실행에 옮길 때 현상하는 '어떤 것'"¹⁴이자, 사후적으로 구성되는 것이기 때문이다.

이러한 맥락에서 이 글은 2010년대 다양한 여성가족소설들 중 '어머니-딸'의 서사를 중심으로 가족이라는 공동체의 모순을 드러내는 백수린의 『친애하고, 친애하는』과 김혜진의 『딸에 대하여』를 살펴보고자 한다.¹⁵ 2010년대는 한국문학사에서 그 어느 시기보다 다양한 여성 작가들이 등

---

12 가족은 서구에서도 18세기 후반에야 등장한 개념이다. 이때의 가족 개념은 부르주아의 세대적 계승을 수행하는 근대적 공동체라는 점에서 계급과 긴밀하게 얽혀 있다. 미셸 바렛·메리 맥킨토시, 김혜경·배은경 옮김, 『반사회적 가족』(나름북스, 2019).
13 김미현, 「가족 이데올로기의 종언 — 1990년대 이후 소설에 나타난 탈가족주의」, 《여성문학연구》 13(한국여성문학학회, 2005), 139~140쪽.
14 류도향, 「가족적인 것의 개념: 연결의 정치학을 위한 시론」, 《가족과 문화》 33·4(한국가족학회, 2021), 40~57쪽.
15 백수린, 『친애하고, 친애하는』(현대문학, 2019); 김혜진, 『딸에 대하여』(민음사, 2018). 소설 인용 표기는 해당 단행본을 기준으로 한다.

장하고 자리 잡은 시기이며, 이와 함께 폭넓은 여성가족 서사가 등장한 시기라고 볼 수 있다. 백수린과 김혜진의 두 소설은 '어머니-딸'의 관계를 통해 여성가족 수난사를 보여 주거나 반항하는 딸의 주체성을 대안으로 제시하는 도식적인 서사를 넘어선다. 특히 해당 소설들은 한국 여성가족소설의 특징 중 하나인 남성이 부재하는 '여성가족' 속 '어머니-딸'의 관계를 통해 '가족'이라는 공동체의 재발명을 시도하고 있다는 점에서 중요하다. 역사화되지 않아 오래된 미래로 남아 있는 '어머니-딸' 관계는 결코 완성할 수 없는 '가족'의 환상을 재현하는 대신 오히려 존재하지 않기 때문에 계속 만들어 가야 할 열린 공동체로서의 '가족'을 재발명하고자 하는 여성들의 수행적 윤리를 보여 주기 때문이다.

2 친애하는 어머니들과 복수적(複數的) 삶의 창안

백수린의 소설 『친애하고, 친애하는』은 친애하는 어머니의 자리에 길러 준 할머니 '예분'과 낳아 준 엄마 '현옥'을 두고, 이들의 과거를 현재화하는 딸의 이야기이다. 스물두 살이 된 '나'는 여섯 살까지 할머니와 함께 살았던 항구도시의 "파란 대문 집"에 돌아가 할머니와 마지막 몇 개월을 보내게 된다. "어차피 넌 할 일도 없잖아."(12쪽)라는 엄마의 말에 "엄마의 집에 더 이상 있고 싶지 않다는 생각"(14쪽)으로 할머니를 돌보러 가지만, 할머니와의 두 계절 동안 '나'는 할머니를 통해 자신의 결핍을 만들었던 환상의 근원을 들여다보게 된다. 물론 이 소설은 세대가 변해도 변하지 않는 여성 속박을 드러내는 이야기[16]이기도 하고, 가족의 친밀성과 도구화된 모성 신

---

16 Chen Shuxin, 「백수린의 소설 『친애하고, 친애하는』의 중국어 번역 연구」, 연세대학교 석사학위논

화를 벗어나고자 하는 이야기[17]인 동시에 여성들의 이야기이자 다정하고 연약한 인간들을 살게 하는 사랑의 이야기[18]이기도 하다. 그러나 이 글에서는 이 소설을 여성가족소설로 읽으며, 여성들이 가족공동체 내부에서 친애를 바탕으로 서로의 삶에 개입하고, 박탈의 상태를 받아들이면서 삶을 '함께' 만들어 내는 수행적 윤리의 지점을 살펴보고자 한다.

내가 그때 묻고 싶었던 것은 그게 아니라 갓 낳은 아이를 두고 갈 만큼 미국이 좋았느냐, 하는 것이었다. (……) 나는 엄마가 미국 생활을 이야기하면 할수록 점점 기분이 상했는데, 그것이 내가 듣고 싶은 말을 엄마가 하고 있지 않기 때문이라는 사실을 깨달았다. 나는 엄마가 그곳의 일상을 이야기하며 나에 대한 그리움 때문에 힘들었다든지, 외로웠다는 이야기를 조금이라도 해 주길 바랐다. (……) 주전자의 물이 다 끓고 나서도 한참 동안 이어진, 엄마의 이야기 속에 나는 끝내 등장하지 않았다.

(『친애하고 친애하는』, 77~78쪽)

엄마는 미국으로 유학을 떠나며 나를 할머니에게 맡기는 사람이자, 아픈 할머니를 딸인 나에게 맡기는 사람으로 전통적인 어머니의 역할을 거부하는 인물이다. 엄마는 유학을 가기 위해서 선을 봐서 결혼했고, 교수가 된 이후에도 프로젝트로 집에 잘 들어오지 않을 정도로 자신의 사회적 성공이 가장 중요한 인물이다. 이러한 엄마의 태도로 인해 나는 "지극히 평범한 가정"(45쪽)이라는 환상과 "어떤 정상성에 대한 확고한 믿음"(46쪽)을

문, 2022.
17 정도미, 「백수린 소설에 나타난 세대 간 균열과 가족 관계의 재구성」, 《인문사회과학연구》 67-3(호남대학교 인문사회과학연구소, 2024).
18 신샛별, 「작품 해설: 친애의 작은 역사」, 『친애하고, 친애하는』(현대문학, 2019).

만들어 내며 자신의 결핍을 채우기 위해 연애를 하기도 한다. 할머니의 손에서 자란 '나'는 "엄마를 실망시키는 사람으로 남을 거야"(48쪽)라며 울음을 터뜨릴 만큼 엄마에게 인정받고자 하는 욕망이 크지만, 엄마는 만족은커녕 "누려 보지 못한 모성"(119쪽)에 대한 결핍만을 안겨 준다. 엄마와 '나'의 관계는 "사이에 놓여 있는 세월의 두께"(89쪽)만큼 점점 멀어지기만 할 뿐, 물리적, 감정적 교류는 불가능한 상태가 된다.

할머니는 엄마 대신 '나'를 키워 주며 감정적 결핍을 회복시키는 인물이다. 할머니는 엄마와 꼭 닮았지만, 방 안의 개미에 대해서조차 "그냥 같이 살면 되지."(40쪽)라며 곁을 내주는 정 많은 사람이다. 할머니가 브리즈번으로 보내 준 보리차와 털양말의 따스함, 함께 부두에 나갔다가 업혀 돌아오는 할머니의 등, 할머니가 할머니의 어머니에게 배운 방식으로 만든 빈대떡은 구체적인 감각으로 기억되며 할머니는 사랑하는 어머니의 자리에 놓인다.

얼핏 보면 '나'의 엄마 현옥은 자신의 성공을 위해 가족과 자식을 떼어 놓는 매정한 어머니로, 할머니 예분은 가족을 위해서 자신을 희생하는 헌신적인 어머니로 그려지면서 오히려 어머니에 대한 이분법을 강화하는 것처럼 보이기도 한다. 그러나 소설은 '나'를 통해 어머니들의 이야기를 들려주며, 이들이 모두 실패한 어머니라는 점에 주목하게 한다. 현옥과 예분은 각자의 죄책감과 분노, 자기혐오, 수치를 품고 '행복한' 어머니 되기에 실패한다. 실패한 어머니들은 가부장제의 증상이다. 가부장적 가족 안에서 어머니들은 언제나 각자의 방식으로 어머니 되기에 실패할 수밖에 없다. 이러한 두 어머니의 사이에서 딸은 그 어느 어머니의 삶도 모델로 삼지 못한 채 분열된다.

백수린은 '실패하는 어머니'와 '분열하는 딸'의 관계를 통해 가족이라는 공동체에 의문을 제기한다. '실패하는 어머니'로서 할머니와 엄마는 '정상적 가족'이라는 기획의 불가능성을 드러내는 개인이자, 실패했다는 공통점만을 가진 개인들이다. 그러나 이들의 실패는 가족에 대한 의문을 제기한다는 점에서 중요하다. 가족보다 개인의 삶을 우선시했던 엄마만이 가족의 경계를 부순 것이 아니라, 가족을 돌보기 위해 자신의 삶을 희생했던 할머니 역시 다른 방식으로 가족의 경계를 부수고 있었기 때문이다. 이 사실은 '가족'이 소유(possession)가 아니라, 박탈(dispossession)의 방식으로 이루어지는 공동체임을 드러낸다. 어머니들은 증상으로서의 실패를 통해 '가족'은 구성원이라는 이유로 무언가를 소유할 '권리'를 주장할 수 있는 개인들의 공동체가 아님을 확인시킨다. 가족이란 개인이 소유한 무엇을 확인하거나, 개인들을 통합하는 결속의 장이 아니라, 박탈과 붕괴를 통해서만 확인 가능한, '허무'만을 공유하는 공동체이기 때문이다.[19]

할머니를 돌보면서 '나'는 할머니의 삶을 헤아리기 시작하며 분열을 넘어선다. '나'는 교육을 받지 못한 탓에 남편에게 무시당하고, 남편의 자랑이었던 딸에게도 부끄러움의 대상이었을 할머니의 "자유분방함"과 "천진난만함" 그리고 "화려하고 대책 없이 속된 면"(84쪽)을 좋아한다는 것을 알게 된다. 어린 시절 나를 업어 주었던 할머니의 따뜻하기만 했던 등은 이제 "울음을 참는 사람의 등"(82쪽)으로 재인식되면서 '나의 할머니'가 아닌 '예분'이라는 한 개인을 인식할 수 있게 된다. 심지어 할머니가 요리를 즐겼던 것은 그것이 주어진 일 가운데 "가장 창의적인 일"(95쪽)이었기 때문이고, 엄마에게 살림하는 법을 가르치지 않은 것은 자신의 딸이 자신과 같은 삶을 살지 않기를 바라는 마음이었으며, 딸을 유학 보내기 위해 사윗감을 물색한 것도 할머니만 알고 있는 "엄마와 딸 사이의 공모"(72쪽)였던 것을 이해하게 된다. "여자라도 배워야 한다."(85쪽)라고 말하던 할머니는 "본성상

---

19 로베르토 에스포지토, 윤병언 옮김, 『임무니타스』(크리티카, 2022b), 312쪽.

체제 전복적이며, 한 번도 겉보기나 세상의 기대치와 일치했던 적이 없"[20]는 문제적 개인이었던 것이다.

'나'는 유배처럼 느껴진 할머니 돌보기를 통해 할머니와 함께 지내는 동안 자신을 돌보아 준 할머니의 기억과 맞물리며 '예분'이라는 입체적 개인을 발견한다. 동시에 엄마를 할머니의 '딸'이자 장래 유망한 여성 '현옥'으로 보게 되면서 엄마에 대한 새로운 관점을 갖게 된다. '나'는 엄마가 내가 소유할 수 있는 대상이 아니며, 자신에게는 엄마의 삶을 강요할 권리가 없다는 것을 깨닫는다. 심지어 "모든 사람이 만류했을 때, 나에게 내가 겨우 서른셋이며 아직 젊고 예쁘다고 말해 준 유일한 사람이 엄마였다는 사실"(123쪽)을 새롭게 발견하기도 한다. 엄마와의 관계가 분리 또는 동일시의 양자택일의 방식이 아니라, 해소되지 않는 다양한 갈등 속에서 늘 새롭게 구성된다는 것을 이해하게 된 것이다.

무엇보다 '나'의 성장은 친애하는 어머니들이 서로에게 진 돌봄의 의무 속에서 가능한 일이다. 할머니는 엄마에 대한 의무로 어린 '나'의 양육을 기꺼이 맡고, 엄마는 할머니에 대한 의무로 스물두 살의 '나'를 할머니에게 보낸다. 타인을 돌본다는 것은 상호 관계를 통해 그의 삶에 개입하는 동시에 기꺼이 그로 인해 박탈됨을 허용하는 일이다. 친애하는 두 어머니들은 '나'의 삶에 돌봄의 의무라는 방식으로 개입한다. 어머니들과의 관계는 처음부터 사랑이나 친애에 기반하지 않는다. 친애는 어머니들의 삶과 상호 관계를 맺고, 그들의 삶을 공유하며, 더불어 살기를 수행할 때 비로소 발생하는 감각이기 때문이다.[21]

---

20 재클린 로즈(2020), 앞의 책, 30쪽.
21 폴 리쾨르는 아리스토텔레스에서 '친애'의 용어를 빌려 와 '친애(l'amitie)를 상호 관계, 공유, 더불어-살기라는 세 가지 특성으로 규정한다. 전종윤, 「더불어 살기의 조건들: 자기애, 친애, 공동체를 중심으로」, 《기독교철학》 38(한국기독교철학회, 2023), 179쪽.

서로에 대한 의무에 기반한 친애의 관계는 혈연관계를 넘어선다. 할머니는 수십 년째 주변에 사는 글로리아 할머니와 아가다 할머니와 친애의 공동체를 이루어 왔다. "사람이 살기 위해서는 좋은 날 같이 보낼 한 사람만 있으면 된다."(91쪽)라는 할머니의 말에서 알 수 있듯 할머니들의 공동체는 서로의 삶의 일부분을 공유하는 느슨한 형태로 이루어진다. 복날에는 같이 삼계탕을 나눠 먹고, 정월대보름에는 오곡밥을 지어 먹고 동짓날에는 팥죽을 쑤어 함께 먹으면서 세 할머니들은 '따로 또 같이' 살아가며 서로에 대한 의무를 기꺼이 진다. 좋은 날 서로의 안위를 챙길 의무는 할머니들을 친애하는 공동체의 구성원으로 구성한다. 이를 통해 가족이란 이익 공동체나 혈연 공동체가 아니라, 서로를 돌보며 함께 살게 하는 의무를 진 코무니타스(communitas)라는 것을 확인할 수 있다.[22]

그 후의 일은 모든 것이 너무 빠르게 진행되어 **자세히 생각나지 않는다.** 지금까지 또렷이 기억나는 것은 서늘했던 검사실의 **온도**, 허벅지에 닿았던 차갑고 까칠했던 가운의 **감촉**, 검사실 바깥에서 누군가를 호명하던 간호사의 높은 **목소리**, 가향 처리된 약품 냄새와 알코올 냄새 같은 것들. 그리고 갑자기 들려온 태아의 심장 박동 소리. 쿵쿵쿵쿵. 너무나 절박하게 들렸던 **한 인간의 심장 소리.**(『친애하고 친애하는』, 103쪽. 강조는 인용자.)

첫 몇 해 동안 나는 **반복적으로,** 배 속에 아이를 품은 채 할머니를 보

---

[22] 에스포지토는 공동체의 의미를 고유의 특성이나 소유물이 아니라 어떤 의무 사항이나 빚을 공통의 요소로 지녔기 때문에 모인 사람들의 공동체, 코무니타스(communitas)라고 명명한다. 그는 communitas의 'munus(의무, 선사)'에 주목하면서 코무니타스란 '의무'를 공유하는 이들의 공동체라고 말한다. 이는 '내가 당신에게 해야' 하는 차원의 의무이다. 로베르토 에스포지토, 윤병언 옮김, 『코무니타스』(크리티카, 2022a), 15~17쪽 참조.

러 요양병원에 갔던 그 겨울의 나날들을 여러 버전으로 회상하곤 했다. 그 **기억 속에서 나는 ㅎ동에서 그랬던 것처럼 할머니와 어김없이 산책을 한다.** (……) 하지만, 내가 할머니를 회상하다 **가장 자주 되돌아가는 순간**은 할머니가 바닷가에 갔던 날에 대해서 이야기해 주는 어느 늦은 오후이다.

"할머니, 죽었어?" 할머니는 엷게 미소를 지으며 졸린 듯한 음성으로 **아주 천천히, 몇 번이고, 대답한다.** "아니, 아직은."(앞의 책, 128쪽. 강조는 인용자.)

대부분의 딸들의 서사는 교육받지 못했고 가난한 어머니를 극복하거나 혹은 대신해 자신의 길을 걸어가 마침내 다른 세계로 진입한 여자들의 이야기다. 그들은 대체로 어머니에 대한 연민과 애증, 부채 의식을 가지고 있다. 나는 어디에서도 우리 엄마와 같은 유형의 엄마를 본 적이 없고 그런 의미에서 나는 **오랫동안 그것들이 나와 무관한 이야기라고 생각해 왔다.** 그것은 지금도 마찬가지이지만 또 동시에, 어떤 의미에서는, **그 이야기들이 나의 이야기이고 나와 엄마의 이야기 역시 수많은 형태의 모녀 서사들 중 하나**라고 생각하기도 한다.(앞의 책, 117쪽. 강조는 인용자.)

이제 서른일곱 살의 엄마가 된 '나'는 할머니와의 시간을 통해 "기억할 때마다 (……) 사람이 다른 사람의 상처를 이해할 수 있다는 것은 환상에 불과하다는 진실"(120쪽)을 이해하게 된다. 그러므로 '나'의 의무란 "친애하고, 친애하는" 어머니들의 상처를 이해하는 것이 아니라, 이해할 수 없음을 전제로 그들의 삶을 반복적으로 현재화하는 것이다. 이해할 수 없기 때문에 기억하기는 반복된다. 기억은 온도나 감촉, 소리와 같은 감각으로 생생하게 현재화되면서 그들의 과거를 지금-여기에 데려온다. 기억하는 행위는 어머니들의 과거를 끊임없이 현재화하면서 어머니들의 삶에 말을 거는 것이기도 하다. 이는 딸이 어머니들을 대신해 이야기하는 것이 아니라, 어머니들이 스스로 말할 수 있게 하는 것이다. 어머니들의 삶이 담고 있는 모순적인 "두 개의 목소리들(two voices)"[23]은 이해할 수 없기 때문에 '나'의 기억 속에서 끊임없이 반복된다. '나'는 무의미하다는 것을 알면서도, 타인은커녕 자신의 말조차 의도를 명확히 알 수 없다는 진실을 알면서도 기억하기를 수행한다.

'친애하고, 친애하는' 어머니들에 대한 기억의 반복 수행을 통해 과거 어머니들의 삶이 지금-여기 '나'의 삶과 공명하며, 그들과의 관계 속에서 '나'를 수행적으로 구성한다. 이를 통해 '나'의 현재를 구성하는 어머니들의 삶은 '예분', '현옥', '인아' 개개인을 넘어 복수적(複數的) 삶을 창안할 수 있게 된다. 할머니는 세상을 떠났지만, '나'의 이야기 속에서 할머니는 "아직은" 죽지 않고 살아 있으며, 엄마와의 관계는 '나'의 정체성을 구성하는 일부로 남아 있다. '나'의 삶은 오롯이 '나' 자신의 것이 아니라 다양한 이들과의 관계 속에서 사후적으로만 구성되는 것이기 때문이다.

'나'의 기억은 어머니들을 넘어 글로리아 할머니와 아가다 할머니, 나아가 과거의 여성들을 횡단한다. 글로리아 할머니와 아가다 할머니가 함께 음식을 나누어 먹던 행복했던 기억뿐만 아니라 글로리아 할머니의 죽음과 1960년 4월 시위대를 구성했던 "다양한 나이대의 여성들"(95쪽)을 기억하며 그들의 과거 역시 현재화된다. '여성가족'이라는 친애 공동체의 구성원으로서 나의 의무는 남성중심 사회를 살아 낸 어머니와 딸들의 서사를 기억하고 이야기함으로써 역사에서 잊힌 어머니들을 지금 여기에서 말하게 하는 것이다. '나'의 삶은 친애하는 어머니들의 삶과 연결되어 있다는 점

---

23 어머니가 가진 두 개의 목소리란 구조 속에서 침묵당한 어머니의 목소리인 동시에, 금기를 깨고 자신의 이야기를 하려는 목소리이다. 이는 금기에 대한 순응과 저항을 동시에 보여 주는 어머니의 모순적 양가성을 의미한다. Marianne Hirsch(1989), *op.*, p. 197.

에서, 내 어머니들과 나의 서사 역시 수많은 형태의 '어머니-딸' 서사의 일부라는 점에서 언제나 복수적이다. 수많은 어머니와 딸들의 삶은 기억이라는 의무의 반복적 수행을 통해 복수적 삶과 친애의 공동체로서의 가족을 만들어 낼 것이다. 이처럼 여성가족을 경유하여 재발명된 가족은 "부숴야 할 줄 알면서도 짓"(123쪽)는 무대처럼 다양한 여성들의 모순적인 삶이 수행되는 친애의 공동체이자, 서로의 의무 사이에서 복수성으로 탄생하는 공동체이다.

3 박탈된 타자들과 이질적 삶의 공거

김혜진의 『딸에 대하여』는 어머니의 시각에서 '어머니-딸'의 관계를 그려 내면서 가족을 이루고 있는 물질적인 것들을 문제 삼는 소설이다. 이 소설은 다양한 해석에 열려 있다는 점에서 흥미롭다. "동성애자를 딸로 둔 어머니가 겪는 갈등과 화해가 중심인 퀴어 소설"[24]이기도 하고, "신자유주의적 자본주의 사회의 사회 폭력과 계급을 문제시하고 대항하는 (여성) 가족소설"[25]이기도 하고, "늙음과 죽음에 대한 노년 소설"이기도 하며, "실은 어머니에 대하여 쓰고 있는 돌봄 윤리의 소설"[26]로도 읽을 수도 있다. 이 글은 해당 소설을 '여성가족소설'로 읽으며, 물질성과 박탈 개념을 경유해 하나의 해석을 더하고자 한다. 이 소설은 어머니인 '나'의 변화를 통해 자신이

---

24 신샛별, 「숙의하는 소설들」, 《문학들》, 2017. 겨울, 50~71쪽.
25 류도향, 「성찰적 부끄러움과 가족의 연대──김혜진의 『딸에 대하여』를 중심으로」, 《감성연구》 23(전남대학교 호남학연구원, 2021), 5~29쪽; 오연희, 「계급적 관점에서 바라본 현대 가족의 두 양상」, 《어문논총》 38(전남대학교 한국어문학연구소, 2021), 71~69쪽; 윤혜정(2024), 앞의 글.
26 김미현, 「정의에서 돌봄으로, 돌봄에서 자기 돌봄으로」, 앞의 책, 159쪽.

박탈당한 존재임을 인정하고, 박탈당한 이질적인 타자들과 만들어 내는 공거의 윤리를 보여 준다.[27] 나아가 소설을 통해 '여성가족' 역시 동일성으로의 회귀를 시도한다면, 이 역시 현실을 가리는 환상으로 작동할 위험을 내포하고 있다는 것과 가족이란 공통점이 없는 공동체로서, 오히려 경계를 넘어서는 이질적인 삶들로 인해서만 존속 가능한 공동체라는 점을 밝히고자 한다.

남편이 죽고 상황이 나빠질수록 '나'는 더욱 "실체가 분명한 것"(9쪽)에 집착한다. 이는 자본으로서의 집과 건강한 육체라는 두 가지의 물질적인 것으로 형상화된다. '나'에게 '집'과 '육체'라는 물리적 실체는 가족을 만들어 내고 유지하는 기반으로 여겨지기 때문이다. 집은 "내가 통제력과 소유권을 가질 수 있는 단 하나뿐인 것"(9쪽)으로 '우리'의 경계를 명확히 해 주는 물리적 공간이다. 마치 늙어 가는 주인처럼 낡고 있는 집이지만, 그 덕분에 당분간 집에 들어와 살겠다는 딸에게 경제적 안정감을 선사할 수 있다. 그러나 "넌 내 딸이잖아. 안 괜찮을 게 뭐가 있니."(38쪽)라는 말에는 "딸인 너를 제외하고는 아무도 용납할 수 없다는 의도"(38쪽)가 내포되어 있다. 어머니에게 딸은 자신의 분신이자 미래라는 점에서 누구보다 확실한 1인칭의 복수형인 '우리'의 내부자이다. 딸이 "건장하고 능력 있는 남편감"(41쪽)을 만나고, 안정적인 직장을 얻을 때까지 어머니는 집을 통해 '우리'를 보호한다. '나'는 '집'이라는 물질적 공간이 만들어 내는 경계가 내부의 '우리'를 결속시킨다고 믿는 것이다.

건강한 육체도 "실체가 분명한 것"이므로 높은 가치를 갖는다. '나'는 요양보호사로 일하며 마주하게 되는 여러 노쇠한 육체들을 통해서, 또는

---

27 '박탈'은 자족성을 한계 지으며, 우리를 관계적이고도 상호의존적인 존재로 확정한다. 즉 박탈의 경험은 우리가 타자와의 관계 속에서만 존재할 수 있음을 알게 하는 것이다. 주디스 버틀러·아테나 아타나시오우(2016), 앞의 책.

나이가 들며 "움직일 때마다 온몸의 뼈마디가 어긋나는 통증"(113쪽)을 느끼거나 "발목에서부터 시작된 통증이 다리 전체로 퍼지"(129쪽)는 것을 느끼면서 노화에 예민하게 반응한다. "탄력을 잃고 흐물흐물해진 살들"(91쪽)을 가진 노인 젠의 육체는 '나'가 있어야만 목욕을 할 수 있을 정도로 취약하고 의존적이다. 흐물흐물한 연약한 육체는 의존적이라는 점에서 경계를 넘어오면서 '나'를 불안하게 만든다. '나'는 젠의 덜렁거리는 살들에 비누칠하며 지금보다 더 늙고 병든 자신의 미래를 생각하게 되기 때문이다. 젠의 몸이 '나'의 미래 형태라면, 딸의 몸은 과거의 자신처럼 "힘이 세고 단단한 젊음으로 무장한"(30쪽) "대단한"(34쪽) 것으로 여겨진다. 요양병원에서 젠의 몸을 만지던 '나'는 집에 들어온 딸의 다리를 쓸어 보며 과거 자신의 신체를 떠올린다. "30대의 건강하고 튼튼한"(34쪽) 딸의 건강한 몸을 감각하는 일은 '우리'로 확장된 공동체에 대한 확인을 통해 불안을 가리는 행위인 것이다.

> 딸애는 내 삶 속에서 생겨났다. 내 삶 속에서 태어나서 한동안은 조건 없는 호의와 보살핌 속에서 자라난 존재. 그러나 이제는 나와 아무 상관 없다는 듯 굴고 있다. 저 혼자 태어나서 저 스스로 자라고 어른이 된 것처럼 행동한다. 모든 걸 저 혼자 판단하고 결정하고 언젠가부터 내게는 통보만 한다. 심지어 통보하지 않는 것들도 많다. 딸애가 말하지 않지만 내가 아는 것들, 내가 모른 척하는 것들, 그런 것들이 딸애와 나 사이로 고요히, 시퍼렇게 흐르는 것을 난 매일 본다.(『딸에 대하여』, 37쪽)

묻는 사람은 이제 내가 된다. 그러니까 사람들이 사랑이라고 말할 때, 사랑이라는 그 텅 비고 공허한 말을 채우는 세부적인 것들을 나는 떠올리고 있다. 이를테면 너희 둘이 한밤에 누워 서로의 몸을 어루만질 때에 무엇을 어떻게 할 수 있는지. (……) 내 피와 살 속에서 생겨나고 자라난 저 애는 어쩌면 나로부터 가장 먼 사람일지도 모른다. 나로선 결코 알 수 없는 사람일지도 모른다. 정말이지 딸애가 원하는 게 정말 그런 것인지 묻고 싶다. 아이를 가질 수 없는 관계. 아무것도 만들지 못하는 헛된 사이. 영원히 불완전한 채로 남는 삶. 그러므로 그림자처럼 끈질기게 뒤를 따라다닐 사람들의 경멸과 모욕. 감수해야 하는 수치심과 자괴감의 무게. 넌 정말 그런 걸 원하니? 나는 알고 싶다.(같은 책, 155쪽)

그러나 '어머니-딸'의 관계는 외부에서 유입된 다른 '여성'으로 인해 균열이 생기기 시작한다. 엄마의 '우리'와 딸의 '우리'가 의미하는 것이 다르다는 것을 확인하며, 갈등이 시작되는 것이다. 에이드리언 리치는 어머니와 딸의 관계를 "가장 깊은 교감과 가장 고통스러운 불화를 위한 재료"라고 설명한다.[28] 엄마에게 딸은 한때 내 신체의 일부였으며, 조건 없는 사랑을 베푼 유일한 존재였으나, 지금은 마치 아무 관계가 없다는 듯 행동하는 가장 친밀한 이방인이다. '우리'라는 말은 마치 외국어처럼 의미가 미끄러지며 결국 어긋나 버린다. 딸은 자신의 동성 애인을 '우리'라 지칭하면서 "정체불명의 사람"(40쪽)을 내 집에 끌어들이고, 딸의 동성 애인은 "저희는 어떻게든 같이 있을 방법을 찾을 거예요."(45쪽)라는 말로 내가 만든 모녀 공동체를 붕괴시킨다. "제 몫의 월세를 내고 생활비도 부담"(47쪽)하고 있다는 딸의 애인에게 뭐라 반박할 수 없는 '나'는 수치심과 모멸감까지 느끼는데, 이는 경제적 문제만이라기보다는 내 것이라 믿은 집 안에서조차 "서 있을 자리가 사라지는"(47쪽) 것에 대한 두려움 때문이다. 일종의 경제공동체가 된 딸과 애인은 '우리/저희'라는 말을 통해 내 집에서 '나'를 철저하게

---

28 에이드리언 리치(2020), 앞의 책, 176쪽.

소외시킨다.

'나'의 불안감을 증폭시키는 것은 '그 아이'로 호명되는 딸의 동성 애인의 몸이기도 하다. 함께 살기 전에는 그다지 신경 쓰이지 않았던 딸의 동성애인이 물질적 실체로서 '가족'의 경계를 넘어왔기 때문이다. '나'는 "마땅히 감춰져야 하는 것들이 드러나고 마침내 내가 목격하게 되는 순간"(63쪽)이 올 것을 상정하고, "각오한 것보다 훨씬 끔찍하고 두려운 모습일지도 모르는 어떤 것"(63쪽)을 상상으로 만들어 내며 딸의 애인에 대한 혐오를 드러낸다. 이성애자인 나의 신체와 다른 동성애자인 '그 아이'의 신체는 딸과 '나'의 가족을 위협하는 것으로 상상된다. "살과 살이 맞닿고 숨이 합쳐지고 서로를 끌어당기며 그 애들은 마침내 한 몸이 된 것처럼 보"(62쪽)이는 그들의 건강한 육체는 사회적으로 건강하지 않은 것이 된다. 그들은 법적으로 가족이 될 수 없다는 점에서 언제든 헤어질 수 있는 관계이고, 아이를 가질 수 없다는 점에서 미래가 없는 "소꿉장난을 하는 사람들"(106쪽)에 불과하기 때문이다. 딸은 7년 동안 함께 살아온 레인을 가족이라 칭하지만, 여전히 '나'에게 레인은 '우리' 내부의 불순한 이방인일 뿐이다.

이 관계에서 가장 폭력적인 것은 딸을 자신과 동일시하며 "건강하고 능력 있는 남편감"(41쪽)이라는 특정한 행복의 대상을 강요하는 '나'이다. '나'는 딸이 동성애자라는 인정하고 싶지 않은 현실에 눈을 감은 채, 딸의 애인을 마치 건강한 가족공동체에 질병을 옮기는 이방인처럼 대한다. 그가 딸을 떠나면 딸이 좋은 남자를 만나 결혼할 수 있으리라는 기대를 하기도 한다. 에스포지토는 공동체의 구성 방식을 면역의 메커니즘으로 설명하는데 공동체를 존속시키는 면역의 메커니즘은 질병을 신체의 경계에 떨어뜨리는 것이 아니라 오히려 내부로 끌어들이는 우회와 중화의 전략이라고 설명한다. 즉 공동체를 순수한 무엇으로 보며 이방인을 질병의 표본으로 보는 공동체는 존속할 수 없다는 것이다.[29] 따라서 딸을 자신과 동일시하며 딸의 동성 애인을 '우리'의 내부에서 우리를 파괴하는 침략자로 보는 '나'야말로 기존의 남성중심 가족공동체와 결을 달리하는 '여성가족' 공동체를 파괴하는 존재가 된다. 이는 여성가족 자체를 넘어서 '어떤' 여성가족인가를 문제 삼아야 한다는 것을 보여 준다. 여성가족이라도 해도 동일성으로의 회귀를 시도하는 한, '가족'이라는 환상적 장치를 통해 현실의 폭력성을 가리는 방식으로 작동할 수 있기 때문이다. 중요한 것은 폭력적 동일성으로의 회귀가 아니라, 이질적인 삶들을 기꺼이 받아들이는 것이다. 이질성이야말로 '가족'을 존속시킬 유일한 방법이며, 근원적 조건이기 때문이다.

내가 이런 곳에 있다는 사실. 욕설과 비난이 향하는 바로 이 자리에 앉아 있다는 현실. 모든 게 거짓말처럼 느껴진다. 딸애와 그 애가 만든 이런 장난 같은 일에 휘말리고 이번에도 바보처럼 당한 거라는 생각이 든다. 그러나 이것이 장난 같은 일이라면, 하반신이 마비될지도 모르는 그 사람의 너무나 명백한 비극은 어떻게 생각해야 **하는 걸까**. 어쩌면 지금 이 순간에도 딸애의 주변을 어슬렁거리며 공격할 순간을 기다리는 그 수많은 비극들은 어떻게 막아야 **하는 걸까**.

그러므로 이제 나는 저기 반대편에 모여 선 사람들처럼 **말할 수 없다. 그래서는 안 된다**. 이 애들에게 보이지 말라고 이야기하고, 조용히 침묵하라고 명령하고, 죽은 듯 지내거나 죽어 버리라고 **말할 수는 없는 노릇이다**.

---

29 에스포지토는 '임신'을 면역 메커니즘의 예시로 제시한다. 남성의 정자가 충분히 이질적일 때에만 따라서 장벽 역할을 하는 항체가 생산될 때에만 산모는 태아의 이질성을 견딜 수 있다. 태아의 생명 보존을 허락하는 요인은 산모와 태아의 '유사성'이라기보다는 오히려 태아가 부친으로부터 물려받은 '차이'라는 것을 의미한다. 태아는 '이질적'일 때에만 '고유의' 아이가 될 수 있다는 점에서 어머니와 아이의 통일적 공생관계는 허구적인 신화에 불과한 것이 된다. 로베르토 에스포지토(2022b), 앞의 책, 17, 319~321쪽 참조.

그런 말을 하는 사람들 편에 **내가 서 있을 수는 없는 노릇이다.** 그러나 그것이 이 애들에 대한 **완벽한 이해를 의미하는 건 아니다.** 그렇다면 **나는 어디에 서 있는 걸까. 서 있어야 할까.**

나는 이 애들이 측은하다. 가엾고 불쌍하다. 그런 의미에서 나는 잠시 발걸음을 멈추고 호기심을 보이다가 다시금 멀어지는 저 많은 행인들과 다를 바가 없다.(같은 책, 167쪽. 강조는 인용자.)

그러나 '나'가 집착하는 집이라는 물질적 공간과 신체들은 다른 가능성을 가져오는 계기를 만들어 내기도 한다. 집에 딸과 레인이 들어온 이후에 '나'는 그들의 삶을 가까이에서 경험하며 질문을 던지기 시작하기 때문이다. '나'는 그들과 물리적 공간을 공유하며 갈등을 만들어 내지만, 갈등을 통해 이해할 수 없는 것들에 대해 질문할 수 있는 기회를 갖게 된다. 젊은 레즈비언 커플의 삶은 '나'가 편안하게 받아들일 수 있는 한계를 늘 넘어선다는 점에서 질문은 스스로를 향하기도 한다. 대화를 통해서 이해할 수 없는 부분에 대해 스스로에게 질문하며 자기를 성찰하는 것이다. 이러한 질문은 많은 부분 해결되지 않은 채 '나'의 내부에 남아 있기는 하지만, 이는 적어도 타자의 삶에 대해 동일성의 폭력을 거두게 하는 동시에 자신의 위치를 명확히 설명할 수 없는 잔여를 만들어 낸다는 점에서 윤리적이다.

나아가 물리적 공간은 이해할 수 없는 타자의 물질적 신체성을 인식하게 한다. 부당 해고 시위에서 "웅크린 채 겁에 질려 있"(139쪽)는 딸을 발견하는데, 우선적으로 인식되는 것은 "적의와 혐오, 멸시와 폭력, 분노와 무자비, 바로 그 한가운데에 있는"(139쪽) 딸의 물질적 위치이다. '나'를 엄마라고 부르는 젠의 팔목 위 묶인 자국들과 부당 해고 시위에 참여한 딸의 상처, 그 아이의 등 위의 멍 자국과 핏자국들을 경유하여 '나'는 온전히 스스로 행위적인 주체일 수 없음을 받아들이게 된다. '나'라는 존재는 이미 박탈되어 있으며, 자기 스스로 형성되는 것이 아니라 타자들과의 관계 맺음을 통해 형성되고 있는, 언제나 과정 중에 있는 존재라는 것을 받아들이는 것이다. '나'는 명확한 어느 위치에서 서는 대신, "그런 말을 하는 사람들 편에 내가 서 있을 수는 없다."(167쪽)라는 부정의 부정의 방식으로 "그냥 우리는 있어요."(169쪽)라며 자신의 존재에 대해 이야기하는 이들의 목소리를 듣는다. 또한 그들의 이야기를 들으며 나의 위치에 대해 스스로에게 설명하기 시작한다. 자기 자신을 설명하는 것은 자신의 한계를 발견하게 하는 과정이자 자신의 내부에 있는 모순과 타자성을 발견하는 과정이기 때문이다.[30]

'나'는 "이 애들"을 완벽히 이해하지 못하면서도 그들의 삶에 몸을 기울인다. 다른 존재들에 호기심을 보이고 지나가는 "행인"이 되는 대신 그들의 삶과 자신의 삶을 연결하기를 선택한 것이다. 이는 그들의 삶을 논리적 합리성이나 관념적 도덕으로 판단하는 것이 아니라, 구체적인 신체의 감각을 통한 '서로-함께-되기'의 윤리적 수행이라고 볼 수 있다. 그들의 삶을 딸의 삶과 연결하고, 또다시 자신의 삶과 연결하며 상호연결되어 있음을 인식하는 것이다.

'나'를 비롯한 주요 인물인 네 명의 여성들의 공통점은 그들이 모두 삶의 어느 부분에서 '박탈'당한 상태라는 사실이다. 이들의 삶 전체가 살 만하지 않은 것은 아니지만, 그 어느 부분이 가지고 있는 결핍은 삶 전체를 살 만하지 않은 것으로 만든다. '나'는 한때 교직에 있기도 했으나, 출산 후 임시직을 전전하다 저임금을 받으며 요양원에서 보호사로 일하고 있고, 대학 시간강사인 딸은 동성애자라는 이유로 애인과의 관계를 인정받지 못하고, 부당 해고 시위에 참여하게 된다. 레인은 동성애자라는 이유로 여자 친구

---

30 주디스 버틀러, 양효실 옮김, 『윤리적 폭력 비판』(인간사랑, 2013), 138~139쪽 참조.

의 엄마에게 월세를 내면서도 무시를 당하고, 젊은 시절에 인권운동가로 사람들을 돌보는 삶을 살았던 젠은 요양원에서 "너무 오래 산 여자"(18쪽) 취급을 당하고 있다.

'나'는 딸에게서 "끝내 소화되지 않는 말들"(108쪽)을 들은 이후에야 자신이 무언가를 소유한(possessed) 주체가 아니라, 박탈된(dispossessed) 타자임을 인식하게 된다. 자신의 내부의 타자성을 인식하는 것, 자신의 박탈 가능성을 인정하고 기꺼이 박탈된 자들과 함께 설 수 있는 가능성은 '여성가족'이라는 공동체의 특징과 연결된다. 리치는 남성중심 사회에서 어머니와 딸의 관계가 근본적인 위협이 되기 때문에 여성은 다른 여성의 금기가 되어 왔다고 설명한다.[31] 그러나 타자들과의 관계 맺기를 통해 자신의 박탈을 받아들이게 된 '나'는 요양원에서 돌보던 젠을 집으로 데려온다. 치매가 심해진 젠이 더 열악한 곳으로 보내지게 되자, 그를 공동체의 일원으로 받아들이며 함께 살기를 선택하는 것이다. "나와 딸애. 내가 데려온 젠과 딸애가 데려온 그 애가 머무르는 집 안에 선선한 바람이 새어 든다."(181쪽) '나'의 집에서 여성들 사이의 성적인 금기를 깨는 그린과 레인, 돌봄의 주체로서 기꺼이 어머니-되기를 선택한 '나', 존재 자체로 인간의 취약성을 드러내는

---

31 에이드리언 리치는 남성중심의 가부장제 사회에서 어머니와 딸의 관계가 사회의 금기를 깨뜨리는 위협이 된다고 본다. 리치는 어머니와 딸이라는 닮은 두 몸에 주목하는데, 이 두 여성의 몸 사이에서 오가는 이 에너지의 흐름은 매우 강한 감정의 흐름이라는 것이다. 두 신체의 관계가 "한쪽 몸이 다른 쪽 몸 안의 양막이라는 축복 속에 있다가 한쪽이 진통을 겪어 다른 쪽 몸을 낳았다."라는 점에서 가장 깊은 교감과 가장 고통스러운 불화를 위한 재료가 된다는 것이다. 또한 여성의 몸과 자아를 빼앗아 가는 가부장제 체제는 어머니를 통해 딸들에게 여성혐오를 가르친다는 점에서 많은 여성들은 '어머니'와 '딸' 사이에서 스스로 분열해 왔다고 지적하며, 우리 안에 어머니와 딸을 모두 받아들이고 통합하고 강화해야 한다고 주장한다. 어머니와 다시 결합하는 것은 가부장제가 강요한 여성혐오를 자매애로 회복시킨다는 점에서 금기를 깨뜨리는 일이다. 대체로 여성들 사이의 강렬한 관계가 그랬듯이, 이분법적으로 구분되지 않는 어머니와 딸 사이의 양가적이고 모호한 관계야말로 남성들에게는 근본적인 위협이 되기 때문이다. 에이드리언 리치(2020), 앞의 책, 205~220쪽 참조.

젠까지 '여성가족'을 경유하여 이질성에 기반한 공동체가 만들어진다.

젠의 장례를 치르며 "딸애는 내 손을 잡"고, "나는 딸애의 품에 안긴 채"(189쪽) 어린아이처럼 울고, '나'는 '그 애'에게 "이렇게 있어 줘서 고맙구나."(194쪽)라며 수육 한 점을 먹는 그 애에게 "따뜻한 물 한 잔"을 놓아 준다. 이 순간 '나'는 알 수 없는 이유로 젠을 애도하며 딸에게 안겨 우는 '딸-되기'를 수행하는 동시에 '그 애'의 '어머니-되기'를 수행한다. 여전히 '나'는 나의 감정을 설명할 수가 없고, 그들을 이해할 수 있을지도 알 수 없다. 분명한 것은 '나'의 판단의 기준은 이성이나 합리성이 아니라 '선선한 바람'과 '따뜻함'이라는 물리적 감각이라는 점이다.

자신의 내부에 알 수 없고, 설명할 수 없는 부분이 있다는 것을 인정하는 일은 자신이 박탈된 존재임을 인정하는 일이다. 이는 자신의 앞에 놓인 "끊임없이 싸우고 견뎌야 하는 일상"을 "받아들일 수 있을까", "견뎌 낼 수 있을까"를 자문하면서도 "아득한 내일"이 아닌 "마주 서 있는 지금"(197쪽)을 무사히 살아 내고자 하는 마음으로 지금-여기의 타자들과 함께 살아가는 새로운 '가족'을 재발명해 낸다. 그들의 삶과 정체성을 인정하고 이해해서가 아니라 오히려 이해하지 못한다는 것을 전제로 하는, 모두가 박탈된 존재라는 것을 유일한 공통점으로 갖는 윤리적 공동체로서의 '가족'을 이루는 것이다.

4 수행적 공동체로서 가족의 재발명

백수린의 소설이 '여성가족'에서 외부의 여성들로 확장되는 가족의 재발명을 보여 준다면, 김혜진의 소설은 외부에서 가족 내부로 유입되는 여성들을 통해 이루어지는 가족의 재발명을 보여 준다. 두 소설은 '여성' 가족의 경계에서 서로 다른 방향으로 가족이 재발명되는 방식을 보여 주는데, 특히 '여성가족' 역시 '가족'이라는 점에서 동일성에 입각한 가족 이데올로기를 재생산할 수 있다는 점을 경계한다. '여성가족' 그 자체보다 '어떤 여성가족'인가를 문제 삼는 것이다.

　　백수린의 소설은 손녀이자 딸인 '나'를 중심으로 '할머니-엄마-나'의 삼대 여성사 속에서 낳아 준 어머니인 '현옥'과 길러 준 어머니인 할머니 '예분'을 "친애하고, 친애하는 엄마들"로 호명한다. 엄마의 딸이기도, 할머니의 딸이기도 한 '나'는 할머니를 경유해 엄마를 헤아리게 되면서 자기의 삶 안에 할머니와 엄마의 삶, 나아가 글로리아 할머니의 삶을 비롯한 여성들의 삶을 겹쳐 낸다. '나'의 삶 속에서 서로 다른 여성들은 '공통점이 없다는 공통점'만을 공유한 채, 서로를 돌보는 의무를 다하며 생생한 삶을 증언하는 여성가족공동체를 새롭게 만들어 낸다. 이처럼 백수린의 소설 속에서 가족은 동일성이 아니라 비동일성을 기반으로, 서로에게 의무만을 가진 이들의 공동체로 재탄생한다.

　　반면 김혜진은 엄마를 중심으로 여성가족의 이야기를 들려준다는 점에서 새로운 시각을 제시한다. 모녀 서사를 다루고 있는 많은 여성 서사들이 딸의 관점을 채택하여 가부장적 가족에서 벗어나려는 딸의 저항과 어머니에 대한 모성 공포를 다루는 것과[32] 달리 60대 어머니의 목소리를 통해 30대 딸과 딸의 동성 애인 그리고 자신이 돌보는 노인 젠에 대한 어머니의 내면을 그린다. 엄마가 실현하고자 하는 정상 가족 만들기는 언제나 실패하며, 오히려 가족의 불가능성과 가족 이데올로기의 폭력성을 재현한다. 소설은 엄마의 내면 고백을 통해 자신의 가족에 침투하는 이질적 타자들

---

[32] 정연희, 「박완서 단편소설 「길고 재미없는 영화가 끝나 갈 때」의 '여성가족로맨스'와 돌봄의 영적 의미」, 《현대소설연구》 87(현대소설학회, 2022).

을 경유하여 '가족'에 대한 새로운 정의를 제시한다. 엄마는 딸의 동성 애인 뿐만 아니라 젠을 공동체 안으로 포용하고, 젠의 상실을 함께 애도함으로써 가족이라는 공동체가 고정된 실체가 아니라, "끊임없이 '만들어지는' 실체이며, 유연한 여백"[33]과 열린 형태의 자기 규정 체계라는 것을 드러내는 것이다.

지금까지 두 소설을 통해 2010년대 이후 여성가족소설 속에서 '가족'이라는 오래된 제도가 '여성가족'을 경유하여 지금 여기에서 재발명되는 지점을 살펴보았다. '여성가족'을 이루고 있는 여성들은 '어머니-딸'로 고정된 관계가 아니라, '어머니-되기', '딸-되기'를 통해 수행적으로 관계를 구성한다. 이들이 상호 돌봄을 매개로 수행하는 관계의 문턱 넘기는 '가족'이라는 오래된 제도를 해방시킨다. 여성들 사이의 문턱을 넘나드는 수행성은 '여성가족' 안에서 행위자로서의 여성의 경험에 주목하게 한다. 나아가 가족을 '제도'가 아닌 '경험'의 실체로 보며, 끊임없이 재발명되는 복수적이고 이질적인 공동체들로 새롭게 읽을 수 있게 한다. 이와 같이 매 순간 "수많은 형태의 모녀 서사들 중 하나"[34]를 새롭게 기입하는 여성가족소설들은 '가족'이라는 오래된 공동체를 매 순간 복수성으로 탄생하고, 이질성과 함께 살아가는 윤리적 공동체로 재발명할 수 있는 가능성을 펼쳐 내고 있다. 그리고 그 영점에는 이해하지 못하면서도 서로를 '가족'으로 호명하며 기꺼이 삶을 함께 살아 내고자 하는 여성들이 있다.

---

33 로베르토 에스포지토(2022b), 앞의 책, 318쪽.
34 백수린(2019), 앞의 책, 117쪽.

| 대중성 |

전후 사회적 멜로드라마와 의제 가족주의의 정치학
—— 김말봉의 『태양의 권속』을 중심으로

진선영

1 대중적인 것, 유니크한 것, 김말봉다운 것

비평가 김미현은 일찍이 대중문학, 베스트셀러 문학의 대중성과 통속성에 관한 깊이 있는 연구를 진행했고 대중 소설가 김말봉에 대해서도 깊은 관심을 피력한 바 있다. 비평집 『젠더 프리즘』에서 '대중성'을 키워드로 한국 대중소설에 나타난 오이디푸스 서사를 분석했고, 김말봉의 『찔레꽃』을 연구 대상으로 소설의 이면에 자리한 작가의 무의식을 도출했다.[1] 베스트셀러 문학도 여성작가 김말봉도 권위 있는 본격문학의 대척점에서 주변부 문학으로 등한시되어 왔지만 김미현은 다시 보기, 뒤집어 보기를 통해 '재'평가의 가능성을 열었다. 이 글도 김미현의 문제의식으로부터 시작되었다.

현재까지 진행된 김말봉 소설 연구는 두 가지로 계보화된다. 연구의 한 축은 김말봉 소설의 창작 방법론에 기대어 대중소설적 문법을 살피고 이를 통해 소설의 주제 의식을 도출하는 측면이다. 그리고 다른 하나는 최

---

[1] 김미현, 『젠더 프리즘』(민음사, 2008); 김상태, 『한국현대작가연구』(푸른사상, 2002).

근의 많은 연구들이 위치한, 여성 인물에 집중하여 여성 인물의 수난사가 여성의 주체적인 자기 확립에 이르지 못하고 반공국가주의로 포섭되는 양상을 밝히는 젠더 정치학적 입장이다. 김말봉은 자신의 대사회적 이념을 효과적으로 전달하기 위해 소설을 재료로 사용했고 이러한 가운데 대중소설이 갖는 반여성주의적 요소를 시대와 조응하는 도덕적 모럴에 수렴시켰다. 이 글은 앞선 양 갈래의 분석 방식이 상충한다고 생각하지 않으며 이 공과가 김말봉 소설을 이해하는 방법론이 될 수 있다고 판단한다. 김말봉은 대중소설이 갖는 원초적 힘, 혼탁한 세상 속에서 연애소설이 갖는 이야기의 교훈성을 믿고 있었다. 그러므로 김말봉은 여전히 "수많은 독자의 심금을 울리는 여류문학계의 거장"이자 "독자의 가슴을 애태워 주는"[2] 당대 최고의 인기 작가였던 것이다.

김말봉의 『태양의 권속』은 《서울신문》에 1952년 2월 1일부터 7월 1일까지 총 147회 연재된 장편소설이다. 문학적 권위와 아울러 대중적 성공 가능성이 보증된 김말봉의 신문연재소설은 「작가의 말」을 포함하여 대대적으로 광고되었고 그 인기를 가늠하듯 이듬해(1953년) 삼신출판사에서 단행본으로 출간되었다. 작가는 이 작품 연재 이후 베니스에서 열린 세계 예술가 대회에 한국 대표로 참가했고 왕성한 작품 활동을 이어 나간다.

김말봉이 식민지 시기 발표한 인기작 두 편(『찔레꽃』, 『밀림』)과 해방 이후의 문제작 세 편(『가인의 시장』(1947, 미완) 이후 개작된 『화려한 지옥』(1951), 『꽃과 뱀』(1949), 『별들의 고향』(1950)), 이후 소설 제목만 알려지고 발표 지면이 불확실하거나(『설계도』, 『출발』) 잡지의 부분적 결실로 전문을 확인할 수 없는 작품(『파도에 부치는 노래』)이 연속되는 가운데 신문연재본과 단행본이 함께 확인되는 첫 작품이 『태양의 권속』이다.

---

2 「연재 예고」, 《서울신문》, 1952. 1. 31, 4면.

이에 이 글에서는 1950년 『별들의 고향』이 서울신문사의 일방적 조치로 연재가 중단되고 지방의 신문, 잡지를 통해 작품 활동을 지속하던 김말봉이 『찔레꽃』 이후 5대 중앙일간지에 재등장하게 된 『태양의 권속』을 연구 대상으로, 김말봉 소설 연구의 연속성을 확보하며, 작품의 가치를 재구해 보고자 한다.

2 피난지의 『찔레꽃』

최근 작가 김말봉의 행로와 젠더 정치적 측면에서 『별들의 고향』에 대한 연구적 관심이 증폭되어 가는데 『태양의 권속』과 관련한 선행 연구는 산발적으로 이루어지고 있다. 가장 이른 시기에 『태양의 권속』을 언급한 것은 이병순의 논문이다. 이병순은 김말봉이 해방 이후 발표한 장편소설(『화려한 지옥』, 『별들의 고향』, 『태양의 권속』)의 시간적 배경이 순차적으로 연결되어 마치 파노라마처럼 펼쳐지면서 해방, 전쟁, 피난이라는 격동기를 살아가는 사람들의 이야기를 실시간으로 포착했고, 이들 작품을 검토하면 당대 대중들의 인식은 물론 그들의 정서와 생활, 이념과 사랑의 풍속도를 어느 정도 복원해 낼 수 있다고 평가했다. 이병순은 김말봉의 해방 이후 소설을 '대중' '연애' 소설적 측면에서 고찰해 주제의식의 연속성을 확보한 의미 있는 연구를 시도했다. 하지만 앞선 세 작품을 시간적 변화에 따른 삼부작의 성격으로 인식했음에도 두 작품(『화려한 지옥』, 『별들의 고향』)만을 연구 대상으로 취한 아쉬움을 남긴다. 『태양의 권속』은 1951년에서 1952년까지 피난지 부산을 배경으로 젊은이들의 사랑의 엇갈림과 질곡에 초점을 맞춘 전형적인 연애소설'로 짧게 언급했고 이 작품에 관한 후속 연구를 기약했으나 논문은 찾아볼 수 없다.

김말봉의 장편소설 6편(『밀림』, 『찔레꽃』, 『화려한 지옥』, 『별들의 고향』, 『푸른 날개』, 『생명』)을 연구 대상으로 김말봉과 관련한 첫 박사논문을 작성한 박산향의 연구에서도 『태양의 권속』은 발견하기 어렵다. 연구자 스스로도 "1950년대 이후 김말봉의 소설들은 제목만 알려진 것이 많고, 당시의 신문, 잡지의 결실로 연재가 불투명할 뿐만 아니라 단행본으로 출판된 소설들 또한 많지 않아서 그 보존과 연구에 큰 어려움이 있다."[3]라고 고백했듯이 이러한 점은 김말봉의 해방 이후 발표한 소설들에 대한 걸림돌이 되고 있으며 그의 문학 전체를 규명하는 데 큰 어려움으로 작용하고 있다.

김말봉 문학 연구의 한 경향을 보여 주는 박수정의 연구는 『태양의 권속』에 나타난 데이트 문화를 통해 한국전쟁기 김말봉 소설에 나타난 젠더 정치를 살피고 있다. 박수정은 이 작품이 여성의 전쟁 동원을 위해 근대적 노동을 장려하면서도 그들을 통제 및 관리하고자 전통적인 윤리의식을 강조했던 전시의 젠더 전략을 고스란히 답습하고 있다고 했다. 또한 남성 계몽 서사를 통해 올바른 근대적 주체를 생산하고 있다는 점, 한국전쟁기 김말봉 소설이 반공주의의 구획을 넘어 근대 이후 기획된 근대적 주권성의 문제와 긴밀히 결합되어 있음을 환기시킨다.[4]

이 글 또한 박수정의 연구에 일정 부분(전통적인 윤리의식, 전략의 답습) 동의하며 이를 김말봉의 창작 방법론에 근거해 고찰하고자 한다. 김말봉은 독자 대중의 호기심과 흥미를 자극하는 연애소설에 능통한 작가로, 그의 소설 작법은 인물의 성격이나 심리묘사보다는 파란만장한 줄거리를 드라마틱하게 엮어 가는 멜로드라마적 문법이다. 이것은 장르론적으로 볼 때 연애소설의 관습(convention)이며 독자가 작가의 정신과 조우하는 기대

---

3 박산향, 「김말봉 장편소설의 남녀이미지 연구」, 부경대학교 박사논문, 2014, 160쪽.
4 박수정, 「한국전쟁기 김말봉 소설에 나타난 데이트 문화와 젠더 정치학—『태양의 권속』(1952)을 중심으로」, 《우리문학연구》 79(우리문학회, 2023), 299~324쪽.

지평이기도 하다. 우리가 흔히 김말봉을 떠올릴 때 작품보다 앞서 등장하는 말이 '유니크성'이다. 모두가 기피하던 대중작가 선언을 공포함과 함께 작품의 전면에 멜로드라마적 흥미와 재미를 배치하고 그 이면에 '건전한 문학의 모럴'을 추구하는 것이 김말봉식 특장점이다.

하지만 김말봉이 해방 이후부터『태양의 권속』이전까지 발표한 작품들에는 이러한 작가의 소설 문법이 잘 드러나지 않는다.『가인의 시장』은 해방공간에서 창기 오채옥과 대학생 황영빈의 서사를 다루지만 이 둘은 사랑을 전제하지 않는다. 이 소설의 핵심적 제재는 해방 이후 조선 여인의 가장 절실한 사회 비극으로서의 공창제이다.『꽃과 뱀』은 김말봉의 작품 중 널리 알려지지 않은 '특히 이채를 띤 작품'인데 민관우와 진화의 사랑을 다룬다는 측면에서 김말봉스럽지만 스님이라는 주인공, 사회적 리얼리티의 제거와 그로테스크한 환상성은 김말봉답지 않은 측면을 보인다.[5]『별들의 고향』은 전쟁 유발자로서의 남로당에 책임을 묻기 위해 전쟁 발발 전 2년 반의 시간 동안 대중의 삶과 현실을 묘파함으로써 전쟁 유발자의 논리와 행위가 가진 심각한 모순을 짚어 냈다.[6]

『태양의 권속』의 멜로드라마적 구조는 앞선 세 작품을 뛰어넘어 김말봉의 이름을 대중에게 각인시킨 식민지 시대『찔레꽃』과 맞닿아 있다. 즉 작가의 창작 방법론적 측면에서『찔레꽃』에 후속되는 작가적 본류에 가장 가까이 있는 해방 이후 작품이라고 판단된다. 김말봉은 자신의 창작 방법론을 소개한 1958년에 쓴 글에서 외부적 악조건에 굴하지 않고 인생을 승리로 이끄는 여주인공의 첫 번째 자리에『찔레꽃』의 안정순을, 그다음 자

---

5 진선영,「한국 베스트셀러 여성작가의 러브스토리 코드——김말봉, 장덕조, 박계형 소설의 미학」(이화여자대학교 출판문화원, 2020), 136쪽.
6 서정자,「김말봉의『별들의 고향』(완본) 연구——한국전쟁과 반전 소설 구조, 그리고 '별'과 '광명'의 의미」,《여성문학연구》61(여성문학회, 2024), 207~245쪽.

리에 『태양의 권속』의 김신희를 놓고 있다.[7] 전쟁에 휘말린 다양한 인간 군상을 다룬 『별들의 고향』은 강력한 반공이데올로기를 삼투시킨 소설이었지만 이 소설에는 전쟁의 전황이 거의 드러나지 않는다는 점, 피난지의 서울이라고 할 수 있는 부산을 배경으로 대별적인 여성 인물의 형상화, 일부일처제에 대한 문제의식의 공유 등에서 두 작품은 유사한 서사구조를 갖는다고 평가했다.

『태양의 권속』은 『찔레꽃』에서 이어진 멜로드라마적 소설 문법이 시대를 달리하여 전면화되면서도 전후 새로운 민족국가의 건설을 가족의 재건을 통해 시도하는 가정소설적 성격을 갖는다.[8] 이러한 이유로 이 글은 이 두 갈래를 본론의 핵심 분석 대상으로 삼고자 한다. 멜로드라마의 전형적 서사 문법과 함께 천편일률적 서사구조에 입체성을 부여하고 시대적 특수성을 구현하는 문제적 인물 분석을 통해 김말봉 연애소설의 수사학을 추적한다.

김말봉의 창작 방법론에 준거해 보면 작가는 독자가 작품을 읽기 전에 그 주제 의식을 응축하는 소설의 제목으로 자연적 상징물을 사용해 이미지를 각인시키고, 그 상징물의 인간적 현현인 프로타고니스트의 수난사를 서사의 중심에 놓는다. 트라이앵글 플롯이 여러 개 중첩되면서 다각적인 이야기가 형성되지만 이것은 모두 하나의 정점(제목)을 향해 간다. 그러

---

7 김말봉, 「여류작가와 여인」, 《동아일보》, 1958. 4. 24.
8 오태영은 『찔레꽃』을 부르주아 가정 내 남성과 여성의 욕망이 어떻게 발현되고 강화되어 가는지를 가정소설이라는 개념을 통해 새롭게 읽고 있다. 중심 분석 대상인 조만호의 저택은 제공받은 자기만의 방이 타자와 스스로를 구별하는 장으로 기능하며 계층적, 젠더적으로 위계화된 공간임을 증명한다. 부르주아 가정을 둘러싼 사랑과 결혼, 욕망의 서사는 식민지 후반기 조선의 현실을 공적인 영역에서 가정이라는 사적 영역으로 축소하여 독자들의 시선을 돌린다고 분석했다. 이 글은 오태영의 가정소설적 독법을 참조하여 『태양의 권속』을 분석할 예정이며 이를 전후 한국 사회의 정치학과 연결해 의미화할 예정이다. 오태영, 「가정소설의 정치학——김말봉의 『찔레꽃』을 중심으로」, 《나혜석연구》 2(나혜석학회, 2013), 223~252쪽.

므로 김말봉 소설의 복잡한 플롯은 결국 제목의 상징적 장치를 풀이하는 과정이다.

앞선 논리에 따라 이 작품을 이해할 중요한 키워드는 작품의 제목인 '태양'과 '권속'이다. 권속(眷屬)의 사전적 의미는 '한집에 거느리고 사는 식구', 즉 가족을 뜻하기에 이 작품의 제목을 다르게 말하면 '태양의 가족'이 된다. 이 작품에는 세 부류의 가족공동체가 등장한다. 이들 가족은 가족 이데올로기라 부를 수 있는 가치체계를 갖는데, 가치를 실현하기 위해 작동하고 결합하는 모델들, 이익을 추구하고 권력을 실현하는 과정을 통해 가족의 속성을 살필 수 있다. 개념으로서의 가족주의에 대해 논의할 때 그 경계는 매우 중요하다. 가족주의는 가족 집단에서 발생하는 현상에 대한 관념이기 때문에 집단의 경계를 중심으로 내외 집단에 대한 차별이 존재한다. 가족의 기능을 수행하면서 가족 집단의 결속력과 가족 우선성은 배타성을 전제로 하기 때문이다.[9]

이 글은 전후 가족 이데올로기를 구현하는 가족공동체의 속성을 살피고 그것이 배제와 통합의 원리로 확대된 의제 가족주의를 통해 전후 국가의 재건을 가족의 재건과 상응시킨 완전한 가족에 대한 욕망과 그 의미를 살필 것이다.

---

9 박통희, 「가족주의 개념의 분할과 경험적 검토——가족주의, 가족이기주의, 의사 가족주의」, 《가족과 문화》 16-2(한국가족학회, 2004), 95~128쪽.

3 한국전쟁기 사회적 멜로드라마와 젠더 유표성의 교체

전후 '악'의 사회적 전형으로서의 아프레 모녀

『태양의 권속』은 전후 사회의 새로운 인간 표상을 중심으로 사랑의 오해와 질투, 욕망과 배신을 다룬 전형적인 사회적 멜로드라마이다. 소설은 '별과 사랑과 청춘'을 소유한 아름다운 두 연인의 행복한 데이트 장면으로 시작된다. 비록 피난지이기는 하지만 이미 약혼을 한 관계인, 상공 장관 비서실에 근무하는 이상칠과 무역회사 타이피스트로 근무하는 김신희는 즐겁게 영화를 보고 난 후 '건전하고 합리적인 연애'와 사회가 인정하는 결혼에 대해 이야기 나누며 함께 행복한 미래를 꿈꾼다.

멜로드라마는 '남녀간의 장애가 많은 사랑 이야기'를 통칭하는 포괄적인 개념이다. 멜로드라마는 유형적 인물을 통해 드러나는 남녀 간의 애정 문제를 주요 내용으로 선택함으로써 독자의 몰입과 감정이입을 유도하는 드라마의 양식이라고 할 수 있다. 개인의 감정 특히 사랑에 대한 열정이 사회 관습 혹은 가족관계 등과 갈등을 벌이는데, 우연한 상황의 중첩과 비극적 정서의 과장으로 눈물을 자아내게끔 구성된 멜로드라마는 강자보다는 약자나 희생자의 위치에 처한 여주인공의 수난을 중심으로 이루어진다.[10]

여주인공 신희에게 펼쳐지는 수난은 두 갈래로 나뉘는데 물질적 수난과 애정 수난이 그것이다. 신희는 가정경제를 내팽개친 경제학의 권위자인 아버지를 대신해 월급을 가불해 가며 어려운 삶을 지탱해 간다. 여동생의 교육비와 생활비에 시달려 야간에 아르바이트를 하거나, 초라한 행색으로 설려 모녀에게 멸시를 당하기도 한다. 그리고 경제적 어려움을 간파한 신경

---

10 유지나, 「멜로드라마와 신파」, 유지나 외, 『멜로드라마란 무엇인가』(민음사, 1999), 12~15쪽.

문의 물질 공세로 상칠에게 오해를 받기도 한다. 하지만 신희에게 가난은 좀 더 깊게 좀 더 높게 살아가려는 의지와 용기를 북돋아 주는 장치이다.

신희와 상칠의 물적 수난은 내부적 균열을 발생시키고 그 틈바구니를 역동적이고 생동감 넘치는 다른 여성이 파고든다. 서시관에서 만난 황매의 요염한 자태며, 설려의 꿀 같은 윙크와 월라 여사의 부드러운 금화는 상칠에게 강렬한 자극으로 다가온다. 상칠은 무른 감정과 비윤리적 행동에 일점의 용서가 없는 신희의 지성에 감탄하면서도 답답함을 느끼던 중 이들의 자유분방함과 화려함에 빠져 온갖 감정의 방랑을 겪게 된다.

카웰티는 사회적 멜로드라마(bestselling social melodrama)를 멜로드라마적 구조와 사실적인 사회 역사적 배경을 결합시킨 독특한 양식으로 공식화했다. 그에 따르면 '베스트셀링 사회적 멜로드라마'는 멜로드라마의 한 유형이 아니라 멜로드라마의 발전적 형태로서 초점은 사회성(sociality)과 대중성(popularity)의 조화로운 결합에 있다. 사회적 쟁점과 현안을 부각시킬 문제적 인물과 시대적 상황을 응축시킨 역사적 배경은 개인의 행위에 집단적 당위의 가치를 부여함으로써 세계의 도덕성을 사실성 있게 맥락화한다. 사회적 멜로드라마가 멜로드라마의 발전적 형태라는 것은 멜로드라마의 본질인 선악의 절대적 대비를 통해 도덕적 환상을 당대의 제도적 흐름과 가치에 부합되는 도덕성으로 재구성한다는 데 있다.[11]

이 작품에서 전후 사회적 멜로드라마로서 사회적 쟁점과 시대적 현안을 부각시킬 입체적 인물이 아프레 걸로 통칭되는 강월라, 강설려 모녀이다. 이성과 양심에 따라 행동하던 상칠을 동물적 본능에 몸부림치게 하는, 한국전쟁기 사회적 부정성을 응축하는 여성상을 모녀 가족이 보여 준다

---

11 최미진, 「사회적 멜로드라마의 역사성과 대중성——전병순의 『절망 뒤에 오는 것』을 중심으로」, 《현대문학이론연구》 21(현대문학이론학회, 2004), 319~343쪽.

는 사실은 이채롭다. 허영심에 들뜬 젊은 현대 여성의 역할을 수행하는 딸 설려, 금전을 앞세워 전후 경제를 교란하는 중년 여성으로서의 역할을 맡은 어머니 월라 여사, 두 명의 여성 인물이 모녀라는 사실은 그간 다른 소설에서 나타나지 않은 새로운 모델이다. 이들의 세대론적, 가족적, 젠더적 측면에서 부정성은 극대화되며, 향후 김말봉 소설에 등장할 전후파 여성들의 시원적 모습을 보여 준다.[12]

강설려는 전후 대표적인 아프레 걸인 대학을 졸업한 전문직 여성으로 적극적인 발랄함과 개방성이 미덕과 악덕을 오가는 이중적 여성으로 재현된다. 스물셋의 설려는 자유분방하고 쾌활하고 토끼처럼 귀여운 감수성의 처녀로 명명되지만 종이 한 장을 뒤집으면 꽃 같은 교태를 부리며 동물적 본능에 충실한, 단순한 처녀이다. 설려는 자신이 가진 무기를 발휘해 상칠을 유혹하지만 상칠이 신희와 약혼한 사이로 자신을 속였다는 것을 알게 되자 자신에게 더욱 어울리는 남자로 정현우를 낙점한다. 사실 현우는 외모나 성격상 불민한 점도 있었지만 상공 장관의 동생이라는 절대적인 위치가 있었기 때문에 상칠과의 절연에도 오히려 승리감에 도취될 수 있었다. 하지만 이 또한 상공 장관이 설려와의 결혼을 반대하자 현우가 형제의 연을 끊겠다고 선언하면서 설려의 계획은 전부 틀어지게 된다. 상칠도, 현우도 잃게 된 자리에 어머니 월라 여사의 구속이 알려지면서 설려의 모든 지지기반이 무너지는 '징악'의 서사가 펼쳐진다.

---

12 김말봉이 『태양의 권속』 이후 신문에 연재한 『푸른 날개』(1954), 『생명』(1957)은 가난하지만 젊고 지적인 여성(한영실/전창님)과 아름다운 남성(권상오/설병국)의 낭만적 사랑과 아름답지만 욕망을 절제할 줄 모르는 중년 여성(미스 현/유화주)의 파국적 죽음을 대비하는 서사이다. 이 두 작품은 20대 여성 청년과 30대 중년 여성을 갈등의 두 축으로 삼으면서 정신적이고 윤리적인 사랑과 육체적이고 부도덕한 사랑의 서사를 대조적으로 전개한다. 청년 여성과 중년 여성은 선과 악이라는 지표를 부여받고 이를 통해 선명한 권선징악의 구도를 구축한다. 이민영, 「1950년대 대중소설과 '전후 여성'의 부표들」, 《한국근대문학연구》 46(한국근대문학회, 2022), 177~215쪽.

작품의 초반에 월라 여사는 전후 한국 경제를 쥐락펴락하는 실업가로서 주인공으로부터 선망의 대상이 될 정도로 긍정적인 평가를 받지만 이후부터 변모한다. 명확한 선악 구도를 갖는 멜로드라마적 서사구조에 따르면 이 작품의 어둠이자 악의 정점에 설려가 있어야 하지만 월라 여사는 설려의 약점을 증폭시킬 뿐 아니라, 김말봉의 전후 대중소설에 등장하는 부정적 중년 여성의 한 전형으로 처음 등장한 것에 의미를 둘 만하다. 월라 여사는 다중의 부정성이 겹겹이 중첩된 전후 여성의 모습이다.

첫 번째 부정적 이미지는 '나쁜 어머니'이다. 상칠이 설려에게 매혹된 것은 화려한 애교와 상큼한 명랑에 있지만, 다른 한 이유로 고급차를 소유하고 돈 많은 어머니를 가졌기 때문이다. 작가는 설려가 얼치기 양풍으로 사나이들 앞에서 애교만 퍼붓는 그릇된 인식을 갖게 된 것은 월라 여사가 딸에게 어머니로서, 인간으로서 일체의 교육도 시키지 않았기 때문이라고 비판하고 있다. 그 어머니의 그 딸이라는 나쁜-모녀-가족의 이미지가 형성된다.

두 번째 부정적 이미지는 성적 욕망을 드러내는 '연적'이다. 늙지도 젊지도 않은 화려한 외모를 가진 월라 여사는 토건업의 왕자인 신경문을 중심에 놓고 잠깐 신희와 삼각관계를 형성한다. 월라 여사는 경문이 신희를 아내로 삼기 위해 월라 여사에게 매파 역할을 부탁하려고 사적으로 만남을 요청하자 이를 자신에게 구애하기 위한 것으로 착각하고 거만을 떤다. 월라 여사는 자신의 아름다움을 눈이 부신 아침의 청춘에 대비한 화려하고 찬란한 황혼에, 백화가 피어나는 봄철보다 승한 단풍의 매력을 지닌 가을에 비유하며 들뜬다. 하지만 경문의 입에서 신희를 사랑하고 있다는 말을 듣자 자신은 뚜쟁이가 아니라고 소리친다.

세 번째 부정적 이미지는 '여자 모리배'이다. 월라 여사가 상칠을 설려의 배필로, 자신의 사위로 점찍은 가장 큰 이유는 그가 상공 장관의 비서이기 때문이다. 자신이 도모하는 사업에 상공 장관의 승인이 필요하기 때문에 상칠을 매개로 장관에게 줄을 대기 위해서인 것이다. 일본에 거류하는 남편의 공장에서 만든 도자기와 양은을 국내로 들여오기 위해서는 장관의 수입 허가가 필요한데 합법적으로는 어렵기 때문에 뒷배를 잡으려는 것이다.

모리배(謀利輩)란 '온갖 수단과 방법으로 자신의 이익만을 꾀하는 사람, 또는 그런 무리'를 일컫는다. 일반적으로 모리배는 그 앞에 'x 모리배'처럼 쓰는데, 악덕, 악질 등 모리배 행위의 성질 또는 양태를 나타내는 말과 함께 쓰거나, 정치, 경제 등 모리의 행위가 이루어진 분야, 적산, 쌀 등 모리 행위가 이루어진 대상 등 다양한 명사/명사구와 함께 쓰인다.[13] 월라에게 부여된 명사는 '여자 모리배'이다. 늙지도 젊지도 않은 '여자 모리배' 월라 여사는 악덕이나 악질보다 더 강렬한 명사인 '여자'를 달고 자신의 사리사욕을 채우기 위해 전후 경제를 혼란하게 만든 요마(妖魔)로 묘사된다.

전후 신문소설에서 아프레 걸로 명명되거나 범주화된 여성의 부정성은 대부분 전통적 여성이 승리하는 서사로 귀결된다. 강렬한 선악 대비를 중추로 삼는 멜로드라마에서 대리 가장으로서 굳건히 한몫의 생활-경제인으로 역할하는 신희와 대비하여 월라, 설녀 모녀 가족은 허영에 들뜬 무절제한 소비, 허위 문서 작성, 횡령 등의 경제적 악덕을 일삼으며 전후 취약한 한국 경제를 혼탁하게 만드는 인물들이다. 월라-설려 모녀에게 이중의 핍박을 받던 신희의 고난은 전후파 모녀의 처절한 패배(월라 여사의 구속과 설려의 결혼 실패)로 권선징악이라는 도덕적 환상을 강화한다.

---

13 김경혜, 「'모리배'와 'x 모리배'에 반영된 해방 직후의 사회상에 대한 일고찰: 1945년부터 1950년까지의 조선일보 신문 기사를 중심으로」, 《언어와 정보사회》 50(서강대학교 언어정보연구소, 2023), 30~51쪽.

여성화된 남성, 젠더 유표성의 역전

앞서 월라-설녀 모녀를 통해 전후 여성의 경제적 부정성이 강화된 방식을 살펴보았는데, 전후 사회에서 이들의 역할은 일견 긍정적 면모를 갖는 것도 사실이다. 설려는 대학을 졸업한 전문직 여성으로 자동차를 운전할 줄 알고, 영어에 능통하다. 피난지 부산의 홍복을 위해 미국인들과 재건 사업을 논의할 때 설려의 운전 실력과 통역 능력은 훌륭히 발휘된다. 월라 여사는 전후 사회에서 억대의 돈을 움직이는 몇 안 되는 여성 실업가이다. 신희는 대학에서 영문학을 전공해 영어에 능통하고 편리한 현대 지식을 소유했으며 타이피스트로서 가정경제를 책임지고 있다. 이처럼 주요 여성 인물들이 한국전쟁기 사회적 일꾼으로서 역할을 수행하는 데 반해 남성 인물들은 그렇지 못하다.

작품의 남성 주인공인 상칠을 대표하는 이미지는 아이러니하게도 병약미와 여성미이다. 상칠은 키가 크고 마른 체형의 현대형 청년으로 얼굴 표정이나 눈빛이 정열적이면서도 귀공자다운 기풍이 그의 생명이다. 상칠을 묘사할 때는 '희고 창백한 얼굴, 파란 이마', '가느다라하고 여윈 손목', '능금 같기도 하고 귤 같기도 한 향기', '여인 같은 수줍은 웃음'을 가졌다고 묘사하고, '부드러운 물만 먹고 있는 어린 양'에 비유되기도 한다. 주어 없이 표현만 보면 남성을 묘사한 것이라고 보기 어려울 정도인데 신희와의 연애 관계에서도 수동적이고 우유부단한 모습을 보인다.

그의 사회적 역할은 어떠한가. 상칠의 직업은 상공 장관의 비서이다. 전쟁 직후 상공부는 상업·무역·공업·특허와 도량형에 관한 업무 이외에 광업·전기·해운·수산 등에 관한 업무 등 상당히 광범위한 역할을 수행하는 중앙행정기관이다. 상칠은 행정부서의 주요 담당자로서, 장관을 수행하는 비서로서의 전문성이나 공적 역할이 전혀 보이지 않는다. 오히려 그 직위로 인해 모리배의 타깃이 되어 협잡을 매개하는 역할을 하게 된다. 상칠이 상공부의 비서가 될 수 있었던 것도 신희의 아버지가 동서인 상공 장관에게 추천했기 때문이다. 공적인 공간인 비서실을 배경으로 상칠이 등장할 때는 주로 신희, 설려, 황매 등 여성들의 전화를 받거나 선물을 들고 찾아온 여성들로 주위 사람들에게 부러움을 사는 장면뿐이다.

공적인 공간에서 사회적 역할을 수행하지 못하는 상칠은 오히려 사적 공간인 가정에서 돌봄노동을 즐겨한다. 홀어머니를 모시고 사는 상칠은 어머니를 소중히 여겨야 한다고 생각하고 어머니의 가사노동을 대신한다. 어머니 또한 자신이 죽고 아들이 혼자 남았을 때를 대비해 상칠에게 '여자의 일'도 해 보는 것이 좋다고 훈련시킨다. 상칠은 때때로 물을 긷고 밥 지으며 설거지 등의 뒷정리, 자신의 속옷을 직접 빨아 입는 여성적 노동으로서 자신의 존재감을 드러낸다.

이 작품에서 여성화된 남성은 상칠만이 아니다. 정현우는 영국 에든버러 문과를 졸업하고 돌아온 상공 장관의 막냇동생이다. 어린 나이에 어머니를 여의고 두 형제만이 의지가지로 자랐는데 상공 장관인 형은 현우에게 부모와 다름없다. 현우는 소심하고 심약한 성향으로 설려의 표현을 따르면 '아직도 한 사람 분의 사나이'가 되지 못한 인물이다. 여성적이고 내성적인 성격 탓에 자신의 마음을 적극적으로 표현하지 못하던 중 귀국한 다음 날 설려의 저돌적 접근에 황홀감을 느낀다.

『태양의 권속』을 젠더 정치학적으로 분석한 박수정은 김말봉이 남자 주인공인 이상칠의 외모를 설명하는 묘사문을 통해 그가 헤게모니적 남성성에 영합하는 인물이 아니라고 강조한다. 또한 그가 행하는 청소와 빨래, 설거지 등의 노동은 전쟁이 역사의 주체로서 호명한 남성 청년 일반의 모습과 큰 간극을 보인다고 분석했다. 이것은 한국전쟁 당시 호전성과 승리욕을 가진 건강한 남성 청년의 헤게모니에서 벗어난다고 설명하면서 전시의 젠더 담론을 초과한다는 점에서 인상적이라고 분석했다.

박수정의 지적처럼 상칠과 현우의 형상화 방식이 전시의 젠더 담론을 넘어서는 면이 있지만 이러한 분석은 김말봉의 창작 방법론을 통해 좀 더 보충될 필요가 있다. 김말봉은 소설의 남녀 주인공을 여성미의 절정과 남성미의 절정이라고 표현한 바 있다. 하지만 이러한 표현은 그들의 어그러짐 없는, 추하지 않다는 미적 아름다움을 표현할 때 적정한데, 특히 남성들이 보여 주는 외적 속성은 전형적 남성성과 반대일 때가 많다. 이러한 인물 형상화 방식은 이미 『찔레꽃』에서 예견된 것이다.

김말봉 소설에서는 공적인 공간에서 여성과 남성의 젠더 유표성[14]이 역전된 양상을 보여 주는데, 여성 주인공이 자신의 권위를 지킬 수 있는 것은 남성들의 욕망의 대상이 되고, 남성들의 욕망을 통제하는 위치에 서기 때문이다. 이 작품에서 신희는 자신을 추앙하는 남성 인물들(상칠, 현우)의 욕망을 통제하면서 자신의 권위를 획득한다. 신희가 갖는 가장 큰 권능은 바로 신적인 속성을 가진 태양성으로, 그들을 구원하고 이들이 상실한 젠더 유표성을 재획득하게 한다는 사실이다.

4 권속 소설과 의제(擬制) 가족주의

부재를 통해 증거되는 가부장과 국가 가족주의

이 작품은 그 제목에서부터 권속이라는 가족소설을 표방하고 있다.

---

14 유표성은 프라하학파에서 처음 사용한 것으로 언어학의 개념 중 하나이다. '두드러지는 자질(feature)'을 뜻하며 유표성을 지닌 자질은 '유표적(marked)', 그렇지 않은 것은 '무표적(unmarked)'이라고 한다.

가족소설은 가족이라는 관계와 그 안에서 벌어지는 갈등, 사랑, 화해 등을 중심으로 한 소설 장르로 가족의 의미, 세대 간의 차이, 과거와 현재의 연결고리 등을 탐구한다. 한국문학에서는 가부장제 가족 구조가 갈등과 화해의 주요 원인으로 작용하면서 가족소설의 핵심이 된다. 가부장제를 중심으로 하는 가족소설은 아버지를 중심으로 가족 질서가 세워지고 그 결정이 가족 전체에 영향을 미친다. 가부장(家父長)은 가족 내 권위를 지닌 아버지 혹은 남성 가장을 의미하며, 이 인물은 단순히 한 가정을 이끄는 역할을 넘어 사회적·문화적 권력구조를 상징한다.

가족의 준거가 되는 가부장을 중심에 놓고 볼 때 이 소설의 독특성은 역설적이게도 가부장이 부재한다는 사실이다. 가부장의 있지 아니함은 가부장의 권위를 약화시키는 것이 아니라 보이지 않기에 더욱 강력한 존재성을 발휘한다. 이 독특성은 작가의 의도된 연출인데, 신희-상칠-설려의 애정 갈등 속에서 배경화되던 아버지는 연애 갈등이 최고조에 이른 현장에 돌연 호출되어, 무시당하고 천대받던 인물들의 지위를 일시에 역전시키고, 주인공의 사람됨이나 영향력을 재인식시키는 기반을 마련한다.

아버지가 보내 준 온갖 명품으로 치장하고 일백수십만 원을 들여 봉황의 깃처럼 요염한 이브닝드레스를 입고 등장한 설려와, 노인 같은 흰 저고리를 입고 등장한 신희의 보이지 않는 싸움에서 여왕으로 등극한 것은 설려였다. 더욱이 설려가 신희를 이길 수 있는 절대적 무기는 영어를 할 수 있다는 것이었다. 유창한 영어로 커널 브라운의 말을 통역하자 모든 사람들이 설려를 우러러보게 되었다. 하지만 신희가 옆자리의 미국 신사와 한국의 풍습과 전후의 사정에 대해 영어로 대화를 나누자 전세가 급변한다.

설려의 가족은 여러 나라를 돌아다니며 살았다. 설려의 할아버지가 상해로 망명한 뒤 가족들을 모두 상해로 불러들였고 할아버지가 돌아가시자 가산을 정리하고 로스앤젤레스로 갔다. 설려의 아버지는 동경으로

와서 도자기 공장을 설립했으나 해방이 되자 서울로 귀향했다. 하지만 버리고 온 도자기 공장 걱정에 아버지는 다시 도일한다. 전후에 도자기나 양은의 재고가 많았지만 수입 허가가 나지 않아 한국으로 들여오지 못하고 있는 실정이라 이상칠을 통해 상공 장관에게 줄을 대려는 것이다.

신희는 설려의 아버지가 생산하는 공산품이 정상적인 수입 허가를 받지 못하는 상황에서 불법적인 방식으로 유입되는 밀수를 언급한다. 전후 한국 경제는 전쟁으로 인한 폐허 상태에 놓여 있었고 미국의 원조가 경제 회복의 큰 축이었지만 다른 한편으로 불법적으로 일본으로부터의 밀수가 공공연하게 방임되었다. 한국은 전쟁으로 경제 기반이 무너졌고 물자가 극심하게 부족했는데 특히 섬유, 식료품, 공산품과 같은 생활필수품이 매우 귀했다. 한국과 일본은 전후 외교관계가 없었고 공식 무역도 이루어지지 않았기 때문에 비공식 경로인 부산항을 통해 밀수하는 수밖에 없었다. 이러한 밀수는 소설 속에서 상공 장관이 걱정한 바와 같이 정상적인 무역 질서를 어지럽히고 정부의 경제정책이 실효성을 갖기 어렵게 만들어 국내 산업의 성장이 저해될 뿐 아니라 밀수와 결탁한 공직자들의 부패와 범죄로 이어졌다.[15]

물론 밀수의 방식을 선택하지 않았지만 월라 여사는 상공 장관의 추천서를 위조하고 여기에 장관의 인감까지 찍은 허위 문서로 대지주를 속여 은행으로부터 불법 대출을 시도하다가 잡힌다. 개인의 이익을 도모하기 위해 사회에 해악을 끼치는 부모의 결함과 사치스러운 소비를 일삼는 딸의 결점이 합쳐서 설려 가족의 부정성은 증폭된다. 울음이 터지기 직전의 설려의 얼굴과 이야기를 듣던 탄간 양이 눈을 떨어뜨리고 브라운 씨가 고개

---

15 김만석, 「냉전체제의 비가시적 구멍: 해방 이후부터 1950년대까지 부산의 밀무역을 중심으로」, 《문명과 경계》 7(포항공대 융합문명연구원, 2023), 155~190쪽.

를 돌려 버렸다는 서술은 설려가 원래 의도했던 목적은 달성되지 못하고 오히려 설려의 취약성이 노출되는, 역전된 상황을 보여 준다.

파티장에 두 번째로 호출되는 상칠의 부친을 살펴보자. 3장에서 살펴본 바와 같이 상칠은 우유부단하고 유약한 인물로 형상화되었다. 하지만 그의 부친이 영웅이라는 사실과 영어를 유창하게 사용한다는 점은 그를 새로운 인물로 각인시킨다. 상칠의 부친은 기미년 민족운동의 선봉에 섰다는 이유로 8년간 징역을 치르고 보석으로 풀려나지만, 상칠이가 배 속에서 일곱 달이 되었을 때 병사했다. 상칠은 가난하지만 엄격하고 정직한 홀어머니 밑에서 부친의 애국심을 더럽히지 말라고 교육받으며 자랐다. 그간 상칠의 다소 경박하고 즉흥적인 됨됨이가 뼈대 있는 가문에서 어머니의 제대로 된 교육을 받았고, 어려운 가정환경에서도 대학을 졸업하고 영어를 자유자재로 구사하는 것으로, 새롭게 인상된다는 사실이 유의미하다. 상칠이 독립운동가의 유복자라는 사실은 신희를 놓고 갈등 관계에 있는 신경문에게는 커다란 놀람으로 윌리엄 씨에게는 감탄으로 이어진다.

설려는 자신이 신희보다 우위에 있는 것을 자랑하기 위해 신희의 아버지를 호출한다. 자신의 집은, 어머니는 여류 실업가, 아버지는 해외무역업자인 푼푼한 살림이고, 신희의 집은 가난한 학자의 집임을 대조하기 위해서다. 신희의 아버지가 독서에만 매달려 가정경제를 등한시한다고 비아냥대고, 가정의 십자가를 손가락 열 개에 붙들고 있다며 신희의 타이피스트로서의 직업을 비웃는다. 실제 신희네 가족은 부산으로 피난 와서 살림도구, 옷가지 등을 팔며 하루하루를 전전긍긍 살아간다. 아버지는 쓰러져 가는 피난 집 한 칸 방에서 오직 번역에만 정력을 다하고 있다.

전통적 가족소설에서 가부장의 권위는 가족의 생계를 책임지는 경제적 지위를 통해 유지되지만 신희의 아버지는 정반대에 위치해 있다. 서사가 진행되는 내내, 모든 경제적 책임을 딸에게 짐 지우는 무능하고 무책임해 보이던 김병화 씨가 그 박탈된 권위를 되찾게 되는 현장이 역설적이게도 설려의 소환이다. 신희의 아버지는 전쟁 전 서울 ××대학 총장이자 경제학의 권위자였다. 그는 미국 컬럼비아 정경과를 우수한 성적으로 마치고 영국 옥스퍼드 대학 연구과에서 3년을 수업했다. 피난을 와서는 연래로 숙원이던 애덤 스미스의 경제윤리를 번역 중이며 곧 출판을 앞두고 있다. 모든 것이 폐허가 된 전후의 한국 경제는 미국의 원조에 의지하고 있지만 새롭게 경제를 재건하기 위해 자본주의경제 체제를 설명하는 '애덤 스미스'의 『국부론』을 번역하는 것은 고리타분한 퇴화가 아니라 국가경제를 재건하는 진보의 초석이 되는 것이다.

가족주의는 가치의 중점을 개인보다 가족 전체에 두려는 태도이다. 설려-상칠-신희의 가족은 서로 다른 아버지성을 통해 가족이 추구하는 가치를 드러낸다. 그 준거가 되는 것이 가정교육과 경제적 가치이며 이것이 전후 사회의 도덕성과 연결된다. 설려는 올바른 가정교육의 부재로 허영심 들떠 사치를 부렸고 그의 부모 또한 경제사범으로 전후 사회를 혼란에 빠뜨렸다. 상칠의 아버지가 일제 식민지 아래의 독립운동가라는 사실과 스스로 자신을 건사하게 하는 홀어머니의 강직한 가정교육은 상칠이 되돌아올 수 있는 계기를 마련한다. 신희는 어려운 가정환경에서도 대리 가장으로서의 경제적 역할을 수행하고 부친은 세상의 홀대 속에서도 흔들리고 않고 경제학 원론 번역을 마무리한다.

의제(擬制) 가족주의는 가족적 인간관계를 사회적 영역에까지 확대 적용하는 태도를 말한다.[16] 우리는 종종 가족이 아닌 사회의 다른 영역을 마치 가족처럼 확대해서 간주하는 경우가 있는데 국가나 기업, 종교공동체를 가족처럼 여기는 태도가 그것이다. 가족이 아닌 사회의 영역을 마치 가

---

16 손인수, 『한국인의 가치관』(문음사, 1984), 103쪽.

족처럼 간주하여 가족 내에서 통용되는 원리를 적용시키려는 것이 의제 가족주의이며 이것은 한국 가족주의 개념을 구성하는 중요한 2차적 의미가 된다.[17]

이 소설에서는 영어를 능통하게 사용하는 것이 인물의 중요한 역량으로 부각되고 그들로 인해 파티에 참석한 미국인들에게 한국을 형제의 나라로 인식시키며 큰 감탄을 자아낸다. 또한 김병화 씨가 가난한 책방 선생이 아니라 미군정기 때 중요한 역할을 했고, 대학자이자 경제 전문가임을, 운크라[18] 고문단에서 일하는 윌리엄 씨에게 큰 감격을 준다는 것도 모두 미국과의 친연성을 드러낸다.

한국전쟁 이후 국제정치의 역학 속에서 미국의 역할과 영향력은 강하게 각인된다. 미국은 남한을 공산주의의 확산에서 보호하는 군사적 보호자이자, 경제원조를 통해 한국의 전후 복구를 지원하는 경제적 후원자이며, 자유민주주의와 반공주의 이념을 한국에 전파하며 한국 사회는 자유진영의 일원이라는 이념적 지도자 역할을 수행했다. 이 과정에서 미국은 민주주의 수호자라는 상징적 의미가 만들어졌다. 바로 이러한 영향력으로 인해 미국은 형님 국가 혹은 보호자로 묘사되고 한국은 어린 동생 또는 피보호자로 상징되었다. 미국의 원조나 군사 보호로 한국 사회에는 '미국은 우리를 지켜 주는 가족 같은 존재'라는 프레임이 형성되었고, 이를 통해 친미 감정이 고취되는 정서적 결속이 이루어졌다.[19] 김병화가 번역하는 애덤

---

17 이승환, 「한국 가족주의의 변화 과정과 미래 방향: 한국 '가족주의'의 의미와 기원, 그리고 변화 가능성」, 《유교사상문화연구》 20(한국유교학회, 2004), 45~66쪽.

18 운크라는 1950년대 한국의 전후 재건과 부흥을 위해 유엔 총회 산하에 설립되어 활동했던 유엔한국재건단(UNKRA: United Nations Korean Reconstruction Agency)이다. 운크라는 한국전쟁에서 유엔군이 승리해 조속히 전투가 종료되고 통일이 이루어질 것이라는 전망 속에서, 한반도 전 지역의 재건을 담당하는 기구로 설립되었다. 임다은, 「유엔한국재건단(UNKRA)의 조직과 활동」, 《한국사론》 66(서울대학교 국사학과, 2020), 201~260쪽.

스미스의 자본주의는 개인의 자유와 시장의 자율성을 강조하며 자유시장 경제가 공공의 이익을 가져온다는 신자유주의경제 사상의 기초가 되었다. 김병화식 가족주의의 가치는 미국식 민주주의와 자본주의를 바탕으로 하는 의제 가족주의이다.

    한국전쟁은 국토를 폐허로 만들었고 국가의 정치, 경제 체제는 붕괴되었으며 사회의 최소 단위인 전통적인 가족구조도 무너졌다. 이러한 이유로 가족 재건과 국가 재건은 서로의 생존과 회복을 상징하는 동일한 논리를 공유하게 되었다. 국가와 가족 재건의 상동성은 아버지의 권위를 중심으로 그 질서를 회복하려 했다. 결국 신희의 부친은 주영 대사로 가게 된 상공 장관의 후임으로, 전후 한국의 상업과 공업을 이끌 상공 장관이 되면서 훼손된 가부장의 권위는 완벽히 회복된다. 반면 전후 경제에 큰 해악을 끼친 설려의 가족은 전후 국가의 재건을 위해 제거되어야 할 대상인 것이다.

태양의 상징성과 구원을 통한 남성적 권위의 재생, 종교 가족주의

    김말봉의 소설 창작법에서 소설의 표제로 사용하는 상징적 장치는 인물의 성격과 행위를 시종일관 지배하며 독자에게 하나의 이미지를 생성시킨다. 작품의 주제 의식을 응축하는 키워드를 제목으로 던지는 연역적 글쓰기 방식이 우발적 기법이 아니라는 사실은 작품이 신문사에 연재되기 이전에 소개된 연재 예고를 통해 확인할 수 있다.

    『태양의 권속』이 《서울신문》에 연재되기 전인 1952년 1월 31일 연재 예고에서 작가의 말을 살펴보면 작가는 세상은 광명과 어둠으로 양분되어 있다고 말한다. 이때 광명은 선이요, 삶과 옳음이고, 이에 대척하는 어둠은

---

19 박지향 외, 『해방 전후사의 재인식』(책세상, 2006), 211쪽.

악이요, 죽음과 죄를 뜻한다고 설명하고, 돈과 권세와 청춘과 허영의 소용돌이 속에서 광명은 구름(어둠, 악)에 가리어지기도 하지만 엄연히 세상을 지배하고 있다고 말한다. 그리고 그 광명의 본원으로 태양을 지목하고, 태양의 권속, 즉 태양의 가족이 김신희와 이상칠이라는 사실을 명확히 하고 있다.

　작가의 말을 기자의 소개의 말과 연계해 보면 이 작품의 연재 의도를 좀 더 명확하게 확인할 수 있다. "우리는 이 어지러운 사회 현실 속에서 어떻게 참되게 살아갈 것이냐? 이제 본지에 연재하려는 여사의 장편소설『태양의 권속』은 건전한 사상과 애정을 아름다운 문장으로 이끌어"라고 되어 있다. 전후의 혼란과 혼탁한 사회 속에서 우리가 새롭게 찾아가야 할 길은 "건전한 사상과 애정"이다. 요약해 보면 죄와 악이 판치는 어지러운 사회 현실 속에서도 태양의 가족인 신희와 상칠의 애정과 건전한 사상을 통해 광명의 길을 밝혀야 함을 설득하는 것이다.

　앞선 장에서 살펴 보았듯이 상칠이 천박하고 경솔한 불량자였다면 신희는 김말봉이 여성 주인공으로 덕목으로 추앙하는 진선미(眞善美)를 모두 갖춘 인물이다. 진리〔眞〕는 진실된 마음과 태도로 세상을 바라보고 스스로의 삶에서 정직함을 추구한다. 선량함〔善〕은 인간의 도덕적 미덕을 나타내며 선의 실천, 남을 배려하는 마음, 공정함을 추구하는 것이기에 인간관계에서 중요한 가치이다. 아름다움〔美〕은 물질적, 정신적 아름다움을 모두 포함하는 말로 감각적으로 아름다운 것뿐 아니라 내면의 성숙함과 인간 존재의 가치가 드러나는 형태로 표현된다. 상칠이 신희를 가리켜 행동에 기품이 있고 타인으로부터 존경받는 여성이라고 생각하거나, 신희를 자신의 부인감으로 점찍은 신경문이 신희를 쌓아 올려진 교양을 바탕으로 지성의 처녀라고 표현하거나, 신희와 연적 관계에 있는 기생 황매가 신희를 차고 깨끗한 옥에 비유하며 상칠과 가연임을 알아채는 것 등이 모두 신희를 전형적 여성 주인공에 위치시킨다.

 월라-설려 모녀의 악마성에 대비한 김신희의 신성은 태양의 비유를 통해 나타난다. 상칠은 자신이 설려에게 흔들린 것을 사탄의 꾐에 빠진 것이라 말하고 탐욕의 아가리에서 자신을 구원할 태양으로 신희를 지목한다. 그리고 모든 자연물이 태양 없이 살 수 없듯이 자신 또한 신희 없이 살아갈 수 없음을, 신희에게 거리를 둔 자신을 신성모독이라고 하고 신희를 신앙한다. 태양의 현현인 김신희는 동물적 본능과 감정의 노예가 된 상칠을 심판하고 구원하는 신적인 모습으로 구현된다. 그리고 신앙의 대상이 되는, 도덕적으로 고양된 여성상은 그렇지 않은 여성들의 타락과 성적 방종을 공격하는 이데올로기적인 효과를 자아낸다. 정숙하고 도덕적인 여성은 경박하고 방탕한 전후 여성들과 대비됨으로써 새롭게 재건되는 민족국가에 도덕적 정당성을 부여하고 남성 인물을 구원한다. 젠더 유표성의 교체로 여성화된 남성으로서 사회적 역할, 시대적 의무가 소거된 상칠이 신희의 구원을 통해 강력한 남성성을 재취득하는 것은 이러한 사실을 방증한다.

 상칠은 언제라도 전쟁터에 불려 나갈 것에 대한 두려움과 전사한 친구들을 떠올리며 괴로워하기도 하지만 후방에서 관념에서 해방된, 어제도 없고 내일도 없는 본능적 생활을 만끽했다. 꽃 같은 설려의 교태에 현실을 눈감아 버린 상칠은 결국 김신희를 배신하고 무거운 인생의 십자가를 지게 된다. 그러다가 신희에게서 약혼반지를 되돌려 받고 현실을 직시한다. 상칠은 자신의 고해가 담긴 편지와 일기를 신희에게 보내고, 태양을 배신한 자신을 징벌하기 위해 일선의 전쟁터로 향한다. 비록 자신은 사지로 향하지만 신희의 구원을 통해 자신의 정신이 쉴 항구에 다다른 것처럼 아늑함과 평화를 느낀다.

 상칠은 신희에게 보낸 마지막 편지를 통해 "치열한 전쟁터는 나의 심신을 갱생시키는 뜨거운 풀무"가 될 것이며 자신은 "훨씬 굳건하고 슬기로운"

남성의 모습으로 되돌아올 것이라며, 이전의 여성화된 남성이 아닌 새로운 강한 남성으로서의 모습을 기약한다. 신희는 약혼반지를 끼고 상칠이 비행기를 타고 구름 속으로 사라지는 모습을 보며 그가 돌아올 때까지 기다릴 것을 언약하면서 이들이 함께 태양의 권속이 됨을 증명한다.

이 소설에서 신희가 태양이자 신성을 갖는 것은 중요한 의미를 갖는다. 태양은 빛을 발산하는 존재로, 어둠을 밝히고 진리를 드러내는 역할을 한다. 또한 태양은 신성하고 초자연적인 힘을 나타내며, 인간의 경험을 초월하는 존재로 묘사되어 신을 상징하기도 한다. 태양을 신으로 묘사하는 것은 신의 영원성, 능력, 또는 진리와 결합된 의미를 전달하기 위한 강력한 문학적 장치가 된다. 태양과 같은 신성을 부여받은 신희의 형상을 중심으로 그에게 구원받는 상칠의 존재는, 아버지 신으로부터 구증 받은 자녀와 같은 모습, 종교적 가족주의의 모습을 보여 준다. 종교 공동체가 갖는 의제 가족주의는 신자들을 가족으로 묶어 친밀감을 조성하고 내부 결속을 강화한다. 기독교에서 신자들을 하나님의 자녀라고 표현하고 서로를 형제, 자매로 부르며 가족 이미지를 강화하는 것 역시 이에 해당한다.

의제 가족주의는 가족이라는 개념을 상징적으로 차용해 조직 내 결속력을 강화하는 한편 외부 세계 특히 설려의 가족이 갖는 세속적 가치와 거리를 두게 한다. 신앙의 중심 가치와 배치되는 세속적 가치는 돈과 재산의 소유에 집착하는 물질주의와 자신의 권력과 명예를 위해 타인의 지위를 짓밟는 교만, 성적 방종과 같은 자신의 욕망과 쾌락을 추구하는 삶인데 이 모두를 응집해 보여 주는 것이 설려의 가족이며, 세속적 가치를 추구하는 설려의 가족은 의제 가족주의에서 배척된다. 태양의 현신으로부터 구원되어 진정한 태양의 가족으로 재탄생한 이들이 추구하는 가치는 기독교적 가족주의의 모습을 띤다.

5 나오며

단행본으로 출간된 『태양의 권속』 서문에서 소설가 박종화는 김말봉이 여류의 중진인데도 시대에 뒤떨어지지 않고 대중의 입에 오르내리는 근거로 "건전한 문학의 모랄과 화려 순란한 문장", "구상과 표현이 새 시대에 맞도록 새롭게 표현" 되기 때문이라고 썼다.[20] 바로 이것이 『찔레꽃』에서 『태양의 권속』에 이르는 김말봉 소설의 힘일 것이다.

이 글은 이러한 힘의 근원으로 김말봉의 창작 방법론에 기대어 멜로드라마적 서사 구조를 살펴보았다. 김말봉의 연애소설 문법에 따라 창조된 전형적 인물들과 이들이 엮어 내는 서사는 권선징악의 도덕적 환상을 강화하는데, 이 작품이 천편일률적인 연애소설에서 한 스푼의 사회성, 시대성을 첨가한 것이 '아프레 걸' 모녀라는 인물군이다. 강월라-강설려 모녀는 이후 김말봉 소설에서 악녀의 한 전형성을 형성하게 된다. 이러한 악녀형 여성에 대비되는 순정하고 정숙한 여성 주인공 신희는 태양이라는 신성성을 획득하고 젠더 유표성이 교체된 남성 인물을 구원한다.

소설의 제목인 '태양의 가족'은 작품을 이해할 중요한 키워드로서 전후 새로운 민족국가의 건설을 가족의 재건을 통해 살피는 가정소설적 분석을 가능케 한다. 소설에는 개별 주인공이 소속된 세 부류의 가족이 등장하고, 서로 다른 가부장을 통해 가족이 추구하는 가치를 살필 수 있었다. 이때 가치의 선악을 나누는 준거는 가정교육과 경제적 가치에 있다. 올바른 가정교육과 건전한 경제적 가치를 추구하는 것은 식민지 치하와 한국전쟁으로 훼손된 가족을 복원시킬 중요한 가치로 부각된다.

한국전쟁이 한창이던 1952년 피난지의 수도 부산을 배경으로 하는

---

20 김말봉, 『태양의 권속』(삼신출판사, 1953), 230쪽.

이 소설은 이전의 소설에서 강조되었던 정치적 가치를 후퇴시키고 경제적 가치를 전면으로 내세운다. 가족적 인간관계를 사회적 영역에까지 확대 적용하는 의제 가족주의적 태도로 미국식 자본주의와 자유주의를 강조하고 신앙적 가치를 훼손하는 세속적 가치를 배척하면서 종교적 가족주의를 구성한다. 배제된 외집단으로서 설려의 가족은 경제사범으로 전후 경제를 혼란하게 했다. 그들은 오직 돈을 중요시하는 물질주의와 욕망만을 좇는 쾌락주의적인 삶을 살았기에 향후 건설될 민족국가의 건강한 국민으로 포섭되지 못한다.

전후 가족의 재건은 민족국가의 재건과 중첩되면서 소설에 반복 재현되었는데, 배제와 통합의 원리로 확대된 의제 가족주의를 통해 전후 국가의 재건을 가족의 재건과 상응시킨 완전한 가족에 대한 욕망과 그 의미를 살필 수 있었다.

| 섹슈얼리티 |

팬데믹 이후 부동산 소설과 오컬트 자본주의

강지희

1 팬데믹 이후의 세계와 투자의 일상화

코로나 시기를 거치면서 투자 열풍의 분위기는 압도적인 것이 되었다. 한때 '욜로족(YOLO: You only live once)'라는 말이 유행했던 적이 있었으나, 이후 그 자리를 대체한 것은 '파이어족(FIRE: Financial Independence, Retire Early)'이었다. 미래를 위해 현재를 희생하는 대신 향유하고 싶은 문화나 소비를 누리는 것을 칭송하던 많은 이들은 이제 성공적인 투자로 조기 은퇴가 가능한 '경제적 자유'를 꿈꾼다고 당당하게 말한다. 돈 때문에 직장에 얽매이지 않고 자유롭게 살겠다는 이들의 생애 설계는 자아실현의 즐거움을 찾는 것처럼 보이지만, 사실상 이 이면에는 평균적인 근로소득만으로는 정상 생애주기에 맞는 삶을 꾸리는 것이 점점 어려워지면서 노동의 가치가 폄하되는 냉혹한 외부 현실이 자리하고 있다. 무엇보다 '파이어족'을 추구하는 자들이 주로 고학력, 고소득자이며, 조기 은퇴를 현실화하기 위해 등장하는 수단이 주로 주식, 부동산, 창업, 갭투자 등으로 현금흐름을 창출하는 파이프라인을 만드는 것이라는 점 역시 주목을 요한다. 평범한 근로

자가 그저 무작정 소비를 줄이는 절약의 방식으로는 결코 몇십억 대의 여유 자산을 비축한 파이어족이 될 수 없기에, 이 신조어는 실질임금 하락과 중산층 붕괴로 누구나 투자에 매달릴 수밖에 없는 사회적 불안과 절박함이 만들어 낸 정동의 산물로 보인다.

이런 사회적 분위기 속에서 2020년 이후 한국문학장에는 '부동산 소설'이라 칭할 법한 세태소설군이 하나의 경향을 형성했다. 장류진의 『달까지 가자』(2021), 최양선의 『세대주 오영선』(2021), 조남주의 『서영동 이야기』(2022) 등에서 인물들은 이 시대 가장 첨예한 관심사인 주식과 부동산의 소용돌이 한복판으로 뛰어들고 모종의 해피엔딩을 이끌어 낸다. 임솔아의 「내가 아는 가장 밝은 세계」(2020), 황정은의 「기담」(2021), 손원평의 「타인의 집」(2021), 김애란의 「좋은 이웃」(2021), 강화길의 「복도」(2021), 박상영의 「보름 이후의 사랑」(2021), 김유담의 「주객간(主客間)」(2022), 이유리의 「페어리 코인」(2022) 등의 단편들 역시 거주지의 문제를 다루고 있다. 이 소설들 속 주인공은 대개 중산층 부부이며, 비혼 여성이나 퀴어 커플이더라도 비교적 중산층 계급에 진입할 가능성이 열려 있는 존재로 그려진다. 한국전쟁 이래 중산층에의 열망에 동반되는 속물성이 유구한 것이었다는 점을 감안하더라도, 소설 속에서 주택 소유를 둘러싼 강력한 욕망의 정동이 중산층의 감각을 경유해 투자의 차원에서 주로 서술되고 있다는 점은 징후적으로 다가온다.

한국에서 욕망의 격전지로서의 주택, 그 생존과 투기를 다룬 소설들은 1960년대 말 강남개발이 본격화되고 부동산 투기 붐이 조성되면서 등장하기 시작했다. 정주아는 1971년 광주대단지 사건을 도시 빈민의 생존권 다툼이 일어났던 장이지만, 동시에 시대적 압축판이라 할 맹목적 부동산 투기의 현장으로서 다시 바라본다. 이 사건을 다룬 텍스트들에서 속물적 욕망은 사실상 민중과 소시민의 구별을 무화시키며, 속물적 욕망으로

가득한 타자를 어떻게 사랑할 수 있는지에 대한 질문으로 나아간다.[1]

김은하는 박완서의 개발독재기 소설을 중심으로 '아파트 공화국'이 된 한국에서 시기심이라는 주체의 감정 구조를 살핀다. 내 집 마련 열풍 속에서 아파트를 둘러싼 주체의 선망과 좌절은 '복부인', '교육엄마' 등으로 젠더화되어 나타나고 있다는 것이다.[2]

주거지와 관련된 소설들은 2000년대 중후반 88만원 세대라고 호명된 청년 담론과 함께 다시 한번 부상했다. 2000년대 이후 박민규와 김애란 등은 청년 백수를 주인공으로 하는 소설들을 통해 유희적 상상력과 비정한 입사식을 그려 내고, "자신만의 공간을 갖고자 하는 청년들의 욕망"을 꾸준히 포착했다. 그러나 이 욕망이 미끄러지며 '방에서 방으로, 변두리에서 변두리로' 계속해서 밀려나는 청년들의 모습은 청년이라는 표상이 이제 "사회적 위계와 계급 서열 구조에 매우 취약한 존재"로서 대표적 타자가 되었다는 사실을 보여 주었다.[3] 생존의 불안과 고통과 적대의 문제를 공간적 구조를 경유해 포착해 온 황정은의 작품 역시 많은 평론가들에게 주목의 대상이 되었다. 황정은의 단편 「누가」 속에서 핵심이 되는 것은 층간소음과 이웃들의 무례함을 경험하는 사건 자체라기보다는, 자기보다 앞서 그 집에 거주했던 노인에게 느끼는 '부채감'에 있다. 주인공은 "노인의 비참에

---

1 정주아, 「개발독재 시대의 윤리와 부(富) ─ 광주대단지사건의 텍스트들과 '이웃 사랑'의 문제」, 《민족문학사연구》 61(민족문학사연구소, 2016).
2 김은하, 「아파트 공화국과 시기심의 민주주의: 박완서의 개발독재기 소설을 중심으로」, 《여성문학연구》 39(한국여성문학학회, 2016). 이런 부동산 투기의 젠더화와 관련해 최근 주목할 만한 사회학에서의 논의로는 다음의 책이 요긴하다. 최시현, 『부동산은 어떻게 여성의 일이 되었나』(창비, 2021).
3 소영현은 2000년대 발표된 김애란과 김미월 소설의 상당수를 '방을 위한 청춘의 엘레지'라고 명명하며, 대학에 입학해 고향을 떠나지만 고시원이나 반지하 혹은 옥탑방에서 '서울살이'를 시작하게 되고, 각종 서비스업에서 비정규직 '알바생'으로서 삶을 시작하지만, 불안과 초조 속에서 계속해서 변두리로 밀려나게 되는 상황의 공통점을 짚어 낸다. 소영현, 「한국 사회와 청년들 ─ 자기파괴적 체제 비판 또는 배제된 자들과의 조우」, 《한국근대문학연구》 26(한국근대문학회, 2012), 400~404쪽.

공명하고, 그들의 닮음을 발견하며, 곧 거기서 자신의 미래를 읽어" 냄으로써 '누가(累家)'의 상속자가 되어 울분과 비참에 젖는다.[4] 이처럼 한국문학사에서 주거지를 둘러싼 시선은 대개 윤리적인 지평 속에서 자신의 욕망의 부도덕성을 반성적으로 자각하고, 타인에 대한 책무로 나아가는 성찰의 길을 택해 왔다고 정리해 볼 수 있을 것이다.

그러나 팬데믹 이후 소설들은 중산층의 내 집 마련을 위한 욕망 투쟁의 지형도에 직접적으로 밀착한다. 소설 자체가 동시대 현실을 최대한 '하이퍼리얼리즘'적으로 따라붙음으로써 대중의 감정이나 믿음과 긴밀하게 동기화되어 있다고도 할 수 있겠다.[5] 소설 속 인물들은 주변인들의 가상화폐나 아파트를 통한 자산 증식 앞에서 자신만 뒤처지고 도태된다는 박탈감과 함께 이웃에 대한 증오와 깊은 무력감에 빠져 있다. 이런 인물들이 부동산 문제를 해결하려는 여러 시도 가운데 새로 두드러지는 흐름은 '자산화(assertization)'라 불리는 모종의 현상이다.[6] 더욱 흥미로운 것은 투기 열풍에 부응하며 '투자자-되기'를 적극적으로 실천하는 인물들에 내재된 믿음

---

4 차미령, 「2010년대 소설의 사회적 성찰——황정은론」, 『버려진 가능성들의 세계』(문학동네, 2016), 24~26쪽.
5 장류진의 『달까지 가자』 속 이더리움 시세는 실제 시세와 정확히 일치한다. 작가는 소설의 배경이 된 8개월간의 차트를 컴퓨터 화면에 띄워 놓고, 이를 토대로 세 인물의 매수·매도액을 엑셀 파일에 정리하며 이더리움 가격에 따라 수익과 손실액수를 맞췄다고 인터뷰했다.
박준호, 「'달까지 가자' 장류진 "코인개미 차가운 현실 보상해주고 싶었죠"」, 《서울경제》, https://www.sedaily.com/NewsVIew/22M7CTZ3JU.
6 시장에서의 판매를 목적으로 개인의 사적인 판단과 결정에 의해 생산되고 또 재생산될 수 있는 인간 노동의 산물로 만물을 바꾸는 과정을 말하는 '상품화'와는 대조적으로, '자산화'는 장기적이고 안정적인 미래의 수익 흐름을 제공할 수 있는 재산의 창출을 지향한다. 자산화는 유형적이든 무형적이든 그 물질성과는 무관하다. 자산화될 수 있는 조건은 우선 금융적 관점에서 소유되거나 통제될 수 있는 전유의 대상이어야 하며, 둘째로 발생할 것으로 예상되는 잠재적 미래 수익에 대한 현재적 평가에 기반한 경제적 가치를 가져야 한다. 소유주 입장에서 그게 무엇이든 소득의 잠재적 원천으로 간주될 수 있도록 만드는 속성을 보유하기만 하면 자산으로 인정되는 것이다. 정용택, 「자산화를 어떻게 인지할 것인가?」, 《뉴래디컬리뷰》 2023. 봄, 40~41쪽 참조.

체계로, 자본의 흐름과 가치를 일종의 주술적 신념에 기대어 해석하고 실천하는 경향이 뚜렷하게 나타난다는 것이다. 이는 인류학자들이 개발도상국 사회에서 샤머니즘, 주술과 같은 전근대적 마법이 어떻게 현대 자본주의에서 오히려 번성하며 자본주의적 실천들로 연결되고 있는지를 탐구하며 발전시킨 '오컬트 자본주의' 개념과 긴밀히 연결된다.[7] 가상화폐에 적극적으로 투자하거나 심지어 창출하기에 이른 소설 속 인물들이 자신의 신체를 포함해 생명까지도 기꺼이 자산화하는 경향을 보일 때, 이제 이들을 '소시민', '속물'과 같은 전통적 언어로는 더 이상 포착할 수 없다.

따라서 이 논문에서 지칭하는 '부동산 소설'은 단순히 주택의 투기적 보유와 매각을 통해 토지 지대를 추구하는 과정을 그리는 서사에 국한되지 않는다. 그것은 가상화폐 투기와 같은 다른 자산화 실천들까지 포괄하며, 일상 전반에 스며든 투기적 감각과 욕망의 구조를 드러내는 텍스트들을 아우른다. 이 글은 이러한 서사들 속에서 등장인물들이 어떤 방식으로 투기적 주체로 구성되어 가는지를 살펴보고자 한다. 모두가 '노동자'이자, 자신의 인적 자본을 관리하는 '기업가'적 주체이자, 동시에 부동산·주식·코인 시장의 등락에 몸을 맡긴 '도박자'로 살아가는 현실 속에서, 프로테스탄티즘 윤리는 어떻게 변형되고 있는가? 억울함이라는 정동 속에서 인물들은 스스로를 정당화하며, 재편된 인간관계 속에서 특히 '이웃'이라는 타인을 어떻게 인식하는가? 생명을 비롯해 유·무형의 자산들은 어떻게 남김없

---

[7] 이와 관련해 Jean Comaroff&John L. Comaroff, "Occult Economies and the Violence of Abstraction: Notes from the South African Postcolony", *American Ethnologist*, 26(2), 1999의 논문이 중요한 단초를 만들어 준 것으로 보이며, 이 논지를 확장한 논문을 비롯해 다양한 학자들의 연구들을 집대성한 다음의 저서가 있다. Brian Moeran, Timothy de Waal Malefyt ed., *Magical Capitalism: Enchantment, Spells, and Occult Practices in Contemporary Economies*(Berlin: Springer, 2018). 이 개념을 한국에 소개한 논문으로는 다음의 글이 상세하다. 이승철, 「도박자의 인류학을 위한 연구 노트」, 《문학과사회》 2018. 여름.

이 자산화되는가? 이때 자산화 논리에서 배제된 취약한 몸들은 어떤 생존 전략을 발휘하게 되는가? 이러한 물음을 던지는 것은 금융자본주의 아래에서 모든 것이 경제적 이해관계로 환원한다는 식으로 현실을 단순 비판하기 위함이 아니다. 오히려 자산과 노동의 가치가 끊임없이 변동하는 조건 속에서 사회적 조건이 개개인에게 침투해 들어오며 변화되는 인식 구조를 진지하게 사유해 보려는 시도이다.

2 도박자 주체들과 추상화된 자본주의

국제적 금융시장과 자본의 운동이 개개인의 삶에 더 깊이 침투할수록, 사실상 도박자가 되도록 내몰린 이들이 자신의 현재와 미래가 이 불투명하고 불가해한 힘에 의해 지배된다는 느낌을 받을수록, 주술은 그 어느 때보다도 강력한 형태로 세계화된 금융자본주의 곳곳에서 귀환한다.[8] 인류학자인 진 코마로프와 존 코마로프는 아파르트헤이트 이후 급작스럽게 글로벌 세계 경제질서와 맞닥뜨린 남아공에서 경제적 불평등과 실업 문제가 어떻게 오컬트적 사고방식과 결합된 폭력의 분출로 이어졌는지 분석한다. 국제 경제체제의 하위 구조에서 살아가는 사람들에게 새로운 자본주의는 노동이나 생산의 흔적 없이 거의 초자연적인 방식으로 이윤을 창출하고 수탈하는 것으로 인식된다. 시공간을 초월해 가치가 빠르게 증식되는 부의 메커니즘이 불가해하다는 것, 하지만 누군가는 그 신비한 힘을 이 기적인 목적으로 조작하고 있다는 인식은 그 축적 과정에서 배제된 이들에게 깊은 절망을 안겨 준다. 그리고 바로 이 지점에서 오컬트 자본주의는

---

8 이승철, 「도박자의 인류학을 위한 연구 노트」, 《문학과사회》, 2018. 여름, 318쪽.

두 가지 상반된 방향으로 작동한다. 한편으로는 그 불가해한 부의 '마법적 수단'을 쫓고자 하는 열망, 다른 한편으로는 그 힘을 통해 부를 얻었다고 여겨지는 이들을 폭력적으로 제거하고자 하는 욕망이 공존하는 것이다.[9] 최근 한국 소설에는 노동과 생산 과정을 거치지 않고 단기간에 가치와 자본을 증식시키려는 시도가 두드러진다. 이는 사회적으로 노동의 가치가 하락했다고 느끼는 가운데, 자신을 하나의 투자 자산으로 바라보고 몸과 시간, 관계까지도 자본화하는 신자유주의적 주체의 반응으로 읽힌다.

장류진의 『달까지 가자』(창비, 2021)는 중소기업에 다니는 여성 청년 세 사람이 '이더리움'이라는 가상화폐 투기를 통해 극적인 인생 반전을 노리는 소설이다. 서사는 이들이 가상화폐에 투자할 수밖에 없는 이유의 정당성을 두 가지에서 찾아낸다. 첫째는, 그 누구도 자신을 책임져 주지 않는다는 인식이다. '비공채 출신 3인'으로 모인 이들은 회사 안에서는 '근본 없는 애'로 취급받고, 부모에게 경제적인 지원을 받을 수 있는 형편도 아니다. 10평 이하의 원룸에서 월세로 거주하는 이들의 삶의 조건은, 이들을 하나의 집단으로 묶는다. 둘째는, 부조리한 노동조건이다. 주인공 '정다해'는 '올해의 야근왕 MVP'가 될 정도로 혹독하게 일하지만, 평가 등급은 의미 없는 'M'(Meet requirement)에 그치고, 체감물가보다 훨씬 낮은 월급 인상률을 견뎌야 한다. 반면 회사는 기존에 없던 직책까지 만들며 낙하산 인사를 들여오고, 사장의 대학 후배이자 이종사촌 동생인 그는 자유롭게 출퇴근하며 5억 원의 상여금을 받아 간다.

카이와에 따르면, 사회가 진보할수록 우연과 불확실성이 작용하는 범위와 영향력은 점차 제한되고, 대신 경쟁과 그에 따른 합당한 보상 체계가 시스템의 핵심 원리로 자리 잡게 된다. 근대사회에서는 사회적 보상 체계가

---

9   Jean Comaroff & John L. Comaroff, cit., pp.281~284.

운이나 우연이 아니라 '노동, 능력, 재능'에 기반해야 한다는 데 일반적 합의가 형성되며, 그중에서 노동은 가장 명예로운 소득원으로 간주되어 왔다.[10] 그러나 정당한 근로에 따른 합리적 보상 체계가 무너진 사회에서, 우연에 기반한 도박과 같은 행위는 더 이상 리스크가 아니라 일종의 기회로 작동할 수 있다. 이미 노동이 명예로운 소득원이라는 지위를 잃고 불확실성의 그림자에 묻혀 있기에, 주식과 코인 등 우연에 기반해 일확천금을 노리는 도박자는 더 이상 비난의 대상이 아니라 기회를 재빠르게 움켜쥐는 정복자로서 근대에 역행해 귀환할 수 있게 되는 것이다.

과거에서 온 천재 박사가 만든 돈데크만이라는 이름의 주전자가 이상한 리듬의 주문을 외우면 허공에 동그라미 형태의 터널 같은 포털이 뚫리고 주인공들이 그 터널로 쏙 빠져 들어가면서 시간과 공간을 넘나들게 된다는 설정이었다. 언니는 다른 차원의 세계로 통하는 그 터널 형태의 포털이 어디서 어떻게 열렸는지를 잘 떠올려 보라고 했다. (……) 그러더니 아이패드 화면에 띄워 둔 이더리움 그래프를 다시 가리키며 이게 바로 그런 것이라고 말했다. (……)
"난 이게 우리 같은 애들한테 아주 잠깐 우연히 열린, 유일한 기회라고 생각해."(102쪽)

소설에서 여성 청년 세 사람 중 가장 경제적 이윤에 밝던 '강은상'은 다른 두 사람에게 가상화폐 이더리움이 우리에게는 '유일한 기회'라고 강조한다. 그리고 이는 애니메이션에 나오는 터널 형태의 포털로 비유된다. 그 포털이 엉뚱한 곳에서 갑자기 열리는 것과 마찬가지로, 이더리움이라는 가상

---

10 로제 카이와, 이상률 옮김, 『놀이와 인간』(문예출판사, 1994), 229쪽.

화폐 역시 지극히 불확실성과 예측 불가능성에 기반한 것이다. 하지만 이는 불안하기보다 반짝이는 기회로 다가온다. 세 여성 청년 중 두 번째로 가상화폐 투자에 진입하는 주인공 정다해는 은상 언니가 보여 준 이더리움 그래프가 급하게 우상향하며 J커브를 그리는 것을 보면서, 온몸의 세포가 떨리는 듯한 감각을 느낀다. 마치 이더리움 그래프의 곡선과 동기화된 듯한 이 전율의 순간은 곧장 행동으로 이어진다. 다해는 매력을 느꼈지만 금액적으로는 부담이었던 원룸 매물을 계약함과 동시에 '비트GO' 앱을 다운로드하고, 이더리움 300만 원어치를 매수하며 코인 투자자로 재탄생한다.

막스 베버는 부에 대한 욕망 자체보다는 이 욕망을 노동 윤리와 합리적 조직이라는 정당화된 기반에 정초하는 것에서 근대 자본주의 정신의 핵심을 찾았다. 칼뱅주의 예정론에서 구원은 이미 신에 의해 결정되었고 개인은 여기에 어떤 영향도 미칠 수 없기에, 이들은 지속적인 불안 속에서 자신이 선택되었음을 믿고 고독하게 자신의 길(노동을 통한 부의 축적)을 가는 것 외에 달리 방법이 없다. 여기서 도박의 논리와 노동의 논리 간의 기묘한 착종이 발견되는데, 즉 운명에 대한 절대적인 불확실성에 사로잡혀 믿음에 의존하는 자들에게 노동은 구원으로 제시되며, 도박자의 불안은 노동의 강박증적 조직으로 억압되고 해소되는 것이다. 따라서 도박의 논리와 그것이 야기하는 불안은 일종의 '사라지는 매개자'로서 근대성의 노동 윤리를 탄생시키지만, 안정적 기반으로서 노동 윤리가 정초되는 순간, 무대 뒤로 사라지거나 존재하더라도 기존 체계를 강화하는 동력으로 기능할 뿐이다.[11]

그간 근대성의 이상이 지속적 노동에 안정적 보상을 지급하고 사회적 리스크를 보장해 주었다면, 오늘날 그 이상은 무너졌고 금융화된 신자유주의는 삶의 리스크를 개개인이 감수할 것을 요구함으로써 이제 노동의 절

---

11 이승철(2018), 앞의 글, 315쪽.

망은 도박자로 탈주하는 유인이 된다. 따라서 이 소설에서 팀장이 안타고니스트인 이유는 그가 무능력해서도, 부하 직원에게 뻔뻔하게 굴며 자신의 탐욕을 채워서도, 점심시간이 끝나고 몇 분 늦게 돌아오는 걸로도 눈치와 면박을 주어서도 아니다. 코인 투자가 성공해서 퇴사한다는 강은상의 소식을 전해 듣고 '소년등과일불행(少年登科一不幸)'을 신명 나게 입에 올리며, 노력도 없이 그렇게 큰돈을 쥐었다는 것이야말로 불행의 지름길이라 말하는 그의 사고관 자체가 이 서사 속 세계에서 갈등을 낳는 장애물이 된다. 금욕주의와 도덕주의를 기반으로 한 팀장의 경제관념은 곧장 막스 베버의 프로테스탄티즘의 경제윤리를 연상시킨다. 이는 운에 좌우되는 결과가 차라리 합리적이 된 시대에 정면으로 역행한다.

 푸코는 신자유주의 통치의 상관물로 '자기-기업가적 주체'를 제시한 바 있다. 하지만 최근 금융시장에 더 잘 적응하는 새로운 호모 에코노미쿠스의 형상은 합리성과 이성보다는 비합리적 직관과 비일관적 감정이 더 두드러지는 존재로 재조정되는 중이다. 이러한 변화는 소설 속 세 여성 청년들의 코인 투자 방식에서도 드러난다. 이들은 불확실한 투자 결정에 대한 불안을 사주 풀이를 통해 해소하고자 한다. 도사는 이들에게 "이 아가씨뿐 아니라 셋 다 대체로 러시아랑은 잘 맞는 편이야. 북쪽에서 불어오는 찬 바람 있지? 시베리아 북서풍. 그걸 타면 아주 멀리까지 가. 그렇게 나와 있어."라는 아리송한 말을 전하는데, 이에 은상 언니는 해소된 표정으로 이더리움을 팔지 말고 '존버'하자고 권유한다. 그 근거는 이더리움 개발자 비탈릭이 러시아 사람이라는 다소 엉뚱한 연관성에 기반하지만, 이후 실제로 이더리움의 가격이 상승하면서 그 예언은 마치 신통한 통찰처럼 기능한다. 이처럼 예언과 수익성을 융합하는 도박자적 주체는 오컬트 자본주의의 대표적인 형상이다. 이들은 시장의 불확실성 속에서 미신적 해석과 감정적 확신을 통해 투자에 대한 자기 확신을 구축하고, 그 과정에서 투자는 일종의 오컬트적 실천으로 전환되어 간다.

이유리의 「페어리 코인」은 전세 사기로 모든 것을 잃은 부부가 '제대로 된 복수'를 꿈꾸며 벌이는 대국민 사기극을 그린다. 서울 역세권의 신축 전셋집에 입주한 후, 보증금 4억 원을 고스란히 날린 주인공 부부는 억울함과 분노로 가득 차 있다. 법도 제도도 자신들의 편이 아니라고 느끼는 그들은 끝까지 착한 사람으로 남을 수 있는 사람이 과연 몇이나 될까 자문하며, 점차 복수를 결심하게 된다. 바로 그때 남편의 오랜 친구 현철이 등장한다. "가상화폐 투자가 한창 유행하던 시기에 눈썰미 좋게 초기 진입에 성공해 순식간에 몇십 억을 벌었다는 도시 전설 같은 이야기의 주인공"[12]이라는 현철은 '투자의 기본은 기대심리'라고 말하며, 부부가 키우던 요정을 활용해 사람들의 욕망을 자극하는 가상화폐 사기극을 제안한다.

이 소설의 매력은 '전세 사기'라는 현실적인 재난에 대한 '코인 투자'라는 해결책을, 지극히 비현실적인 존재인 '요정'을 경유하며 만들어 간다는 점이다. 이 요정은 어떤 존재인가. 주인공의 고조모는 지리산 깊은 산골짜기에서 요정을 만나 함께 살게 되는데, 영특하고 애교 많은 요정의 소문이 퍼지자 사람들은 돈을 들고 찾아와 요정을 팔라고 애원한다. 그러나 고조모에게 요정은 가족이자 막냇동생 같은 존재였기에, 그는 모든 제안을 단호히 거절한다. 주인공 부부에게도 요정은 슬픔과 기쁨을 함께 나눈 '가족'이었다. 하지만 사기와 법망의 허점을 통해 모든 것을 잃은 이들에게, 똑같은 구멍을 이용해 복수할 수 있다는 통쾌함은 이 소중한 관계마저도 잠시 유보하게 만든다. 요정은 이제 탐욕과 환상이 덧씌워지는 도구가 된다.

우리는 그동안 요정의 번식을 연구하고 체계화해서 시중에 공급하

---

12 이유리, 「페어리 코인」, 《현대문학》, 2022. 5, 41쪽. 이후 소설 인용은 쪽수만 표기한다.

는 걸 목표로 연구를 거듭해 왔고, 이제 그 연구가 거의 막바지 단계에 다다랐다고 판단해 법인을 세웠다고 하는 겁니다. 그런데 이제 여기서 가상화폐, '페어리 코인'이 등장해요. (……) 우선 '페어리 코인'이라는 가상화폐를 개발합니다. 외주 업체에 맡기면 2, 3천 정도에 충분히 가능해요. 우리가 향후 요정의 번식에 성공해서 분양 사업을 본격적으로 시작하면, 실물화폐 대신 이 페어리 코인으로만 애완 요정을 구입할 수 있게 하겠다는 단서를 답니다. 이것도 물론 나중에 딴지가 걸릴 수 있으니 정식으로 공표해선 안 되죠. 대충 그렇다는 소문만 풍기는 게 오히려 더 좋습니다. 참, 제수씨도 도지코인은 아시죠? 처음엔 반 장난이었던 그게, 일론 머스크가 앞으론 그걸로 테슬라 살 수 있을지도 모른다고 자기 트위터에 쓰자마자 천장을 뚫고 우주까지 갔어요. 그걸 좀 벤치마킹하자는 겁니다.(45~46쪽)

이 '페어리 코인'은 요정을 번식시키고 구입할 수 있다는 시세차익의 기대감을 심어 줌으로써 새로운 자산을 창출해 내는 방식이다. 이는 디지털 생산물에 '희소성'이라는 가치를 부여하는 방식으로 새로운 자산을 창출해 내는 NFT를 떠올리게도 한다. 기업이 NFT를 활용하는 방식을 보면 추진 계획안에서 야심 찬 기획들을 확인할 수 있는데, 오직 이런 허황에 가까운 미래의 약속들을 통해서만 이 NFT의 가격이 유지된다는 사실은 여러 사례에서 확인된다.[13] 현철은 테슬라라는 거대한 초국가 기업을

---

13 2017년 게임 크립토키티가 큰 인기를 모으면서 알려졌던 NFT 시장은 2021년 400억 달러 규모로 전년도 대비 40배 가까이 성장하며 각종 성공 신화를 낳았다. 100개의 돌멩이 이미지를 NFT로 발행한 이더록(EtheRock) 중 하나가 260만 달러에 팔리거나 NBA 선수들의 하이라이트를 NFT로 만들어 판매하는 NBA 톱숏 사이트에서 르브론 제임스의 덩크 영상이 20만 달러에 팔려 나갔다. 한국에서는 '6월항쟁계승사업회'가 전태일 열사 50주년 기념화를 1500억 원대의 NFT로 발행하기로 결정하는 인상적이고 아이러니한 사례가 나타나기도 했다. 이승철, 「모든 것의 자산화: 토큰화, 미시자산, 그리고 새로운 자산 논리」, 《뉴래디컬리뷰》, 2023. 봄, 116쪽.

이끄는 방책 또한 투자와 사기 사이 어딘가에 있음을 신랄하게 암시하면서, 자신들 역시 금융자본주의를 움직이는 오컬트 경제 속으로 뛰어들자고 선동한다. 페어리 코인의 핵심 매개물인 이 요정은 먹을 것을 주지 않아도 되고, 배설도 하지 않으며, 늙지도 죽지도 않는다. 이런 특성은 유무형의 자산들이 물질성 없이도 언제든 거래 가능한 대상으로 바뀌는 자산화에 대한 절묘한 비유이자 냉소로 읽힌다. 문제는 이 페어리 코인의 가격이 많은 사람들이 요정의 가치를 각자 어떻게 예상하고 믿는지에 따라 '자기 참조적'으로 형성되기에, 이 추상성 속에서 기존 문학이 익숙하게 택해 온 비판과 저항의 경로가 흔들린다는 점이다. 그러니까 페어리 코인의 창립자가 되려는 이 부부는 결국 자신들의 가족 요정을 판 것인가, 아닌가? 분명 그들은 실체 없는 사업을 부풀려 일종의 사기를 시도하고 있지만, 그 요정이 가치의 생산과 유통 과정에서 '착취' 같은 개념과 맞닿아 있다고 보기는 어렵다. 또 만약 이 페어리 코인에 투자자들이 생겨난다면 이들은 합리적 투자를 하는 것인가, 아니면 비합리적 투기를 감행하는 것인가? 상품의 내재적 가치와는 거의 무관한, 불안정한 도박판 같은 금융시장의 추상성은 자산화 과정을 통해 극단적으로 증폭된다. 그리고 이는 불의의 감각을 깨워 자본주의 비판의 동력으로 삼을 수 있는 거점들 자체를 지워 나간다.

그렇다면 세상에 대한 강도 높은 복수를 꿈꾸며 피투자자로 자신을 전환하는 이들의 결단을 둘러싸고 좀 더 긍정적인 방식의 다른 해석은 불가능할까? 미셸 페어는 금융화가 촉진하고 생산하는 주체는 금융 흐름을 유인하기 위해 신용도를 관리하는 포트폴리오 매니저로서 잠재적인 '피투자자'라는 점을 강조하며, 노동의 종말을 맞고 있는 현실에서 임시직 노동자들에게 과거와 같은 방식의 노동조합을 요청하기보다는 차라리 "피투자자라는 조건을 액티비즘 관점에서 전유하는 방향"이 더 효과적이지 않을

지 물은 바 있다.[14] 실제로 앞서 『달까지 가자』에서 세 여성 청년들은 회사 안의 동료들과 투자의 계기와 정보를 서로에게 계속 고무적으로 제공해 주며 느슨한 투자적 연대체를 구성하고, 코인에서 상당한 수익을 거두어 노동에 대한 강박으로부터 자유로워지지 않았는가.

그러나 「페어리 코인」의 주인공은 사기극을 목전에 둔 전날, 이 모든 것을 제안한 현철이 과거에 함께 오토바이를 훔쳐 놓고 덮어씌웠던 고등학생 시절의 일화를 떠올린다. 우정에 대한 불신으로 흔들리는 가운데, 급작스럽게 서사의 '데우스 엑스 마키나'가 되는 것은 집주인의 딸이다. 법적으로 문제가 없더라도 자신의 양심이 견딜 수 없어 오늘 자기 돈으로 융자를 다 갚았다고 말하는 여자의 목소리는 "끔찍하게 망가진 무언가를 제 손으로 바로잡은 게 기쁘고 뿌듯해 죽겠다"(60쪽)는 상쾌함으로 가득하다. 피투자자라는 주체성이 '대항 투기'를 통해 가능한 정치의 공간을 가질 수 있으리라는 미셸 페어의 전망과 달리, 이유리의 소설은 이와 정반대의 방향을 보여 준다. 자본가의 호혜는 주인공 부부에게 복수를 가능케 하리라 믿었던 페어리 코인을 선택할 가능성마저 허무하게 빼앗는다. 모든 것이 자산화되는 세계에서 부가 창출되거나 상실되는 구조적 맥락은 불투명하며, 대부분의 사람들은 오직 막대한 특권적 부를 지닌 누군가의 결정에 따라 일시적으로 구출되거나 폭망할 뿐이다. 여기서 치밀한 자기 구원이나 복수의 서사는 쉽게 허락되지 않는다. 성실한 노동자도 급진적인 투쟁의 투자자도 되지 못한 채 거듭 전근대적인 도박자로 재탄생하는 인물들의 형상은, 자산화가 확산되며 고도의 추상화를 겪고 있는 오컬트 자본주의 시대에 가장 노골적으로 드러난 새로운 주체성의 모습처럼 보인다.

---

14 미셸 페어, 조민서 옮김, 『피투자자의 시간』(리시올, 2023), 217쪽.

3 좋은 이웃의 조건과 윤리 쟁탈전

최근 부동산 소설군으로 묶이는 많은 단편에서 주인공은 부부로 등장한다. 그리고 이들은 운에 의해 성공을 거머쥔 주변인들에 대한 상대적 박탈감 속에서 분노와 억울함의 정동을 숨기지 못한다. 김유담의 「주객간」에서 오래된 친구인 '선기'는 부친이 죽으며 남긴 고향집 7000만 원 돈을 합쳐 거듭 아파트를 매수한 결과, 이제는 1가구 4주택자가 되어 있다. 그는 주인공 부부가 전세 계약 만기를 앞두고 집을 구해야 하는 상황에서 호기롭게 '친구 찬스'를 쓰라며 낮은 가격에 전세를 내준다. 하지만 그 호의는 반갑게 받아들여지기보다 "비린내"처럼 음습하고 불편하게 다가온다. 소설은 시대에 맞춰 영악하게 투기 타이밍을 맞춘 친구의 속물성은 발가벗기듯 묘사되어 있는 한편, 주인공 자신은 무해하고 선량한 시민으로 정체화하는 것을 보여 준다. 친구인 선기는 "무조건 아파트를 사야 한다니까. 아파트가 환금성이 짱이라고!"를 외치고, 신공항 신도시 할인 분양 반대 시위에 참여하는 사람이 되어 있다. 심지어 선기 부부는 다주택자로 생기는 제도적 문제와 세금을 피하기 위해 서류상 이혼도 불사한다. 반면 주인공 부부는 어떻게 묘사되는가.

유영은 진오와 같은 침대에서 잠들며 사랑하는 사람과 함께 사는 안정감을 느꼈다. 직장 생활과 만화가의 꿈 사이에서 괴로워하는 진오에게 회사를 그만두고 공모전 준비에 전념해 보라고 먼저 권한 사람도 유영이었다. 집은 천천히 사도 된다고, 생활이 안정되면 천천히 아이를 갖자고, 여유롭게 마음을 먹었던 것이 이제 와 생각해 보면 패착인 것만 같았다. 무리하게 대출받아 재테크에 열을 올렸던 사람들은 부자가 됐고, 결과적으로 우리만 가난해진 셈이라고, 유영은 진오에게 기운 빠진 목소리로 말하곤 했다.[15]

주인공 부부는 경제적 이윤이 아니라 어디까지나 꿈과 가치를 추구한 이상주의자로 그려진다. 이들은 자신들이 본성의 선량함을 지니고 삶의 목적을 찾으며 살았음에도 불구하고, 어느 날 정신 차려 보니 터무니없이 '벼락 거지'가 되어 있는 결과의 부당함 앞에서 어쩔 줄 모른다. 그런데 이런 억울함의 정동 아래에는 상대방이 노력이나 선량함의 결과가 아니라, 운이 좋아서 기회를 차지했다는 추정이 있다. 그렇다면 타인의 행운과 나의 불운이 교차하는 이런 풍경 앞에서 인물들은 어떤 설명을 찾아낼 수 있을 것인가. 민족지 인류학은 불운한 사건에 대해 일반적인 인과관계적 설명이 미처 가닿지 못한 영역, 사건의 독특성이 자연법칙적 논리로 환원되지 않는 어떤 영역에 '주술'이라는 이름이 붙여지는 것을 발견한다. 불공평한 부의 분배를 가져온 행운과 불운은 모두 그 '의미'를 묻게 만드는 갑작스러운 '선물' 같은 것이다.[16]

그러므로 주술은 사회에서 억압되었던 적대가 표면화되는 장소이기도 하다. 1990년대 전후의 남아공에서 젊은 남성들은 주술적 수단을 통해 부당한 방식으로 부를 축적했다고 여겨지는 사람들에게 적대감을 표출하며 가해를 가했다. 악의적인 존재로 지목되어 공격당한 사람들의 대부분은 노인이었고, 사회적으로 고립되어 있었으며, 방어 수단도 없는 이들이었다. 이런 노년 권력층(gerontocracy)들이 남성인데도 "노파들(old ladies)"이라 불렸다는 사실은 흥미롭다. 이런 노인들의 반사회적 탐욕은 타락한 성 행위, 간통, 강간, 낙태 등 "비자연적인 생산과 재생산"의 이미지로 나타남으로써, 그 노인들을 가해하는 일이란 사실상 사회적으로 보다 바람직하고 생산적인 방식을 희구하는 시도의 일환이었다.[17] 그렇다면 팬데믹 이후

15　김유담, 「주객간」, 《자음과모음》, 2021. 겨울, 179쪽.
16　이승철(2018), 앞의 글, 317쪽.
17　Jean Comaroff & John L. Comaroff, cit., p.288.

한국문학에서 적대가 회귀하는 자리에 놓여 최종적으로 타격 대상이 되는 이는 누구일까.

김애란의 「좋은 이웃」에서도 거주지를 둘러싼 상대적 박탈감은 터져 나갈 듯이 팽창해 있다.[18] 소설은 전세 만기로 새로 이사 갈 집을 알아봐야 하는 주인공 부부의 윗집에 한 신혼부부가 이사를 오며 시작된다. 넉넉잡아도 30대 초반으로 보이지만 이미 번듯한 '자가'를 마련한 신혼부부는 한 달 간 인테리어 공사를 하겠다며 양해를 구해 온다. 화자인 '나'는 그들이 엘리베이터에 붙인 게시물 끝에 "좋은 이웃이 되겠습니다."라는 말에 자극 받아 불편한 마음이 되고, "윗집 내부가 안정적이고 아름다운 형태를 잡아갈수록 우리 생활은 천천히 부서지고 망가지는 것 같아서"(191쪽) 살짝 미칠 것 같은 기분까지 느낀다.

그런데 이 소설에서 결정적인 사건과 적대는 신혼부부 쪽이 아니라, 화자가 가르치는 학생 '시우' 쪽에서 발생한다. 시우는 초등학교 3학년 때 교통사고를 당한 뒤 1년 가까이 병원 생활을 하다 휠체어를 타고 집에 돌아온 아이로, 화자가 한때 독서 프로그램을 맡아 진행했던 아이다. 시우의 어머니는 간청하는 목소리로 이전처럼 시우를 맡아 달라 연락을 해 오고 '나'는 "내가 하는 일이 교양팔이나 입시 장사가 아니라 사람을 살리는 일처럼"(174쪽) 느껴져 뿌듯한 기분으로 시급 인상도 마다하고 시우를 다시 가르치기 시작한다.

나는 여느 때처럼 해당 단편의 주제와 배경을 설명한 뒤 공동체, 이웃, 연대 등 핵심 단어를 추려 수업을 이어 나갔다. (……)
―선생님은 다 믿어요?

---

18 김애란, 「좋은 이웃」, 《창작과비평》, 2021. 겨울, 182~183쪽. 이후 소설 인용은 쪽수만 표기한다.

—뭘?
—이 책에 있는 말들.
잠시 갈등하다 고개를 끄덕였다.
(……)
—시우야.
—네?
—전염병이 길어져서 힘들지?
—아니요.
—응?
내가 잘못 들었나 싶어 귀를 세웠다.
—잘됐다고 생각했어요.
—뭐?
—다들 밖에 못 나가니까.(182~183쪽)

시우는 과거에 내가 생각했던 총명하고 올곧은 아이가 아니다. 시우는 책에 쓰여 있는 공동체, 이웃, 연대라는 말을 어떻게 믿을 수 있는지 의심하고, 전염병으로 인해 사람들이 자신처럼 불이익을 감수해야 하는 것이 차라리 좋다고 말함으로써 할 말을 잃게 만든다. 소설은 이 지점에서 화자가 일에 대해 순수한 보람을 찾으려 했던 선량한 시도가 어떻게 선량하지 못한 소수자 앞에서 붕괴되는지를 보여 주는 듯하다. 하지만 시우는 갑자기 변한 게 맞을까? 화자가 서술했듯 시우는 본래 "이완된 듯 날카로운 면"이 있고 "정답에 얽매이지 않고 자기 생각을 솔직하게 펼"치는 아이였고, 과거와 전혀 다르지 않은 태도로 나를 대하고 있는 것일 수도 있다. 그렇다면 어쩌면 시우와 같은 사회적 소수자에 대한 관용의 기준치가 화자 안에서 달라진 것은 아닐까?

위에 인용한 장면 직후에 시우네는 새로 생긴 아파트로 이사 간다는 말을 전하고, 화자는 그 가족이 자신의 생각과 달리 시혜의 대상이 아니었음을 자각하고 수업을 그만두기로 마음먹는다. "이제 그 아이를 못 본다는 생각에 하루 종일 내 가슴속을 채운 상실감이 밀려왔다. 그런데 그건 어떤 상실이었을까?"(192쪽) 자신과 동등하다고 여겨지던 이웃의 갑작스러운 성공, 선물에 기반한 부는 고대 그리스 시대부터 선망과 질시를 동반하는 위험한 반-폴리스적 요소였다. 그런데 이 소설에서 부유하던 원한 감정이 찾아낸 적대의 대상은 누구인가? 장애를 가졌으나 '정치적으로 올바르지 않은' 소수자를 발견하고, 그 앞에서 자신의 선량함과 호의가 배반당했다고 느끼고 있는 화자는 지금 아슬아슬한 선 위에 있는 것처럼 보인다. 웬디 브라운은 오늘날 관용 담론이 생산하는 핵심적 효과는 사회적·역사적으로 구성된 차이를 자연화하고 본질화하는 것에서 찾을 수 있다고 보았다. 관용의 대상이 되는 개인들은 "규범에 일치하는 이들이 아니라 규범에서 이탈한 이들"이며, 관용에는 주류로 자리 잡은 이들이 관용의 대상이 되는 자들의 "타자성"을 과장하고 물화하는 과정이 포함된다는 것이다.[19] 그러나 팬데믹 이후 넘쳐흐르는 경제적 박탈감은 이제 표면적으로 관용이 발휘해 오던 윤리적 효과마저도 무력화되는 지점을 폭로하는 듯 보인다.

이제 이웃을 환대하고, 자신 역시 좋은 이웃이 되기 위한 조건은 부에 따라 선별적으로 배분되어 있는 듯하다. 황정은의 「기담」에서 '선인'과 '강희'는 세입자로 겪어야 하는 피로를 견디다 못해 공동명의로 431번지에 선빌라를 산다. 그러나 새벽에 강희가 빌라 외부에 노출된 공용 계단에서 넘어져 머리가 다치는 큰 사고 이후, 선인은 이웃들을 일일이 찾아가 미끄럼 방지 공사를 하자는 제안을 해 보지만 그들은 20년이나 된 낡은 집 계단

---

19 웬디 브라운, 이승철 옮김, 『관용: 다문화제국의 새로운 통치 전략』(갈무리, 2010), 86~87쪽.

에 누가 돈을 들이겠냐며 무신경하다. 계단이 낡고, 누수가 일어나고, 공용 현관의 자동문이 고장 나도 그 누구도 반응도 저항도 없이 방치하는 상황에서 깊은 무력감과 함께 이웃을 향한 의구심과 분노와 환멸은 서서히 자라난다. 하지만 그들로 하여금 그 집을 매물로 내놓게 한 결정적 사건은 층간소음으로 인해 일어난다. 새벽 1시가 넘은 시간에도 윗집 아이가 바닥과 벽에 공을 튀기며 이동하는 소리를 듣다 못해 찾아가자, 이웃에게 돌아온 말은 "이 이상 아이를 컨트롤하려면 때리는 수밖에 없다."라는 말이다.[20] 야밤에 일어나는 과도한 소음으로부터 자신들을 전혀 방어할 수 없을 뿐 아니라, 도리어 아이를 부당하게 혼내게 하는 '고약한 이웃'이 되어 버렸음을 깨달은 이들은 결국 처음 산 그 집을 포기하고 매물로 내놓는다. 이 소설의 마지막에 집을 매물로 내놓았다는 단호한 문장에는 앞으로도 쉽사리 변하지 않을 이웃들에 대한 체념이나 냉소가 읽힌다. 인물들이 원하는 소박한 안정과 안전한 주거권을 위해서는, 역설적이게도 부동산을 향한 지극히 속물적인 이웃의 기대심리와 욕망이 기반되어야만 했던 것이다.[21]

위 두 소설들은 소수자라는 정체성보다 경제적 계급의 현실이 더욱 압도적으로 작용하는 상황 속에서 타인을 향한 윤리의 조건이 어떻게 변화하고 있는지를 묻는다. "젊은 시절, 나는 '사람'을 지키고 싶었는데 요즘은 자꾸 '재산'을 지키고 싶어집니다. 그래야 나도, 내 가족도 지킬 수 있을 것 같

---

20 황정은, 「기담」, 《에픽》 2(다산북스, 2021), 321쪽.
21 주거지의 개선을 위한 최소한의 노력도 없이 무력할 뿐인 이 빌라 이웃들의 반대편에는 조남주의 『서영동 이야기』(한겨레출판, 2022) 속 '봄날아빠'처럼 적극적인 수행성을 보이는 이웃이 있다. 재작년 서영동 동아 1차 아파트를 매수했다는 봄날아빠는 서울 아파트 시세를 따라가기 위해 서영동 부동산 중개업소의 후려치기 전략을 고발하고, 강남 못지않은 서영동 학군을 강조하며, 동아 1차 방향으로 지하철 3번 출구가 생길 수 있도록 고군분투한다. 이는 사실상 부동산의 보유와 매각에 있어 최대치의 이윤을 산출하기 위한 적극적인 행위이지만, 이것이 명분을 얻기 위해서는 "평생 성실하게 일군 자산"(34쪽)이라는 표현으로 노동 소득임이 강조된다.

은 불안이 들어서요."(「좋은 이웃」, 193쪽)라는 고백에 짙게 깔린 불안과 박탈감의 정동은, 일상이 촘촘하게 금융화되는 가운데 드러나는 방어적인 심리를 노출한다. 그리고 이는 자본 논리에 따라 가족 간 유대가 더욱 공고해지고, 그만큼 보수화되어 가는 양상을 노골적으로 암시한다.

이 소설들에서 공통적으로 나타나는 특징은, 계급적으로 유사했던 이웃에 대한 증오와 적대가 두드러지며 자신이 겪는 계급 하락의 책임을 타인에게 전가한다는 점이다. 그 전제에는 자신을 여전히 '중산층의 일원'으로 동일시하는 인식이 자리한다. 하다스 바이스가 지적하듯, "중산층이 될 가능성은 사회이동(상승과 하락 모두)이 우리 자신의 몫임을 암시"함으로써 "끝없는 능력주의를 상징"한다.[22]

이러한 인식은 개인을 구조적 피해자가 아닌 행위자로 위치시키며, 사회적 맥락에서 사유하기 어렵게 만든다. 불평등한 구조 속에서 '약자'라는 자기 인식은 능력주의와 결합하면서 언제든지 보수적인 공정성 투쟁으로 변질될 위험성을 내포한다. 누가 더 억울한가, 누가 더 선량한가를 다투는 이 윤리 쟁탈전에서, 결국 「좋은 이웃」은 장애를 가진 소년을, 「기담」은 갓 뛰기 시작한 유아와 그 양육자를 불편한 적대의 대상으로 지목한다. 이처럼 감정화된 정치 속에서 부동산의 문제는 점차 추상화되고, 사태의 근본적 원인인 구조적 불평등은 지워져 버린다.

4 신체의 자산화와 고어 부동산의 탄생

남아프리카공화국의 사례에서 오컬트적 자본주의는 불가해한 축적

---

22 하다스 바이스, 문혜림·고민지 옮김, 『중산층은 없다』(산지니, 2021), 44쪽.

메커니즘을 폭력적으로 표출하며, 역설적으로 소득 재분배의 기능을 수행하는 수단으로 작동한 바 있다. 이에 비해 팬데믹 이후 한국의 부동산 소설에서 이 폭력성은 이웃에 대한 불신과 냉소를 동반한 정서적 배제로 돌아오는 것처럼 보인다. 불쾌한 이웃은 개인의 삶을 위협하는 방해 요소로 간주되며, 정서적 단절과 거리두기의 방식으로 배제된다. 폭력은 더 이상 물리적이거나 외현적인 방식으로 발현되지 않지만, 오히려 그러한 은폐를 통해 더욱 정교하게 내면화되고 일상 속에 구조화되고 있는 것은 아닐까?

앞서 2장에서 분석 대상으로 삼았던 장류진의 『달까지 가자』에서 세 여성 청년의 투기 공동체가 형성되는 순간이 신체의 물질성을 불편하게 자각하는 순간과 연관되어 있다는 점은 흥미롭다. 세 사람 중 두 번째로 가상화폐 투자에 진입하는 주인공 정다해가 투자자로 전환되는 순간, 그의 갈망은 다음과 같이 표현된다. "두 다리에 매달려 있는 무거운 것들을 끊어내고 나도 가볍게 넘어가고 싶었다."(106쪽) 이 소설 속에서 신체의 물질성은 계속해서 부정되고 소거되어야 할 것으로 간주된다. 가장 마지막에 이더리움 투자에 합류하는 '지송이'에게 결정적 계기가 되는 사건은 은상 언니의 호의로 공짜로 떠나게 된 제주도 여행에서 벌어진다. 제주도 공항에 도착하자마자 지송이는 넘어지고, 지송이의 트렁크는 엉망진창으로 망가진다.

갑작스럽게 등 뒤에서 철퍼덕 소리와 외마디 비명이 들렸다. 놀라서 반사적으로 소리가 난 쪽을 돌아봤다. 지송이가 양손으로 바닥을 짚은 자세로 넘어져 있었고 그 주변으로 지송이의 트렁크에서 빠진 것으로 추정되는 바퀴들이 이리저리 굴러다녔다. (……) 언니의 트렁크는 피겨스케이팅 선수가 빙판에 들어설 때처럼 부드럽고 우아하게 미끄러졌다. 바퀴는 360도로 돌아갔고 내가 원하는 방향으로 힘을 조금만 주어도 즉시 그쪽으로 흐르듯 방향을 바꿨는데 그 동작의 이음매가 전혀 느껴지지 않았다. 마치 중력을 거스르기라도 하는 것처럼, 얼음 위에 놓인 또 하나의 얼음처럼.(177쪽)

소설은 지송이와 은상 언니의 트렁크를 적나라하게 대비시킨다. 가장 먼저 코인 투자에 들어가 성공한 은상 언니의 트렁크는 힘을 들이지 않아도 중력을 거스르듯 부드럽고 우아하게 움직이지만, 코인 투자에 거부감을 계속 내비쳐 온 지송이의 조악한 트렁크는 처참하게 부서진다. 그리고 이 순간에 다해는 "자연스럽게 살기 위해서 무엇이 필요한지 조금은 알 것 같은 기분"(179쪽)이 된다. 공항에서 벌어진 트렁크 사건은 제주도의 한 관광지에서 투자를 둘러싼 작은 말다툼 끝에 마음이 상한 지송이가 자리를 뜬 후 사고가 나서 피범벅이 된 발등으로 연결되는 듯 보인다. 병원에서 다시 재회한 지송이는 자신에게 무례한 말을 했던 은상 언니에게 도리어 사과를 건네며, 가상화폐에 투자하기로 결심했다고 전한다.

소설은 바퀴나 발처럼 이동성과 직결된 대상의 파손을 통해 인물들이 지향해야 할 투자자의 신체를 매끄러운 것으로 제시한다. 금융자본주의 아래에서 부는 시간과 공간을 초월해 비물질적으로 흐르기 때문이다. '가상화폐 수익은 노동의 대가가 아니기에 도박에 가깝다.'라고 주장하는 지송이를 미련하다고 타박하듯, 소설은 지송이를 자꾸 넘어지고 부서지게 하며 그 신체를 불편한 물질성으로 드러낸다. 반면 금융 불로소득자인 은상 언니는 마치 신체가 소거되거나 가상적인 것인 듯 매끄럽게 제시된다. 소설은 노동자와 금융 투자자의 신체를 극명하게 대비시킨다. 노동하는 몸은 물리적인 시공간 속에 지연되고 멈춰 있지만, 자본을 증식시키는 몸은 시스템의 리듬과 합치된 속도를 가지고 유연하게 이동한다. 넘치는 돈으로 다시 돈을 벌어들이는 금융 투자자는 사실상 시공간을 초월한 비물질적 가치를 매끄럽게 조작하고 통제하는 무형의 존재이며, 이는 오늘날 금융자본주의가 욕망하는 이상적인 신체의 형상이기도 하다.

하지만 신체를 완전히 휘발시키는 것은 불가능하기에, 자산화의 논리가 일상 깊숙이 스며든 사회일수록 신체는 잠재적 자산으로 인식될 가능성이 높다. 임솔아의 「내가 아는 가장 밝은 세계」[23]에는 이성애자 가족 중심으로 재편되어 있는 한국의 부동산 시장에서 비정규직 프리랜서 비혼 여성이 겪는 일을 보여 준다. 서울의 부동산 가격이 치솟으며 보증금이 오르자, 문학에 종사하는 10년 차 프리랜서인 주인공은 지하철 노선 도면의 테두리를 따라 부동산을 찾아다니다 천안시 서북구에 있는 한 신축 투룸 빌라를 매매한다. 그러나 입주가 완료되고 얼마 지나지 않아 집 앞에 높은 건물이 완공되며 조망권을 상실하고, 장마가 시작되자마자 누수를 경험한다. 그제야 주인공은 빌라를 짓고 분양이 종료되자마자 회사를 부도 내는 방식으로 책임을 피해 가는 시공사에 사기를 당했음을 깨닫는다. 그러나 외벽은 법적으로 공용 공간임에도 불구하고, 입주민들 중에 공사 비용을 부담하고자 하는 사람은 아무도 없다. 이런 상황에서 친구가 아파트 청약을 앞두고 모델하우스 가는 길에 동행한 나는 청약 관련 상담에서 흥미로운 이야기를 듣는다.

"모르는 사람들은 아이를 키우는 데 돈이 많이 드니 한 명만 낳아서 잘 키워야 한다고 생각하죠. 그렇지 않습니다. 서울에서 아파트 한 채는 아이가 둘은 있어야 당첨권이에요. 서울 아파트 한 채만큼 돈 되는 일이 한국에는 거의 없죠. 요즘 서울 아파트 가격이 기본 10억입니다. 아이를 두 명 낳아 아파트에 당첨되신다면, 아이 한 명당 5억인 셈이에요."

---

23 임솔아, 「내가 아는 가장 밝은 세계」, 『아무것도 아니라고 잘라 말하기』(문학과지성사, 2021).

(……) 태아도 아이로 인정이 된다면, 태아를 인정받은 이후에 낙태를 하는 것이 가장 영리한 전략이 된다. 아이 한 명당 5억이 아니라, 낙태 한 번에 5억이 될 수도 있다. 이런 간단한 계산을 나만 할 리는 없을 것이다. 나는 휴대폰으로 포털 앱을 켰다. '청약'과 '낙태' 두 단어를 검색창에 입력했다. 2019년 특별공급 당첨자 중에서 부정 청약은 밝혀진 것만 10퍼센트에 달했다. 사람들은 청약 당첨자가 되기 위해 싱글맘과 위장 결혼을 했고, 임신을 한 후 낙태를 했고, 파양할 아이를 입양했다.(143~144쪽)

한국에서 위법적인 주택 실천은 가족주의에 대한 강력한 옹호 속에서 오염된 일로 간주되지 않았다. 대표적인 편법인 명의 위장과 다운계약서 작성은 불법이라기보다는 똑똑한 경제 실천이자 재테크로 탈바꿈하여 받아들여져 온 것이다. 이 과정에서 가부장적 가족주의와 성역할 고정관념이 작동하면서, 주택 실천의 책임은 점점 여성에게 전가되고 '투기의 여성화'가 공고해졌다. 남성은 공적 노동과 소득을 통해 가정경제를 책임져야 한다는 전제가 유지되는 가운데, 자산 증식을 위한 편법적 주택 실천은 가정을 관리하는 여성의 몫으로 떠넘겨지고, 그에 따른 도덕성 논란 또한 여성의 부담이 되어 왔다.[24]

위에 인용한 임솔아 소설 속 장면은 청약가점제라는 부동산 제도 아래에서 기혼 여성의 몸이 일종의 '생명 정치적 자산(biopolitical asset)'이라 불릴 만한 것이 되어, 어떻게 불법과 위험의 최전선으로 내몰리게 되는지를 적나라하게 보여 준다. 부동산 정책과 재생산 정책은 여성의 몸을 가로지르는 '생명 권력'의 장에서 교차한다. 임신과 낙태의 통제는 전체 인구 구성과 재생산을 조절하기 위한 중요한 장치다. 국가는 주택 소유를 담보로 여

---

[24] 최시현, 앞의 책, 209~222쪽 참조.

성에게 출산을 유도하며 유순하고 생산적인 신체가 될 것을 강요하지만, 이로 인해 여성의 몸이 낙태라는 폭력에 적극적으로 연루되는 것은 방치한다. 이제 부동산 시장에서 죽음은 가장 수익성 높은 사업으로 등극하며, 결혼과 출산을 둘러싼 다른 제도들 역시 물화되어 위장 결혼, 파양 등 폭력적인 범죄로 귀착된다.

그러나 이런 불법의 자행조차도 비혼 청년 예술가 주인공에게는 도달할 수 없는 꿈이다. 부모를 부양하지 않는다면 독신인 자신은 50세까지 무주택자로 살아야 한다는 계산 앞에, 그는 스스로를 '장애인 특별공급 대상자'로 만들고자 한다. 그러나 사고로 절단된 발가락은 장애로 인정받지 못한다. "손가락은 한쪽 엄지만 없어도 장애인 등록이 되는데요. 발가락은 열개 모두 없어야 인정이 됩니다."(147쪽)이라는 의사의 말은 장애 범주가 얼마나 자의적으로 불합리하게 규정되는지를 드러낸다. 국가와 의료기관은 특정한 기준에 따라 신체적 손상을 계량화하고 장애를 법적·행정적으로 구성함으로써 어떤 존재가 가치 있는 노동력이며 복지 대상이 될 수 있는지를 선별한다. 억압하기보다 생산적으로 움직이는 통치성의 작동 방식은 국가의 미래 소득을 발생시키는 재산으로서 가치가 있는 기혼 여성의 몸과 그렇지 않은 비혼 여성의 몸을 끊임없이 분리한다. 하지만 이로 인해 자산화되는 기혼 여성의 몸은 더욱 손쉽게 낙태와 같은 죽음의 폭력에 노출된다.

근대의 '살게 할 권리'를 거슬러 올라가 전근대적인 '죽일 권리'로 전환된 듯 보이는 이 국가 권력이 2020년대 한국에서 무엇을 만들어 가고 있는 것일까. 사야크 발렌시아는 마약 카르텔이 사회 전반을 장악하고 있으며, 신체 절단과 살인이 일상이 되어 있는 멕시코의 현실을 분석하면서 '고어 자본주의'라는 용어를 제안한다. 여기서 '고어(gore)'는 극단적이고 잔혹한 폭력을 특징으로 하는 영화 장르에서 빌려 온 용어다. 고어 자본주의에서는 "몸이 파괴되는 것 자체가 생산물이자 상품"이고, "죽음이야말로 가장 수익성 높은 사업으로 등극"한다.[25] 그는 포스트포드주의라는 맥락과 고도 소비사회의 한복판에서 취약 계층이 저소비로 버티다가 "힘을 얻고 자본을 획득하기 위한 도구로 폭력을 사용하기로 결심"하면서 '엔드리아고 주체'로 등장하게 된다는 점에 주목한다.[26] 이 가운데 특히 주류적인 삶을 향한 갈망과 좌절이 불안정한 신체적 폭력으로 전이되는 경향성은 오늘날 한국의 부동산 시장과 연결해 볼 수 있다. 부동산 투기의 흐름 속에서 자기 신체의 훼손까지 기꺼이 수익성 높은 상품으로 사유하게 만드는 한국의 구조를 두고 '고어 부동산'이라 명명하는 건 더 이상 과도한 진단이 아닌 듯하다.[27]

부동산 시장의 규범과 자산화의 가치를 내면화했지만, 불안정한 삶 속에서 이에 상응하는 물질적 풍요를 누리지 못하는 개인들은 분노와 박탈감을 체화한다. 그 결과 이 소설들에서 능숙한 금융 주체로 거듭나는 일은 시공간을 초월하는 비물질적 신체로 변이되는 일이거나, 신체의 훼손이나 죽음마저 자산화의 회로에 편입시키는 방식으로 나타난다. 이 두 양상은 겉보기에는 극단적으로 상반되어 보이지만, 신체를 더 이상 불가침의 생명적 실체가 아니라, 수익을 창출할 수 있는 물리적 자원으로 인식한다는 점에서 같은 인식을 공유한다. 이런 자산 증식의 경합 속에 놓인 신체들—체제의 위기와 사회적 돌봄의 부담을 전가 받는 과정에서 비가시화되고 위험에 내몰리는 몸들—을 두고 우리는 '여성화된 신체'라고 말할 수 있

---

25 사야크 발렌시아, 최이슬기 옮김, 『고어 자본주의』(워크룸프레스, 2021), 25쪽.
26 같은 책, 98쪽.
27 이 '고어 자본주의'라는 용어를 '고어 부동산'으로 전유하는 이 시도는 손희정의 「기이한 열정: 디지털 시대의 고어 남성성」, 《횡단인문학》 12, 2022에서 사용한 '고어 남성성' 개념에서 아이디어를 얻은 것이다.

지 않을까. 금융자본주의 아래의 신체들은 점점 추상화되고, 체제의 폭력 역시 신체에 내면화된 감각 속에서 더욱 치밀하게 작동한다. 고어 부동산은 신체와 생명을 둘러싼 감각과 윤리의 지형을 재편하면서, 인간이 지닌 거의 모든 것을 자산화의 논리 속에 포섭시킨다.

아리스토텔레스는 파토스를 "무대 위에서 일어나는 죽음, 심한 고통, 부상, 기타 그와 비슷한 종류의 파괴나 고통을 야기하는 행위"로 정의한 바 있다.[28] 이러한 파토스의 조건들은 모두 손상되기 쉬운 인간의 신체성과 깊이 연결되며, 이는 "인간의 약한 몸이 비극 플롯에 불가결하다."라는 해석을 가능하게 한다.[29] 그러나 팬데믹 시기 부동산 소설들이 그려 내는 세계에서 돌봄이 필요하거나 자산화되지 않는 취약한 몸은 오히려 부채로 간주된다. 그리고 부채는 "강압적으로 더 유연한 노동환경을 수용"하게 한다는 점에서 "효율적인 착취 장치"로 기능한다.[30] 노동시장에서 밀려난 몸들은 생존 전략으로 부동산과 금융상품에 적극 투기하게 되고, 타인을 배제하는 것을 넘어 자신의 몸조차 수익 창출의 수단으로 자산화하기에 이른 것이다. 이 고어 부동산은 더없이 '차가운 파토스'를 뿜어내며, 자본 증식의 불가해한 메커니즘이 차가운 폭력성으로 이어지는 한국형 오컬트 자본주의를 완성했다.

5 기이한 웃음의 가능성

2010년대 중반 이후 퀴어 페미니즘의 부상과 함께, 한국문학장은 다

---

28 아리스토텔레스, 김한식 옮김, 『시학』(펭귄클래식코리아, 2010), 219쪽.
29 황종연, 「비극적 파토스의 민주화」, 『명작 이후의 명작』(현대문학, 2022), 461쪽.
30 베로니카 가고·루시 카바예로, 김주희·황유나 옮김, 『페미니즘으로 부채 읽기』(현실문화, 2025), 38쪽.

양한 소수자 주체를 중심으로 급진적인 정치성과 미학을 실험해 왔다. 그러나 팬데믹 이후 심화된 금융자본주의의 흐름 속에서, 문학장은 기존의 미학성과 윤리성이 통용되지 않는 새로운 장벽을 마주하고 있는 듯 보인다. 박상영의 「보름 이후의 사랑」은 퀴어 커뮤니티의 활발한 일원인 '나'와, 뉴스 앵커라는 직업적 특수성으로 인해 퀴어 정체성을 은폐하려는 연인 '남준'의 불안정한 관계를 그리고 있다. 이 퀴어 커플은 큰 싸움 이후 보름이 지나, 결별을 원치 않는 남준의 제안으로 동거를 위한 부동산 매매를 시도하게 된다.

> 남준이 자신의 명의로 집을 사면, 내가 전세자금대출을 받아 그 집에 세를 들어오는 형태로 집값을 분담할 수 있다고 했다. 혼인신고를 하지 않은 일반 신혼부부들도 적잖이 쓰는 편법이며, 요즘처럼 부동산 값이 널뛰는 시기에 비빌 언덕이 없는 우리가 집을 가질 수 있는 유일한 방법일지도 모른다고 말했다.[31]

아파트는 일시적으로나마 두 사람에게 관계의 안정과 신뢰를 제공하는 장치로 기능한다. 그러나 이태원발 코로나19 확산으로 동성애자들이 집중적인 혐오의 대상이 되면서, 이들이 잠시 구축한 안온한 세계는 무너지고 만다. 그럼에도 불구하고 "혼인신고를 하지 않은 일반 신혼부부들도 적잖이 쓰는 편법"을 통한 부동산 매매는 퀴어 커플에게도 '정상 가족/정상 시민'의 경로를 가능케 하는 듯 보인다. 이는 규범적인 중산층이라는 삶의 환상과 거의 근접해 있다는 감각을 통해 주체에게 단발적인 "상상적 소속감"을 허락한다는 점에서 로런 벌랜트가 예리하게 명명한 '잔인한 낙관'

---

31 박상영, 「보름 이후의 사랑」, 《Axt》, 2021년 9~10월호, 271쪽.

을 드러낸다.[32] 팬데믹 시기 사회적 거리두기로 인해 고립이 일상화되면서, 연애 관계와 정상 가족이 주는 친밀성은 더욱 매력적인 자본으로 부상했다. 그리고 신자유주의는 이러한 친밀성을 경제적 수단을 효과적으로 경유한다면 누구나 언제든 획득할 수 있는 가치로 전환시키며, 은밀하고 달콤하게 스며들어 온다. 팬데믹 이후 한국 사회에서 부동산을 향한 정동은 제도에 포섭되지 않을 수 있는 여러 행위성을 뒤흔들며, 사회적 보수주의의 기반을 만들어 나가는 듯하다.

이 글은 팬데믹 이후 한국문학에서 부동산을 둘러싼 여러 서사들의 이면에 오컬트 자본주의라 불린 현상이 깔려 있다고 보았다. 팬데믹 이후 부동산 소설 속 인물들은 노동을 통한 자본의 축적을 포기하고, 오컬트적이라 할 수 있는 여러 미신적 믿음과 자산화를 통해 투기에 뛰어든다. 전근대적인 도박자로 재탄생하는 인물들의 형상은, 고도로 추상화된 금융자본주의 현실에 대응하는 새로운 주체성의 모습이다.

여기에서 비롯한 경제적 박탈감과 불확실한 생존 조건은 이웃에 대한 윤리의 재편으로 연결된다. 타인과의 관계는 더 이상 공동체적 연대나 윤리적 책임의 기반 위에 놓이지 않는다. 특히 중산층에 대한 자기 동일시가 유지되는 가운데, 박탈감과 능력주의가 만나 이웃에 대한 증오와 적대는 격렬하게 촉발된다. 이는 비가시적 윤리 쟁탈전의 형태로 나타나며, 감정화된 정치 속에서 부동산의 구조적 문제는 지워진다.

이웃과의 윤리 쟁탈전에 내재되어 있던 폭력성은 신체로 소급해 들어온다. 소설은 노동자의 물질적인 신체와 다른, 매끄러운 이동성을 지닌 비물질적 신체를 금융자본주의에서 유효한 몸의 형상으로 올려 세운다. 또한 체제의 위기와 사회적 돌봄의 부담을 전가 받는 가장 취약한 신체들이

---

32 로런 벌랜트, 박미선·윤조원 옮김, 『잔인한 낙관』(후마니타스, 2024), 317쪽.

어떻게 생명 정치적 자산으로 편입되는지 드러낸다. 남아프리카공화국의 사례에서 불가해한 축적 메커니즘은 오컬트적으로 이해되며 가시적인 폭력으로 표출되었지만, 한국의 부동산 소설에서 이 폭력성은 신체까지도 전략적 자산으로 전환시킬 수 있다는 인식으로 체화되어 차가운 폭력성으로 작동한다. 한국형 오컬트 자본주의의 진화는 고어 부동산을 탄생시켰다.

이렇게 팬데믹 이후 등장한 부동산 소설 속 새로운 경제적 주체들은 더 이상 '소시민', '속물'과 같은 전통적 언어로는 포착되지 않는다. 이들은 오컬트적 믿음과 수익성을 하나로 융합시키는 전근대적인 도박자 주체이지만, 불투명하게 구축된 자산화의 세계에서 근본적인 선택지가 박탈당한 채 살아가야 하는 이들이기도 하다. 타자에 대한 정동과 윤리, 자신의 신체에 대한 인식의 변화들은 이들이 체제의 감각적 질서를 얼마나 섬세하게 체화하고 있는지를 보여 준다. 그렇게 이들은 표면적으로는 체제와 규범에 더없이 매끄럽게 밀착된 듯 보이지만, 그럼에도 어떤 균열 지점을 찾아볼 수도 있지 않을까.

가장 마지막에 다룬 임솔아의 「내가 아는 가장 밝은 세계」에서 주인공은 급매한 오피스텔에서 심각한 하자를 발견하고, 외벽 보수를 위해 보험금을 과잉 청구해야 한다는 불법의 경계에 서게 된다. 이상한 선을 밟고 서 있다가 기꺼이 더러운 모래밭에 뛰어들었던 어린 시절처럼, '나'는 결국 불법으로 외벽 공사와 도배를 마치고 시세보다 낮은 가격에 매물로 내놓는다. 그리고 집을 보러 온 첫 번째 사람이 그 집을 사겠다고 했을 때, 누군가를 낚았다는 기쁨 속에서 히죽거리며 웃기 시작한다. 이 웃음에는 작은 파열들이 감지된다. 인생에서 늘 당장의 이익보다 자신을 속이지 않는 쪽에 무게를 두고 살아왔던 사람이 부동산 시장의 구조적 모순 속에서 영악한 책략을 발휘했을 때의 웃음, 복합적 감정이 담긴 이 자학적 웃음을 어떻게 읽어 낼 것인가. 이는 체제를 전복시킬 만큼 강력하지 않지만, 적어도 불공정한 질서 안에서 자기가 감행한 불편한 선택을 정확하게 인식하고 있다. 그 웃음에 담긴 미세한 윤리적 흔들림이야말로, 오컬트 자본주의 시대에 고어 부동산의 폭력적 소용돌이로부터 비껴 있을 수 있는 작은 가능성일지도 모른다.

| 동성애 |

타자의 정치학 '이후'[1]

김소륜

1 퀴어 담론 속 레즈비언 서사의 위치

1990년대에 등장한 '퀴어 이론'은 2000년대 이후 젠더 연구의 주요 프레임으로 자리 잡았다. 이는 '퀴어'가 젠더와 섹슈얼리티에 대한 전통적 담론에 부합하지 않는 주변부의 성(性) 정체성들을 대변하며, 젠더와 섹슈얼리티를 유동적이고 복합적으로 이해하도록 돕는 개념이 되었음을 의미한다. 이제 '퀴어'는 단순히 성적 소수자의 권리 옹호를 넘어서, 이성애와 남성중심주의를 통해 '정상'으로 간주되어 온 '기존'의 사회구조를 향한 저항 기제로 자리하고 있다.

---

[1] 고(故) 김미현 선생님은 『젠더 프리즘』에 수록된 「타자의 정치학」을 통해 1990년대 한국문학에 나타난 '레즈비어니즘'에 관해 집필하셨다. 이 글은 선생님이 제기하신 여성문학과 레즈비언 문학의 교차점에 관한 문제의식을 이어받아, 2010년대 중반부터 현재에 이르기까지 한국문학에 재현된 레즈비어니즘을 고찰한다. 선생님이 남기신 비평적 유산과 통찰을 디딤돌 삼아, 레즈비언 정체성의 문학적 형상화와 그 교차적 지형을 재고찰한다는 점에서, 본고의 제목을 선생님의 논문 제목을 변주한 「타자의 정치학 '이후'」로 명명했다.

이처럼 다원적 공존을 지향하는 퀴어 개념은 한국문학에서도 확인된다. 특히 2015년의 '페미니즘 리부트'를 기점으로, 퀴어문학은 소수자들의 공개적 발화와 맞물려 문단의 주요 흐름으로 부상했다. 퀴어문학의 재현 범위도 '성정체성'에 관한 문제에 국한되지 않고, 다양한 사회·문화적 담론으로 확장되는 모습을 보이고 있다. 이제 '퀴어문학'은 '퀴어'에 방점을 찍기보다 '문학' 자체의 의미가 강조되는 방향으로 전환되고 있는 듯하다. 이에 따라 최근 퀴어문학은 학술적으로도 중요한 연구 대상으로 주목받고 있다.

이때 한국문학에 나타난 '퀴어 담론'에서 주목할 점은 '레즈비언' 서사의 부상이다. 대표적인 예로 2018년도에서 2023년도까지 출간된 "큐큐퀴어단편선" 시리즈를 주목할 수 있다. 총 6권의 작품집에 수록된 41편의 작품 가운데, 여성을 중심 화자로 제시한 서사가 무려 30여 편에 이르는 까닭이다. 이에 관한 작품 목록을 정리하면 아래의 표와 같다.[2]

"큐큐퀴어단편선"에 수록된 '여성 화자' 등장 작품

권수	발행 연도	소설집 제목	여성 화자가 등장한 작품			전체 편수
			작가명	작품명	편수	
1	2018	사랑을 멈추지 말아요	이종산	별과 그림자	4편	6편
			김금희	레이디		
			임솔아	뻔한 세상의 아주 평범한 말투		
			강화길	카밀라		

[2] 표에 제시된 '전체 편수'는 작품집 수록작의 '총 편수'를 의미한다. 또한 인용할 작품의 수록 정보는 표에 제시되어 있으므로, 본문에서는 별도의 세부 표기를 생략한다. 소설 내용을 인용할 경우 쪽수만 표기한다.

2	2019	인생은 언제나 무너지기 일보 직전	조남주	이혼의 요정	5편	9편
			윤이형	정원사들		
			한유주	원을 구하기 위하여		
			최정화	라디오를 좋아해?		
			최진영	XOXO		
3	2020	언니밖에 없네	김지연	사랑하는 일	5편	7편
			정소연	깃발		
			조우리	엘리제를 위하여		
			천희란	숨		
			한정현	나의 아나키스트 여자 친구		
4	2021	팔꿈치를 주세요	황정은	올빼미와 개구리	6편	6편
			안윤	모린		
			박서련	젤로의 변성기		
			김멜라	논리		
			서수진	외출 금지		
			김초엽	양면의 조개껍데기		
5	2022	나의 레즈비언 여자 친구에게	이유리	보험과 야쿠르트	7편	7편
			아밀	나의 레즈비언 뱀파이어 친구		
			송경아	다가가지 못하는		
			이주란	여름밤		
			김유진	수리와 안개		
			이주혜	소금의 맛		
			성해나	늦여름 매미		
6	2023	서로의 계절에 잠시	천선란	검은 혀	3편	6편
			서장원	흰 밤		
			정보라	지향		

위의 표에서 확인할 수 있듯이, "큐큐퀴어단편선" 시리즈에 수록된 다수의 작품들은 중심 화자를 '여성'으로 설정하고 있다. 이는 레즈비어니즘에 대한 문학적 관심이 점차 확대되고 있음을 시사할 뿐 아니라 여성 서사의 새로운 가능성을 보여 준다는 점에서도 의미가 크다. 물론 이러한 경향을 '레즈비언 서사'의 확장이나 진전으로 해석하기 위해서는 보다 신중한

태도가 필요하다. '퀴어'가 젠더와 섹슈얼리티의 유동성과 포괄성을 강조하는 개념인 만큼, 해당 담론의 확장 속에서 특정 정체성의 독자성이 희석될 우려가 있기 때문이다. 특히 '레즈비언의 정체성'은 젠더와 섹슈얼리티의 교차점에서 복합적인 위치를 지니면서도, 퀴어 개념의 포괄성 속에 가려질 위험이 크다. 레즈비언 정체성은 '여성' 또는 '동성애자'라는 단일 범주로 환원될 수 없는 복합성을 지니는 까닭이다. 실제로도 레즈비언 정체성은 페미니즘과 퀴어 담론의 교차점에 위치하며, 이로 인해 양쪽 담론에서 이중 소외되어 온 측면이 강하다. 따라서 퀴어 담론의 확장 속에서 레즈비언 정체성이 희석될 가능성에 대해 세심하게 주목할 필요가 있다.

  이 글은 이러한 문제의식을 바탕으로, 한국현대소설 속에 재현된 레즈비언 서사가 퀴어와 페미니즘 담론의 교차점에서 제기하는 새로운 가능성을 탐색하는 데 목적을 둔다. 이를 위해 주목하는 대상은 "큐큐퀴어단편선" 시리즈 전(全) 권이다. 물론 "큐큐퀴어단편선"은 편집자의 기획을 통해 퀴어 서사를 일정한 방향으로 선보인 출판 기획물이다. 그러나 현재 한국 문단에서 활발히 활동 중인 작가들이 엮은 첫 퀴어 단편집이라는 점에서, 작가들이 출판사의 기획에 어떻게 호응하며 창작했는지를 살펴볼 수 있는 중요한 통로가 될 수 있다. 나아가 2010년대 중후반부터 본격화된 국내 레즈비언 서사의 특수성을 고찰하는 작업에서도 중요한 실마리를 제공할 수 있을 것이다. 이에 이 글은 해당 작품집에 수록된 작품들을 면밀히 분석하여, 문학 텍스트가 제시하는 레즈비언 정체성의 잠재성과 확장 가능성을 탐색하고자 한다.

2 비평 담론 속 레즈비언 재현 양상

국내에서 레즈비언 문학 담론이 본격화된 것은 1990년대부터이다. 이 시기에 레즈비언을 다룬 서사가 문학적 제재로 적극적으로 수용된 까닭이다. 그 배경으로는 페미니즘문학의 대두를 주목하지 않을 수 없다. 1990년대에는 '여성문학의 시대'로 불릴 만큼 많은 여성작가들이 활발히 활동하며 다양한 작품을 발표했다. 당시 발표된 여성작가들의 작품 가운데 상당수는 가부장제의 폭력성을 비판하는 양상을 띠었다. 이러한 흐름 속에서 레즈비언 서사는 남성중심의 전통적인 성역할을 전복하며, 여성적 주체성을 더욱 강조하는 역할을 했다. 이는 페미니스트 문학의 일환으로 '레즈비어니즘'이 수용된 결과라고 볼 수 있다. 이러한 영향으로 초기의 레즈비언 서사는 가부장제에 대한 저항이라는 틀 안에서 논의되어 온 경향이 강하다.

송명희[3]는 이남희의 연작 「플라스틱 섹스」를 분석하며, 작가가 레즈비어니즘을 여성을 식민화하는 가부장적 이성애 결혼제도를 비판하는 동시에, 그로부터 벗어날 수 있는 대안으로 제시하고 있다고 분석했다. 비슷한 맥락에서 임은희[4]도 여성 간 동성애적 관계는 가부장제의 억압을 드러내고, 여성의 몸을 해방적 주체로 재구성하는 방식을 제시한다고 주장했다. 심영의[5] 역시 여성작가의 레즈비언 서사가 젠더와 가부장적 권력을 해체하려는 시도를 담고 있음을 강조하며, 이를 통해 가부장제의 억압과 젠더 권력의 문제를 비판하고, 여성 간 관계와 연대를 새로운 사랑과 주체성의 가

---

3 송명희, 「레즈비어니즘, 성적 마이너리티에서 이성애 결혼의 대안으로」, 《한국문학이론과 비평》 72(한국문학이론과비평학회, 2016).
4 임은희, 「2000년대 동성애 소설에 나타난 몸적 주체 양상과 타자성」, 《한중인문학연구》 45(한중인문학회, 2014).
5 심영의, 「관계와 사랑의 본질 그리고 퀴어(queer) 소설(들)」, 《민주주의와 인권》 21-1(전남대학교 5·18 연구소, 2021).

능성으로 제시했다. 이처럼 레즈비언 서사는 레즈비언 정체성이 주로 남성 중심의 가부장적 질서를 비판하기 위한, 여성해방 담론의 일부로 해석되어 온 경향이 강했다.

그러나 이러한 접근은 레즈비어니즘과 페미니즘의 결합을 공고히 하는 한편, 레즈비언 정체성이 여성해방을 위한 도구로 제한된다는 문제를 제기했다. 레즈비언 주체의 경험을 단순화하거나 특정한 문맥에 한정할 수 있기 때문이다. 이러한 문제를 두고 김미현은 동성애 담론 내에서조차 여성이 '이중 소외'를 겪어 왔다는 점을 주목하며, 레즈비어니즘이 이성애주의를 거부하는 것에 비해, 페미니즘은 가부장제를 거부한다는 점에서 분명한 시각차가 존재한다고 강조했다.[6]

실제로 레즈비언 페미니스트들은 가부장제가 사라진다고 해도 이성애 제도가 남아 있는 한 여성은 억압으로부터 자유로울 수 없다고 보고 있다.[7] 여성 억압의 주된 기제가 바로 이성애 제도의 정치성이라고 본 까닭이다. 이에 김은하는 레즈비어니즘과 페미니즘의 결합이 정치적으로 올바른 의도를 담고 있는데도, 동성애를 판타지로 소비하며 또 다른 타자화의 딜레마를 초래하고 있다고 지적했다.[8] 이는 1990년대 레즈비언 소설이 레즈비언 정체성을 단순화하거나 고정된 방식으로 묘사하는 경향이 많았다는 비판과도 연결된다. 앞서 언급한 김미현[9]은 신경숙의 「딸기밭」에 나타난 동성애가 이성애적 남녀 관계의 대안으로 그려지고 있다는 점에서 순수한 레즈비어니즘과는 거리가 있으며, 이남희의 「플라스틱 섹스」 연작도 지나치게 여성해방적 측면을 강조한 나머지 "레즈비어니즘 자체의 순수성이나

---

6 김미현, 「타자의 정치학」, 『젠더 프리즘』(민음사, 2008)
7 한국영미문학페미니즘학회, 『페미니즘: 어제와 오늘』(민음사, 2000), 302~324쪽.
8 김은하, 「(문화 프리즘) 한국문학에 나타난 동성애」, 《fallight.com》, 2007. 4. 7.
9 김미현, 앞의 글.

특수성"을 간과하는 한계를 보인다고 지적했다. 임은희[10]도 1990년대 후반에서 2000년대 초반에 발표된 동성애 소재 소설들이 동성애자들을 어떻게 배제하고 타자화하고 있는지를 주목해야 한다고 문제 제기했다. 이러한 주장들은 동성애 서사가 기존의 성 담론을 반복하거나, 왜곡된 성적 욕망의 재현으로 이어질 위험성에 관한 경고라고 볼 수 있다. 또한 레즈비언 정체성에 관해 보다 세밀하게 접근할 필요성을 제기하는 것이기도 하다. 레즈비언 서사 내부에도 성소수자 간의 권력관계와 젠더 위계가 존재하기 때문이다.

이러한 문제의식 속에서 최근에는 레즈비언 정체성을 사회적·문화적 맥락에서 더욱 복합적으로 탐구하려는 시도들이 늘어 가고 있다. 퀴어문학 담론 내에서 레즈비언 정체성이 어떻게 다뤄지는지를 심층적으로 연구하려는 시도들이 전개되고 있는 것이다. 이를 두고 정은경[11]은 1990년대 문학에서 레즈비언 관계가 주로 남성 폭력과 가부장제의 피해자로서의 여성 연대로 그려졌다면, 2000년대 이후에는 '동성애자'라는 정체성을 가진 인물들이 보다 본격적으로 등장하고 있음을 지적했다. 또한 임은희는 가부장제의 시선 속에서 여성의 육체가 도구적으로 타자화되는 과정에 주목하며, 동성애가 성별 차이와 그에 따른 차별을 넘어 다원적 조화의 가능성을 탐색하는 방식으로 서사화되고 있다고 주장했다.[12] 같은 맥락에서 박미선도 퀴어 정체성을 단순한 성적 지향으로 한정하는 것이 아니라, 정서적 친밀성과 애도의 차원으로 확장할 필요성을 강조했다. 심진경[13] 또한 레즈비

---

10 임은희, 「동성애의 다문화적 인식에 나타난 타자성 고찰: 1990년대 후반~2000년대 초 동성애 소재가 나타난 단편소설을 중심으로」, 《대중서사연구》 30(대중서사학회, 2013).
11 정은경, 「현대소설에 나타난 "동성애" 고찰 — 천운영과 배수아 소설을 중심으로」, 《현대소설연구》 39 (한국현대소설학회, 2008).
12 임은희(2013), 앞의 글.
13 심진경, 「남성을 넘어 여성을 지나 떠오르는 레즈비언 — 김멜라 소설을 중심으로」, 《문학과사회》,

언을 단순히 '여성'이라는 범주로 환원하는 것이 아니라, 성차와 섹슈얼리티의 복합적 측면에서 접근해야 한다고 보고 있다. 이러한 논의들은 레즈비언 경험을 고정된 정체성이 아닌 '되기'의 과정으로 조명하며, 규범적 섹슈얼리티에 도전하는 다양한 성적 실천을 가시화하는 시도의 일환이다. 그런 의미에서 레즈비언은 "배타적으로 구별 지어진 고유한 정체성의 이름"이 아니라 "레즈비언 경험을 통해 새롭게 조정되고, 배치되고, 구성된 존재들의 연속체"로 이해해야 할 것이다.[14]

정리하자면, 1990년대부터 2000년대 초반까지의 레즈비언 서사 연구는 주로 페미니즘적 관점에서 이루어진 경향이 강하다. 그러나 2000년대 이후에는 레즈비언 문학을 다양성의 차원에서 바라보며, 퀴어 이론의 관점에서 분석하는 연구가 증가하고 있는 추세이다. 특히 2010년대 이후에는 레즈비언 정체성을 단순히 성적 지향으로 한정하지 않고, 복합성과 교차성의 차원에서 탐구하는 방향으로 발전하고 있다. 나아가 레즈비언 주제를 다루는 작가들의 작품을 통해 그들의 고유한 문학적 특징과 레즈비언 재현 방식을 조명하는 연구도 학술적으로 꾸준히 누적되어 가고 있다. 이에 이 글은 기존 연구의 문제의식을 이어받아, 구체적인 텍스트 분석을 통해 한국문학 내에서 레즈비언 서사의 변화 지점과 확장 가능성을 고찰하고자 한다.

3 '보통'의 삶과 일상의 서사

"큐큐퀴어단편선" 시리즈의 문을 연 첫 소설집에는 총 6편의 작품이

2022. 겨울, 25쪽.
14 같은 글, 10쪽.

수록되어 있다. 그 가운데 4편이 여성을 주된 화자로 삼고 있으며, 그중 3편이 미성년 '소녀'를 중심 화자로 내세우고 있다. 구체적으로는 두 소녀의 첫사랑을 다룬 이종산의 「별과 그림자」, 역시 소녀들 간의 미묘한 신체적·정서적인 교류를 그린 김금희의 「레이디」, 경제적·사회적으로 자립하지 못한 (미성년의 연장선으로 읽히는) '청년'이 등장하는 임솔아의 「뻔한 세상의 아주 평범한 말투」이다. 여기에서 주목할 것은 '레즈비언'과 '소녀'의 교차점으로, 이들은 단순한 성적 지향의 차원을 넘어서 나이, 성별, 계급, 교육 등 다양한 사회적 위치가 교차하는 복합적인 억압 구조 속에 배치되어 있다. 이는 레즈비언의 '교차적 소수자성(intersectionality)'을 탐구하기 위한 주요 실마리를 제공한다.

킴벌리 크렌쇼[15]가 언급한 '교차성'을 통해 접근한다면, 레즈비언 소녀들은 이성애 중심적 규범이 지배하는 가정과 학교 내에서 자신의 정체성을 쉽게 드러낼 수 없다. 그 속에는 연령과 경제적 종속성 등 다양한 계급적 조건이 함께 작동하기 때문이다. 따라서 이들은 사회가 요구하는 '정상'의 범주에 늘 도달하지 못하는 '미달'된 존재로서, 끊임없이 타자화된다. 이는 "정상이라는 것은 계급이고 권력이라고 생각해. 정상성은 그 영역 안에 종속되어야 안심이 되니까. 나는 비정상이어서 아픈 게 아니라 나를 거부하면서까지 정상이 되려고 애를 썼기 때문에 아팠어."(135쪽)라고 고백하는 임솔아의 작품을 통해 살펴볼 수 있다. '정상성'이 하나의 규범이자 권력의 기제로 작동하며, 그 안에 편입되기 위해 주체가 자신을 스스로 억압하게 되는 구조를 고발하는 것이다.

그런데 여기서 주목할 점은 이들 작품 속 인물들은 성소수자로서의

---

15 Kimberlé Crenshaw, "Demarginalizing the Intersection of Race and Sex: A Black Feminist Critique of Antidiscrimination Doctrine, Feminist Theory and Antiracist Politics", *University of Chicago Legal Forum*, Vol.1989(University of Chicago, 1989).

정체성 문제를 전면에 내세우지 않는다는 사실이다. 이들은 퀴어 정체성을 침묵하거나 자기부정의 형태로 내면화하기보다는, 그들 안에 자리한 내밀한 감정의 층위에 집중한다. 레즈비언 소녀들을 통해 접근할 수 있는 '교차성'의 문제를 사회적 고발의 차원에서 다루기보다는, 개인의 감정과 일상의 삶 속에 위치시키는 것이다.

김금희의 「레이디」에서는 바닷가 텐트에서 "입고 있던 파자마와 속옷을 벗고 맨다리로"(61쪽) 서로의 감정을 나누었던 두 소녀의 관계가 일상으로 복귀한 뒤에는 어긋나는 모습을 보여 준다. 이러한 감정의 변화는 그동안 쓰던 방을 바꿔 달라는 주인공의 요구로 가시화되는데, 이는 단순한 공간의 재배치를 넘어 감정과 정체성의 '재배치'를 암시한다. 그리고 방을 바꾸어 달라는 딸과 "변화를 싫어했던 부모"(72쪽)와의 대비는, 딸의 정체성을 눈치채지도 받아들일 생각도 하지 않는 우리 사회의 보수성을 떠올리게 한다. 하지만 김금희 소설은 이러한 사회적 억압을 전면화하지 않는다. "재회는 결국 이루어지지 않았고 나는 그것이 기적과도 같은 불행이었다고 생각했다."(76쪽)라는 결말의 서술은 사회질서의 억압이 낳은 결과라기보다, 마치 상관없는 사람처럼 자신에 대한 혹평에 동의하던 친구(유나)에 대한 실망감에서 비롯되었기 때문이다. 이러한 접근은 레즈비언 정체성을 사회적 구조와의 갈등으로 재현하던 전통적인 퀴어 서사와 분명한 차이를 보인다. '퀴어'를 더 이상 소수자들만의 특별한 사건이 아니라, 보편적인 '일상'의 서사로 확장하고 있는 까닭이다.

이러한 확장 가능성은 이종산의 「볕과 그림자」에서 보다 뚜렷하게 나타난다. 주인공은 자신의 이름이 "햇볕이란 뜻일 때는 '경'이라고 읽고, 그림자라는 뜻으로 쓸 때는 '영'"(19쪽)으로 읽힌다고 이야기한다. 그리고 첫 키스를 나눈 '하트'라는 소녀와 사이좋게 자신의 이름을 나누어 갖는다. 두 소녀는 강렬한 빛에 의해 그림자가 지워지는 세계가 아닌, 빛과 그림자가 동시에 '선명한 세계'를 함께 만들어 가는 것이다. 그리고 이때의 '사랑'은 사회적으로 배제되어야 할 '특별한 사건'이 아니라, '보통의 삶'으로 묘사된다. 따라서 레즈비언 서사는 더 이상 특별하게 조명되거나 예외적인 비극으로 설정되지 않는다. 첫키스를 나눈 후 서로가 서로에게 행운이라는 사실을 깨닫는 벅참과 기쁨, 이를 통해 더 이상 '그림자' 속에 숨어드는 존재들의 서사가 아닌 "빛도 그림자도 선명"(31쪽)한 서사를 향해 나아가는 '새로운 가능성'을 제시하는 것이다.

이처럼 미성년 레즈비언들의 서사는, 단일한 정체성 선언이나 갈등의 전형성을 제시하는 데 머물지 않는다. 이들은 주체들의 미묘한 감정과 내면의 움직임에 주목함으로써, 퀴어 서사를 보다 복합적이고 보편적인 인간 서사로 확장하는 방향을 제시한다. 이러한 흐름은 이후 발간된 작품집들을 통해, 성인에서 노년 여성으로 확장되며 꾸준히 이어진다. 천희란의 「숨」은 어린 소녀들을 넘어 70대 노년 여성인 정희라는 인물을 통해, 레즈비언으로서의 삶이 대단한 사건이 아닌, 매일 '숨'을 쉬듯 살아가는 일상의 한 부분임을 보여 준다. 물론 그렇다고 차별이나 배제가 완전히 사라졌음을 의미하는 것은 아니다. "그러게 너는 왜 결혼도 안 하고, 애도 안 낳았냐."(194쪽)라고 묻는 순영에게 정희는 "여자가 좋아서 그랬지."(194쪽)라고 답하는데, 이러한 고백을 하기까지 무려 30년의 세월이 필요했다고 서술되기 때문이다. 그러나 여기서도 강조되는 것은 레즈비언이라는 정체성으로 인한 사회적 억압과 배제가 아니다. 강조점은 그 속에 존재하는 내밀한 감정의 문제이다. 레즈비언 소녀들을 통해 '사랑'이라는 감정의 발견을 다루었다면, 노년의 레즈비언들을 통해서는 '공감'과 '유대'의 키워드를 주목할 수 있다. 30년 만에 이루어진 정희의 고백에 "너만 외로운 거 아니다."(195쪽)라고 답하는 순영의 말은 정희에게 '분명한' 위로를 건넨다. 이는 정희가 젊은 시절 사랑에 빠진 상대가 단지 같은 레즈비언이기 때문이 아니라, 이 세상에서 유일하게 자신을 이해받을 수 있는 존재의 발견이었다는 점과 연결된다.

이는 황정은의 「올빼미와 개구리」에서도 이어진다. 서로가 서로의 보호자가 되어 살아가는 천지영과 김지금이라는 두 여성은 부부처럼, 아니 부부로서 오랜 일상을 함께 온 존재들이다. 이러한 삶의 공유는 이유리의 「보험과 야쿠르트」에서도 반복된다. 40대 레즈비언 커플인 이들은 각각 보험설계사와 야쿠르트 아줌마로 살아간다. 이들은 남편도 자식도 없기에 '의지할 가족이 없는 존재'로 지칭되지만, 두 사람은 분명한 가족으로 서로를 의지하며 살아간다. 이는 '선택된 가족'이라는 퀴어 공동체의 핵심 개념을 일상 속 관계를 통해 드러내는 설정이라고 볼 수 있다.

조남주의 「이혼의 요정」 역시 이혼 후 각자의 딸과 함께 살아가는 은경과 수연이라는 커플이 등장한다. 수연의 전남편은 이러한 상황이 아이들에게 얼마나 혼란스럽겠냐고 묻지만, 수연은 "우리 넷 지금 되게 좋은데? 왜 우리가 불행하고 혼란스럽고 우울할 거라고 넘겨짚고 그러지?"(34쪽)라고 반문한다. 또한 오호두의 「모노의 봄」에는 '모노'라는 의인화된 새가 등장하는데, 이때 모노는 둥지에 잔뜩 알을 낳은 두 마리의 암컷 괭이갈매기를 마주한다. 이러한 장면들은 레즈비언으로서의 삶과 공동체, 그리고 새로운 가족의 형성을 은유적으로 보여 준다. 이러한 일상의 서사들은 자신에게 주어진 삶을 포기하지 않고 살아가는 것 자체가 가장 강력한 투쟁이 될 수 있음을 시사한다. 그리고 이 투쟁을 가능하게 하는 힘은 4권의 표제인 『팔꿈치를 주세요』에서 언급되는, 서로에게 내어 줄 수 있는 '팔꿈치'와 맞닿아 있다. '팔꿈치'는 안윤의 「모린」에 언급된 상징적 표현으로, 시각장애인 복지관에서 만난 미란과 영은 사이에 시작되는 '관계 맺음'을 가시화한다. 앞을 보지 못하는 영은이 자신을 안내하는 미란에게 건네는 '팔꿈치'는 단순한 신체적 접촉을 넘어 서로의 존재를 신뢰하는 '관계' 맺기의 첫걸음을 상징한다. 영은의 왼손이 미란의 오른쪽 팔꿈치에 올라가고, 영은은 "이제 미란 씨만 믿을 거예요."(71쪽)라고 말하는 장면은 '함께 걷는' 행위가 물리적 '동행'을 넘어서 정서적 연대로 이어짐을 짐작하게 한다. 나아가 작품 속에서 앞을 보던 세계와 앞을 보지 못하던 세계, 두 세계를 모두 다 살아 보겠다는 영은의 발언을 주목할 필요가 있다. 이는 앞을 보지 못하는 삶을 비극적인 상황이 아닌, 자신에게 주어진 또 하나의 세계이자 삶이라고 받아들임을 의미하는 까닭이다. 그리고 이러한 접근은 레즈비언 서사의 새로운 가능성과도 겹친다. 이처럼 "큐큐퀴어단편선" 시리즈는 레즈비언 서사가 신뢰와 연대, 일상의 공존이라는 보편적인 감정과 관계의 서사로 확장되고 있음을 제시한다.

또 다른 예로는 이주혜의 「소금의 맛」을 주목할 수 있다. 일본에서 우연히 만난 두 여성은 각각 한글과 일본어로 영화 「캐롤」의 원작 소설인 『소금의 값』의 도입부를 번역해 주고받는다. 서로 다른 언어를 통해 이어지는 두 사람의 관계는 번역의 '가능성'을 통해 소통의 '가능성'을 기대하게 한다. 그러나 완벽한 번역은 불가능하며, 완전한 소통 역시 불가능함을 제시한다. 그리고 타인에 관한 완벽한 이해가 불가능하다는 사실을 받아들이는 것이야말로 서로를 향한 진정한 이해의 시작일 수 있음을 시사한다. 이처럼 "큐큐퀴어단편선" 시리즈를 통해 그려진 2010년대 중후반의 레즈비언 서사는 사회와의 적극적인 투쟁이나 완벽한 화해를 넘어서, 각자의 자리에서 자신들만의 방식으로 살아가는 사람들의 일상을 보여 준다. 소녀에서 노년에 이르기까지, 레즈비언의 서사를 일상의 삶으로 조명하고 있는 것이다. 이는 박서련의 「젤로의 변성기」에서도 이어진다. 50대인 오선재가 20대인 이희강에게 느끼는 성적 이끌림은 성별, 세대, 사회적 위치의 경계를 넘어서는 자연스러운 감정으로 그려진다. 이에 레즈비언이 더 이상 '특수한' 정체성의 문제가 아니라, '보편적'인 인간의 감정과 서사로 나아감을 보여 준다. 이러한 서사는 퀴어 서사가 단일한 정체성이나 비극적 서사에 한정되지 않고, 일상에서 발견되는 '보통의 삶'으로 확장되고 있음을 발견하게 한다.

4 '경계'의 삶과 교차적 소수자성

1990년대 한국문학에 그려진 레즈비언 서사는 대개 남성 폭력과 가부장제에 대한 피해자이자 생존자로서 여성들 간의 연대를 주목해 온 경향이 강했다. 조남주의 「이혼의 요정」은 이러한 흐름을 계승하면서도 분명한 변화를 시사한다는 점에서 주목할 만하다. 작품 속 수연과 은경은 각각 결혼 생활을 이어 가던 가운데 학부모 모임에서 처음 마주하게 된다. 그들은 학부모 모임에 참석한 인물들이 상대방을 자녀의 이름으로 부르는 것과 달리, "은경 씨"와 "수연 언니"로 서로를 호명한다. 누군가의 '아내' 혹은 '엄마'가 아니라, '수연'과 '은경'이라는 고유한 이름을 통해 새로운 관계를 형성하는 것이다. 이러한 선택은 이름을 통해 자기 정체성을 회복하고, 나아가 기존의 가부장적 질서에 저항할 것임을 암시한다. 무엇보다 두 사람이 함께 살게 되면서, 딸들이 그들을 각각 "수연 엄마"와 "은경 엄마"로 부른다는 것을 주목할 필요가 있다. 일반적으로 여성은 결혼을 통해 가부장적 가족 구도에 편입되며, 보통명사인 '엄마'라는 호칭 속에서 개별성을 박탈당한다. 그러나 작품 속에서 이들은 각각의 고유한 이름과 결합된 '수연 엄마'와 '은경 엄마'로 호명됨으로써, 개별 정체성이 지워진 모성이 아니라 새로운 방식의 가족 구도를 구성해 낸다. 두 명의 엄마와 두 명의 딸로 이루어진 가족은 이성애 중심의 정상 가족 담론을 거절하고, 스스로의 선택을 통해 형성된 공동체의 가능성을 제시하는 셈이다.

에이드리언 리치[16]는 '이성애'를 생물학적 본능이 아니라, 여성을 종속하는 사회적·경제적·정치적 시스템을 내면화한 제도라고 보았다.[17] 또한 레즈비어니즘을 "여성에 접근할 수 있는 남성의 권리에 대한 직접적인 공격"으로 간주하며, 단순한 성적 지향의 문제가 아니라 "가부장제에 대한 저항이며 모성에 의거하여 남성중심적 지배"를 향한 저항이라고 보았다.[18] 이러한 관점에서 본다면, 은경과 수연의 서사는 기존의 가부장적 질서로부터의 단순한 탈출을 넘어서며, 동시에 1990년대 여성 서사에서 흔히 나타나는 피해자적 연대와도 차별된다. 이들의 관계는 새로운 삶의 방식을 구성하고, 스스로 선택한 사람과 가족을 이루며 살아가는 주체적인 자기 서사의 가능성을 제시한다. 이러한 흐름은 조우리의 「엘리제를 위하여」에서도 드러난다. 주인공 혜주는 '비혼 퀴어 여성'으로 살아온 '이모' 성희에게서 레즈비언 전용 바인 '엘리제'의 문제를 해결해 달라는 부탁을 받는다. 여기서 언급된 '이모'는 혈연으로 맺어진 가족이 아니라는 점에서 '선택된 가족'에 해당한다. 이는 "가족이라는 법의 울타리 혹은 혈연의 울타리를 벗어나서 내가 선택한 사람과 가족이 될 수 있고, 삶의 동반자가 될 수 있"[19]음을 제시한다.

한편 2010년대 중후반 이후 소설에서는 레즈비언 서사가 다양한 젠더·계급·인종·장애 등의 교차 지점으로 확장되는 특징을 보여 준다. 천선란의 「검은 혀」, 서장원의 「흰 밤」, 정보라의 「지향」 등은 레즈비언이라는 성적 정체성을 넘어서 다양한 소수자성의 층위를 통합하며 '교차성'의 문제

---

16 Adrienne Cecile Rich, "Compulsory Heterosexuality and Lesbian Existence", *Journal of Women's History*, Vol.15,(The Johns Hopkins University Press, 2003), pp. 11~48.
17 한국영미문학페미니즘학회, 앞의 책.
18 장미경, 『페미니즘의 이론과 정치』(문화과학사, 2002) 179~180쪽.
19 박주연, 「여성·퀴어·노동 이야기가 없는 세상을 견딜 수 없어서」,《일다》, 2022. 7. 2.

를 서사화한다. 우선 천선란의 「검은 혀」에 등장하는 주인공은 혀가 붉은 지구인으로서 받는 사회적 차별을 피해, 검은 혀를 가진 '코딧'으로 보이고 자 아침마다 혀를 검게 색칠한다. 그런 가운데 붉은 혀를 가졌는데도 검은 색을 칠하지 않은 여성을 만나고, 좁은 화장실 안에서 서로의 혀를 섞는다. 여기서 강조되는 것은 레즈비언으로서의 정체성이 아닌 '소수자성'이다. 이 는 서장원 「흰 밤」을 통해서도 연결되는데, 작품 속에는 알코올중독으로 인해 함께 살던 여자 친구마저 떠나 버린 주인공이 등장한다. 이때 작가는 주인공이 알코올중독에 빠진 이유를 설명하지 않는다. 대신 주인공에게 한국어 수업을 받는 '수인'이라는 인물의 사연을 서사화한다. 다문화 가정 에서 태어난 수인은 한국 사회에 적응하고자 최선을 다해 노력하지만, 다 수의 남성들에게 집단 폭행을 당하게 된다. 폭행의 이유는 수인이 늦은 밤 술집 앞에 혼자 있었기 때문인지, 담배를 피우고 있었기 때문인지, 재학 중 인 여대 잠바를 입고 있었기 때문인지, 남성들의 희롱에 대꾸하지 않았기 때문인지, 그녀의 얼굴이 이국적인 모습을 띠고 있어서인지 명확하지 않 다. 실은 그 모든 이유가 교차하기 때문인데, 여기서 강조되는 것이 바로 레 즈비언이라는 정체성을 넘어선 '교차적 소수자성'이다.

정보라의 「지향」에서도 성적 정체성을 위해 투쟁하는 여성들의 서사 가 등장하는데, 정작 화자의 성적 지향성은 '무성애'와 연결된다. 여기서 초 점화되는 것은 여성들간의 연대가 아닌, 새로운 소수자들과의 중첩과 확 장이다. 소수자 내부의 다층성에 관한 문제 제기는 송경아의 「다가지 못 하는」에서도 이어진다. 주인공은 퀴어 퍼레이드에서 목격한, 'BDSM'이라 는 정체성을 주장하는 친구 '정인'을 통해 본인의 성적 지향성에 대해 고민 하는 소녀이다. 자신도 'BDSM'일지 모른다는 주인공과 정인의 관계는 '레 즈비언적 관계'로 설명될 수 없는 복합적인 성격을 갖는다. 동성혼이 합법 화된 사회에서 두 명의 엄마를 둔 주인공을 통해, 소수자 속에서 존재하는 또 다른 소수자의 문제를 제기하는 것이다. 김초엽의 「양면의 조개껍데기」 역시 이러한 문제를 주목한다. 이 작품은 우주 바다를 배경으로, '셀븐인'이라는 외계인 '샐리'의 몸 안에 공존하는 두 자아가 같은 사람을 사랑하게 되는 이야기를 다루고 있다. 각각 '라임'과 '레몬'이라는 이름으로 공존하는 두 자아는 동시에 '류경아'라는 한 사람을 사랑하게 되는데, 이러한 설정은 인간 정체성의 다층성에 관한 질문을 던진다.

한편 한정현의 「나의 아나키스트 여자 친구」는 트랜스젠더로서 '여성'의 삶을 선택한 '수호'와 이성애자인 주인공 사이의 관계를 그리고 있다. 한때 '남성'으로 만났던 상대가 '여성'이 되었고 그 상대에 대한 마음이 아직 정리되지 않았다는 점에서, 이들의 관계를 여성과 여성의 서사로 읽어 내기에는 분명한 무리가 따른다. 그러나 여기서 주목할 것은 '사랑'이라는 감정이 생물학적인 정체성에 국한되지 않는다는 지점이다. 이처럼 '소수자'라는 이름으로 환원될 수 없는, 소수자 내부의 다양한 층위에 관한 문제를 주목하게 한다. 이러한 문제의식은 최정화의 「라디오를 좋아해?」에서 레즈비언인 주인공이 갖는, 소수 종교에 대한 편견을 통해 가시화된다. 레즈비언으로서 차별을 경험했을 것으로 짐작되는 주인공은 '이단'이라고 일컬어지는 종교를 가진 직장 동료에게 적대감을 갖는다. 이러한 태도는 차별이 타인의 문제가 아닌, 내면에 자리한 뿌리 깊은 '편견'에서 기인함을 떠올리게 한다. 우리 사회에서 편견이 얼마나 쉽게 반복되고 재생산되는지를 드러내는 것이다. 이처럼 레즈비언을 소재로 한 다수의 작품들은 다양한 성적 지향과 소수자성에 관해 서사화한다. 이는 기존의 '레즈비언 서사'에서 벗어나 퀴어 정체성의 스펙트럼을 입체적으로 조명한다는 점에서 분명한 의의를 갖는다.

그러나 이와 동시에 앞서 언급했던 '레즈비언'이라는 특수성이 희석될 우려에 대해서도 고민할 필요가 있다. 예를 들면 성해나의 「늦여름 매미」에는 레즈비언들의 아지트로 묘사되는 '로즈 다방'이 등장한다. 이곳은 단순한 만남의 장소가 아니라, "나 같은 사람이 또 있다는 걸 알았던 곳", 즉 자신과 같은 존재가 과거에도, 지금도 있었다는 사실을 확인하고 기록하는 장소로 기능한다. 따라서 퀴어 커뮤니티의 '기억'과 '연대'의 상징으로, 레즈비언으로서의 특수성을 조명할 수 있는 공간에 해당한다. 조우리의 「엘리제를 위하여」에도 비슷한 의미의 '엘리제'라는 공간이 등장한다. 주인공 혜주는 '비혼 퀴어 여성'인 이모 성희로부터 폐업 위기에 놓인 '엘리제'의 문제를 해결해 달라는 요구를 받는다. 그런데 아이러니하게도 진짜 문제는 폐업을 막은 것은 물론, '엘리제'가 레즈비언 전용 바를 넘어 일반 여성들까지 찾아오는 그야말로 '힙한' 공간으로 거듭나는 과정에서 발생한다. 대중적으로 주목받는 장소가 되었지만, 바로 그 이유로 인해 기존의 레즈비언 단골손님들이 발길을 끊어 버렸기 때문이다. 여기서 강조되는 것이 바로 '정체성'의 상실이다. '엘리제'가 '대중적인 여성의 공간'으로 확장되는 과정에서 레즈비언 당사자들의 정체성과 연대성이 약화되고, 공간의 본래적 의미가 희석되고 만 것이다. '엘리제'가 외부자의 시선과 소비 논리로 인해 그 정체성을 상실한다는 것은 오늘날 우리 사회가 퀴어 담론을 선택적으로 수용하고 소비해 왔음을 가시화한다.

서수진의 「외출 금지」에서도 이러한 선택적 수용의 문제가 제기된다. 동성혼이 합법화된 '호주'로의 이민을 선택한 레즈비언 커플 은영과 희율은 일상 속에서 지속적으로 다툼을 이어 간다. 이때 갈등의 초점은 과거 남자를 사귀었던 희율을 향해 "솔직히 네가 레즈는 아니지."(171쪽) 혹은 "네가 무슨 레즈라고."(181쪽)를 발언하는 은영을 통해 심화된다. 은영이 내뱉는 "너 되게 선택적으로 레즈비언 한다."(181쪽)라는 식의 발언은 레즈비언의 정체성을 고정된 범주로 규정하고, 개인의 경험과 감정을 배제하는 이분법적 사고의 폭력성을 드러낸다.

이러한 이분법은 윤이형의 「정원사들」에 등장하는 '레이'를 통해서도 다루어진다. 레이는 결혼해서 딸까지 있는 자신이 레즈비언이라는 사실에 대해, '진짜 퀴어'들에 대한 죄책감"(92쪽)을 지니고 있다. "죄송한데 레이님, 결혼하셨잖아요. 제도 안에 있으시잖아요. 차별받는 것도 없고, 누릴 것 다 누리면서 왜 소수자 정체성까지 뺏어 걸치려 하세요, 힙해 보여서인가요? 퀴어 놀이가 재미있어요?"(93쪽)라는 말은 다른 누가 아닌, 레이 자신이 스스로에게 던지는 질문이다. 스스로 자격이 없다고 생각하는 이유는 모든 것을 내려놓고 과감하게 '그들'의 세계로 떠나지 못하는 "내가 가짜 같아서"(94쪽)이다. 그러나 윤이형의 소설은 남편이 존재하는 제도권 속의 '정원'과 여성들만이 존재하는 제도권 밖의 '정원' 가운데 하나를 선택하라고 요구하지 않는다. "그리로 갈 수도 없고, 유리를 깨거나 문을 만들어 달고 싶다는 생각도 들지 않지만, 그냥 그게 있다는 게 좋았어요. 이렇게밖에 설명이 안 돼요."(99쪽)라는 레이의 발언은 "두 개의 정원을 가진 나를 더 이상 미워하지 말고 사랑해 주"(105쪽)기로 했다는 말로 이어진다. 어쩌면 최근 발표된 레즈비언 서사들이 추구하는 정체성의 방향이 바로 이 지점에 있다고 본다. 동성애자와 이성애자로 명확히 구분되는 존재가 아닌, 그 경계 위에 선 '존재'로서 말이다. 나아가 소수자 내부에 존재하는 수많은 경계와 그 경계 위에 선 존재들을 향한 '인정'이다. 우리 사회가 규정한 정상과 비정상, 단일성과 복수성, 인간과 비인간이라는 다양한 소수자로서의 경계를 넘나드는 존재와 그 속에서 이루어지는 존재의 자기결정에 관한 문제를 주목한 결과라고 볼 수 있다.

5 레즈비언 서사의 확장과 가능성

지금까지 "큐큐퀴어단편선" 시리즈를 중심으로, 2010년대 중후반 이후 발표된 레즈비언 서사를 살펴보았다. 이때 주목할 점은 1990년대로부터 시작된 레즈비언 서사가 2010년대 이후로는 한층 복잡한 양상으로 전개되며, 보다 다양한 방향으로 레즈비언 서사의 지형을 확장하고 있다는 사실이었다. 1990년대의 서사가 주로 남성 폭력과 가부장제에 저항하는 여성 연대의 틀 속에서 레즈비언 관계를 다루었다면, 이후의 서사는 점차 일상과 감정, 개인적 관계를 중심으로 레즈비언의 삶을 재현하고 있기 때문이다. 이는 소녀에서 노년에 이르기까지, 다양한 세대를 포괄하는 서사를 통해 일상과 보편성으로의 확장을 꾀하고 있다는 점에서 중요한 변화에 해당한다. 또한 레즈비언 정체성을 더 이상 비극적 사건의 중심에 위치시키지 않고, '보통'의 삶 속에 배치하려는 움직임도 읽어 낼 수 있었다. 성소수자로서의 정체성을 강하게 내세우기보다는, 인물 간의 복잡한 관계성과 감정의 결을 세심하게 그려 냄으로써, 레즈비언 서사를 특수한 사건 중심에서 벗어나 일상 중심의 서사로 확장하고 있다고 말이다.

이 과정에서 레즈비언 정체성이 더 이상 고정되고 단일한 것으로 제시되지 않으며, 젠더·계급·인종·장애 등의 경계를 넘나들며 교차적으로 구성되고 있음을 확인할 수 있었다. 이러한 교차성은 레즈비언 서사를 다양한 소수자성과 연결시키고, '경계' 위에 존재하는 삶으로 조명하게 한다. 이와 같은 시선은 레즈비언 서사가 퀴어 스펙트럼 안에서 어떤 방식으로 확장되고 있는지를 살펴볼 수 있는 중요한 통찰을 제공한다. 동시에 이는 레즈비언 정체성의 특수성이 희석될 수 있다는 우려에 대한 대응으로도 이해할 수 있다. '경계'에 선 존재들을 인정하고, 그들과 공존할 수 있는 가능성을 탐색하는 과정에서, 오히려 그 '경계 자체'가 레즈비언 정체성의 새로운 정의로 작용할 수 있음을 제시하기 때문이다.

    2010년대 중후반 이후 한국문학에 재현된 레즈비언 서사는 '레즈비언'이라는 단일한 정체성에 갇히지 않고, 교차성과 유동성을 바탕으로 다양한 소수자성과 접속하며 서사의 지평을 넓혀 가고 있다. 이는 단순한 피해자 담론이나 고정된 정체성의 정치로 환원되지 않으며, 경계 위에 선 주체들이 자신만의 언어와 방식으로 삶을 선택하고 감정을 나누는 방식으로 서사를 구성한다는 점에서 의미가 있다. 이제 레즈비언 서사는 더 이상 투쟁이나 정체성 선언에 머무르지 않고, 사랑과 연대, 일상의 삶을 통해 인간 보편의 감정을 탐색하는 이야기로 재편되고 있다. 서로를 그리워하고 기다리는 연인들의 서사이자, 끊임없이 다투고 상처를 주면서도 함께 살아가는 '보통' 사람들의 이야기로 자리매김하며, '경계' 그 자체를 인정하는 확장된 서사의 가능성을 제시하고 있는 것이다.

| 근대성 |

정연희의 『난지도』로 본 탈성장과 젠더

권혜린

1 쓰레기의 역설과 얽힘의 난지도

현재 생태공원으로 더 많이 알려진 난지도는 '이질적이고 상반되는 목소리들의 불협화음'으로서 근대성의 균열을 드러낸다.[1] 먼저 생태적인 의미를 살펴볼 수 있다. 구한말 이후부터 불린 '꽃섬'이라는 지명은 '난지도'라는 이름으로 이어졌다. 조선 말까지는 뱃놀이의 정류소로 이용했고 쓰레기 매립장이 되기 전까지는 철새들이 몰려들었다. 중고등학생들이 캠프를 즐기러 찾아오기도 했다. 그러나 홍수 때마다 침수되어 1977년 제방 축조 공사를 시행했고[2] 1978년부터 1993년까지 난지도 쓰레기 매립장이 운영되었으며, 현재는 높이 98미터와 100미터에 해당하는 인공산이자 생태공원인 하늘공원과 노을공원으로 바뀌었다.[3] 이와 반대되는 의미로서 난

---

1 김미현, 『젠더 프리즘』(민음사, 2008), 194쪽.
2 이호, 「난지도와 난지도 주민들의 주거권」, 《도시와 빈곤》 21-21(한국도시연구소, 1996), 48쪽.
3 매립지를 녹지로 만들자는 발상은 설득력을 얻었다. 매립지를 녹지화하면 새 공공 공간을 만들 수 있었고 귀중한 건축 토지를 희생할 필요도 없었다. 매립지를 여가 시설로 바꾸는 것에 대한 환상도 생겨났으

지도는 산업화와 긴밀한 관계를 맺기도 한다. 1950~1960년대에는 YWCA가 미군의 지원을 받아 세운 시설인 삼동소년촌에서 거주민들이 박하 사업을 했다. 지하에는 아직도 9700만 톤의 쓰레기가 묻혀 있다.[4] 1980년대에는 난지도가 유일한 처분 시설이자 최초로 결정된 폐기물처리시설이었다.[5] 난지도의 도시 하층민들은 넝마주이로 불렸으며 도시 변두리에 있는 쓰레기 처분장 근처 다리 밑에 거주했다. 이들은 처분장이 이동하는 경로를 따라 거주지를 옮겼으며 구의지구, 잠실지구, 한강과 영동 지역 건설 현장을 거쳐 1977년 8월 난지도 매립지까지 들어오게 되었다.[6]

이와 같이 생태적 공간이자 산업화의 공간인 난지도는 도시 하층민의 생계와 연결되면서 성장의 그림자를 드러내는 지표가 되었다. 작가가 난지도에 한 달 동안 견학을 가서 취재하고, 쓰레기를 줍기도 한 경험을 바탕으로 '인간이 가장 포악한 포식자다.'라고 증언[7]했을 정도였다. 경제가 개발

며 매립지 용도 전환은 실용적으로 보이기도 했다. 쓰레기장이 한번 만들어지면 그 자리에 계속 있는 경로 의존성도 쓰레기 매립에 중요한 역할을 했다. 로만 쾨스터, 김지현 옮김, 『쓰레기의 세계사』(흐름출판, 2024), 304~306쪽.

4 임태훈, 「쓰레기장의 다크 에콜로지와 문학의 기록: 난지도 소재 소설의 재발견」,《현대문학이론연구》 82(현대문학이론학회, 2020), 130~139쪽.

5 소준철, 「서울시 쓰레기 처리 체계의 형성, 1966~1993」, 한국학중앙연구원 한국학대학원 박사학위논문, 2022, 161쪽.

6 난지도 매립지의 행정 주소는 서울특별시 마포구 상암동 482번지 9통이었다. 551가구의 가족들이 주민등록을 했고, 61개소의 폐품수집상이 생겼고, 600여 명이 여기에서 일했다고 알려졌다. 실제 수는 더 많을 것이다. 매립지 현장 내부의 골짜기에 움막을 치고 사는 이들도 많았기 때문이다. 이들의 수가 드러난 것은 1984년 화재 사고에 대한 대책에서였다. 불이 난 후 마포구청에서 지은 960세대의 조립식 주택에 957세대, 3973명이 입주했다는 기록이 정확한 수치로 보인다. 1993년 난지도가 폐쇄되기 직전, 난지도에는 867가구 3490명이 숨어 살았다. 소준철, 「청계천에서 난지도로―공간 정보의 생산과 도시 하층민 이동의 관계에 대하여」,《민족문화논총》84(영남대학교 민족문화연구소, 2023), 532~535쪽.

7 정연희 구술채록문, 「제4회차 기독교 소설 창작과 문명 비판(1980~1994)」, DA-Arts(한국디지털 아카이브), 2018. 9. 8, https://www.daarts.or.kr/handle/11080/136274, 접속일: 2024. 5. 2, 146쪽.

되고 산업이 발달하는 생산성이 증가할수록 근대화의 찌꺼기인 쓰레기 역시 증가하는 것이다. 특히 소비를 많이 하면서 쓰레기도 많이 생산하는 사람이 이를 처리하는 사람과 분리된다는 점에서 난지도는 근대성의 소외된 공간이 된다. 근대성의 중요한 축을 이루는 자본주의는 문명과 진보의 척도로서 지속적인 경제성장과 소비를 화려하게 보이지만 이는 그 이면에 비가시적이고 외부적인 착취와 억압, 빈곤, 에코사이드(ecocide)가 뒷받침될 때 가능하다.[8] 이처럼 성장의 결과뿐 아니라 원인을 인식하게 한다는 점에서 탈성장을 난지도와 연결할 수 있다.

 탈성장 논의는 1972년 앙드레 고르가 성장에서의 탈출을 의미하는 프랑스어 '데크루아상스(décroissance)'를 통해 자본주의와 지구의 균형이 양립할 수 있는지를 질문하며 시작되었다.[9] 2000년대 후반부터 한국에서도 사회운동에서 탈성장 개념을 이야기했다. 경제적으로는 성장주의의 종식을, 정치적으로는 소비주의 또는 생산주의와 구별되는 사회를 만드는 것을 의미하며 돌봄, 공생공락, 공유 등과 관련되는 대안적 삶의 개념과도 연결된다.[10] 이는 발전·성장 이데올로기의 기반과 반대되는 전망을 수립하고, 에너지와 자연 자원의 소비를 줄이며, 자율적이고 검약하는 사회를 이루고자 하고, 무절제를 거부하며 성장을 넘어 나아가고자 하는 다양한 방식을 의미한다. 이를 통해 어떻게 성장하는지를 묻는 대신 어떻게 자연과 더불어 함께 살 것인지를 질문[11]한다. 즉 탈성장은 과잉 성장 시대에 성장의 모순을 직시하고, 발전으로 지속되는 파괴를 거부하며, 책임감 있는 자족을

---

8   S. Stein et al., "Gesturing Towards Decolonial Futures: Reflections on Our Learnings Thus Far", *Nordic Journal of Comparative and International Education*, Vol. 4(1), 2020, 49쪽.
9   김현우, 「기후위기의 현실 대안으로서의 탈성장」, 《문화과학》, 2022. 봄, 94~95쪽.
10 재단법인 여해와함께 편집부, 《생태전환매거진 바람과 물 9호─탈성장을 향해》, 2023. 가을, 108쪽.
11 파블로 솔론 외, 김신양 외 옮김, 『다른 세상을 위한 7가지 대안』(착한책가게, 2018), 74~75쪽.

새롭게 제시하는 실천적 개념이다.[12]

정연희의 소설 『난지도』(정음사, 1985)에는 탈성장을 인식하는 근대적 주체가 등장한다. 특히 여성 인물은 남성 인물보다 먼저 근대에 진입하며 직접적인 피해자가 된다. 근대에서 배제된 '밖'이 아니라 근대의 '안' 또는 '중심'에 있는 것이다.[13] 이는 지금까지 중요하게 다루어지지 않았다. 이효석, 이청준, 황순원, 김동리를 포함해 남성작가의 생태적 상상력이 일찍부터 조명받은 것과 달리, 여성문학의 생태적 상상력은 1990년대 이후로 한정되었으며 1980년대의 대표적인 생태소설로 주목을 받았던 『난지도』는 거론되지도 않았다.[14] 그러나 근대성의 이면을 보여 주는 환경문제를 정연희가 당대에 포착하고 작품으로 썼다는 점에서 여성작가의 생태소설이라는 가치가 있다. 『난지도』에서 최근에도 유효한 문제의식인 산업화 시대 성장에 대한 비판을 찾을 수 있으며, 이는 탈성장과 연결되면서 죽음의 공간이 동시에 삶의 공간이 된다는 역설을 드러낸다. 생산의 잔여물인 듯한 쓰레기가 노동과 연결될 때 경제성의 원천으로서 생산의 근원이 되는 것이다. 쓰레기를 주워 분류해 새로운 가치를 생산해 내는 노동은 소비와 생산이 밀접하며, 소비를 많이 할수록 많이 생산할 수 있는 연결고리를 드러낸다. 나아가 난지도는 노동의 공간인 동시에 삶의 공간이 된다는 점에서 공간과 인간의 얽힘을 보여 준다. 난지도에서는 여성, 남성, 아이, 노인을 구별하지 않고 노동에 동일하게 참여한다는 점에서 젠더의 구분도 무화되는 것처럼 보인다. 그러나 『난지도』에서는 같은 노동을 하면서도 탈성장에 관한 인식과 대응이 남성 인물과 여성 인물에게서 다르게 나타난다. 남성 인물은 성

---

12 박지형, 『재난 문명 — 경제·환경·기후 복합 위기와 탈성장 대안』(나남출판, 2022), 276쪽.
13 김미현, 앞의 책, 206쪽.
14 송인화, 「『난지도』에 나타난 생태 의식과 젠더 윤리 — 욕의 배설(排泄)과 돌봄의 윤리」, 《여성문학연구》 33(한국여성문학학회, 2014), 418쪽.

장을 전유하면서 능동의 나우토피아를 보여 주고, 여성 인물은 성장을 정지하면서 중동의 디스토피아를 보여 준다.

2 성장의 전유와 능동의 나우토피아

『난지도』에서 중심이 되는 남성 인물 심정기는 탈성장을 인식하고 삶 속에서 실천하고자 한다. 기존의 폭력적인 남성 공동체를 벗어나 난지도에서 새로운 공동체를 일구려고 하는 것이다. 이에 따라 시장 사회의 그림자 공간인 난지도에서 가장 가치가 낮다고 평가되는 쓰레기 노동을 새로운 시각에서 긍정적으로 평가한다. 즉 이를 "임금노동을 넘어선 자기해방적 계급정치"[15]로서 실천적인 행위로 본다. 이는 좋은 삶을 고민하면서 난지도 안에서 틈새 공간을 사유하고 실천[16]하고자 하는 나우토피아인의 시도이다. 자본주의 경제에서 탈출해 성장에 집중하는 것이 아니라, 자본주의의 흐름 속에서 재활용되거나 버려지는 물질을 이용한 생산적 활동으로 전환[17]하는 것이다.

심정기는 전에 속해 있던 폭력 집단의 동료들이 찾아와 쓰레기를 줍는 자신을 '쓰레기 철학'을 한다며 비난할 때도, 쓰레기를 줍는 일이 더 유

---

15 자코모 달리사 외, 강이현 옮김, 『탈성장 개념어 사전』(그물코, 2018), 327쪽.
16 마티아스 슈멜처 외, 김현우·이보아 옮김, 『미래는 탈성장』(나름북스, 2023), 294쪽.
17 나우토피아인은 시장 사회에서 무시되거나 평가절하되는 중요한 일들에 예술적으로 접근하는 즉흥적인 영혼을 가진 이들을 의미한다. 이들은 실천에 의미를 두며, 일을 대하는 태도는 임금노동을 넘어선 자기 해방적 계급정치의 중요한 일면을 보여 준다. 이는 협동조합 등의 활동을 포함한다. 이들은 대가를 받지 않고 자신의 시간과 기술을 활용하고, 새로운 방법으로 현대 자본주의의 낭비적 흐름을 되돌린다. 시장에서 벗어나 스스로 시간과 기술을 어떻게 사용할지 결정할 때, 끝없는 성장에 기대는 시장 사회 논리를 끊어 낼 수 있다. 자코모 달리사 외, 앞의 책, 327~328쪽.

용하다면서 폭력의 무용성을 주장한다.

> 시골에서 살 때는 쓰레기라는 게 어디 있었니? 먹은 뒤에 싸는 건 알뜰하게 챙겨서 거름으루 썼구, 야채·과일 다듬은 것은 퇴비용, 나무 부스러기·종이 쪼가리는 쏘시개가 되었잖아. (……) 잘산다는 사람일수록 쓰레기를 많이 만들고 있더군. (……) 쓰레기를 무진장 만들어 내고 있는 것들이 쓰레기지.(78~79쪽)

시골과 문명을 대립한다는 한계가 있지만 심정기의 말은 성장을 다시 생각하게 한다. 심정기는 쓰레기가 나지 않았던 시골과 달리, 문명이 발달할수록 잠깐 빌려 쓰는 지구라는 땅을 쓰레기로 오염시키는 사람들을 악(惡)이라 비난한다. 그리고 쓰레기를 줄여 주는 난지도 사람들을 '폐자원(廢資源) 활용의 전사'로 지칭하면서 반대편에 있는 선(善)으로 본다.

물론 난지도가 무조건적인 선(善)은 아니다. 난지도 안에서도 빈부 격차와 경쟁이 존재했기 때문이다. 권리금을 내면 지역을 독점할 수 있었다. 앞벌이들이 쓰레기를 일차로 수거한 다음에 남아 있는 쓰레기를 수거하는 뒷벌이들은 차별을 받았다. 물렁이(플라스틱병)와 알창이(양은, 구리, 놋쇠 등)의 가격에도 차이가 있었다. 또한 많은 거주민이 전과자이거나 주민등록증이 없어 과거를 묻지 않았으며 이웃 간에도 자리 경쟁이 심해 공동체적인 분위기는 거의 없었다.[18] 그러나 심정기는 그 안에서 경쟁을 넘어서고자 한다. 쓰레기를 주워서 중장비 기술 면허를 따 건설 현장에서 일하고 그렇게 번 돈으로 자신도 살고 남도 돕겠다고 말하는 것이다. 난지도 사람들에게 희망을 증명하면서 필요한 시설과 기구를 만들며 그들과 계속해서

---

18 이호, 앞의 글, 50~51쪽.

함께 살겠다고도 이야기한다. 이는 은숙이 심정기가 난지도를 지키고 있고, 쓰레기산을 살게 하고 있다고 좋게 말하는 근거가 된다.

이처럼 심정기는 쓰레기의 생산성을 이야기하면서 성장을 전유하고, 난지도를 새로운 공동체로 만들고자 한다. 성장과 반대되는 쇠락의 공간에서 새롭게 성장할 수 있는 삶을 만들어 내고자 하는 것이다. 하루 벌어먹고사는 난지도의 삶에서 심정기는 별종으로 취급되지만 그는 "보이지 않는 아름다움"(232쪽)의 힘을 신뢰하며 뜻을 이어 나가고자 한다. 쓰레기를 줍는 것을 노동으로만 치환하는 것이 아니라 생명이라는 확장된 개념과 연결하는 것이다. 이는 타인에게 관심을 가지고 타인을 돌보는 행동으로 이어진다. 향이 엄마의 일을 대신하거나 자신의 돈을 맡겨서 아이를 돌보게 하고, 임 선생의 유아원 일을 돕기도 하며, 은숙의 일탈을 걱정하면서 은숙을 구제하고자 한다. 쓰레기를 줍는 것만으로는 생계를 이어 가기 힘든 상황이지만 직업 외 활동으로서 자유 시간에 상호 도움을 주고받고, 대가 없이 새로운 삶을 구상하는 일에 몰두하는 것이다.[19]

심정기처럼 공동체를 지향하며 그와 뜻을 같이하는 여성 인물로 향이 엄마와 임 선생[20]이 있다. 이들은 난지도에서도 자신을 잃지 않고자 하는 인물이다. 절망과 체념으로 삶을 연명하거나, 반대로 난지도를 벗어날 수 있다는 헛된 희망을 지니는 것이 아니라 난지도 '내부'를 변화시키고자 하는 것이다. 이와 같은 공동체를 상징하는 것이 누더기 덩어리로 지은 움막이다. 버려져 있을 때는 쓸모없지만 서로 어울렸을 때 거처가 되어 주므

---

19 자코모 달리사 외, 앞의 책, 328쪽.
20 그러나 비슷한 신념을 가지더라도 여성 인물과 남성 인물의 상황에는 차이가 있다. 난지도에서 쓰레기를 줍는 일이 심정기 같은 남성 인물에게 떳떳한 '직업'으로서 주체를 세우는 것과 관련되는 반면, 여성 인물들에게는 돌봄의 부차적인 과정이나 다른 목표를 위한 중간 과정으로 여겨지기 때문이다. 향이 엄마에게 쓰레기 일은 감옥에 간 남편이 돌아오기 전까지 임시로 하는 일이므로 주된 노동이 아니다. 임 선생에게 아이들을 돌보는 일 역시 자신의 신앙심을 실천하는 수단에 해당한다.

로 이를 '쓰레기의 기적'이라고 일컬으면서, "따로 굴러다니면 쓰레기로 묻혀 버릴 것들이 서로 잇대어 주고 기대고 이어지고 하면서 집이라는 구실을 톡톡히 하고 있는 것"(36~37쪽)으로 보는 것이다. 이를 통해 심정기는 "죽은 난지도가 아니라 살아 있는 난지도, 쓰레기의 역할이 살아 있는 난지도"(228쪽)이자 각각의 난지도로서 난지도를 탈바꿈하고자 한다. 동일성을 지닌 단수(單數)의 난지도가 아니라 임 선생의 난지도, 향이 엄마의 난지도, 은숙의 난지도'들'로서 복수(複數)의 난지도를 추구하는 것이다. 이는 소외시키는 착취적인 시스템을 탈피하여 필요 지향적인 의미로 나아가는 '틈새 전략'[21]이다. 특히 심정기가 긍정적으로 제시하는 인물들이 모두 여성이라는 점에서 '난지도=오염'과 '여성=오염'이라는 도식에서 벗어난다.

그러나 이 과정에서 젠더의 한계도 나타난다. 심정기는 난지도에 있는 다른 남성들이 술, 욕설, 폭력의 모습을 보여 주는 것과 달리 향이 엄마나 은숙을 돌보고 배려하는 섬세함을 지닌다. 이는 '폭력적 남성성'과 달리 바람직한 남성성으로 제시되는 '돌보는 남성성'으로서 탈성장과 연결될 수 있다.[22] 돌봄을 여성의 역할로 한정하는 시각에서 벗어나는 남성 인물의 모습을 보여 주는 것이다. 그러나 동시에 이상적인 여성인 어머니를 기준으로 두고 여성들을 판단했다는 점에서 구원의 이분법을 유지한다. 아

---

21 마티아스 슈멜처 외, 앞의 책, 298쪽.
22 마라 카슈타인은 새로운 남성성을 찾아 나가는 '탐색 운동'의 필요성으로 시선을 돌리며 남성적 주체 위치들을 세분화해서 이해할 필요가 있다고 강조한다. 첫째는 극복되어야 할 남성성인 폭력적 남성성이다. 둘째는 도움을 필요로 하는 남성성으로 정체성 없이 떠도는 소년들에게서 찾아볼 수 있다. 셋째는 바람직한 남성성으로 돌봄에 적극적인 아버지들에게서 나타나는 남성성이다. 이 가운데 돌보는 아버지들이 보여 주는 남성성은 지금까지의 탈성장 운동에서 중요하게 다루어지지는 않았지만 사회적 전환에서 반드시 필요한 돌봄이라는 주제와 관련해 흥미로운 시사점을 던져 준다. 안숙영, 「독일에서의 탈성장 운동과 돌보는 남성성 논의」, 《세계지역연구논총》 40-2,(한국세계지역학회, 2022), 119~120쪽.

들을 위해 닥치는 대로 일하면서 범죄자가 된 심정기를 한 번도 탓하지 않고 뒷바라지하며 끊임없이 기도했던 어머니의 존재는 "전신에 독기로 퍼져 있던 살의를 순식간에 지워 버"(50쪽)리게 할 정도로 그를 구원한다. 이는 그가 여성을 보는 시각에 투영되어 여성을 '자신이 구원해야 할 대상/자신을 구원할 대상'으로 보게 한다. 전자를 은숙으로 후자를 어머니와 향이 엄마, 임 선생으로 보는 것이다. 이는 그가 은숙의 일로 절망하고 있을 때 그를 구원한 것이 향이 엄마의 젖 내음이라고 하는 장면에서 드러난다. 젖 내음을 "영혼을 일깨워 주는 향기"(139쪽)로 지칭하며 "눈먼 영혼이 코를 내어두르며 엄마품을 찾듯 잠깐 허덕거"(139쪽)리는 것이다. 이처럼 심정기는 난지도 안에서 '자기 세계'를 만들어 나가는 근대적 주체의 모습을 보여 주면서도 스스로를 홀로 세우는 것이 아니라 여성을 통해 그러한 세계를 만들어 간다.[23]

심정기는 스스로에게 '구원'이라는 방어막을 쳐 자신을 진공 상태로 두는 인물이다. 쓰레기가 된 세상과 쓰레기처럼 사는 사람들을 비난하면서 자신은 그에 물들지 않은 범위에 두는 것이다. 향이 엄마와 임 선생도 쓰레기와 동일시되지 않는 고고한 신념을 지닌 인물로 등장한다. 이러한 방어막을 유지하기 위해 그들이 선택하는 것은 능동으로서 행위를 계속하는 것이다. 즉 끊임없이 쓰레기를 줍고, 아이들을 돌보고, 음식을 하면서 당장의 고통을 잊고자 하는 반복을 보여 준다. 이는 성장의 표피를 입고 있으나 체계를 뒤엎지 못하고 체계 안에서 반복성을 유지한다는 점에서 실패를 예비한다. 또한 쓰레기와 쓰레기가 아닌 것을 구분함으로써 더러운 것/깨끗한 것의 이분법을 유지할 때, 그 경계를 넘어서는 상황에 직면하면 빠르게 실패하게 된다. 자신이 생각하는 이상이나 신념에 반하는 인물이

---

23 김미현, 앞의 책, 194~195쪽.

등장했을 때 속수무책으로 무너지는 것이다. 심정기는 나우토피아인으로서 실천적인 태도와 신념을 보여 주지만 난지도 안에서만 맴도는 폐쇄적인 사고방식에 의해 지속 가능성을 쉽게 상실한다. 난지도 바깥에서 이전에 함께했던 패거리들과 방탕하게 어울리고 은숙이 호텔에 출입한 것에 절망하면서도 "난지도만이 나의 출발점"(101쪽)이고, "그가 걸어가고 있는 방향은 난지도 쪽"(117쪽)이라는 생각만 반복하는 것이다. 심정기가 은숙을 구원하기 위해 데려간 곳도 난지도이다. 그러나 신뢰했던 순수성의 상징인 은숙이 예상과 반대되는 선택을 하고 자신의 뜻대로 움직이지 않았을 때 지속성을 잃고 절망한다. '어머니-은숙-임 선생-향이 엄마'로 이어지는 이상적 연쇄의 연결고리를 끊는 은숙의 죽음은 난지도 내부에서만 성장을 전유하는 실천적 행위의 한계를 보여 준다. 근대성의 한계를 보려면 난지도 외부의 관계까지 사유해야 하는 것이다.

3 성장의 정지와 중동의 디스토피아

『난지도』의 다른 중심축인 여성 인물 은숙은 난지도 안팎의 경계가 유지되는 한 탈성장은 불가능하다는 것을 깨닫고 죽음으로 연결고리를 끊고자 한다. 은숙은 난지도를 탈주하는 시도로 바깥에 나가 다른 노동을 선택하지만 여성의 성(性)을 상품화하는 근대성의 한계를 경험한다. 이와 같은 한계는 성장의 바탕이 되는 남성들의 권력과 과시적 소비가 여성을 도구화하는 것과 연결된다. 이는 자신을 구원하고자 했던 심정기에게 의탁하는 대신 스스로 죽음을 선택하면서 불가해의 영역으로 남는 것으로 이어진다. 심정기는 은숙이 자신의 호의를 배신했다고 여겨 분노하지만, 끝까지 은숙의 행동을 이해하지 못하므로 은숙은 영원히 불가능성의 영역에 존재하게 되는 것²⁴이다.

    심정기에게 은숙은 오염되지 않아야 할 순결과 순수함의 영역으로서 쓰레기와 반대되며, 고향을 상징하는 존재이다. 그러나 심정기가 지키고 싶어 하는 영역인 몸에 대해 은숙은 "이까짓 몸뚱이 그냥 두어도 늙고 병들고 썩어질 것"(114쪽)이라면서 엄마와 동생들을 난지도에서 탈출시키기 위해 육체를 파는 일을 했다고 이야기한다. 이렇듯 이상적으로 생각했던 모습이 파괴되었을 때 심정기는 "이제 은숙이는 없다. 썩는 일이 남았을 뿐이다."(115쪽)라면서 자신의 기준으로 은숙을 재단한다. 그렇기에 난지도 바깥에서 오염되었다고 생각한 은숙을 원래대로 돌려놓고 나아가 성장하게 하기 위해 은숙의 삶에 더 적극적으로 개입하게 된다. 은숙의 의사와는 상관없이 식당 일을 맡기는 것이다. 그러나 심정기가 은숙에게 마련해 준 난지도 안의 식당인 '베나디의 집'은 "은숙에게 너무 무거웠다. 시작도 없고 끝도 없는 일이었다."(234쪽) 이 일은 반복과 권태의 노동으로서 은숙에게 또 다른 고통을 가져다줄 뿐이다. 심정기가 구원이라고 생각했던 방법은 은숙의 삶에 영향을 주지 못한다. 은숙은 난지도 밖의 세상을 경험하면서 성장과 경쟁 구조의 실체를 깨달았기 때문이다.

    은숙은 아이들을 보면서 지구에서 벌어지는 끊임없는 경쟁의 고통을 사유해 낸다.

      서로 밟고 앞지르기 위해 숨이 끊어지도록 달려야 하고 미워해야 하

---

24 따라서 작품 해설에서처럼, 심정기와 은숙을 '단순히 현실을 뛰어넘고자 하는 건강한 의지력을 지닌 이상적 인물/당대 삶의 거센 물결에 희생되는 희생양'(정현기, 「탁류(濁流), 1980년대의 한 비관적 전망」, 정연희, 『난지도』, 277~283쪽)으로 보는 것은 심정기의 좌절과 은숙의 분노를 제대로 설명하지 못한다. 은숙은 희생양으로서 약하고 순종적인 모습만 보이지 않으며 심정기의 보호를 거절하기 때문이다. 심정기 역시 긍정적인 이상과 전망을 유지하지 못하고 좌절하는 인물이다.

고 때로는 죽여야 하고 (……) 더운 것 추운 것 배고픈 것 불편한 것을 참아 본 일이 없는 무능한 아이들…… 그 아이들이 이 세상을 어떻게 견뎌 낼까 싶어서 나는 그 애들 앞에서는 눈물이 나올려구 하는걸.(232~234쪽)

즉 불편함을 참아 보지 못한 온실 속 아이들을 무능하고 불쌍하게 여기며 공포스럽다고 이야기한다. 이는 물질적인 부를 지닌 이들이 부를 지니지 못한 이들을 무능하고 불쌍하며 공포스럽게 여기는 기존의 시각을 뒤엎는다. 경쟁 체제를 벗어나지도 못하고, 벗어날 생각도 못 하는 폐쇄적인 입장을 발견해 내는 것이다. 이와 같이 은숙은 성장을 부추기는 병든 경쟁을 비판한다. 그러나 심정기는 은숙이 마음의 병이 든 것이며, "사랑하는 사람과 결합해서 아기를 낳는"(234쪽) 것으로 치료해야 한다고 말한다. 이는 은숙의 말문을 막히게 한다. 난지도 바깥의 상황을 제대로 인지하지 못하고 비현실적이면서도 고정관념에 갇혀 있는 태도를 부정적으로 보게 되었기 때문이다. 어머니와의 대화에서도 은숙은 겉으로 멀쩡한 탈을 썼지만 악귀보다 더한 인간이 많다고 이야기한다. 어떻게 그런 걸 벌써 다 아느냐는 물음에는 돈을 벌어 가면서 공부했다고 답하면서 난지도 바깥의 경험을 '공부'라고 칭한다. 따라서 심정기가 쓰레기산 위에도 뜨는 별을 보며 희망을 이야기할 때, 같은 상황에서 은숙은 바깥의 경험을 가져온다. 한순간에 몰락한 친구 인자를 생각하고 뜬구름과 같은 별 대신 그 이야기를 해야 한다고 여기는 것이다.

이처럼 난지도에서 답답함을 느꼈던 은숙은 난지도를 탈출해 바깥으로 향하지만, 물질과 부의 향락을 경험한 은숙에게 그곳은 정크스페이스(junk-space)[25]일 뿐이었다. 난지도 안의 물질적인 쓰레기와 달리 은유적

---

25 "스페이스정크(space-junk)가 우주에 버린 인간의 쓰레기라면, 정크스페이스(junk-space)는 지구

인 의미로서 쓰레기 공간을 경험하는 것이다. 여기에는 자기 자신도 근대성의 찌꺼기로서 쓰레기가 되었다는 인식이 들어가 있다. 심정기가 세상은 오염되었으나 자신은 오염되지 않았다는 이상적 진공상태를 단정하는 것과 달리, 은숙은 자신 역시 쓰레기라는 점을 인지한다. 특히 이것이 남성에 의한 억압과 연결되어 있다는 점에서 오염의 원인이 경제적인 것뿐 아니라 성적인 것도 포함한다고 비판한다. "은숙의 작은 몸에는, 개처럼 헐떡거리던 늙은이의 더러운 숨결이 문신(文身)처럼 새겨져 있다. 그것도 난지도의 쓰레기산보다 더 크고 무거운 짐"(205~206쪽)이라고 하면서 자신이 큰 쓰레기를 안고 있다고 말하는 것이다. 이처럼 은숙은 『난지도』에서 스스로를 쓰레기와 적극적으로 동일시하는 유일한 인물이다. 자신을 쓰레기로 만든 세상을 다시 쓰레기로 보면서 시선을 전환한 덕분이다. 이와 같은 시선에서는 난지도 안과 밖에서 모두 성장이라고 여겨지는 것들이 쓰레기와 같아진다. 따라서 난지도에 돌아가는 것도 극복 방안이 될 수 없게 된다.

이렇게 성장을 비판하는 은숙이 보이는 일차적인 태도는 탈성장에 해당하는 무상과 증여이다. 심정기가 권한 식당 일을 힘겹게 하면서도, 굶주리는 이들에게 돈을 받지 않고 밥을 주는 것이다. 심정기는 외상을 주면 손해를 보게 되며, 사람들의 버릇이 나빠진다고 말한다. 멀쩡한 육신으로 굶는다는 건 스스로에게 문제가 있으니 안쓰러워할 것 없으며 돈이 없으면 굶어야 한다고 냉정하게 못 박는 것이다. 이는 돈을 지불해야 밥을 먹을 수

에 남겨 둔 인류의 찌꺼기다. 근대화가 건설한 (……) 생산물은 근대 건축이 아니라 정크스페이스다. 정크스페이스는 근대화가 진행된 이후에 남겨진 것 (……) 근대화가 진행되는 동안에 응고된 것 혹은 근대화의 낙진이다. 근대화는 합리적 프로그램을 가지고 있었다. 그것은 바로 과학의 축복을 보편적으로 공유하는 것이었다. 정크스페이스는 그것의 정점 혹은 붕괴점이다." 렘 콜하스·프레드릭 제임슨, 임경규 옮김, 『정크스페이스/미래 도시』(채석장, 2020), 9쪽.

있다는 시장 논리로서 성장에 기여를 못 하는 이들을 존재자로 보지 못하는[26] 성장주의적 관점을 드러낸다. 반면 은숙은 배고프다는 사람에게 밥을 안 주고는 견딜 수 없어 하며, 이는 부자 노인에게 난지도 사람들을 위한 기금을 부탁하는 것으로 이어진다. 노인이 많은 돈을 다 쓸 수 없다는 것을 제시하면서 '공생공락'을 이야기하고, 인격체들의 관계를 탈시장화하는 환대[27]의 태도를 드러내는 것이다. 이처럼 은숙은 노인의 자비심을 이끌어 내 난지도를 구원하고자 한다. 그러나 노인은 가난한 자들이 더럽고 게으르고 낭비가 심하고 정직하지 못하기 때문에 가난할 수밖에 없다고 비난한다. 그러면서 은숙에게 생각 없는 인형 역할을 하기를 강요하며, 돈이 넘쳐난다고 자랑하면서도 무상을 상상하지 못하는 무능력함을 보여 준다. 이렇게 노인이 은숙의 요청을 거절하자 은숙은 자정(自淨)의 불가능성을 깨닫고 죽음을 선택한다.

　이와 같은 은숙의 죽음은 중동적이다. '죽다'라는 표현은 중동태로 쓰이는 동사인데, 이를 적용하면 능동/수동의 대립으로서 죽느냐/죽임을 당하느냐의 차원이 아니라 '죽음의 과정의 바깥에 있는 능동/죽음의 안에 있는 중동'의 문제가 된다. 심정기는 자신의 신념을 위해 '주체에서 출발하여 주체 바깥에서 완수되는 과정'[28]을 보여 준다. 그러나 은숙은 자신의 의지로 죽음을 선택한 것이 아니라 과정의 내부에 있는 것으로서 주어가 장소 자체가 되는, 즉 자신이 죽음의 장소 자체가 되는 과정을 보여 주는 것이다.[29] 또한 수동적으로 죽음을 당하는 것도 아니다. "중동태는 주어를 장

26　리카르도 페트렐라 외, 안성헌 옮김, 『탈성장 ― 경제 체제 연구』(대장간, 2021), 21쪽.
27　같은 책, 43쪽.
28　능동과 수동의 대립에서는 하느냐 당하느냐가 문제되는 것이었다. 그에 반해 능동과 중동의 대립에서는 주어가 과정의 바깥에 있느냐 안에 있느냐가 문제된다. 고쿠분 고이치로, 박성관 옮김, 『중동태의 세계』(동아시아, 2019), 103~105쪽.
29　같은 책, 104~105쪽.

소로 해서 '자연의 기세'가 실현되는 양상을 지시하는 표현"[30]이므로 자연의 기세와도 같은 거대한 자본의 위력이라는 과정 속에서 은숙의 죽음이라는 사건이 실현된다. 심정기가 난지도와 자신을, 즉 탈성장의 장소와 주체를 분리하면서 주체의 확고함이나 난지도의 고정성을 유지하는 반면 은숙은 난지도 자체가 되면서 "돌아간다는 것은 쓰레기를 뜻하는 것. 돌아가 보았자 그곳은 쓰레기다."(192쪽)라며 난지도가 죽어 감을 상징적으로 드러낸다. 난지도를 성장하게 만들려는 심정기의 반대편에서 성장을 정지하고자 하는 것이다. 난지도에 철거 안내장이 날아온 상황에서 쓰레기산을 파헤치고 있는 심정기를 은숙은 멀리서 조명하며 무엇을 찾기 위해 저렇게 쓰레기를 파고 있는지 질문한다. 이어서 그것이 미래인지, 약속인지, 쓸모 있는 자기 자신을 찾기 위해서인지 묻는다. 수동적으로 무력하게 있지 않고 질문함으로써, 쓰레기산을 끊임없이 파면서 심정기가 유지하려 했던 능동성이 허위임을 밝힌다. 난지도 '내부'에서 공동체를 만드는 것으로는 탈성장을 실천하는 것이 불가능하며, 구조를 사유하기 위해서는 난지도 '외부'에서 내부를 다시 들여다보며 경계를 흩뜨리는 과정이 필요한 것이다.

그러므로 은숙의 죽음은 내외의 경계가 유지되었을 때의 실천이 어설픈 자기 위로에 불과할 수 있다는 난점을 드러낸다. "이 세상에는 나를 다시 태어나게 할 만한 값있는 고통조차 없는 것 같아서"(275쪽) 그와 같은 세상을 죽음으로 강렬하게 전시하는 것이다. 썩을 때까지 쓰레기는 죽어도 죽은 것이 아니라는 점에서, "열심히 썩어 가는 세상 속에서 빨리 썩어 없어지려고 약을 먹었"(275쪽)다는 은숙의 말은 그 자체로 디스토피아이다. '은숙이 썩는 일만 남았다.'라고 했던 심정기의 비난을 위배하는 것이 아니라 자신의 죽음을 통해 '썩는 일'이라는 사건으로 보여 주기 때문이다. 이는

---

30 같은 책, 223쪽.

행위를 단지 누구의 것인지 물으면서 주체의 행위로 귀속하고 사건을 '하느냐', '당하느냐'로 보며 사유화(私有化)하는 능동/수동과 달리 '썩는다'라는 디스토피아적 사건 자체에 집중하는 중동[31]이다. 개인인 노인을 죽이는 것도 구조의 근본적인 변화를 이루어 내는 데는 도움이 되지 못한다. 따라서 썩어 있는 세상을 무리하게 정화하는 성장으로 가는 것이 아니라, 겉으로 깨끗해 보이는 듯했던 이들의 추악함을 펼쳐 놓는 성장의 정지를 통해 구조를 보여 주고자 하는 것이다.

이처럼 은숙은 노인 같은 부유층의 변화가 없다면 탈성장이 불가능함을 간파한다. 따라서 은숙의 죽음은 오염된 것은 난지도와 난지도 사람들이 아니라 난지도를 디딤돌로 삼아 성장하려 했던 이들이라는 것을 온몸으로 보여 주는 메시지이다. 난지도에 불이 났던 날과 은숙이 죽은 날이 같다는 점에서 이는 은숙이 스스로를 제물로 바치는 제의이다. 이러한 죽음 앞에서 은숙을 배신자라고 지칭하는 심정기의 말은 자신의 신념이 허위에 불과했음을 확인하는 것과도 같다. 은숙의 장례식에 가지 않고 누가 뭐라든 쇠스랑질만 하는 마지막 장면은 "계속해서 파헤치면 그 어느 곳에 옛날의 은숙이가 보석처럼 숨어 있을 것이라는 생각을 버릴 수가 없었다."(275쪽)라는 표현처럼, 참담한 현실을 목도한 뒤에도 헛된 이상을 포기하지 않는 무의미한 반복에 해당한다.

4 복률적(複率的) 리듬을 넘어서

맑은 샛강을 푸른 띠처럼 두르고 난초꽃과 갈대밭으로 수놓은 곳, 세

---

31 같은 책, 208~210쪽.

월이 따로 없는 강가에다가 그들은 온갖 더러운 것을 다 쏟아 버리기 시작했다./ 바쁘게, 더 빨리 뛰는 자일수록 달려가는 그 앞에 무엇이 있는지를 알지 못했다. (……) 맹목(盲目)과 가속(加速)은 서로를 껴안고 치정(癡情)으로 얽혀 갔다. (……) 꾸역꾸역 먹어 대고 꾸역꾸역 번식한다. (……) 만들어 낸 것은 쓰레기의 계곡./ 인간은 넉넉하게 먹을 수 있게 되면서부터 먹는 것보다 더 많이 쓰레기를 만들어 냈다. (……) 어디를 둘러보아도 쓰레기 더미뿐이다. (……) 인간이 모여드는 대도회(大都會)는 쓰레기의 산./ 인간은 드디어 쓰레기에 묻혀 쓰레기 같은 행동밖에는 할 줄을 모른다. (……) 지구(地球). 생명의 별. 약속의 별. 영원을 향한 받침대 별./ 그러나 먹는 것에 눈이 뒤집힌 자들이 그 별을 더럽혔다.(5~9쪽)

『난지도』의 시작점인 서장에서는 욕망으로 쓰레기를 양산하는 인간 사회의 모습을 비판한다. 맹목과 가속으로 끊임없이 달리는 이미지로 상징되는 성장은 난초꽃이 있던 자연을 쓰레기의 계곡인 난지도로 변하게 했다. 폐기물 발생량, 배출물 증가, 자원 사용량 등이 '복률적(複率的, compound)'으로 가속화되는 '복률적 리듬의 성장'[32]을 보여 주는 것이다. 이는 '대도회(大都會)'라는 정크스페이스의 도시를 넘어서서 지구를 더럽힌다는 더 확장된 스케일로 이어진다.

이처럼 쓰레기는 근대성의 산물이자 잔여물인 동시에 부채이다. 근원적인 형체 없음과 무질서함을 드러내는 쓰레기 더미는 형식 없음을 표상[33]한다. 또한 정크스페이스는 어디로 가는지, 어디에 있는지 불분명하고 불확실하게 만든다. 이는 공공성이 사라진 공간[34]을 나타낸다. 이처럼 인간은

---

32 요르고스 칼리스 외, 우석영·장석준 옮김, 『디그로쓰』(산현재, 2021), 39~42쪽.
33 렘 콜하스·프레드릭 제임슨, 앞의 책, 21~22쪽.
34 같은 책, 31쪽.

지구를 더럽힘으로써 지구에 커다란 빚을 지게 되었다. 이때 탈성장을 사유하기 위해서는 성장 사회에서 벗어나야 할 필요성을 인식하는 계기로서 생태학적 부채를 껴안고 증여에 참여해야 한다. 이와 같은 증여는 자연이 준 생명의 증여이자 삶의 시간과 장소의 증여이며 타자를 수용하는 것[35]이다. 부채를 느끼지 못하면 증여도 부정하게 되는데, 『난지도』의 은숙은 부채를 느끼고 증여를 긍정하는 모습을 보여 준다.

또한 『난지도』는 복률적 리듬을 탈피하기 위한 분투를 보여 주는 작품이다. 두 인물은 모두 난지도에서 처절한 삶을 겪었기에 유토피아가 불가능하다는 것을 인식한다. 그러나 대응은 남성 인물과 여성 인물에게서 다르게 나타난다. 심정기는 난지도 '내부'에서 자신만의 성장과 난지도의 의미를 수립하며 행동 양식을 바꾸는 실천을 하고자 한다. 반면 은숙은 난지도 '외부'로 탈주하여 성장의 불합리성을 인지하고 죽음을 통해 성장을 정지하는 충동을 선택한다. 결국 두 인물은 근대성을 인식하는 젠더 차이를 드러낸다. 여성은 자연/문명의 대립뿐 아니라 남성/여성의 대립 속에서 이중적 억압을 겪고 있으므로, 단순히 현재 상태를 타개하는 것만으로는 상황을 근본적으로 해결할 수 없음을 자각한다. 이처럼 부채를 진 게 아니라 스스로가 근대성의 부채라는 것을 인식할 때, 삶 속의 고통을 이겨 내고자 하는 (불가능한) 의지가 아니라 죽음으로써 자신의 존재를 증명하는 결말로 나아가게 된다.

남성 인물인 심정기는 복률적 리듬을 벗어나고자 하지만 쓰레기를 더욱 열심히 줍는 노동을 함으로써 그 리듬을 모방한다. 반면 여성 인물인 은숙은 그 리듬을 알고 있기에 넘어서고자 한다. 두 인물 모두 탈성장의 양상을 보여 주지만 심정기는 젠더의 억압을 인식하지 못하기에 공동체를 머

---

35 세르주 라투슈, 양상모 옮김, 『탈성장 사회 ― 소비사회로부터의 탈출』(오래된생각, 2014), 97~105쪽.

릿속으로 쉽게 상상한다. 은숙은 젠더의 억압을 인식했기에 현실적인 디스토피아를 직접 느낀다. 탈성장으로서 상호 부조와 공동체 등 대안을 상상하는 태도는 중요하지만, 실제 현실을 통한 대안이어야 보다 현실적인 미래를 그릴 수 있을 것이다. 탈성장은 폐기물의 재활용뿐 아니라 사회에서 버림받은 사람들의 재활에도 관심을 쏟는 것이다. 또한 '쓰레기에 대한 최선의 대책은 쓰레기를 생산하지 않는 것'이라는 말처럼, 사회에서 버림받은 사람들을 만들지 않는 것[36]이기도 하다. 따라서 버림받은 공간인 난지도와 버림받은 존재인 난지도 사람들을 그린 소설 『난지도』를 통해 사회에서 배제된 쓰레기와 동일시되는 존재들을, 그리고 그와 같은 존재들을 만들어 낸 환경을 다시 생각해 봐야 할 것이다.

---

36 같은 책, 94~95쪽.

| 여성 이미지 |
근대소설에 나타난 '여기자' 표상 연구

황지영

1 '여기자'라는 근대적 문학 장치

1920년대 이후 근대 교육이 확산되고 대중매체가 발달하면서 전통적인 사회에서는 사적 영역에 머물렀던 여성들이 공적 공간에 진출하기 시작했다. 이들은 '학교 교육'과 '직업 활동'을 주요 축으로 삼아 근대적 주체이자 사회의 구성원으로서 그 모습을 드러냈다. 가부장적 분위기가 여전히 공고했던 시기에 이들은 학교에서 근대인에게 필요한 지식을 배우고 그 지식을 발판 삼아 다양한 직업에 참여했다. 주로 '직업 부인'이라고 불리면서 근대에 등장한 기자, 교사, 직공, 의사, 교환수, 점원 등이 되었다. 이들은 여성의 사회참여가 부족했던 시대적 특수성과 남성중심적인 직장 문화 속에서 '노동의 주체'이기보다는 '여성'임이 부각되었다.[1]

여성이 참여하는 근대적 직업 중 '여기자'는 근대 언론장 안에서 독특

---

1 박인숙, 「女記者가 보는 女記者」, 《관훈저널》 38(관훈클럽, 1984), 113쪽.

한 존재로 자리매김하면서 소수의 전문직 여성이 직면한 당대적 맥락을 잘 보여 준다. 당시 여기자는 '글쓰기'와 '글 읽기'가 근대적으로 유통되는 저널리즘²의 자장 안에 '언론인'이자 '작가'인 여성이 출현했음을 보여 주는 상징적 징표였다. 실제로 대다수 언론사들이 여기자를 한 명씩 채용해 '근대-언론-여성'이 맺고 있는 관계성을 보여 주었다. 이 시기에 여성이 언론을 주도적으로 생산하는 집단은 아니었지만 근대 매체의 주요한 소비자였기 때문에, 여기자를 매개로 여성들의 문제를 공론화하고 관심사를 기사화하기 위한 노력이 시작되었다.

1920년대에 민간 신문인 《동아일보》와 《조선일보》 등이 창간되고, 다수의 잡지들도 등장한 후 각 언론사는 여기자들을 채용하기 시작했다. "부인계의 해방"과 "부녀 개조의 완벽"³을 추구하기 위한 여기자의 채용 조건 중 중요한 것은 '상당한 학력', '풍부한 상식', '냉정하고 명석한 두뇌', '쾌활하고 진실한 성격'⁴등이었다. 1920년 《매일신보》에 이각경을 필두로⁵ 《조선일보》에 최은희, 《동아일보》에 허정순, 《시대일보》에 황신덕 등이 채용되었다.⁶ 잡지사에서는 김경숙, 김원주, 김자혜, 박경식, 손초악, 송계월, 최의순, 허정숙 등이 《신동아》, 《신여성》, 《대중공론》, 《부인》 등을 만들며 여기자로 활동했다.⁷

하지만 남성 기자가 잡지의 기획과 원고 집필 등 핵심적인 편집 업무에 중점적으로 참여했던 것과 달리, 여기자들은 상대적으로 한정된 역할

---

2 김연숙, 「저널리즘과 여성작가의 탄생 ── 1920~1930년대 여기자(女記者) 집단을 중심으로」, 《여성문학연구》 14(한국여성문학학회, 2005), 92쪽.
3 「婦人記者採用」, 《매일신보》, 1920. 7. 2, 3면.
4 「우리 직업부인계의 총평」, 《신여성》, 1925. 4, 32쪽.
5 김연숙, 앞의 글, 93~94쪽.
6 윤은순, 「일제 시기 일간지 여기자의 역할과 위상」, 《숭실사학》 28(숭실사학회, 2012), 149~150쪽.
7 이상경, 「《부인》에서 《신여성》까지」, 《근대서지》 2(근대서지학회, 2010), 173~179쪽.

을 부여받았다. 이들은 여성 비중이 높은 공간을 방문해 탐방 기사를 작성하거나 여성들에게 신문 및 잡지를 홍보하는 등 여성을 대상으로 하는 업무를 주로 담당했다. 이러한 업무 분장은 여기자들의 역할을 제한하는 요인이 되었지만, 어려운 상황 속에서도 "여성 언론인으로서 여성의 목소리를 대변하고 생활에 실질적인 도움이 되고자 다방면으로 노력"[8]하는 여기자들도 다수 존재했다.

이러한 여기자에 대한 관심은 현실에서뿐 아니라 소설 창작에서도 발현되어 1920년대부터 여기자가 등장하는 작품들이 발표되기 시작했다. 그리고 1990년대 후반부터 근대 언론장을 중심으로 현실 속 여기자와 근대소설 속 여기자를 탐구하는 연구도 시작되었다. 이 연구들은 크게 두 가지 범주로 나누어 고찰할 수 있다.

첫 번째 범주는 일제강점기 언론과 여기자에 대한 역사적·담론적 분석에 해당한다. 이 연구들은 일제강점기라는 구조적 제약 속에서 활동한 여기자들의 삶과 직업의식을 중심으로, 그들이 속한 근대 언론장의 조건과 현실을 조명한다. 박용규, 박인숙, 윤은순, 이상경 등의 연구에서는 여기자들이 겪은 사회적 제약과 언론장 내부의 차별, 그리고 그 속에서 이들이 어떻게 언론인으로서의 정체성을 형성해 갔는지를 살펴본다. 이 연구들은 근대 여성 언론인의 담론적 지형을 탐색하고자 한다는 점에서 의미가 있다.[9]

두 번째 범주는 근대소설 속 직업여성으로서의 여기자 형상에 관한 연구이다. 이 범주에서는 소설 속 여기자가 단순한 등장인물이 아니라 근대 지식 여성으로서 어떤 위상을 지니는지를 주목한다. 김영경, 장영은, 황

---

8 윤은순, 앞의 글, 151~152쪽.
9 박용규, 「일제하 여기자의 직업의식과 언론활동에 관한 연구」, 《한국언론학보》 41(한국언론학회, 1997), 5~40쪽; 박인숙, 앞의 글, 113~119쪽; 윤은순, 앞의 글, 147~176쪽; 이상경, 앞의 글, 146~188쪽.

지영 등의 연구에서 여기자는 직업적 정체성을 지닌 주체로서 나타나지만, 이 연구들 내에서는 여기자에 대한 분석은 단편적으로 이루어지거나 중심이 아닌 보조적인 대상으로 다루어진다.[10] 이로 인해 여기자 표상에 대한 본격적인 연구의 필요성이 제기된다.

선행 연구들은 근대 언론장의 구조, 기자-작가의 이중적 정체성, 직업여성으로서의 여기자 형상화라는 측면에서 중요한 기초를 마련했다. 그러나 여기자를 중심에 둔 본격적인 소설 분석, 특히 여기자가 매개하는 언론장 및 문단의 권력관계와 사회적 시선의 문제 등을 중심으로 하는 비판적 접근은 아직 충분히 이루어지지 않았다. 그래서 이 글에서는 김동인, 이효석, 유진오, 김남천, 이태준의 소설[11]을 중심으로 여기자를 하나의 주체적 인물로서 집중적으로 조명할 것이다. 이를 통해 근대소설에서 여기자가 수행하는 서사적·사회적 역할을 재조명하고자 한다.

이를 위해 마르틴 하이데거의 '표상(Vorstellen)'과 '확보(Bestellen)' 개념을 주요 분석 틀로 삼을 것이다. 하이데거는 기술을 단순히 인간의 도구적 활동이나 중립적 수단으로 보지 않고, 존재가 드러나는 '진리의 방식(Aletheia)'으로 파악한다. 그는 고대 기술이 자연의 생성 질서에 따라 무엇인가가 스스로 드러나도록 돕는 '포이에시스(Poiesis)'의 방식이었다면, 근대 기술은 대상을 인간 목적에 따라 강제적으로 드러내고 조작하는 방식으

---

10 김영경, 「이태준 장편소설에 나타난 직업여성의 형상화와 성장의 조건」, 《국제어문》 93(국제어문학회, 2022), 111~138쪽; 장영은, 「가출하는 여자들: 김원주의 자기 서사와 모계 서사」, 《민족문학사연구》 80(민족문학사연구소, 2022), 55~81쪽; 황지영, 「김남천 소설에 나타난 '여성 경제적 인간' 연구」, 《구보학보》 15(구보학회, 2016), 212~238쪽.

11 김남천, 「T일보사」, 《인문평론》, 1939. 11; 김동인, 「딸의 업을 이으려――어떤 부인 기자의 수기」, 《조선문단》, 1927. 3; 유진오, 『수난의 기록』(한성도서, 1940); 이효석, 「마음의 의장(意匠)」, 《매일신보》 1934. 1. 3~8; 이효석, 「수난」, 《중앙》, 1934. 12; 이효석, 『이효석 단편 전집 1』(가람기획, 2006); 이태준, 『행복에의 흰 손들』, 《조광》, 1942. 1~1943. 1. 이후 본문에 인용할 경우 쪽수만 표기한다.

로 변모했다고 본다.

이러한 기술적 사유의 핵심은 인간이 세계를 앞에 세워 대상화하는 '표상', 그리고 그 대상을 효율성과 통제 가능성을 기준으로 자원화하고 질서에 따라 배열하는 '확보'에 있다. 이때 세계는 스스로 존재하는 것이 아니라, 인간의 필요와 목적에 따라 '주문 가능한 자원(Bestellbares)'으로 전락하며, 존재자들은 기술적 틀 속에서 기능적 대상이자 통제 가능한 객체로 환원된다. 하이데거는 이러한 기술적 세계 이해의 본질을 '닦달/몰아세움(Gestell)'이라 명명하고, 인간마저도 '자원'으로 조직되는 현실을 비판적으로 성찰한다.[12]

이러한 철학적 틀은 근대소설이라는 서사 형식에도 적용 가능하다. 소설은 단순한 현실 모사가 아니라, 세계를 특정한 방식으로 구성하고 재현하는 서사적 장치이자 표상의 장이다. 특히 여기자라는 인물은 근대 언론장, 식민 권력, 가부장제라는 기술적 질서와 맞닿은 위치에서 재현된다. 이 연구는 이러한 재현 방식이 단순히 남성중심 서사에서 여성 인물을 주변화하거나 객체화하는 것이 아니라, 보다 근본적으로는 존재를 자원화하고 기능화하려는 기술적 표상 구조에 포획된 결과로 보았다.

따라서 이 연구는 '여기자'가 근대 언론이라는 기술적 체계 내에서 어떻게 호출되고 배열되는지 추적하고, 그들이 그 체계에 순응하거나 균열을 내는 방식을 분석한다. 이는 여기자라는 인물의 윤리적 의미나 사회적 기능을 넘어서 근대 서사가 존재를 표상하고 호출하는 방식 자체, 즉 서사적 재현의 기술적 조건과 가능성을 성찰하려는 시도이다. 하이데거가 강조한 바와 같이, 기술은 단지 지배적 세계관이 아니라 존재를 구성하는 방식이기에, 문학은 이 기술적 사유를 내면화하거나 교란하는 장이 될 수 있다.

---

12 마르틴 하이데거, 이기상 옮김, 『기술과 전향』(서광사, 1993), 17~63쪽.

1927년 작인 김동인의 「딸의 업을 이으려」를 시작으로, 1930년대 이효석과 유진오, 그리고 전시체제기의 김남천과 이태준의 작품에 이르기까지, 한국 근대소설에 등장하는 여기자들은 근대 언론장의 성격 변화와 맞물려 다양하게 형상화된다. 소설 속 여기자는 취재와 보도만을 수행하는 언론인이 아니라, 근대 언론장 안에서 성적으로 대상화되거나 도구화된 존재로 표상된다. 특히 '화초 기자'와 같은 명명은 여성을 글쓰기의 주체가 아니라 시선의 대상으로 고정시키는 근대적 '표상'의 방식이며, 이는 곧 여성을 특정한 기능과 역할에 맞춰 동원 가능한 자원으로 대상화하는 확보의 과정과도 연결된다. 그러나 김남천과 이태준의 소설 속 여기자는 이러한 확보의 질서에 냉소를 보내거나 유쾌하게 개입하며, 도구적 이성과 가부장적 언론 질서로부터 벗어나고자 하는 실존적 가능성을 드러낸다.

이처럼 근대소설 속 여기자 표상은 단순한 직업적 정체성을 넘어, 근대 언론장에서 여성의 위치와 한계, 그리고 내파의 가능성까지를 드러내는 서사적 장치[13]로 기능한다. 이들은 때로는 희생자이자 실패자로, 때로는 감춰진 진실을 기록하는 저항의 주체로 나타난다. 남성 기자가 근대적 이성과 언론 권력을 대표하는 표상이라면, 여기자는 언론장의 질서에 균열을 일으키는 존재로 형상화된다. 이 글은 이러한 여기자 표상이 하이데거의 철학을 방법론으로 하여 어떻게 분석될 수 있는지를 구체적으로 살펴봄으로써, 근대 언론장의 작동 방식과 그 안에서 여성이 위치한 방식의 본질적 모순을 조명할 것이다.

---

13 조르조 아감벤, 양창렬 옮김, 『장치란 무엇인가?——장치학을 위한 서론』(난장, 2010), 17~41쪽. 아감벤은 '장치(dispositif)'를 첫째 이질적인 집합과 그 요소들 사이의 네트워크, 둘째 구체적인 전략적 기능을 갖고 있으며 늘 권력관계 속에 기입되는 것, 셋째 권력관계와 지식 관계의 교차로부터 생겨나는 것으로 정의한다. 또한 장치의 핵심 속성으로 '주체화 과정'을 지적하며 장치가 주체 생산 및 통치 기술과 관련이 있음을 보여 준다. 이 글에서 사용하는 '문학적 장치'는 아감벤의 '장치' 개념을 활용해 필자가 재구성한 것이다.

2 언론장과 여기자의 길항 관계

1920~1930년대 소설에 등장하는 여기자 표상은 가부장제의 자장 안에서 근대의 공적 영역에 출현한 선구적인 여성에 대한 관심에서 비롯되었다. 이들의 형상은 처음에는 수동적 관조적인 모습으로 그려지다가 시간이 지나면서 능동적 실천적인 모습으로 변화한다. 1920년대에 김동인은 주인공의 사연을 이끌어 내기 위한 존재로 여기자를 등장시키고, 1930년대 중반에 이효석은 남성 지식인의 목소리를 통해 여기자의 삶과 내면을 전달한다. 그리고 1930년대 후반이 되면 유진오는 구체적인 내면을 지니고 여러 사건들 속에서 행위하는 여기자를 그려 낸다.

김동인의 「딸의 업을 이으려」는 1인칭 서술자인 '여기자' 박경애의 시선을 통해 가부장제 사회와 당대 언론의 폭력성을 고발하고, 그것이 여성 개인의 삶에 미치는 치명적인 영향을 조명한 작품이다. 소설 속 피해자 '최화순'은 과거 명문가의 귀한 딸이자 여학교 출신이라는 정체성을 지니고 있었으나 남편과 시어머니의 계략으로 간통 혐의를 뒤집어쓰고 시집에서 쫓겨난다. 그녀의 삶은 가부장제의 도덕규범인 처도(妻道), 부도(婦道), 여도(女道)를 따르려는 '조신한 여성'의 궤도 안에서 구성되었지만, 언론은 그녀의 이야기를 '귀족가 내 추문'이나 '미인의 말로' 같은 자극적인 기사로 재가공한다. 이때 화순은 더 이상 고유한 실존적 존재로서가 아니라, 신문의 지면을 장식하는 표상의 대상으로 전환된다. 언론은 이러한 표상 과정을 통해 화순의 삶을 흥미와 판매를 위한 '읽을거리'로 호출하며, 그것을 반복적으로 재생산함으로써 그녀의 존재를 언론장의 자원으로 '확보'한다.

화순의 친구이자 사건을 다시 기사화하려는 경애는 이러한 표상과 확보의 구조를 인식하고 이를 비판적으로 전유한다. 기존 기자들이 흥미 위주의 기사를 작성한 반면, 박경애는 사건의 진상과 친구의 억울함을 직접

듣고 기록함으로써, 언론의 기능을 회복하려는 윤리적 주체로 나선다. 그녀는 피해 여성의 이야기를 재서사화함으로써 표상과 확보를 넘어서고자 한다. 박경애는 단순한 여기자 표상에 머무르지 않고, 왜곡된 이미지를 걷어 내며 타자의 고통에 응답하는 서사의 주체로 자리한다.

이 작품에서 '근대-언론-여성'의 삼중 구도는 특히 결말부에서 강하게 드러난다. 간통 스캔들의 주인공으로 신문에 실린 화순은 기사 특유의 과장된 표현을 통해 대중의 흥밋거리로 전락한다. 반면 그녀의 아버지는 '소문'이라는 또 다른 언어 체계 속에서 전혀 다른 방식으로 의미화된다. 딸의 억울한 죽음 이후 중이 되어 집을 떠난 화순 부는 민중들의 소문 속에서 '혁명당의 괴수', '○○단의 수령' 같은 체제 전복적 인물로 상상된다. 이는 근대 언론 체계에서 여성은 이미지로 표상되고 호출되는 데 반해, 전근대적 구술 체계에서 남성은 서사의 중심 주체로 남게 된다는 점에서 표상-확보 체계의 젠더적 비대칭을 잘 보여 준다.

결과적으로 이 작품은 근대 언론의 기계적 기사 생산 방식과 가부장적 통제 시스템이 여성 주체를 어떻게 이미지화하고 도구화하며 존재의 진실을 은폐하는지를 고발한다. 동시에 여기자인 박경애의 윤리적 개입을 통해 기술적 확보로부터 벗어난 새로운 서사적 가능성을 모색한다는 점에서 단순한 고발문학을 넘어 '표상-확보-전복'의 윤리적 틀을 제시한다.

하지만 이 소설에서 여기자의 역할은 직접적인 문제 해결로까지 이어지지 않으며, 내면 역시 복합적으로 그려지지 않는다. 1920년대 소설 속 남성 기자들이 언론 탄압에 저항하고 언론의 자유와 언론의 바람직한 역할을 역설했던 것[14]과 달리, 이 작품에서 여기자의 역할은 가부장제의 피해자인 화순의 이야기를 드러내는 것에 주안점이 놓여 있다. 그럼에도 이 소설

---

14 박정희, 『한국 근대소설 미학과 '記者-作家'』(역락, 2022), 315쪽.

은 여기자가 은폐된 진실을 파헤치는 탐색자의 위치에 놓여 있다는 점에서, 당시 근대 언론장에서 여성이 수행할 수 있었던 한계적이지만 의미 있는 역할을 상징적으로 제시한다.

근대소설 속에서 여기자가 소재적 차원을 넘어 서사의 주요 축으로 등장하는 것은 1934년에 발표된 이효석의 「마음의 의장」과 「수난」에서이다. 두 작품은 작가인 '나'와 잡지사 여기자인 '유라'의 이야기가 주를 이루는 연작 형태의 소설이다. 두 작품 속에는 '나-아내-유라'의 삼각관계를 연상시키는 구절들이 포함되어 있지만, 주된 서사는 아내가 부재한 상태에서 나와 유라의 관계를 중심으로 구성된다.

여기자 '유라'는 근대사회로 이행하는 시기의 여성 지식인 혹은 전문직 여성이 어떻게 표상되고 소비되는지를 보여 주는 인물이다. 「마음의 의장」에서 유라는 폐병을 앓는 연약하고 애잔한 여성이자, 고운 맵시와 감수성을 지닌 '마음의 귀족'으로 묘사된다. 새까만 드레스에 새빨간 목도리를 두른 그녀는 '성스러운 불덩이'와 같은 시각적 이미지로 표상된다. 이는 유라가 생생한 현실의 주체로서보다는 지식인 남성인 '나'의 감정과 기억 속에서 형상화된 시적 이미지로 기능함을 의미한다. 그녀는 주체적으로 말하거나 행동하기보다는 '나'의 시선 안에서 시와 넥타이, 초콜릿과 바다 등 상징적 오브제들과 연결되어 '아름답고도 슬픈 여성성'으로 표상된다. 하이데거의 개념에 따르면 이는 존재가 '객체화(Ge-stell)'되는 과정, 즉 '드러남'의 방식이 '존재 자체의 드러남'이 아니라 인간의 목적과 욕망에 따라 규정된 방식으로 사물화되는 것이다. 유라는 자신의 실존적 내면과는 무관하게 '나'의 정서를 일깨우는 심미적 표상으로 정리되어 독자에게 제시된다.

이어지는 「수난」에서 유라는 보다 적극적으로 사회적 역할을 수행하는 여기자로 등장하지만, 여전히 표상과 확보의 기술적 질서에서 벗어나지 못한다. 유라는 당대 남성 지식인들의 시선 속에서 '화초 기자' 혹은 '화형

기자'로 성적 대상화되며, 그녀를 향한 구애와 거절의 사적 서사가 근거 없는 소문과 가십으로 확산된다. 언론은 그녀의 직업적 능력이나 기자로서의 행위에는 관심을 기울이지 않고, 유라를 남성 관계 속에서의 '이야깃거리'로 확보한다. 이는 존재를 인간의 필요와 효율성에 맞게 '요청'하고 '축출'하는 방식과 유사하다. 유라의 삶과 신체는 언론과 사회의 호기심에 의해 호출되고, 그 존재는 끊임없이 의심과 감시, 그리고 공격의 대상이 된다.

> 카페에서는 안목 높은 여급이 '썩'이라는 형용사를 써서 기품 있는 색조를 칭찬하였다. 그런 소리를 들을수록 나는 그 훌륭함을 다시 깨닫고 아울러 유라의 미에 대한 예민한 감각과 세련된 안식에 탄복하지 않을 수 없었다. 나는 유라의 세련된 취미의 일부분을 빌어 내 몸을 치장한 셈이었다. 유라는 거리에서 나의 몸을 치장하는 넥타이의 역할을 한 셈이라고 나는 생각한다. 유라로서는 몸치장 역할을 하는 것보다는 더 중요한 그의 생활을 살리는 것이 정당하지 않았던가.(404~405쪽)

서술자인 '나'는 겉으로는 유라의 고귀한 감수성과 예민한 인식을 긍정하는 듯하지만, 결국 유라가 고른 넥타이를 보고 유라 역시 넥타이처럼 자신을 '치장'하는 데 사용되었음을 인식한다. 이 장면은 유라에게 호의적인 남성조차도 의식하지 못한 채 그녀를 표상하고 있었다는 점을 드러낸다. 이는 남성 서술자가 구축한 '윤리적 환상'을 교란하면서, 여성 주체의 재현 가능성이 어떻게 남성 욕망의 구조 안에 예속되는지를 드러낸다.

더불어 이 두 작품에서 반복되는 유라의 죽음은 개인의 병약한 체질이나 감성적 파국으로 환원되지 않는다. 이는 표상된 여성 주체가 기술적이고 사회적인 확보의 과정에서 감당하지 못할 내상을 입고 결국 소멸에 이르는 과정을 상징적으로 나타낸다. 유라의 죽음은 사회가 허용하지 못하는 여성 주체성의 비극적인 귀결이며, 그 원인은 표상과 확보를 통해 반복적으로 여성의 존재를 이미지와 소문, 도구와 장식물로 환원해 온 남성중심 담론 구조에 있다.

결국 이효석의 두 작품은 여기자 유라의 형상화를 통해 표상과 확보의 구조 속에서 여기자가 어떻게 이미지화되고 소모되며 그 존재 가능성이 축출되는가를 드러낸다. 유라는 근대사회의 공적 영역에 발을 디딘 선도적 주체였지만, 그녀를 둘러싼 언론, 문단, 그리고 사적인 시선의 구조는 끊임없이 그녀를 객체화한다. 그 결과 그녀는 '살아 있는 존재'로 남지 못한다. 이 죽음은 '존재의 진실한 표상은 가능한가?'라는 문학적이고 윤리적인 질문을 제기하지만 그에 대한 답까지는 제시하지 못한다.

이 질문에 대한 답은 「마음의 의장」 및 「수난」 연작과 내용적 유사도가 높은 유진오의 『수난의 기록』[15]에서 확인할 수 있다. 이 작품은 1938년에 《삼천리문학》과 《삼천리》에서 연재되다가 중단되고, 1940년에 한성도서에서 간행된 창작집 『봄』 안에 완결본으로 수록되었다. 이 작품은 식민지 지식인 남성의 내면적 좌절과 실존적 파탄을 다루면서도, 그 한편에서 당대 여기자의 사회적 위치와 존재론적 조건을 날카롭게 묘파한다. 이 작품의 전반부를 이끄는 '주애라'는 《중앙평론》의 기자이자 소설가로, 사회적 진출을 이룬 지식인 여성의 전형이다. 그러나 애라의 존재는 남성중심

---

15 김문집, 「新春創作大觀 (六) 「受難의 記錄」과 「浿江冷」」, 《동아일보》, 1938. 1. 21.; 김주리, 『근대소설과 육체』(한국학술정보원, 2009), 246쪽; 진선영, 「'소문'과 '무정'에 죽임당한 송계월」, 『한국 여성작가 연대기』(태학사, 2021), 223~225쪽. 김문집, 김주리, 진선영의 글에 따르면 이효석의 「마음의 의장」과 「수난」 속 '애라'와 유진오의 『수난의 기록』 속 '유라'는 모두 일제강점기 여기자이자 작가였던 '송계월'을 모델화한 것으로 추정된다. 송계월은 애라와 유라처럼 갖가지 소문에 시달리다 24세의 젊은 나이에 폐병으로 요절한다. 그래서 '송계월'을 모델로 한 이 두 작가의 작품들은 유사성이 높을 뿐 아니라, 유진오의 『수난의 기록』을 '주애라'를 중심으로 살펴보면, 이효석이 「수난」에서 미처 다루지 못한 '유라'의 수난을 구체적으로 '기록'한 것으로서의 성격을 지닌다.

의 언론장과 문단 구조 안에서 끊임없이 표상되고 왜곡되어 소비된다.

앞에서도 언급했듯이 표상이란 근대적 인간이 세계를 인식 가능한 대상으로 파악하는 방식, 곧 사물이나 존재를 대상화하여 일정한 틀로 정리하고 주체의 욕망에 맞게 구성하는 사유의 방식이다.『수난의 기록』에서 애라는 "다알리아"나 "꽃다발 같은 여성"의 이미지로 반복 묘사된다. 이처럼 미모와 연약함, 그리고 우아한 정열로 포장된 애라의 모습은 그 존재 자체가 아니라, 남성 지식인들이 욕망하는 감성적 이상 혹은 위험한 유혹의 표본으로 형상화된다. 이는 하이데거적 의미에서 '있는 그대로의 존재'를 경험하는 것이 아니라, 사전에 구성된 이미지로써 존재를 파악하고 통제하려는 기술적 사유와 연결된다.

애라를 둘러싼 남성 인물들의 태도는 이러한 표상의 방식이 얼마나 폭력적인지를 보여 준다. 평론가 안일수는 구애를 거절당하자, 애라의 작품을 "젖비린내 나는 여학생의 작문"이라며 비하하고, 그녀의 사생활을 가십의 언어로 왜곡한다. 이처럼 언론과 문단의 남성들은 애라의 정신적 능력이나 창작자로서의 실존보다는 그녀의 감정·외모·연애사를 추적하며 그녀를 하나의 이야깃거리로 '소비'한다. 이 구조 안에서 애라는 자율성과 내면을 빼앗긴 채 문단과 언론의 담론적 자원으로 요청되고 소환된다.

여드레 전 아침 열 시나 되어 애라는 집지 신년호에 실릴 소설이 다 되어 거뿐한 마음으로 사에 출근하였다. 이번에 쓴 소설은 매수는 그리 많지 않았으나 지금까지 쓰던 중에 제일 자신이 있었다. 그때 문단에서는 콜론타이의 '붉은 사랑'의 영향으로 작가들이 애욕의 문제를 많이 취급하고 있었다. 애라는 동무 박정순의 애인 최가 그해 봄에 자기를 유혹하든 사건을 테-마로 잡았다. 최는 열정가라 애라에게 사랑을 느끼자 부등부등 돌진해 왔다. 애라도 그가 싫지는 않았다. 그러나 정순, 그의 아이, 정순과 자기의 관계 그리고 무엇보다도 이해림이 모든 것으로 애라는 최의 구애를 물리쳤든 것이다. 그러나 소설에서는 그의 사랑을 받아들인 것으로 고쳤다. 고치고 보니 소설의 세계는 자기의 단조한 실생활과 달라 애욕과 의리와 사상이 갈등하는 상당히 심각한 것이 되었다. 애라는 새해에 스물세 살이 되는 자기의 나이를 세어 보고 얼마쯤 속으로 뽐내 보기도 했다.(221~222쪽)

그러나 흥미롭게도 애라는 이와 같은 구조적 폭력에 단순히 희생당하는 것이 아니라, 자신의 글쓰기를 통해 기술적 표상의 구조를 흔들고자 시도한다. 그녀가 창작한 소설 「애욕의 가치」는 사회와 도덕의 경계를 넘어서서 현실에서는 불가능했던 사랑과 욕망을 긍정하는 주체의 서사를 그려낸다. 이는 하이데거가 기술적 세계에서 중요한 반전의 가능성으로 언급한 '시적인 것' 혹은 예술을 통한 존재의 진실한 드러남과 상통한다.[16] 즉 애라는 자신의 서사를 통해 존재를 표상하고 확보하는 언론장 바깥에서, 감정과 욕망, 고통과 진실의 복합적인 층위를 표현하는 탈표상적 공간을 창조하는 것이다.

또한 그녀의 글쓰기는 당시 공식 저널리즘에서 허용하지 않았던 여성의 내면, 특히 애욕과 불안, 윤리적 모순과 감정의 격류를 포착한다는 점에서 의미를 지닌다. 하이데거가 근대의 본질을 묻는 사유가 예술과 시를 통해 가능하다고 보았던 것처럼, 애라의 문학 역시 사회적 감시의 눈을 피해 '존재 자체의 목소리'를 회복하려는 윤리적 실천이자 저항으로 기능한다.

결국 『수난의 기록』은 주애라는 인물을 통해 여성 지식인의 존재가 어떻게 근대 언론과 문단 구조 속에서 표상되고 확보되며, 동시에 그 경계

---

16 마르틴 하이데거, 이기상·신상희·박찬국 옮김, 「······인간은 시적으로 거주한다······」, 『강연과 논문』(이학사, 2008), 43~68쪽.

를 넘어서기 위한 실천으로서의 글쓰기가 시도되는지 섬세하게 보여 준다. 애라는 남성중심적 표상과 확보의 틀 안에 갇혀 객체화된 존재이자, 그 틀을 교란하고 자신만의 진실을 드러내는 '시적' 존재자라는 이중적 의미를 지닌다. 그녀의 죽음은 단순한 비극이 아니라 근대적 인식 틀 속에서 여성 주체가 감내해야 했던 존재론적 소멸의 운명을 말해 준다. 하지만 그녀의 글쓰기 속에는 존재가 진실로 드러날 수 있는 틈이 열려 있다.

3 전시체제와 여기자의 모순 구조

1939년 작인 김남천의 「T일보사」에는 평안남도 산간 지역에서 상경해 적극적으로 '성공'과 '출세'를 추구하는 김광세가 등장한다. 그는 한 달 월급이 45원인 영업국 판매부원으로 입사한 후 몇 달 만에 신문사 부사장의 지위까지 오른다. 그의 성공은 하이데거의 용어를 빌리자면 세계를 도구적으로 표상하고 그 표상을 통해 자원을 확보해 나가는 '기술적 주체'의 방식으로 이루어진다. 광세에게 힘은 '지식'이나 '기획력'이 아닌 '자본'에서 비롯되며, 그는 언론과 정보를 교환가능한 자원으로 인식하고 조작한다. 신문사의 정보 체계를 경제적 이익의 재료로 삼는 그의 행보는 언론이 비축하고 동원될 수 있는 저장소로 전락해 가는 과정을 드러낸다.

이 작품은 광세의 급격한 상승을 곁에서 관찰하는 여기자 이남순의 시선을 함께 배치한다. 동경에서 영문학을 전공하고 광세와 같은 날 입사한 남순은 초반에 그에게 "멸시와 경멸"을 품고 있었으나, 시간이 흐르며 "흥미와 호기심"을 느낀다. 그러나 이것은 그를 긍정하거나 수용한 결과가 아니라, 오히려 체제의 작동 방식에 대한 보다 정밀한 인식을 통해 생긴 태도 변화이다. 그녀는 광세의 승진 과정이 단지 개인의 능력이 아닌, 국가 위기를 정보로 전환하고 이를 자본으로 치환하는 기술적 사유의 산물임을 직감한다. 광세는 동경의 정치 쿠데타 사건인 '2·26 사건'[17]으로 인한 주식 시장의 혼란을 예견하고, 전 재산을 투자해 신문사에 거액을 납입함으로써 부사장 자리를 획득한다. 이는 곧 언론이 정보를 선점하고 가공해 자본화하는 구조 속에서 자본이 언론의 정당성을 잠식하는 과정을 압축적으로 보여 준다.

남순이는 처음부터 생각이 광세의 상상과는 다소 달랐었다. 광세라는 인물에게 흥미를 느껴서 여기까지 따라오게 된 것만은 미상불 사실일 것이다. 그러니까 전날의 멸시와 경멸이, 흥미로 변했다고는 말할 수 있다. 이것은 물론 커다란 변화다. 그리고 이 변화가, 한 달 남짓한 동안에 세 번이나 달라진 김광세의 변모에서 유래된 것인 것도 사실이다. 초라한 옷을 벗어 버리더니 눈부시는 장신구와 값진 옷을 몸에 두르고, 또 얼마를 지내드니 아래층에서 껑충 위층으로, 그것도 당당히 부장의 자리를 차지하고 올라 앉았다. 이것은 결코 평범한 일이 아니었다.(184쪽)

위 인용문에서 남순은 급속도로 변모한 김광세의 외형과 위치를 주의 깊게 관찰하며 내면적으로 거리를 유지한다. 남순이 고개를 숙인 이유는 광세가 상상한 것처럼 부끄러움 때문이 아니라 냉소를 감추기 위해서였다. 이 냉소는 존재자들을 끊임없이 표상하고 확보 가능한 자원으로 전환

---

17 이수형, 「김남천 문학 연구──이데올로기와 실천의 관계를 중심으로」, 서울대학교 석사학위논문, 1998, 46~47쪽. 이수형은 「T일보사」의 시간적 배경이 소화 11년, 즉 1936년이고, 김광세가 동경으로부터 게제 금지된 사건에 대한 지급 통신을 받은 것은 2월 26일 새벽이라는 설정에 근거해, '동경의 큰 사건'을 '2·26 사건'으로 설명하고 있다. 1936년 2월 26일에 소장 장교들에 의해 주도된 쿠테타인 2·26 사건은 실패로 끝났지만, 파시즘에 대한 자유주의적 정치나 자본가들의 반발을 일소하는 계기로 작용해, 일본 파시즘이 본격적으로 시작되는 사건으로 평가되고 있다.

하는 근대적 사유에 대한 무언의 인식과 저항의 표현으로 볼 수 있다.

    남순은 변화하는 광세의 외양과 직급을 표면적으로는 흥미롭게 바라보지만, 그것을 내면화하거나 동일시하지 않는다. 오히려 남순은 광세의 성공이 기자 정신이나 언론의 본령과는 거리가 먼, 표면적이고 외형적인 변화에 지나지 않음을 간파한다. 그녀의 냉소는 외형, 자본, 권위로 구성된 광세의 세계에 대한 비판적 응시로 해석할 수 있다. 이 장면은 남순이라는 여기자가 언론장 안에서 '행위'보다 '시선'과 '인식'을 통해 표상 구조를 응시하고 판단하는 존재로 기능함을 보여 준다.[18] 하이데거식으로 말하자면 남순은 '확보되지 않음'으로써 확보의 질서를 비추는 거울 같은 존재이며, 그녀의 냉소는 단순한 부정이 아니라 현존재로서 세계를 다시 사유하려는 잠재적 실천의 출발점이다.

    남순은 광세의 세계에 예속되지 않으면서 그것을 비판적으로 인식하고 언어화할 수 있는 잠재적 주체이다. 기자로서의 자부심과 '문화적 활동'에 대한 신념은 그 자체로 광세와 대립하는 가치체계를 형성하며 남순은 이를 통해 자신의 존재를 구성한다. 그녀는 신문사의 권력 체계 내에서 광세를 상급자로 인정하지 않으며 '문필'과 '지식'을 기반으로 기자직의 본령을 지키려 한다. 그는 "학예부장, 편집국장, 부사장, 사장의 계통"을 제외하고는 자신을 지배할 수 있는 권위는 존재하지 않는다고 여기며, 지방 부장 시절의 광세를 '평기자만도 못한 인물'로 간주한다. 남순의 이러한 태도는 언론이 단순히 정보를 유통하는 기술 장치가 아니라, 언어를 통해 현실을 비평하고 구성하는 문화적 공간임을 되새기게 만든다.

    작품 후반부에서 남순은 광세가 부사장에 취임할 때 그의 옆자리에서 입을 다문 채 광세를 응시한다.[19] 이 장면은 광세의 승진을 수용하는 듯

---

18 황지영, 앞의 글, 73~75쪽.

보이지만 실제로는 체제에 완전히 포섭되지 않은 잔존자의 시선을 보여 준다. 남순은 확보의 질서 속에서 대상을 단순히 조작하거나 조형하는 기술적 주체가 아닌, 표상 구조를 인식하고 그 외부에서 사유할 수 있는 '비확보적 존재'의 가능성을 제시한다. 남순은 표상과 확보의 구조가 지배하는 식민지 근대의 언론장에서 그 작동 원리를 비판적으로 인식하고, 그 틈을 통해 자리를 확보해 나가는 여기자의 형상을 드러낸다. 그녀의 침묵은 무력함이 아니라 언론의 기술화에 맞서는 응답이며, 언어를 통해 다시 의미를 구성할 수 있는 잠재적 가능성을 품은 실천이다.

냉소적 응시자인 남순과 달리 『행복에의 흰 손들』에는 행동하는 실천가인 순남이 등장한다. 1942년 1월부터 《조광》에 연재되었던 이태준의 『행복에의 흰 손들』은 중학교 동창인 세 여성의 성장과 우정을 다룬 소설이다. 소설 속에서는 결혼 후 신식 가정을 성실하게 꾸려 나가는 '민화옥', 남편의 외도로 이혼하고 기자이자 소설가가 되는 '유소춘', 쾌활하고 적극적인 C일보사의 여기자 '차순남'의 서사가 교차된다. 이중 소춘과 순남이 여기자로 등장하는데 소춘은 이혼 후 순남의 도움으로 C일보사의 기자가 되고, 다시 장편소설 『여인기행』이 현상공모에 당선되어 소설가가 된다. 하지만 소설 속에서 소춘의 서사는 결혼과 이혼을 중심으로 구성되어 있어서 여기자로서의 정체성이나 활동이 구체적으로 제시되지는 않는다. 반면에 순남은 조선 여성이 처한 현실과 문제점에 깊은 관심을 가지고 있는 여기자로 표상된다.

> 눈이 시원스런 것만 아니요, 콧날이 오똑한 것만도 아니요, 그의 얼굴은 무한한 가동(可動)의 곡선들로서 아무리 섬세한 감정이라도 이내 또렷

---

19 같은 글, 68~70쪽.

또렷 물결이 일었다. 가장 현대적인 동적미(動的美)의 주인이었다. '겸양이란 때로는 의욕의 빈혈이라' 하여 무엇으로나 결코 남의 뒷줄에 서려 하지 않는다. 더구나 고향이 경상북도 안동, 아직껏 양반 타령이 가장 심한 곳인데다 아들 편애하는 가정의 딸이었다. 남녀평등에의 욕망이 어려서부터 그의 가슴속엔 불붙고 있었다. 아버지께서 완고하셨으니 일찍 돌아가신 뒤에 동경 유학을 하고 온 큰오빠가 이해해 주어 졸업 뒤에도 그의 소원대로 C일보사 여기자가 되었다. 그의 이름은 차순남이다.(199~200쪽)

위의 인용문은 여기자가 된 순남의 성장환경과 외모, 그리고 성격과 가치관까지를 한 번에 보여 준다. 조선에서 가장 보수적이라는 경북 안동의 양반가, 그중에서도 아들을 편애하는 분위기 속에서 자란 순남은 항상 '남녀평등'에 대한 욕망을 지니고 있었다. 또한 "무한한 가동(可動)의 곡선들"과 "현대적인 동적미(動的美)"의 소유자인 그녀는 여성에게 요구되는 "겸양"을 "의욕의 빈혈"이라고 생각하고 남의 뒷줄에 서려 하지 않는 적극적인 인물이다. 이러한 성격에 동경 유학을 다녀온 큰오빠의 이해가 더해져 근대식 교육을 받고 여기자가 된다.

그런데 이 소설에서 한 가지 주목할 것은 「T일보사」에서처럼 신문사에 거액을 투자하고 전무가 된 '조영진'이 긍정적인 인물로 그려진다는 점이다. 도쿄 와세다대학교를 졸업했고 사회적 지위와 재력을 겸비한 영진은 성격도 시원시원한 것으로 제시된다. 또한 얼핏 보면 말괄량이 같고 주책없이 덤비는 듯 보이는 순남의 진가를 알아보는 것도 영진이다. 그는 순남과 진취적인 세계관을 공유하면서 여기자를 결혼 전 임시적인 상태라고 생각하는 사람들을 비판하고, 독립적으로 일하는 직업인으로서 여기자가 "법인격적 자각, 경제적 자각, 직업의식의 각성"[20] 등을 이루어 그 가치가 사회적으로 향상되길 기원한다.

이후에 영진의 반려자가 되는 신문사의 '새 일꾼' 순남은 수동적인 '화초 기자'들과 달리 아파트에 혼자 거주하면서 점심 식사 때 맥주에 탄산을 타서 마시기도 하고, 친구 소춘의 남편이 외도한 사실을 알고는 아침부터 개성까지 달려가 대신 싸우기도 한다. 또한 신문사의 상사들에게도 굽히지 않고 자신의 의견을 당당하게 피력하는 능동적인 여기자이다. '가정'이란 개인의 경영이 아니라 '사회의 경영'이라고 생각하고, 여성들이 가정에만 있지 말고 사회 각 방면에 뿌리를 내려야 한다고 주장하는 그녀는 여성들을 위한 '문화기관'에서 활동하기를 원한다.

('여성으로서 착수할 중요한 사업이 여기 있다!')
순남은 학예부로부터 서무부로 자원해 옮길 때부터 속에 어떤 야심이 있었던 것이다. 신문사 일에 대한 야심이 아니라 세상의 물정을 알리는 야심, 그래서, 언제까지든, 남의 밑에서 부려지기만 할 것이 아니라 자기 손으로 개척 경영하는 사회적 존재의 한 사업에의 야심이었다.
(화장이란 여성의 생활문화로 중요한 것의 하나다. 이것을 지도하자!
문화 여성의 필수품을 실질 본위로 생산하는 기관을 일으키자!
정신적으로, 국민의 절반인 여성에게서 외화(外華)보다 내실(內實)의 생활을 인도하는 것만도 의의는 크다! 게다가 사람과 기계의 힘 육십퍼센트를 국민과 인류를 위해 좀 더 가치 있게 쓸 데로 돌릴 수가 있지 않으냐!')
순남은 정열이 끓어올랐다.(196쪽)

위의 인용문에서도 확인할 수 있듯이 순남의 새로움은 적극성과 실천성에서 두드러진다. 서점에 가서도 '신문의 경제란 읽는 법'을 구입하는 그

---

20 김영경, 앞의 글, 133쪽.

는 기자 노릇이 싫어졌다며, '편집국'에서 근무하다가 신문사를 움직이는 행정을 알기 위해 '영업국'에 자원한다. 그리고 '서무부'에서 신문사의 운영 방식과 자본의 흐름을 알아 간다. 이러한 움직임은 순남이 자기 손으로 '개척 경영'을 하는 '사회적 존재'로서 사업체를 운영해 보려는 야심에서 나온 것이다. 일본 화장품 회사의 중역들과 만남을 가진 후 그는 상품의 질보다 포장을 중시하는 여성들의 문제를 듣고는 이 문제를 해결하는 사업에 참여하기로 결심한다. 그러고는 여성들을 위한 미용원, 양재점, 구둣방, 혼인 식장을 운영하고 서적도 출판할 준비를 한다.

그러나 이 소설이 발표된 시기가 1942년, 다시 말해 일제강점기 말이라는 점에서 순남의 실천적 움직임은 복잡한 문제를 낳는다. 순남의 행동은 개인의 의지와 이상에서 비롯되었지만, 그것이 구현되는 사회적 조건은 식민지 조선이자 전시 동원 체제가 일상화된 시기였다. 순남이 강조하는 "외화보다 내실"이라는 논리는 '내면적 가치'를 내세우며 외형을 통제하고 생산력을 극대화하려는 일제의 전시 총동원 정책과 긴밀히 맞닿아 있다.

순남이 주도적으로 여성문화사를 세우고 화장품, 양재점, 출판 등의 사업을 기획하는 모습은 언뜻 보면 주체적이고 창조적인 듯 보이지만, 이 또한 여성을 특정한 방식으로 효율화하고 사회적 자원으로 전유하려는 '기술적 세계관' 속에 포섭된다. 여성의 삶과 일상이 '내실 있는 국민 생활'이라는 이름 아래 체계화되고 조직되는 순간, 여성은 다시 '확보'된 존재로서 관리되고 정비된다.

다시 말해 순남이 보여 주는 실천적 행위는 조선 여성의 가능성을 드러낸다는 점에서는 고무적이지만, 그 행위가 실현되는 기반이 여성의 삶을 '정리'하고 '조직'하는 방식과 밀접하게 연결되어 있다는 점에서는 문제적이다. 이처럼 순남의 실천은 식민지 전시체제의 논리와 맞닿아 있으며 존재를 표상으로 파악하는 근대적 사유 틀에 갇히게 된다. 하이데거식으로 이야기하면 순남은 '개척 경영'의 주체라기보다는 '계산 가능한 존재자'로서 스스로를 '확보'해 나가는 주체인 셈이다. 이러한 점에서 순남의 활약은 해방적인 동시에 억압적인 이중구조를 지닌다.

4 '시적' 균열을 만드는 여기자 표상

이 글은 1920~1940년대에 발표된 '여기자'가 등장하는 소설들을 분석 대상으로 삼아, 작품 속 여기자 표상이 근대 언론장과 식민 권력, 그리고 가부장제의 질서 속에서 어떠한 역할을 수행했는지를 고찰했다. 표면적으로는 남성을 중심으로 형성된 근대 언론장에서 여성은 언론의 생산과 소비에 모두 참여했지만, 주체적 존재로 포섭되기보다는 '포함과 배제'의 경계를 넘나드는 주변적 존재로 형상화되었다.

그러나 하이데거의 철학을 경유하여 이러한 표상을 다시 읽으면 그 의미는 보다 심층적으로 확장될 수 있다. 하이데거에 따르면 근대는 세계를 대상으로 삼아 표상하고 확보하려는 기술적 주체의 시대이다. 식민지 조선에서 창작된 소설들 역시 이러한 사유의 장으로 기능하며, 현실을 조작하여 일정한 질서 안에 배치하는 데 일조한다. 이러한 상황 속에서 여기자는 대개 체제의 일부로 흡수되거나 배제되며 표상의 대상으로 남게 된다.

그러나 소설 속 여기자들은 이 체계에 순응하기만 하는 것이 아니라, 그 경계에서 좌절하거나 흔들리며 작은 균열을 만들어 내는 존재이기도 하다. 김동인의 「딸의 업을 이으려」에서는 여성을 표상 속에 가두려는 언론에 저항하는 여기자의 모습이 등장하고, 이효석의 「마음의 의장」과 「수난」에서는 성적 대상이자 소문의 주인공이 된 여기자의 모습이 근대 언론장에 내재한 젠더 불균형을 폭로한다. 유진오의 『수난의 기록』에서는 표상

체계에 갇힌 여기자가 소설 쓰기를 통해 그 체계에 균열을 내는 모습을 확인할 수 있다. 또한 김남천의 「T일보사」에서는 자본 중심의 언론 구조 속에서 출세를 좇는 남성 인물과 이를 냉소적으로 응시하는 여기자가 대조를 이루고, 이태준의 『행복에의 흰 손들』에서는 일제강점기 말이라는 시대적 상황 속에서 여기자의 적극성이 억압적인 시대 질서를 재생산하는 역설을 확인할 수 있다.

이처럼 여기자는 기술적 질서에 포섭된 수동적 객체가 아니라, 그 질서가 작동하는 방식에 의문을 제기하고 균열을 일으킨다. 그들의 흔들림과 침묵, 그리고 주변화된 위치 자체가 기존 질서를 낯설게 만들고, 표상과 확보에 대항하는 또 다른 존재 방식을 환기시킨다. 이러한 의미에서 여기자는 근대소설이 구성한 서사적 세계의 경계 지점에서 표상과 확보의 체계를 비틀고 그 틈을 통해 진리의 다른 형식을 엿보게 하는 독특한 문학적 장치로 해석 가능하다. 근대소설에 나타난 여기자 표상이 갖는 의의는 바로 이러한 균열의 자리에 있으며, 이는 근대 언론장이 지향했던 기술적 세계질서의 사각지대를 문학적으로 드러내는 한 방식이라고 할 수 있다.

이 연구는 근대소설 속에서 여기자가 대부분 남성작가들에 의해 창조되었으며, 같은 시기 여성작가들의 서사에는 여기자가 거의 등장하지 않는다는 점에 대해서는 충분히 다루지 못했다. 이는 단순한 결여나 소재의 한계이기보다는 특정한 서사적 재현 구조에 대한 비판적 침묵이자 기술적 표상 질서에 대한 무언의 거부로 해석될 여지를 남긴다. 여성작가들의 작품 속에 여기자가 등장하지 않는 것은 '존재자'를 특정 기능과 의미로 고정하는 서사적 호출에 저항하는 방식으로도 이해될 수 있다. 이와 같은 관점은 근대 문학장에서 여성 서사의 윤리성과 미학, 그리고 존재 재현의 방식에 대한 새로운 접근을 가능하게 한다. 따라서 향후 연구에서는 여성작가들의 작품 속에 여기자가 부재하는 현상을 하나의 서사적 전략이자 기술적 질서에 대한 시적 거부로 읽어 내며, 그 침묵의 윤리성과 존재론적 함의를 보다 심화해 갈 필요가 있다.

| 성장 |

장강명 소설에 나타난 청춘의 세대 인식과 여성성

송주현

1 성장, 청춘, 그리고 여성성

　이 연구는 장강명 소설 속 청춘 세대에 대한 인식을 작품에 나타난 여성성의 구현으로 살피고자 한다. 장강명은 스스로를 X세대(90년대)라 자처하며 다양한 인물과 상황, 사건으로 현시대의 청춘의 모습을 다각도로 성찰했다. 이 연구는 시대와 역사의 현장에서 그 누구보다 섬세하고 날카로운 시선으로 소모되고 균열하며 또 성장하는 청춘의 모습을 그린 장강명의 소설을 통해 소설의 사회적 의미와 가치를 함께 논구한다. 각 시대와 역사적 결절점마다 여성은 이를 대표하는 희생자로 존재하기도 했지만 이를 가장 섬세하게 보여 주는 주체이자 대상이 되기도 했다. 가령 한국문학에서 '근대성'이 특정 시대를 가늠하는 중요한 키워드였다면 여기에서 여성성에 대한 논의가 빠질 수 없는 것은 그 때문이다.
　장강명은 남성작가이면서도 각 세대의 희생자이자 대표자, 혹은 문제적 개인으로서 다양한 여성성을 구현하면서 그 시대에 대한 성찰의 기록을 제시한다. 이는 그의 등단작 『표백』으로부터 최근 발표한 『재수사』에 이르기까지 동일한 견지와 관점으로써 증명되는 바이다. 주요 논의 대상은 『표백』, 『한국이 싫어서』, 『재수사』로 삼는다.[1] 이 작품들은 2000년대 이후, 현재에 이르기까지 각 세대를 상징하는 청춘의 양상과 모습을 매우 구체적으로 드러내는 대표 장편들이다. 김미현은 장강명의 2010년대 청춘 장편 3부작(『표백』, 『열광금지, 에바로드』, 『한국이 싫어서』)을 대상으로 "청춘의 저항방식으로서의 세속화"에 관한 논의를 보여 준 바 있다.[2]

이 연구는 선행 연구를 참조하면서 대상작과 그 의미를 2020년대까지로 확장해 본다. 이 연구의 대상작은 작가의 데뷔 이래 써 온 장편 소설의 대표적인 목록일 뿐 아니라 각 세대의 청춘상을 고스란히 재현하는 축도판이다. 10여 년간의 동아일보 기자로서의 작가 경험은 이러한 구체적 서술을 가능케 하는 계기가 되기도 했다. 또한 이 연구는 남성작가에 의해 성찰된 여성성 탐구를 시도해 본다. 이로써 이 연구는 영상과 다양한 콘텐츠가 범람하는 시대에도 문학의 사회적 역할을 다양하게 모색해 볼 수 있음을 확인할 수 있을 것이다. 본 논의는 등단 이후 20여 년 가까운 시간이 흐르는 동안 청춘의 문제에 천착해 왔던 장강명 문학의 개성과 그 특징을 가늠해 본다. 뿐만 아니라 각 시대를 관통하는 청춘의 상과 그들이 추구하는 의미를 추적해 나감으로써 당대의 시대정신과 그 가치들을 구체화해 보고자 한다.

---

[1] 『표백』(한겨레출판, 2011); 『한국이 싫어서』(민음사, 2015); 『재수사』(은행나무, 2022). 이후 소설 인용 시에는 쪽수만 표기한다.
[2] 김미현, 「청춘의 역습(逆襲)과 세속화 ─ 장강명의 청춘소설 3부작을 중심으로」, 《한국문화연구》 30(이화여자대학교 한국문화연구원, 2016), 67~96쪽.

2 장강명 소설 속 청춘의 세대 인식과 여성성

젊은 세대들에 대한 기성세대들의 규정과 품평은 시대를 막론하고 있었다. 고대 이집트 벽화에서조차 '요즘 애들 버릇없어.'라는 기록이 있고, 기원전 4000년에 소크라테스 역시 '요즘 것들'에 대해 적나라한 비판을 해 온 바다. 기성세대로의 진입, 혹은 편입 이전의 그들에게 한국 사회는 한때 "아프니까 청춘이다."라는 식의 위로와 격려를 보낸 적이 있다.[3]

그러나 이는 그 사회를 지탱하는 제도와 체제를 정당화하는 것일 뿐 문제에 대한 근본 해결책을 제시해 주지는 못한다. 청춘의 고통이 한 개인의 수양이나 마음가짐의 문제로 치환된다면 그 청춘의 고통이 함의하는 구조의 문제는 생략될 수밖에 없기 때문이다. 더군다나 대한민국에서 '청춘'의 문제가 더욱 문제적인 것은 "청년들이 겪는 고통이 지금 대한민국이 겪는 본질적 문제점과 맞닿아 있기 때문"이다.[4]

그렇기에 많은 논자가 이 청춘을 이해하고 규정하며 그 담론을 만들어 왔던 것이다. 이는 1997년 외환위기 이후 대한민국의 모습이 재구조화되는 가운데 신자유주의의 무한경쟁의 논리에 소모된 2000년대 이후의 한국 사회의 모순이 구체적인 모습으로 현실화되었다는 것의 표상이기도 하다. 이에 2007년에 '88만 원 세대(20대 비정규직 평균임금)'라는 말이 등장했고, 이후 삼포 세대(연애, 결혼, 출산을 포기한 세대)가, 최근에는 '영끌 세대(영혼까지 끌어모아 투자한다, 빚내서 투자한다는 2030 세대)' 등에 대한 논의가 있어 왔다.

물론 이러한 세대론에 대한 회의론도 있다. 세대론의 논의 자체가 문

---

3 김난도, 『아프니까 청춘이다』(쌤앤파커스, 2010).
4 전예현, 「아프니까 청춘? 청년, 덜 아프고 큰 꿈 꾸길」, 《시사시사ON》, 2024. 2. 10.

제의 해결을 위한 과정에서 나온 것이 아니기 때문이라는 것이다. 나아가 이 세대론이 도리어 "청년세대를 억압하는 도구로 작용할 수 있다."라는 입장도 있다.[5] 왜냐하면 기존의 세대론은 중산층 대학생의 경험을 바탕으로 두고 만들어진 담론이기 때문이다. 그러므로 이러한 세대론은 도리어 대학에 가지 않은 청년층이나 빈곤층 대학생들을 소외시키거나 억압시키는 도구로 작용할 위험성을 가진다. 한편 "스마트폰의 발달과 인터넷 문화의 발달로 세대와 문화가 공간과 시간을 넘나드는 상황에서 특정 시대를 상징하는 세대론은 무의미한 것일 수도 있다."라는 입장 역시 참조할 수 있다.[6]

그럼에도 불구하고 장강명에게 '청춘'은 중요한 화두다. 그에게 청춘은 한국 사회의 문제 그 자체를 날것 그대로 재현, 혹은 체화할 수 있는 주체이자 대상이기도 하고 작가가 작품을 통해 구현하고자 하는 주제를 전달하는 주체이기도 한 까닭이다. 작가는 한 매체와의 인터뷰에서 다음과 같이 이야기했다.

> 작품마다 의미를 넣으려고 한다. 소설을 쓸 때 주제를 굉장히 신경 쓴다. 주제 의식을 명료하게 한 다음 소설로 표현하고 싶어 한다. 전 당대 독자를 상대하기보다 미래 독자를 생각하고 쓴다. '반짝'하지 않았으면 한다. 20~30년 뒤에도 읽혔으면 좋겠고, 저보다 길게 남았으면 좋겠다.[7]

---

5 김선기, 「청년세대 구성의 문화정치」, 《언론과 사회》 24(1)(사단법인 언론과 사회, 2016), 5~68 참조.
6 최창원, 「'세대론' 필요하지만 회의적 시선도 ─ 세대 내 다양한 차이점부터 이해를」, 《매경이코노미》, 2023. 7. 14.
7 서믿음, 「'재수사' 장강명 "데뷔작 『표백』 쓸 때는 세상 끝났다 생각…지금은 희망 전하고파"」, 《아시아경제》, 2022. 8. 26.

장강명은 작품이 독자에게 줄 수 있는 "주제"에 의미를 두며 그것은 그 시대를 살아가는 인물들의 삶의 방식과 추구하는 가치를 탐구한다. 그리고 현재, 나아가 미래의 독자에게 향하는 메시지를 던진다. 이때 작가가 보여 주고자 했던 주제와 전망, 혹은 시대성은 여성성을 통해 매우 섬세히 드러날 수 있다. 실제로 장강명은 남성작가이지만 여성 인물을 그 주인공, 혹은 문제적 개인으로 삼아 그 시대와 세대의 문제 인식을 드러내 오기도 했다. 이는 작가의 직접적 고백처럼 "'시스템에 저항'하기 위해 설정된 개인이 갖추어야 할 균형의 지점"이기도 하다.[8]

이때 리타 펠스키의 근대성과 여성성에 대한 논의는 유효한 참조점을 제시한다. 리타 펠스키는 근대성의 요소를, 그간 "타자화 되어 왔던 여성의 문제"로 읽어 나가는데, 그에 따르면 이러한 관점, 즉 "타자화된 여성으로 시대를 읽는다는 것은 역설적으로 그 사회의 구조를 여실하게 보여 준다."라는 것이다.[9] 다시 말한다면 중심(가부장) 사회와 구조에서 주변화된 것으로 인식되었던 여성성이 도리어 그 중심부와 가부장적 사회의 폐쇄성과 배타성을 넘어설 가능성을 보여 준다는 것이다. 즉 근대성의 타자로서 조명 받아 왔던 여성성은 도리어 그 타자의 위치를 확인케 함으로써 기존 사회에 대한 새로운 고찰의 지점을 제시하게 한다. 타자화된 여성으로 시대를 읽는다는 것은, 여성이 사회에서 주로 주변화되고 타자화되는 위치에 있을 때 그 위치가 오히려 사회구조의 문제점과 불평등을 드러내 준다는 뜻이기 때문이다. 장강명 소설 속 여성 인물들은 서사의 중심축이 되는데 이들은 제도화된 사회에 대해 끊임없이 회의하고 질문한다. 이러한 섬세한 '여성'의 시선이 '청춘'으로서의 불안정한 경계인, 고통받는 자의 시선과 중

---

8   같은 글.
9   리타 펠스키, 김영찬·심진경 옮김, 『근대성과 페미니즘』(거름, 1998).

첩되는 지점에서 장강명의 서사는 시작되고 끝이 난다. 실제로 작가는 '네이트판'의 댓글을 보며 여성들이 이야기와 표현 방식을 익혔다고 한다. 소설이 그 시대의 문제적 저점을 가장 예리하고 섬세하게 드러낼 수 있는 장치라면, 더 나아가 작가가 의도한 대로 그 시대와 사회, 더 나아가 미래의 독자에게 던져 줄 수 있는 주제를 함의하는 장치라면 '청춘'과 '여성성'에 대한 그의 천착은 필연적 귀결이기도 한 셈이다.

그렇다면 작가가 각 시대의 청춘상을 통해, 그리고 구현된 여성성을 통해 각 시대의 결절 지점마다 드러내고자 했던 것은 무엇인가? 이 연구에서는 이를 2000년대 이후 발표된 장강명의 청춘 장편소설 세 편을 통해 살펴볼 것이다. 대상작은 각각 『표백』,『한국이 싫어서』,『재수사』다.

『표백』: 꿈 없는 세대의 고백과 순교로서의 죽음

위대한 일을 해낼 수 있다는 희망이 사라진 시대의 청춘을 그린『표백』에 나타난 청춘의 고백은 무엇이며 그들의 현실 인식은 무엇인가? 작품 속 서술자는 이를 직접적으로 다음과 같이 지적한다.

'큰 꿈 없는 세대'를 만드는 요인에는 여러 가지가 있다. 우선 한국이 선진국이 되어 가면서 사회체제가 안정되고 1970년대나 1980년대처럼 파이가 많이 남지 않았다. 각 조직의 관료화가 완료돼 조직 내 세대교체가 쉽지 않아졌고, 새로운 일자리는 대개 서비스업에서 만들어지는 단순 노동거리다. 대단치도 않은 눈앞의 과실을 따기 위해 온 힘을 쏟다 보면 그만큼 생각의 폭이나 인물의 그릇이 잘아지게 된다. (……)

과거 세대들은 민주주의라든가 자본주의 정착, 근대 체제로의 편입과 같은 중요한 역사적 과업도 이미 달성했다. 이제 남은 것은 양성평등이나 환경문제와 같은, 거대 이데올로기보다는 소주제에 해당하는 것들이다.

    그다음에 나오게 될 이슈들은 한 세대의 과업이나 종교의 대용품이 되기에는 지나치게 사소한 것이리라. 성적 소수자 보호, 동물 보호, 장애인 인권 문제, 소비자 운동, 저개발국 원조 프로그램 등등. 그래서 이 세대는 큰 꿈을 가질 수 없게 됐다.(27~28쪽)

    현실에 대한 절망은 차라리 "적이 있었으면 좋겠다."라고 말한 작가의 고백과도 상통한다. 이 표백 의식은 당대를 살아가는 젊은이들의 공통감각이기도 했지만 대서사와 거대 명제를 잃어버린 90년대 이후 모습이다. 그러나 이것은 이러한 결과물을 낳은 70년대와 80년대에 대한 반성적 결과물이기도 하다. 좌절도 비상과 탈출의 목표점이 있는 이들에게 가능한 것이다. 그러나 '표백' 세대는 새로운 담론을 제기할 수조차 없는 환경 속에 살아가고 있다. "거대한 흰색 세계"로서의 표백 세계는 "모든 빛을 흡수하며 무결점 상태를 유지"하는데 이는 다음과 같이 설명된다.

    이들은 지배 사상을 받아들이는 것 외에 다른 선택지가 없다. 따라서 실제 삶에서 온갖 종류의 불편함과 부당함을 겪어야 하는데도 이에 대한 문제 제기는 개인이나 작은 이익집단 단위를 넘어서지 못하게 되며, 세계는 사상적으로 완전무결한 상태가 된다.
    이것이 바로 표백 과정이다. 아무도 더 나은 시스템을 떠올리지 못한다. 거대한 흰색 세계는 모든 빛을 흡수하며 무결점 상태를 유지한다.(192쪽)

    아무도 더 나은 시스템을 떠올리지 못하는 것이 이 시대라면, 이미 완성되었기에 더 이상의 보탬도 노력도 의미가 없는 것이 이 사회라면, 이를 살아가는 청춘의 선택지는 과연 무엇인가? 그것은 완벽한 순응 혹은 타협이다. 작품의 주인공이자 서술자인 '나'는 결국 7급 공무원 시험에 합격하여 자신의 완벽한 적응과 순응의 양상을 드러내는 것이다. 하지만 그 순응의 지점에 도달한 개인은 일종의 죄책감에 시달릴 수밖에 없다. 이는 항해에의 의무와 도전 앞에서 세이렌의 유혹을 물리치는 오디세우스의 모습과 닮아 있다. 평범한 7급 공무원 고시생 '나'는 처음부터 자신의 삶이, 고만고만한 월급을 받으며 살아온 아버지의 삶의 반경에서 크게 달라지지 않을 것을 안다. 그렇기에 현실에 대한 자잘한 불평은 있을지언정 그는 공무원으로서의 삶을 살고자 하는 것이다. 그런 그에게는 세연의 소개로 알게 된 '추'가 있다. '나'는 그녀를 사랑하지도 않으면서 어디까지나 현실적인 이유로 동거를 하고 결국엔 나의 출세를 위해 그녀를 피해 도망쳐 나온다. 그녀는 볼품없는 나의 또 다른 얼굴이다. 나는 오디세우스처럼 내 안의 세이렌을 거부하면서, 공무원의 꿈을 향해 다가간다. 하지만 그 꿈이 어쩔 수 없는 현실 순응임을 알기에 흔쾌히 긍정할 수만은 없는 잉여의 감정을 남긴다. 이 잉여의 감정과 현실에의 타협이라는 무거운 죄책감의 자리에 비로소 '고백'의 서사가 성립한다.

    '고백'이라는 서사는 개인의 내면을 드러내고 자신을 성찰하는 형식인데 역사적으로는 근대적 주체 형성과 긴밀히 연결된다. 한국의 근대문학 역시 '고백'의 서사의 성립과 긴밀한 연관을 맺는다. 이때 내면의 형성과 '고백' 서사의 탄생은 개인의 자율성과 정체성을 강조하는 시대적 흐름 속에서 등장한 필연적 결과다. 개인의 내면을 솔직하게 드러내는 고백 서사는 근대적 주체 형성을 반영하며, 문학뿐 아니라 철학, 심리학, 사회학 등 여러 분야에서 계속해서 중요한 의미를 지니고 있다. 즉 '고백적 서사'는 단순한 자기 성찰을 넘어서, 기억과 트라우마의 회복, 그리고 사회적 소통의 방식으로도 활용된다. 장강명의 소설 속에서 이러한 고백의 서사는 당시 청춘들의 시대에 대한 성찰과 반성의 한 지점을 보여 준다. 그러나 이 고백의 서사는 적극적이거나 생산적인 방식으로 기능하지 못한다. 7급 공무원 되기라는 현실적 타협 뒤에 남은 것은 '개'로서의 자기 인식이다. 예속된 삶, 식민지 백성의 삶을 사는 굴욕적인 자기 인식뿐이다.

> 그런 내 처지를 가만히 생각할 때면 식당에서 키우는 개가 생각났다. 손님들마다 한 번씩 쓰다듬고 목을 만지고 지나가는데, 정작 그 자신은 사람들에게 신경도 쓰지 않는, 피곤한 개 말이다. 사람 손을 탈 대로 타서 이제는 자신에게 관심을 보이는 손님이 귀찮기만 하지만 손님에게 짖거나 손님을 물었다간 주인에게 맞는다. 손님이 자기 꼬리를 만지든 불알을 만지든 가만히 있는 수밖에 없다. 그런 예속된 삶. 식민지 백성의 삶.(215쪽)

이러한 인식 위에 다른 남성 인물들이 절망하고 있을 때 '나'의 친구 '세연'은 가장 도발적이고도 적극적인 방식으로 자살을 시도하고 공모한다. 자살은 일반적으로 개인의 절망과 고통의 표현으로 해석되지만, 특정한 사회적 맥락에서는 저항과 순교의 의미를 가질 수도 있다. 역사적으로 자살이 정치적·사회적 억압에 대한 항의로 기능한 사례는 많다. 예를 들어 독재 정권이나 억압적 사회구조에 대한 최후의 저항 수단으로 자살이 선택된 경우, 이는 단순한 자기소멸이 아니라 사회적 문제를 부각시키는 강력한 메시지가 된다.

자살이 사회적 저항으로 기능하기 위해서는 몇 가지 조건이 필요하다. 먼저 그 행위가 단순한 절망이 아니라 명확한 문제 제기의 맥락 속에서 이루어져야 한다. 또한 이를 목격하는 사회가 그것을 개인의 선택이 아닌 구조적 문제의 결과로 인식해야 한다. 역사적으로 억압받는 집단이 이러한 방식으로 저항할 때, 사회는 이를 외면하기 어려워진다. 세연의 자살이 '사회적 저항'이나 나아가 '순교'로 작용할 수 있는 것은 이러한 이유 때문이다. 세연의 죽음이 패배가 아닌 이유는 남들이 들어가기 힘든 우리나라 최고의 직장에 합격한 뒤에 보란 듯이 죽음을 택했기 때문이다. 말하자면 사회적·현실적으로 그 자살을 스스로 기획할 뿐 아니라 이를 적극적으로 공모하고자 했다. 그녀는 자신과 같은 청춘들이 사회의 패배자가 되어 도피의 방식으로서 자살을 선택하는 것이 아님을 확인시키고자 한 것이다.

그런데 이러한 역할을 수행하는 자는 누구인가? 여성이다. 여성이 자살을 통해 사회적 저항을 수행하는 경우, 그 의미는 더욱 복합적이다. 여성은 역사적으로 사회적 약자로 규정되어 왔고, 특히 가부장제 사회에서 억압의 대상이 되어 왔다. 따라서 여성의 자살이 단순한 절망이 아니라 억압에 대한 항거로 해석될 때, 이는 기존의 권력구조를 흔드는 중요한 상징이 된다. 왜냐하면 이때 채택된 자살은 단순한 자기부정이 아니라 기존 체제에 대한 근본적 문제 제기로 기능할 수 있기 때문이다. 작품에서 세연의 죽음을 바라보는 남성 인물 '나'는 만년 고시생의 삶을 살다 결국엔 하급 공무원의 삶으로 편입된다. 나는 그녀의 자살과 공모의 이력을 찾으며 사회적 순교자의 역할을 했던 세연의 행동과 말의 의미를 자신의 삶과, 자신이 처한 삶의 구조와 세대론적 반성 위에서 곱씹어 나간다. 세연의 자살은 사회적 변화를 이끌어 내는 방식으로 기억되고 해석되는 것이다. 무력한 남성들이, 혹은 존재했던 당대 청춘 전체가 사회구조의 모순에 휘말리고 있을 때 그녀의 죽음은 단순한 희생이 아니라 변화를 촉진하는 계기로 작동했기 때문이다.

『한국이 싫어서』: 자기모멸 세대의 냉소와 유목으로서의 이주

2000년대 중반을 넘어서며 한국 사회는 "경제적 불평등이 심화되고,

사회적 이동성이 낮아지면서 집단 간 갈등이 증폭"되었다.[10] 청년세대는 "높은 실업률과 불안정한 고용 환경 속에서 미래에 대한 불안을 겪었고",[11] "중장년층은 급변하는 사회구조 속에서 기존의 기득권을 유지하기 위한 방어적인 태도"[12]를 보였다. 이런 사회적 불안 속에서 그 위기를 감내해야 하는 것은 청춘 세대다. 그들은 불안하고 부조리한 것이 바로 한국 사회의 구조임을 알면서도 별다른 대안이 없기 때문에 그 사회에 어떻게든 편입을 해야 하는 과제 앞에 놓인다. 실제로 "2000년대 이후 청년은 노인, 장애인, 아동과 함께 취약성을 지닌 사회보장제도 대상 인구 집단으로 인식"되어 왔지만 이에 대한 대책과 현실적 대안은 미미했다. 이에 따라 고용 문제는 청년 담론의 중요 화두가 되었다.[13]

『한국이 싫어서』의 주인공 계나는 20대 중반의 여성으로 서울의 그만그만한 대학을 나와 잠깐 금융회사를 다녔지만 한국에서 자신의 삶에 심한 모멸감을 느낀다. 그것은 무엇을 해도 낙오자, 패배자로 살아갈 수밖에 없는 한국 사회에 기인한다.

> 난 정말 한국에서는 경쟁력이 없는 인간이야. 무슨 멸종돼야 할 동물 같아. 추위도 너무 잘 타고, 뭘 치열하게 목숨 걸고 하지도 못하고, 물려받은 것도 개뿔도 없고. 그런 주제에 까다롭기는 또 더럽게 까다로워요. 직장은 통근 거리가 중요하다느니, 사는 곳 주변에 문화시설이 많으면 좋겠다느니, 하는 일은 자아를 실현할 수 있는 거면 좋겠다느니, 막 그걸 따져. (……)

---

10 성명재, 「소득 불균등도와 소득 이동성의 변화 추이」, 《한국의 사회동향》(통계청, 2023).
11 안수란, 「지방자치단체 청년 고용 사업의 현황과 쟁점」, 《보건복지포럼》, 2019. 11, 59~70쪽.
12 김미숙, 원종욱, 서문희, 강병구, 김교성, 임유경(2004), 「고령화 사회의 사회경제적 문제와 정책 대응 방안: OECD 국가의 경험을 중심으로」, 한국보건사회연구원.
13 안수란, 앞의 글.

한국에서는 딱히 비전이 없으니까. 명문대를 나온 것도 아니고, 집도 지지리 가난하고, 그렇다고 내가 김태희처럼 생긴 것도 아니고. 나 이대로 한국에서 계속 살면 나중엔 지하철 돌아다니면서 폐지 주워야 돼.(11~44쪽)

이것은 그녀만의 문제가 아니다. 그녀의 친구(미연, 경윤, 은혜)도 마찬가지다. 그들은 회사 다니는 것이 죽기보다 싫지만 알량한 월급 때문에 다니고 있거나, 다시 대학입시에 도전해 그 사회에서 조금 더 안정적인 생활을 꿈꾸거나, 시어머니 흉보기로 자신의 존재감을 확인한다. 그녀들에게도 한국은 죽지 못해 사는 곳이다. 왜냐하면 그들은 모두 한국이라는 모순된 공통 구조 안에서 살아가고 있기 때문이다.

미연이나 은혜한테 이런 걸 알려 주면 좋을 텐데. 걔들은 방향을 완전히 잘못 잡고 있어. 시어머니나 자기 회사를 아무리 미워하고 욕해 봤자 자산성 행복도, 현금흐름성 행복도 높아지지 않아. 한국 사람들이 대부분 이렇지 않나. 자기 행복을 아끼다 못해 어디 깊은 곳에 꽁꽁 싸 놓지. 그리고 자기 행복이 아닌 남의 불행을 원동력 삼아 하루하루를 버티는 거야. 집 사느라 빚 잔뜩 지고 현금이 없어서 절절매는 거랑 똑같지 뭐.(185~186쪽)

폐쇄된 사회에서 개인이 그 구조를 바꾼다는 것은 실로 무모한 일이 아닐 수 없다. 왜냐하면 이러한 모순을 발견하고 저항하기에는 개인의 힘이 너무도 약한 탓이다. 그러한 이들에게 『표백』의 청춘들과 같이 한 개인이 사회에 저항하는 방식으로 죽음을 택하는 방식은 너무 극단적이다. 개인 혹은 집단적 자살 공모는 그 자체로 하나의 도발은 될 수 있지만, 지금 여기에서의 삶을 지속해 나가야 하는 이들 모두에게 기대하는 것은 실로 무모하게 느껴질 수밖에 없다.

그래서 여성 주인공 계나는 한국에서 심한 모멸감을 느끼고, 또 그 안에서 툴툴대며 살아가는 이들과 한국 사회구조의 상황들을 냉소할 수밖에 없다. 그렇다고 그 사회구조에 온전히 적응할 수만도 없다. 그래서 그녀는 한국을 떠나기로 한다. 호주로의 유학이다. 이러한 모습은 그녀의 남자친구 지명이 중산층 이상의 넉넉한 가정에서 태어나 한국 사회의 안정적 편입을 꿈꾸는 기자로서의 삶을 택하는 것과는 매우 대조적이다.

나는 지명이도 아니고 앨리도 아니야. 나한테는 자산성 행복도 중요하고, 현금흐름성 행복도 중요해. 그런데 나는 한국에서 나한테 필요한 만큼 현금흐름성 행복을 창출하기가 어려웠어. 나도 본능적으로 알았던 거지. 나는 이 나라 사람들 평균 수준의 행복 현금흐름으로는 살기 어렵다, 매일 한 끼만 먹고 살라는 거나 마찬가지다, 하는 걸. (……)
한국에서는 수도권 대학을 나온 애들은 지방대 나온 애들 대접을 안 해 주고, 인서울 대학 나온 애들은 수도권 대학 취급 안 해 주고, sky 나온 애들은 인서울을, 서울대 나온 애들은 연고대를 무시하잖아. 그러니까 지방대 나온 애들, 수도권 나온 애들, 인서울 나온 애들, 연고대 나온 애들이 다 재수를 하든지 한국을 떠나고 싶어 하지. 아마 서울대 안에서는 법대가 농대 무시하고 과학고 출신이 일반고 출신 무시하고 그러겠지.(185~186쪽)

그런데 중요한 것은 그녀의 호주행의 의미가 단 한 번에 완결되지 않는다는 것이다. 그녀는 여러 번의 호주행을 반복하며 자신의 떠남의 의미를 발전·진화시켜 나간다. 이로써 자기 성장의 서사를 이루어 내는 것이다. 처음 호주행은 한국 사회에 대한 단순한 염증으로 인한 '도피'성 성격이 짙다. 그녀는 한국이 싫었고, 어떻게든 사람대접 한번 받아 보려고 한국 아닌

곳을 택한다. 계나에게 최종 목적지가 꼭 호주일 필요는 없었다. 그녀는 그저 한국 아닌 곳에만 가면 되는 것이었다.

그러나 한국을 떠난다는 것이 그리 낭만적인 미래를 약속하지 않는다는 것을 그녀는 뼈저린 경험으로 알게 된다. 호주 사회에서도 낯선 이방인에 대한, 유색인종에 대한 차별이 있으며 유학생끼리도 그 안에서 서열과 차별이 있음을 절실히 깨닫는다. 그리고 유학 중의 몇 번의 연애를 해 보지만 그 연애 구조 안에서 나름의 위계관계가 성립한다는 것을 알게 된다. 무엇보다도 직장 생활 중 모은 전 재산을 기숙사 친구 앨리의 번지점프 놀이로 어이없게 잃게 된다.

모든 것을 다 잃었을 때, 언론고시생이었던 (남자 친구) 지명은 어엿한 기자가 되어 있었고 누가 보기에도 꼴 좋게 실패한 그녀에게 지명은 결혼을 제안한다. 별다른 선택의 여지가 없던 그녀는 일단 지명과의 동거를 통해 한국에서의 평범하고 안정적인 삶이 어떤 것인지 살펴보게 된다. 하지만 그곳에도 그녀가 원하는 진짜 삶은 없었다는 것을 깨닫는다. 그리고 그것을 깨달은 순간 그녀는 주저 없이 다시 호주로 떠난다. 안정적인 삶을 송두리째, 능동적으로 놓아 버린 것이다. 자신이 철저하게 실패했던 바로 그곳으로. 작품의 마지막 장면이 되는 이 호주행은, 여러 번의 떠남과 돌아옴을 통해 진화하고 발전하며 성장한 그녀의 모습을 대변한다. 자신이 철저하게 실패했던 바로 그곳으로, 하지만 무모할지언정 수많은 모험과 도전을 감행했던 그곳으로 떠나는 것이다. 그러나 이제는 그녀에게 첫 호주행을 감행했던 시절의 치기 어린 냉소나 화가 없다. 또한 처음의 호주행이 한국의 삶을 견디지 못해 마지못해 떠나게 된 것이었다면 마지막 호주행은 그녀의 능동적이고 적극적인 선택과 결단의 결과다. 실패를 통해 성장한 그녀에게 이제는 경험한 자만이 알 수 있는 뚜렷한 자기 확신과 평온함이 있기 때문이다.

그녀의 끊임없는 이주와 이동은 들뢰즈·가타리가 지적했던 『천 개의 고원』에서 지적한 '유목'으로서의 가치를 지닌다. 유목적 사유는 이러한 "경계를 가로지르며 새로운 흐름을 만들어 낸다."[14] 이는 단순한 물리적 이동뿐만 아니라, 사유 방식에서도 적용된다. 천 개의 고원에서 강조하는 바와 같이, "'되기(becoming)'는 정해진 정체성을 유지하는 것이 아니라, 끊임없이 변화하고 새롭게 만들어지는 과정이다."[15] 계나는 끊임없는 도전을 통해 이러한 '~되기'를 실천하며 자신의 정체성을 새롭게 만들어 간다.

중요한 것은 이러한 성장의 서사가 '여성' 인물 계나를 통해 구성되고 있다는 점이다. 전통적으로 여성은 소설에서 수동적인 존재로 그려지거나, 남성 주인공의 서사를 보조하는 역할에 머무르는 경우가 많았다. 그러나 여성 인물이 성장의 여정을 거치는 서사는 단순한 자아 발견을 넘어, 그를 둘러싼 사회적 억압과 차별을 조명하고 비판하는 데까지 나아간다. 이러한 성장과정에서 여성 인물은 기존의 가치관에 도전하고, 자기 목소리를 획득하며, 새로운 길을 개척하는 주체로 변모한다. 이는 사회질서의 균열을 야기하고 변혁의 가능성을 제시한다는 점에서 중요한 효과를 가진다. 『한국이 싫어서』의 계나는 이러한 역할을 수행하는 핵심으로 작용한다. 한국 사회의 틀을 깨고 저항의 주체로 자리 잡는 것이다. 사회적 모순의 현장에서 가장 취약한 존재였던 여성 인물 계나는 이제 저항과 변혁의 '주체'가 되어 능동적이고 비판적인 존재가 되며, 사회적 모순을 드러내는 역할을 담당하게 된다.

---

14 들뢰즈·가타리, 김재인 옮김, 『천 개의 고원』(새물결, 2001).
15 같은 책.

『재수사』: 공허·불안의 세대의 탐구와 미래적 모색으로서의 재수사

전술한 바와 같이 기자 출신의 작가 장강명은 『표백』으로부터 『한국이 싫어서』까지, 한국 사회의 문제에 대한 깊이 있는 천착을 보여 준다. 이러한 관심은 연작(중단편) 소설집으로서 『산 자들』(민음사, 2019)에 이르기까지 동일하게 지속된다. 앞의 두 청춘 장편이, 한국 사회의 문제를 지적하며 나름의 저항을 기획하고 꿈꾸는 소설이었다면 『산 자들』에서 작가는 편의와 편리의 시대를 살아가는 사람들의 현장과 사람들의 초상을 매우 현실적으로 다룬다.[16]

구체적으로는 일용직 노동자, 청년 구직자, 계약직 노동자, 아르바이트 학생, 영세 자영업자 등이다. 하급 노동자들로서의 이들은 신자유주의와 무한경쟁의 신화가 만들어 낸 환상 속에서 균열하고 소모되는 존재다. 작가는 이러한 문제점을 다음과 같이 지적한다.

> 장 작가는 "1980년대 이후 한국에서 태어난 것 자체가 일종의 '핸디캡'이 돼 버렸다. 과거 기성세대가 코뿔소처럼 돌진하던 것과 똑같이 하라고 해선 안 된다. 바로 옆이 천 길 낭떠러지인데 어떻게 돌진을 하나. 청년들로서는 웅크리고 있다가 기회가 왔을 때 먹이를 확 물 수 있는 호랑이나 뱀의 생존 방식을 취할 수밖에 없다."라고 말했다.[17]

이러한 문제의식의 서사화가 10년 가까이 지속되며 작가는 현실에 대

---

16 송주현, 「포노 사피엔스의 초상과 그늘──장강명의 「산 자들」 연구」, 《이화어문논집》 53(이화어문학회, 2021), 33~54쪽.
17 황보연, "청년에게 공정한 출발선을 ② 장강명, "지금 청년들은 한국서 태어난 것 자체가 '핸디캡'"", 《한겨레》, 2016. 1. 3.

한 성찰과 저항 이상의 것을 고민하게 된다. 그래서 작가가 오랜 공백 끝에 내놓은 것이 바로『재수사』다. 이러한 집필의 배경을 작가는 다음과 같이 말했다.

『표백』을 쓸 때는 이 세상이 이미 다 끝이 났다고 생각했다. 그럼 대단한 일을 할 수 없는 것 아니겠나. 근데 지금은 아니다. 다음 세상을 설계할 수 있다고 생각하고, 그 밑그림을 '재수사'에 넣고 싶었다. 수백 년 전에 상상했던 현재의 세상이 어떤 한계를 지니고 있는지 다루고 싶었다. (수백 년 전에는) 인간을 너무 이상적이고 낙관적으로 봤다고 본다. 그런 것들을 보완해서 다음 세상을 설계해야 한다는 얘기를 하고 싶었다.[18]

작가는 현실을 직시하지만, 이제 다른 것을 꿈꾼다. 작가도 고백하고 있거니와 그의 시선은 '미래'의 독자를 향해 있기 때문이다. 그런데 이러한 과정은 현재를 이룬 과거에 대한 뼈아픈 성찰 없이는 이루어질 수 없다. 그래서 채택된 것이 바로 22년 전에 일어났던 신촌 여대생 살인 사건이다. 그리고 이 사건을 젊은 여형사 연지혜는 수사해 나간다. 작품을 통해 작가는 "현재의 한국 사회를 이루는 중요한 키워드로 '공허'와 '불안'을 꼽는다."[19] 이는 작품에서 90년대 후반, 외환위기를 겪으며 20대를 살아간 청춘들의 절망적 상황으로 대변되는데, 이는 22년 후의 지금과 크게 다르지 않다.

작가는 우리 사회의 '시스템'의 문제에 대해 끊임없이 질문한다. 재판, 형사, 경찰, 사회, 의료, 교육, 경제구조를 포함한 모든 것이 그 대상이다. 사회를 굳건히 받쳐 오던 모든 시스템에 대한 문제 제기는 결국 시스템마저

---

18 서믿음(2022), 앞의 글.
19 송주현, 「재수사: 장강명 장편소설 ─ 한국 사회의 공허를 응시하는 살인자의 눈」, 국회도서관 금주의 서평, 2023. 12. 6.

도 실체 없는 환상이라는 명제에까지 이른다. 이는 인류의 역사를 형벌과 감옥의 역사로 규정하며, 제도의 문제를 환기한 미셸 푸코를 떠올리게 한다. "미셸 푸코에게 역사는 시스템의 역사이며, 근대 이후 인간을 통제하는 강력한 감옥은 구체적인 실체가 아닌, 시선의 감옥(파놉티콘)일 때 더욱 강력한 것"이다.[20] 이제 작가의 문제의식은 구체적인 어떤 현상과 사건 너머에 있는 인간 본질에 대한 질문과 성찰로 깊이와 넓이를 확장해 간다. 소설 초반에 나오는 도스토옙스키의 소설의 인용은 이를 증명한다.

내 안의 스타브로긴은 도스토옙스키와 니체 사이에서, 카뮈나 사르트르와는 다른 길을 모색한다. 내 안의 스타브로긴은 내게 그들보다 유리한 점이 한 가지 있다고 본다. 그들과 달리 나는 살인자다. 나는 선 바깥에 있다.(1권, 101쪽)

작가는 구체적인 사건과 현상 너머에 있는 인간의 윤리의식과 정의에 대한 질문을 던진다. 과연 과거의 윤리의식은 지금에도 정당한가, 형사사법 시스템을 포함하는 인간 사회의 모든 제도가 갖는 의미를 의심하고 성찰한다. 이것은 현재의 공허와 불안의 원인을 찾아가는 추적 행위다. 이 추적 행위는 현재의 각종 제도의 허점 아래 미제 사건으로 남은 22년 전 살인 사건의 재수사에 대한 은유와 환유로 구현되는 것이다. 그 과정에서 여형사 연지혜는 이전의 수사 기록을 재검토하고 누락된 사실과 상황을 채워 나간다. 그러면서도 살인범의 기괴함을 부각해 인간 본질에 대한 근본적 질문을 가능케 한다. 가령 실제 살인범의 살인 동기가 '모멸감'이라 볼 수 있었는데 이 모멸감이란 어찌 보면 인간이라면 누구나 느낄 법한 감정과도 같은 것이

20 같은 글.

다. 이 소설이 "단순한 형사소설을 넘어 철학적 사유까지 풍성하게 담은 묵직한 소설로 탈바꿈했다."[21]라는 말은 유의미한 지적인 셈이다.

> 살인자인 나에게도 다른 사람들처럼 삶의 의미와 윤리적 지침이 필요하다. 아니, 살인자이기에 더욱더 나를 무너지지 않게 해 줄, 강하고 남다른 도덕적 중심을 원한다.(2권, 86쪽)

이러한 한국 사회에 대한 문제 제기, 나아가 인간 사회의 시스템과 구조에 대한 회의, 인간 본성과 본질에 대한 성찰, 그리고 나아가 새로운 가능성을 모색해 가는 과정이 다름 아닌 '재수사', 다시 구성하고 이야기하는 과정을 통해 구현된다는 점은 주목을 요한다. 또한 그 대상이자 주체는 모두 여성 인물을 통해 이루어지고 있다는 점은 서사화의 혁명적이고 전복적인 가치를 극대화한다. 과거의 사건을 서사화한다는 것은 과거를 현재 속에서 다시 구성하고, 새로운 의미를 담는 행위이다. 이는 나아가 기존의 역사적 해석을 전복하는 행위이다. 더군다나 『재수사』는, 과거의 사건을 원점에서부터 다시 추적해 나가며 '재구성'해 나간다. 재구성하기는 역사적 서사를 새롭게 쓰는 창조적 실천이라고 볼 수 있는데, 기존 역사에서 주변부로 밀려났던 존재들을 중심으로 내세우고, 주류 서사의 빈틈을 메우거나 다시 짜는 과정이기 때문이다. 이는 "기존의 역사적 통념을 뒤흔들며, 당연하게 여겨지던 것들에 의문을 제기"하게 한다.[22]

따라서 재구성은 과거를 현재적 시선으로 재해석하는 동시에 미래를 향한 전망을 제시하는 과정이기도 하다. 이러한 서사화의 전복적 가치는

---

21 김용출, 「형사소설 「재수사」 장강명 "한국 사회에 공허와 불안이라는 묵직한 화두를 던지고 싶었다"」, 《세계일보》, 2022. 8. 24.
22 J. W. Scott, *Gender and the Politics of History* (NY: Columbia University Press, 2018).

특히 여성 인물을 통해 구현될 때 더욱 혁명적이고 적극적인 의미를 가진다. 여성은 역사 서술에서 종종 주변부로 밀려나거나, 가부장적 시선 속에서 왜곡된 방식으로 재현되었다. 그러나 스피박의 지적처럼 여성의 경험과 목소리를 적극적으로 서사화하는 것은 단순한 보완 작업이 아니라 역사적 패러다임 자체를 뒤엎는 시도[23]이다.

여성이 주체가 되는 서사는 단순히 '숨겨진 여성들의 역사'를 복원하는 것이 아니다. 주디스 버틀러에 따르면 그것은 "역사 속 권력관계를 새롭게 조명하며, 기존의 역사 기술 방식 자체를 변형시키는 적극적인 실천"[24]이기 때문이다. 여성의 경험은 단순히 '개인의 이야기'가 아니라, 사회적·정치적 의미를 지닌다. 따라서 "여성 인물을 통해 서사화하는 것은 '역사 속에서 여성도 있었다.'라는 보충적 시각을 넘어, 역사의 중심이 누구이며 역사는 어떻게 구성되어야 하는가"[25]에 대한 근본적인 질문을 던지게 한다. 결국『재수사』는 신촌 여대생 살인 사건의 단순한 기록이 아니라 적극적인 개입이며, 현재적 의미를 재구성하는 작업이다. 특히 여성 인물을 통해 서사화하는 것은 기존 역사 서술의 틀을 깨고, 새로운 역사적 상상력을 열어가는 혁명적인 행위인 것이다. 이는 공허하고 불안한 현재 한국 사회에 대한 응시를 통해 새로운 윤리성과 공동체를 구현하는 가능성으로 이어질 수 있다.

---

23 Spivak, *A Critique of Postcolonial Reason*(Havard university press), 1999.
24 주디스 버틀러, 조현준 옮김,『젠더 트러블』(문학동네, 2008).
25 N. Z. Davis, *Women on the Margins: Three Seventeenth Century Lives*(MA: Harvard University Press, 1995)

3 도전하고 질문하는 존재, 성장하는 청춘 세대와 여성성

1997년 외환위기 이후, 경제와 사회가 재편되는 과정에서 신자유주의 이데올로기는 구조와 제도의 문제를 개인의 노력과 성실이라는 덕목으로 채우기를 요구하며 무한 경쟁의 가치와 논리를 전면화해 왔다. 이 과정에서 가장 취약했던 청춘 세대는, 또한 여성들은 기성세대에 편입하지도, 저항하지도 못하는 애매한 상황에서 이중의 소외를 겪어 왔다. '아프니까 청춘이다.'라며 마음 달래고 열심히 노력하라 하거나, '노력하면 뭐든지 이룰 수 있다.'라는 신화를 주입했다. 그러나 기성세대가 만들어 놓은 시스템 안에서 사회적 기반도 힘도 갖추지 못한 청춘들은 균열할 수밖에 없다. 그리고 열심히 노력하지만 내면 어딘가에는 끊임없는 불안으로 신음할 수밖에 없다. 그렇기 때문에 현재 젊은 MZ세대들은 상당수가 "자신들은 정치에 관심이 없으며, 정치적인 색깔을 이야기한다면 '중도'라고 답한다."[26]라고 한다. 정치판에서 어떤 논쟁과 싸움이 일어나건 간에 지금 나의 현실의 문제에 하등 무슨 보탬이 되겠는가라는 회의 때문이다. 그들에게 정치인들이 보여 주는 모습은 이념의 색깔과 내용에 상관없다. 그들은 그저 기성세대의 싸움을 수행하는 존재들일 뿐이다. 그리고 젊은이들은 한국 사회가 '공정'하지 못함에 분개한다. 나의 노력과 정성이 정당하게 보상받지 못하는 현실에서, 언론 등을 통해 특권층의 부당한 이익, 불공정한 경쟁 등을 바라보게 되면 그 좌절감과 패배감은 배가 된다. "불평등은 이전 세대로부터 '상속'받은 것이고, 국가 시스템은 노력에 대한 보상을 보장하지 못하고 있기 때문에 '예측 불가능성'의 불안"[27]인 것이다.

---

26 김기훈, 「MZ세대 10명 중 5~6명은 '이념중도'…7명가량 "지지 정당 없어"」, 《연합뉴스》, 2022. 3. 14.
27 안석·진선민, 「불평등 상속받은 MZ… 예측가능한 공정을 원한다」, 《서울신문》, 2021. 7. 15.

한 시대를 살아가는 청춘 세대의 문제는 단순히 당대 특정 연령층의 문제가 아니다. 왜냐하면 그들은 기성세대가 만들어 놓은 결과로서의 시스템 안에서 삶의 자리를 처음으로 만들어 가는 이들이기 때문이다. 또한 기성세대로의 진입이나 이탈이냐 사이에서, 진입마저도 사실상 불가능한 상황에서 이들은 끊임없이 밀려난 소외자이자 희생자이기 때문이다.

장강명은 데뷔 초기부터 현재에 이르기까지, 한국 사회의 문제를 밀도 있고 세밀하게 묘파하며 그 문제 지점들을 냉철하게 지적한다. 또한 여성이기 때문에 이중, 삼중의 소외를 겪을 수 있다는 점, 주류와 중심부로서의 남성들이 볼 수 없는 지점들을 매우 섬세하고도 날카롭게 드러냈다. 그 과정은 현실에 대한 이탈에서부터 미래에 대한 가능성에 이르기까지, 구체적인 사회 사건에서부터 인간 본질에 대한 탐구에 이르기까지 매우 깊이 있고 밀도 있게 이루어졌다. 이 과정에 동원된 여성의 성장서사는 독자들에게 사회의 불평등한 구조를 다시금 인식하게 한다. 이를 통해 독자는 기존의 규범과 가치체계를 반성하고, 변화의 필요성을 자각하게 된다. 즉 성장하는 여성 인물은 단순한 서사 속 캐릭터가 아니라, 현실 사회의 문제를 드러내고 독자들에게 질문을 던지는 하나의 도전적인 존재로 기능한다.

장강명 소설 속에 나타난 여성 인물의 성장 서사는 단순한 개인의 변화가 아니라, 현재 한국 사회 시스템과 역사에 대한 총체적인 반성을 드러내는 힘을 가진다. 이는 단순한 자아실현의 차원을 넘어, 사회구조의 문제를 폭로하고 새로운 가능성을 모색하는 계기를 마련한다는 점에서 중요한 가치와 효과를 가진다.

| 동물성 |

인간으로 동물 되기
—— 한국 소설의 의동물화 형상과 사변적 상상

황지선

1 존재를 이해하는 급진적 위치 전환

　AI 기술의 등장, 펜데믹, 기후 위기, 비인간 존재의 권리 확장 등의 이슈는 우리가 진정 '미지의 영역(uncharted territory)'라는 새로운 스테이지에 올라섰음을 체감하게 한다. 근대적 질서를 따르면 안온할 수 있었던 시절은 사라지고, 이젠 완전히 다른 발상과 대응 방법을 고민할 때가 온 것이다. 근대 체계가 불러온 문제를 더 이상 외면할 수 없는 인간은 맨 먼저 '나' 자체를 재사유한다. 인류의 삶을 위협하는 문제들은 대부분 이 지구의 주인을 오직 '근대인(인간)'으로 한정했기 때문에 발생했다. 그러므로 우리는 한 번도 근대인이었던 적이 없다는 선언[1]은 곧 우리의 인간성을 재고하기를 요구한다. 최근 '포스트휴먼'에 관한 담론 역시 이러한 흐름에 맞닿아 있다. 특히 기후변화가 기후 재난으로 변모할 정도로 생태환경에 심각한 문제가 일어난 오늘날, 인간 이탈/이후를 상상하는 자들은 근대인의 열등한 타자

1　브뤼노 라투르, 홍철기 옮김, 『우리는 결코 근대인이었던 적이 없다』(갈무리, 2009).

였던 비인간 존재가 우리를 반사하던 또 다른 상임을 깨달았다.

일찍이 김미현은 동물성을 통해 인간의 위상과 시대정신을 가늠해 볼 수 있으며, 동물성이란 인간성의 '그림자(the shadow)'로서 인간 주체의 가장 파괴적이고 열등한 면을 은유한다고 말했다.[2] 지구에서 가장 우월한 존재여야 하는 인간은 자기 안의 동물성, 나아가 비인간 동물까지 혐오하고 무시해 왔다. '동물적인 것'은 오랜 시간 인간 옆에서 인간의 대상으로 존재해 왔다. 한때 신의 현신으로 여겨졌던 동물은 인간화한 신을 숭배하던 중세와 인간주의를 내세운 근대를 지나며 격하되었다. 특히 근대인은 동물과는 다른 동물(인간)이 되기 위해 동물적인 것들을 "인간의 반대항이라기보다 동물과 인간 사이에 있는 인간 타자의 전체 스펙트럼을 나타나는 위계 속에서 또 다른 경사면으로 배치"[3]했다. 이 기울어진 이분법에 따라 이방인, 여성, 비백인, 퀴어 등은 인간이지만 '비-인간화(dehumanization)'의 과정을 거쳐 '동물 같은 인간'이 되었다. 이 동물화된 타자들은 사실 인간 주체가 간과한 것들을 매혹과 공포로 돌아보게 하는 독특한 존재였지만, 인간의 이성은 인간 밖에서 엄습하는 알 수 없는 감각을 받아들이기보다는 외면하는 길을 택했다. 인간 외 세계를 감지하는 감각은 삭제되었고 동물 같은 인간은 부재의 자리로 격하되었다.

동물 같은 인간은 물론 비인간 동물 또한 시혜적 보살핌의 대상이었다. 인간이라면 스스로를 인간으로 인지할 줄 아는 '이성'이 있지만 동물은 그렇지 않기 때문이다. 예컨대, 헤겔과 라캉을 경유한 코제브는 인간과 동물의 차이를 '자기의식'에서 찾았다. 자기의식이 있다면 자기를 알고 나아가 타자를 인식할 수 있으며 이를 통해 사회관계를 형성하려는 욕망을 지

---

2   김미현, 「동물성의 수사학」, 『젠더 프리즘』(민음사, 2018).
3   프란체스카 페란도, 이지선 옮김, 『철학적 포스트휴머니즘』(아카넷, 2021), 155쪽.

니게 된다. 그러므로 자기의식을 지닌 인간은 자신의 욕망을 성취하기 위해 타자가 필요함을 알지만, 이것이 없는 동물은 폐쇄적인 욕망만을 추구한다는 것이다. 레비나스식으로 말하면 타자의 얼굴을 볼 수 있고 거기에 답할 수 있는 건 오직 인간이다.(물론 그 타자의 얼굴 또한 언제나 인간의 얼굴일 것이다.)

    그렇기에 동물은 인간의 이성을 경유해야, 더 정확히는 인간의 이성으로 재단한 후에야 조금 이해할 수 있는 저열한 존재였다. 인간은 동물을 이해하기 위해 '의인화(anthropomorphism)'라는 비유 기법을 사용했다. 의인화는 본래 신을 인간 형상으로 묘사하는 일을 의미했지만, 이제 동물을 인간화하는 행위까지 포괄하는 말이 되었다. 의인화는 대체로 인간의 관점에서 동물을 바라보는 구조를 취하기에 그것이 동물에 대한 개인적 관심이든, 집단의 상징을 세우기 위한 정치적 작업이든 인간중심적 사유 안으로 포섭되고 만다. 그러므로 의인화는 "투사자인 인간의 관점과 욕망으로 대상을 대상화 혹은 인식적으로 수용"[4]한다는 뜻을 내포한다. 나아가 의인화는 인간의 의지를 더 확장하는 수단이다. 예컨대 동양 고전 서사 속에서 여우, 물고기, 앵무새 등은 인간으로 변해 고착된 경계를 넘나들며 새로운 세계를 만드는 데 기여한다. 하지만 동물은 결국 인간이 되어야만 활약할 수 있으며, 동물이 가진 각각의 특성은 오직 인간을 위해 사용될 때 긍정적인 능력으로 인정받는다. 이는 의인화가 "외적 관계가 아니라 내적 연관에 의해 현상들의 인접 관계를 찾아서 그것의 질서로부터 얻은 지혜를 자신의 내부로 전위"[5]하려는 일임을 환기한다.

    이러한 측면에서 의인화는 인간의 사유를 동물에게 강요하는 결과를

---

4 전세재, 「포스트휴먼: 의인화와 동물-되기의 기법」, 《문학과 환경》 7-2(문학과환경학회, 2008), 167쪽.
5 김지선, 「동아시아 서사에서의 변신 모티프 연구」, 《중국어문논총》 25(중국어문연구회, 2003), 168쪽.

불러온다. 인간이 다 알 수 없는 감각과 지각의 세계가 있음을 간과한 채 동물의 삶을 인간 이성으로 재단하고 그들의 능력을 과소평가하는 것이다. 그렇다면 우리는 우리로서는 절대 알 수 없을 그들을 있는 그대로 놓아두어야 할까. 이 또한 적절한 태도는 아니다. 인간중심주의로 환원되는 게 두려워 인간과 동물 사이의 소통 가능성을 부정하는 일 또한 대상 간의 이해를 지연시키는 일이다.

나아가 이렇게도 물을 수 있을 것이다. 인간중심주의는 과연 나쁜가? 인간이 가진 게 인간 몸과 정신뿐이라면 인간은 오직 그것을 통해 세계를 이해할 수밖에 없다. 중요한 건 그 판단이 세계의 전부가 아님을 인정하는 데 있다. 인간의 한계를 인정하는 인간중심주의, 그리고 이에 바탕하는 의인화는 인본주의에 억압된 동물성을 인간 내면에서 다시 확인하며 되살리는 과정일 수 있다. 동시에 동물성이 어떤 것인지를 동물을 통해 알 수 있게 한다. 자기의식을 바탕으로 내가 온전히 알 수 없는 비인간 타자를 최대한 알아 가려 노력하는 것, 그들이 무엇을 보고 느끼고 생각하고 있는지를 궁리하는 것이야말로 인간-비인간 간의 간극을 좁히는 방법인 것이다.

인간과 동물의 관계를 재구축하려는 시도들은 동물의 인지 감각 자체를 연구하며 새로운 이해 지평을 열고 있다. 토머스 네이글은 「박쥐가 된다는 것은 무엇일까?」[6]를 통해 인간은 박쥐의 감각과 경험을 알 수 없다고 말한다. 우리가 아무리 박쥐가 되어 그의 감각을 느껴 보려 해도, 그건 단지 인간의 상상일 뿐이다. 그렇기에 네이글은 공감과 상상에 기대지 않고 "모든 것을 포착하지는 못하겠지만, 그 목표는 적어도 부분적으로, 경험의 주관적 특성을, 그러한 경험을 가질 수 없는 존재가 이해할 수 있는 형태로

---

[6] Thomas Nagel, "What Is It Like to Be a Bat?", *The Philosophical Review* Vol. 83 No. 4, (Duke University Press, 1974), pp.435~450.

기술"⁷하는 '객관적 현상학(objective phenomenology)'을 정립해야 한다고 말한다.

네이글의 논의를 확장하여 '에일리언 현상학(alien phenomenology)'을 주창한 이언 보고스트와 레비 브라이언트, 동물 감각의 차이를 세밀하게 제시하는 에드 용 역시 동물 감각과 인간 감각의 체계는 다르다고 말한다. 수많은 생물은 동일한 물리적 공간에 존재하면서도 완전히 다른 '환경세계(umwelt)'⁸를 점유한다. 그러나 이 사실은 종종 무시된다. 동물도 사람처럼 보고 듣고 느끼는 것처럼 여기거나, 동물들의 특별한 감각 체계를 인정하면서도 이를 구체적으로 논할 때는 인간의 방식으로 치환해 버린다. 말하자면 서로 다른 환경세계에 살고 있다는 것을 망각하기 일쑤이다. 이때, 에일리언 현상학은 인간중심적인 앎의 양식을 '판단중지(epoché)'하여 "모기, 나무, 바위, 컴퓨터 게임, 기관 등과 같은 여타 존재자가 주변 세계를 맞닥뜨리는 방식을 탐구하고자 한다."⁹

이들은 인간 이성과 몸 감각을 배제한 채 동물의 세계를 객관적으로 구현할 수는 없다고 말한다. 하지만 "우리는 이런 일 중 어느 것도 제대로 할 수 없지만, 나름 근접할 수 있는 유일한 동물"¹⁰이다. 그렇기에 인간의 몸이라는 한정된 도구를 통해서라도 최대한 비인간 동물의 환경세계를 알아가려 노력해야 한다. 인간은 주관적 지각 체계 때문에 비인간 존재를 하나

---

7   Though presumably it would not cap—ture everything, its goal would be to describe, at least in part, the subjective character of experiences in a form comprehensible to beings incapable of having those experiences. ibid., p.449.
8   야콥 폰 윅스킬이 정의한 개념으로 동물이 감지하고 경험할 수 있는 환경의 일부인 지각적 세계를 뜻한다. 환경세계 개념에 따르면 사람과 박쥐와 외계인은 환경을 지각하는 체계가 다르기 때문에 물리적으로는 동일한 세계를 서로 다른 세계로 인식하며 살아간다.
9   레비 R. 브라이언트, 김효진 옮김, 『존재의 지도』(갈무리, 2020), 103쪽.
10 에드 용, 양병찬 옮김, 『이토록 굉장한 세계』(어크로스, 2023), 532쪽.

의 왜곡된 '캐리커처(caricature)'로 그려 낼 수밖에 없다. 캐리커처가 의인화라고 할 때, 인간-비인간 동물의 간극은 서로를 영원히 이해할 수 없다는 비관에 빠지게 하지만 동시에 "우리가 우리 자신과 주변 객체들 사이의 차이를 부각하는 데 도움이 된다."[11]

보고스트와 브라이언트는 이 어긋난 경험 세계를 잇기 위하여 '비유(metaphor)'와 '추론(inference)'을 적극적으로 도입해야 한다고 말한다. 물론 이 두 가지 방법은 인간중심적 의인화의 함정에 노출되어 있다. 하지만 그것이 비인간 존재의 모습 전부일 것이라고 혼동하지 않는 한, 우리는 비인간 존재가 어떻게 독립적인 동시에 관계적인 구성원으로 살아가는지 알 수 있다.

이렇듯 네이글, 보고스트와 브라이언트는 인간 지각이 존재를 인식하고 관계 맺는 수많은 방식 중 하나일 뿐이라는 점에 동의하면서 타자에 접근하는 방식을 달리한다. 물론 인간적 방식을 최대한 배제하든 경유하든, 동물의 마음을 규명하겠다는 시도는 실제적이지 않은 '사변적(speculative)'인 일이기에 비판을 받기도 한다. 하지만 다시 처음으로 돌아가서 생각해 보면 현시대의 문제는 인간 인식으로 알 수 없었던 존재(동물화된 인간, 비인간 자연, 동물 등)를 쓸모없는 삿된 것으로 치부하며 수탈했기에 벌어진 것이 아닌가. 그리하여 헛되기에 억압되었던 것들은 지금 귀환 중이다. 새로운 스테이지에서 우리가 당면한 문제들은 사변적으로 진지하게 탐구해야만 돌파할 수 있다. 그러니 지금 필요한 건 허무맹랑한 사변이야말로 사실적인 사변임을 인정하는 일이다.

최근 이러한 사변적 상상은 인간 자아를 가지고 동물의 영역으로 기

---

11 이언 보고스트, 김효진 옮김, 『에일리언 현상학——혹은 사물의 경험은 어떠한 것인가』(갈무리, 2022), 139쪽.

투하는 '의동물화(anthropomorphism)'¹² 실험으로 이어진다. 인간으로 동물이 되겠다는 상상은 동물 자아에 좀 더 적극적으로 다가가겠다는 의지이며, 의인화가 흔히 빠지는 함정 — 동물 형상을 인간의 욕망을 은밀하게 드러내는 도구로 삼는 것 — 을 경계하는 일이다. 또한 "누가 어디까지 말할 수 있는가?"라는 질문이 담지하는 재현의 당사자성 문제를 돌파하는 방법이기도 하다. 의동물화는 인간과 동물 그 사이, 둘 중 무엇도 아닌 생성의 과정에서 만들어지는 대상 이해에 가깝다.

인간과 비인간 존재의 인식 체계를 궁리하는 논의들은 결국 비슷한 지점으로 귀결한다. 이 간극을 실제화하고 설득하는 것은 이야기의 영역이라는 것이다. 객관적으로 재현될 수 없기에 새로운 기술 방법(네이글)과 '비유'(보고스트)를 창안해야 한다거나, '서사'(험프리)¹³가 필요하다는 제안은 이야기가 가진 독특한 힘을 돌아보게 한다. 이야기는 "현실 세계로부터 뿐 아니라 자기 자신으로부터도 부분적으로 분리"¹⁴시키는 과정을 통해 신중한 판단과 정확한 논증 없이도 한순간에 상대를 설득하는 효과를 불러온다. 이것이 현혹이 될 땐 우리의 사고를 마비시키겠지만 긍정적으로 작동할 땐 변화를 일으키는 막강한 원동력이 된다. 내가 온전히 알 수 없는 상대를 최대한 이해하는 일은 이러한 '서사 이동(narrative transportation)'으로 성취될 수 있다. "이야기(story)는 이데올로기보다 더 크다. 거기야말로 우리들의 희망이 있다."¹⁵

---

12 거시적으로 본다면 의인화/의동물화는 같은 말(anthropomorphism)일 수 있다. 하지만 'speculative'가 투기적/사변적이라는 뜻을 모두 가지는 것처럼, 방점에 따라 의미가 변하는 단어라고 볼 수 있을 것이다.
13 니컬러스 험프리, 박한선 옮김, 『센티언스』(arte, 2023) 참조.
14 조너선 갓셜, 노승영 옮김, 『이야기를 횡단하는 호모 픽투스의 모험』(위즈덤하우스, 2023), 52쪽.
15 D. Haraway, *The Companion Manifesto: Dogs, People, and Significant Otherness*(Prickly Paradigm Press, 2003), p.17.

이 글도 이에 동의하기에, 사변적 상상이 한국 소설장 안에 중요한 방법론으로 안착한 2020년 이후의 한국 소설을 대상으로 '의동물화'의 양상을 살피고 그 의미와 가능성을 짚어 보려 한다. 현 한국 소설장은 페미니즘 리부트와 SF를 경유하여 '인간' 개념에 대해 진지하게 성찰 중이다. 이 성찰의 연장선상에서 비인간 존재의 위치에서 생태계를 재사유하는 기후 소설 또한 많이 창작되고 있다.

이 글이 분석하는 대상은 공교롭게도 모두 2021년에 출간된 텍스트들이다. 2020년을 기점으로 벌어진 기후 재난과 코로나 유행 등의 사건은 우리로 하여금 지구 행성의 문제를 실감하게 했다. 한국의 2020년대 역시 '인류세(anthropocene)' 논의가 활발하게 이어지던 시기이자 그에 관한 다양한 저서, 문학 특집이 쏟아지던 시기이다. 대상 텍스트들 역시 이러한 시대적 문제의식을 공유하며 비인간 존재, 특히 비인간 동물의 입장에 설 때 감각할 수 있는 환경세계를 구체화하고 한국 소설의 새로운 비전을 찾으려 한다. 이는 보이지 않는다고 없는 것으로 취급되었던 누락된 것을 드러내어 지구를 다종다양한 구성원의 터전이자 거주 가능한 세계로 재사유하려는 시도이다.

인간과 동물을 횡단하며 동물화된 인간-비인간 타자의 의미를 살피는 소설(「두개골의 안과 밖」), 동물화자를 내세워 기후 재난 문제를 다른 시각에서 조망하려 했던 소설(「약속의 땅」), 의동물화를 전면에 내세워 동물의 입장에서 현 세계를 진단하는 이야기(『절멸』)를 분석하여 인간이 동물이 되어 타자를 이해하는 방식의 한계와 의미를 각각 의동물화의 '비유'와 '서사'를 통해 살펴볼 것이다.

2 인간 인식의 모순과 새로운 포스트휴먼의 비유

　최근 환상은 실제와 잠재의 충돌로 생성되는 하나의 실험이자 비전으로 작동하곤 한다. 서이제의 「두개골의 안과 밖」[16]은 재현의 의미를 인간 개념의 문제에 중첩시켜 살핀다. 이 세계는 "인간 행위자가 여전히 거기에 있기는 하지만 이제 비인간과 분리불가능하게 얽혀 있고, 더 이상 행동과 지배의 중심에 있지 않은 공간"[17]에서 동물화된 인간과 비인간 자연을 소모품으로 전락시킨다. 낸시 프레이저식으로 이야기한다면, '식인 자본주의(cannibal capitalism)'[18]가 그동안 당연하게 수탈해 온 비-경제적 영역(인종, 젠더, 정치, 생태)이 무너져 내리는 과정을 묘사하는 것이다. 나아가 소설은 이 혼란 속에서도 지금까지 견고한 위치를 점유했던 인간조차 그 기본적 삶의 조건을 박탈당하는 지경에 이르렀음을 말한다. 이때 인간-동물화된 인간-동물의 시점을 옮겨 다니는 혼란하고 환상적인 서술은 "낯익은 동물들과 사물들을 매우 기묘한(uncanny) 방식으로 보여 줌으로써 현실적인 것과 상상적인 것, 실제적인 것과 잠재적인 것, 혹은 현재와 과거 사이의 접점으로서의 환상성을 표현"[19]하며 우리가 자멸의 위기에 놓여 있음을 경고한다.

　"이상고온현상으로 농작물 수확이 점점 어려워지고 있는"(157쪽) 기후위기의 세계는 인간이 비인간 존재를 수탈하고 보상하지 않았기에 도래했다. 하지만 인간은 그 정도의 빚은 아무런 문제가 될 수 없다는 듯 "도망치듯, 액셀을 더 세게 밟는다. 속도는 더욱 빨라진다. 지나친다. 완전히 지나

16　서이제, 「두개골의 안과 밖」, 《자음과모음》 2021. 여름. 이하 인용 시 쪽수만 표기한다.
17　스테이시 앨러이모, 윤준·김종갑 옮김, 『말, 살, 흙』(그린비, 2018), 116쪽.
18　낸시 프레이저, 장석준 옮김, 『좌파의 길』(서해문집, 2023) 참조.
19　최영진, 「들뢰즈의 생성 개념으로 읽는 『이상한 나라의 앨리스』의 환상성, 패러독스, 그리고 동물 이미지의 잠재성」, 《인문언어》 12-2(국제언어인문학회, 2010), 270쪽.

친다. 빠르게, 빠르게."(156쪽) 하지만 생명까지 빼앗긴 채 땅속에 은폐된 존재들은 "더러운 악취"와 "오래된 악몽"(156쪽)으로 돌아와 인간만이 특별한 존재가 아니며 너희들이 무임승차해 누리던 평화도 깨졌음을 일깨운다. 우리는 부식토(humun)이지 호모나 인간이 아니며 퇴비(compost)이지 포스트휴먼이 아니라는 것이다.[20]

소설은 이 같은 상황을 바이러스 때문에 죽임당하는 새들과 직접 살처분하는 인간, 죽음을 명령하는 인간, 새로 변하는 인간이 뒤섞이고 다시 분리되는 과정을 통해 묘사한다. 그리고 문제의 원인과 대안책을 생명기술적·생명정치적으로 위치하는 지구 구성원의 관계 배치(assemblages) 속에서 찾으려 한다.

이 관계망을 사유하기 위해선 이 텍스트가 설정하는 인간과 새의 관계, 그리고 새가 되어 버린 인간의 문제에 집중해야 한다. 소설은 인간이었으나 새로 변하는 존재를 통해 인간의 감각으로 새의 고통을 가늠할 수 있는 길을 연다. 자기의식을 지닌 자가 생성한 타자 의식은 다시 자기 머릿속을 떠나 상대 혹은 다른 존재에게 전달되어야 상호성을 획득한다. 하지만 내 생각은 머리를 떠난 기호화와 해석(encoding and decoding)이라는 특정한 번역 체계에 의존할 수밖에 없기에 한 번 더 변형된다. 앞 장에서 말했듯 이런 과정 속에서 의인화/의동물화의 오류가 발생하기도 한다. 이를 막기 위해서는 타자를 인식할 때 그것은 어느 정도까지 가능한가, 타자의 의식을 알게 되었다면 이제 그와 나는 동등한가, 나의 의식을 어디까지 확장했다고 말할 수 있는가 등의 민감한 문제도 해결해야 한다.

이 소설의 제목 「두개골의 안과 밖」은 인간 안에만 있다고 여겨지는 이성 개념에 의문을 제기함과 동시에 현상적 의식으로 창발하는 (고통을 이

---

20 도나 해러웨이, 최유미 옮김, 『트러블과 함께하기』(마농지, 2021), 99쪽.

해하는) 마음은 어떻게 확장될 수 있는지를 고민하게 한다. 마음이 본래의 자리로 여겨 온 인간의 육체·정신의 경계를 넘어서 '확장(Extended mind)'될 수 있다면 우리는 구성 오류 없이 동물의 입장을 이해할 수 있는가. 이를 알기 위해 텍스트는 섣불리 동물 화자에게 이입하는 의인화의 오류를 저지르기보다 '새인간'이라는 비유적 형상을 통해 그 간극에 다가서려 한다. 소설은 내(인간)가 알 수 없는 것을 함부로 말할 수 없다는 조심스러운 태도를 반복적으로 강조한다. 인간이 비인간 동물의 생각과 감각을 어디까지 알 수 있는가. 자신이 아는 걸 써야 한다는 근대소설의 오래된 명제 아래, 진정성의 경계에서 머뭇거리는 것이다.

> 인간의 말로 쓸 수 없음. 주어, 서술어. 쓸 수 없음. 주어, 목적어, 서술어. 쓸 수 없음. 닭은 인간처럼 말하지 않고. 관형어, 주어, 서술어. 인간처럼 생각하지 않고. 주어, 목적어, 부사어, 서술어. 인간과 다른 방식으로 생각하고 느끼기에 쓸 수 없음…… 내가 겪지 못한 고통에 대해서는 쓸 수 없음. 차마 묘사할 수 없음. 함부로 재현할 수 없음. 아니, 재현될 수 없음. 감히 상상할 수조차 없음. 그렇기 때문에 쓰면 안 된다는 생각과 그럼에도 불구하고 써야 한다는 생각이 교차한다.(171쪽)

위 제시문은 알 수 없는 것을 논하는 일의 어려움을 말한다. 이를 인간과 동물의 인식 관계로 치환한다면 인간으로서의 앎을 '판단중지(epoché)' 하고 동물을 재현하는 일이 얼마나 어려운지를 보여 주는 말이기도 하다. 인간은 오직 자기 자신의 경험과 의식만으로 타자를 알 수 있는데 그 인식틀이 타자를 몰이해하게 만든다. 이 모순적 상황 때문에 우리는 아무것도 쓸 수 없는 상태가 된다. 나의 바깥에 있는 타자의 기분을 알기 위해서는 그에 대해 거의 모든 걸 다 알아야 한다. 그렇기에 소설은 죽어 가는 새들의 모든 퀄리아(qualia: 맛이나 통증 등의 현상에 대한 주관적인 의식), 신경계와 신체, 욕구와 환경, 생태적 과거와 현재를 탐구하지 않고서 어떻게 상대를 안다고 말할 수 있는지, 아니 이 모든 것을 안다고 과연 인간으로서 새들을 있는 그대로 이해할 수 있는지를 염려한다. 동물에게 인간의 마음을 이입해 어떻게 작용할지 예측하는 건 불가능하다. 왜냐하면 우리들의 감각 체계는 다른 점이 더 많아서 작동하지 않을 게 뻔하기 때문이다.[21]

하지만 이야기는 어떻게든 이어진다. 소설은 '새인간'을 통해 새와 인간이 사실 유사한 존재일 수 있다는 사실에 도달한다. 그렇다면 인간은 두개골 안쪽에서 바깥으로 이어지는 '확장된 마음'을 통해 새를 이해하려 시도할 수 있다. 물론 이때 정보는 보존과 변형을 반복하는 불안한 과정을 거친다. 소설은 이 깨진 상태를 보여 주기 위해 타이포와 사진 이미지, 알 수 없는 말들의 반복적 배치를 전면에 내세운다. 매끈한 번역, 즉 문법에 맞는 문장과 활자만으로 이루어진 글은 인간 인식의 범주 안에서 움직이는 것이다. 단일하고 매끈한 언어 체계로는 담아낼 수 없는 구멍들이 바로 비인간 동물의 의식이다. 그 균열된 과정을 직접 보여 주는 것이 인간성의 함정에 빠지지 않은 채 비인간 동물에 대해 최대한 말할 수 있는 방법이다. 왜곡된 캐리커처와 비인간 동물을 의미하는 다양한 비유들이 이를 뒷받침한다.

비인간 동물을 형상화하는 깨진 언어는 형식적 측면은 물론 내용에도 적극 반영된다. 비인간 동물은 자신의 죽음을 처리하는 동물 같은 인간의 형상과 겹쳐진다. 그들은 곧 이주 노동자, 3D 노동자로 비유되는데, 인간이지만 동물처럼 취급되는 이들의 발언은 동물의 것만큼이나 쓸모 없이 다뤄진다. 이들의 언어 역시 불안하고 어색한 말이다. 문법이 파괴된 말, 음

---

21 에드 영, 앞의 책, 500쪽 참조.

소거된 말은 "이성적 사고를 가능하게 하는 말······ 인간의 말로 세운 규범" (171쪽)의 바깥에 있는 자의 것이다. 그 말의 소유자는 "농작물처럼 팔리다. 너는 이제 다른 곳으로 팔릴"(158쪽) 사물이자 말이 통하지 않는 사람들에게 영문도 모른 채 죽도록 맞는 "그런 점에서 새와 나는 같다."(157쪽)

우리가 벌레를 죽이기 때문에 벌레는 죽다. 사장님 벌레를 해충이라고 부르다. 해충은 벌레다. 벌레가 죽기 때문에 새는 배고프다. 새는 배고프기 때문에 배를 먹다. 배를 먹기 때문에 새는 죽다. 총에 맞아 죽다. 배고파 죽거나 맞아 죽거나. 내일 또는 내일의 내일. 우리는 배고파 죽거나 맞아 죽다. 어제의 너를 생각해. 살충제 뿌리다. 죽다. 뿌리다. 죽다. 뿌리다. 뿌리부터 죽다. 제초제 뿌리다. 죽다.(158쪽)

파편화된 언어는 사용자의 상황을 드러낸다. 동시에 불명확한 문법은 그를 새에 병치시킨다. 외국인 노동자가 구사하는 '피진(pidgins)어'[22]는 동물 언어, 새 언어, 반복어, 무의미어, 침묵, 욕설, 비속어, 더듬거림, 재잘거림 등을 포함하는 소수자의 언어이다. 경계 언어는 "변수들을 끊임없는 변이 속에 두면서 언어 자체를 정지시키고 더듬게 하는 언어적 변수들의 소수적인 사용"[23]이지만, 언어가 곧 권력이 되는 현실에서 이는 타자의 언어이자 이방인의 언어로 밀려난다.

노동자의 불완전한 한국어는 그들을 경계인이자 동물 같은 인간으로

---

22 피진어, 크리올어 등은 정상적인 언어를 사용할 능력이 없는 사람들 사이에서 임시변통으로 생겨난 결함투성이의 언어, 주변 언어, 야만 언어로 생각되었다. 하지만 피진어는 서로 다른 언어를 사용하는 사람들이 서로의 접촉 과정에서 의사소통을 위하여 임시로 만들어 사용하는 접촉어이며 그 나름의 맥락과 역사가 있는 소수언어이다.
23 로널드 보그, 김승숙 옮김, 『들뢰즈와 문학』(동문선, 2006), 301쪽.

전락시킨다. 언어 권력을 지니지 못한 자들은 먹이가 없어 배를 먹다가 총에 맞아 죽는 새와 똑같은 죽음을 맞을까 봐 두려움에 떤다. 그런 의미에서 외국인 노동자의 피진어는 하위주체의 상황 자체를 드러내면서 동시에 동물 언어의 '비유'로 기능한다. 비유는 타자의 경험을 증명하거나 검증하려는 것이 아닌 사변적으로 구상하는 방법이다. 비유를 통한다면 "우리는 자신이 객체와 맺는 관계가 직접적이지 않음 — 우리가 언제나 일단 제거되어 있음 — 을 인식"[24]할 수 있기에 인간중심주의로의 환원에서 어느 정도 해방될 수 있다.

그리고 비유는 없음 자체도 대상으로 가져올 수 있다. 소설에서 새를 살처분하는 하는 광경은 국가에 의해 철저히 통제된다. "참혹함. 끔찍한 장면들은 가려져야 한다."(177쪽)라는 명령 아래 모자이크와 음소거로 지워지는 새들의 죽음은 대신 그에 관여하는 인간들의 통증에 비유되며 흔적을 남긴다. 물론 그 통증을 느끼는 건 "저 새끼. 이 새끼. 이곳에서 이름이 없는 건, 까치나 나나 마찬가지"(163쪽)의 취급을 받는 이름 없는 노동자이지만, 그 설명할 수 없는 아픔은 곧 새인간 폭등의 원인이 되어 안온한 인간 사회를 뒤흔드는 씨앗이 된다. 이처럼 이 소설에서 언어는 두 존재를 잇는 방법이며 그것이 결코 성공적인 과정과 결과로 이어지지 않음을 보여준다. 비인간 존재는 인간의 말을 빌려 자신을 드러내야 하기 때문에 언제나 파괴되어 있으며, 인간 또한 비인간을 사변적으로 이해해야 하기에 균열 난 이해에 머물 수밖에 없다. 소설은 피진어라는 내용과 그림, 무의미어, 파열된 타이포라는 형식을 가지고 한계를 드러내며 또 넘어서려 한다.

나아가 「두개골의 안과 밖」은 "비유를 표상적으로 사용하기보다는 오히려 변신(metaphorphosis) 중인 실재를 파악하고자 노력"[25]하기에 이른다.

---

24 같은 책, 145쪽.

사변적 상상을 통해 직조된 '새인간'은 인간이 비인간 동물로 변화해 가는 과정을 보여 준다. 그들이 새가 되는 이유는 그들이 식인 자본주의에 의해 수탈당하는 동물 같은 인간이기 때문이며, 새들 또한 같은 이유로 살처분된다. 하지만 말할 수 없는, 말해질 수 없는 '새인간'은 이 기후 재난 시대에 말할 권리를 얻어야 하는 존재로 문제 해결의 키가 될 수도 있다. 새가 된 인간이자 새로운 인간이라는 이중적 의미의 '새인간'은 이 시대에 우리가 어떻게 지구에 거주해야 하는지를 생각하게 한다.

소설은 오랫동안 원인 불명의 통증에 시달리던 주변인이 한순간 사라져 버린 후에 "새를 보았다고. 까치, 참새, 비둘기, 박새, 까마귀 등등"(166쪽)이라는 증언을 확보하지만 믿지 못한다. 유출된 영상을 자신의 눈으로 본 후에도 불신은 여전하다. 자기가 보고 느끼는 것만이 진실이고 전부이며 이성이라고 말하던 인간들은 이제 자신이 목도한 것조차 믿지 못하는 아이러니에 빠지는 것이다. 인간은 모든 것을 알 수 없으며, 안다고 해도 아집에 사로잡혀 제대로 보려 하지 않는다. 이 비양심적인 행위야말로 인간이 지금까지 유지해 왔던 태도이며 지구에 위기를 가져온 원인이다. 우리가 이를 깨닫지 못하는 한, 더 나은 세계는 불가능하다.

인간의 자기의식이 함께 살아가는 비인간 타자를 향하지 않는다면 인간의 사고능력은 무능력한 기능일 뿐이다. 소설에는 두 가지의 구역질이 나온다. 하나는 새로 변하는 인간을 식당 티브이로 본 후 거기 있던 사람들이 하는 구역질이며 다른 하나는 새를 살처분하던 노동자가 새의 절규와 사체를 목도한 후 흘리는 구역질이다. 첫 번째 구역질은 "새는 혐오의 대상"(164쪽)이기에 일어나며, 두 번째 구역질은 새의 죽음을 외면해야 하는 자신에게 수치심을 느끼기에 벌어진다. 새인간은 인간과 비인간 존재의 경

25 같은 책, 143쪽.

계가 무의미함(우리 모두는 지구를 구성하는 사물일 뿐이다.)을 보여 주기도 하지만, 인간 안에 언제나 존재하던 취약성(동물성)을 비유하기도 한다. 보통 인간 이성의 중요한 지점은 자기를 의식할 줄 알고 그리하여 타자를 인지할 줄 아는 데 있다고 한다. 그러나 오늘날 우리에게 필요한 능력은 타자를 인간의 방식대로 인지하는 데서 나아가 그 타자에게 '응답하는 능력(respones-ability)'을 갖추는 데 있다.

인간은 두 가지 태도를 취한다. 자기 안의 동물성을 외면하고 혐오하는 인간들은 어떻게 해서든 그 불결하고 더러운 새인간을 나에게서 분리해 내려 한다. 혐오라는 감정 자체가 완전무결한 자신을 유지하기 위해 발현되는 유아적 방어기제인만큼, 그들은 자신도 새인간이 될 수 있다는 위기감에서 벗어나기 위해 열심히 자기 안의 새인간을 뱉어 내려 한다. 그리고 눈앞에 현존하는 새인간을 적극적으로 삭제하려 든다.

반면 새를 살처리하던 인부는 타자의 시선을 인지하고 그들을 죽이는 자신의 행위를 돌아보며 수치심에 빠진다. 수치심은 타자의 시선과 그 시선 속 자신의 모습 모두를 인지할 때 발현되는 감정이다. 이 수치심의 작동 방식은 에일리언 현상학의 중요한 사고 방법인 '추론'의 방식과 유사하다. 브라이언트는 "어떤 존재자가 우리에게 어떻게 현시되는지 관찰하고 있는 것이 아니라, 오히려 세계가 다른 한 존재자에 어떻게 현시되는지 관찰하려고 노력하는"[26] '이차관찰(second order observation)'이야말로 추론의 과정이라 말한다. 동물 같은 인간들이 느끼는 수치심은 취약함을 감내하고 응답하는 자의 태도이다. 그의 구역질은 비인간 동물 또한 얼굴을 가지고 있는 유의미한 타자임을 알고 그 고통스러운 표정을 어떻게 이해하고 답해야 하는지 궁리하는 과정이다. 인간성이 수많은 비인간 존재를 은폐하며 성립된

---

26 레비 R. 브라이언트, 앞의 책, 103쪽.

개념이라면 이제 그 존재들을 받아들이겠다는 행위이다. 그리하여 그들은 수치와 알 수 없는 것을 아는 새로운 인간(새인간)이 된다. "흰 방호복을 입은 채. 날갯짓하듯, 팔을 크게 휘저으며 들판을 뛰고 있다. 그는 여전히 산속을 향해 죽도록 뛰"(182쪽)어 "새로 살기 위해"(184쪽) 경계를 탈주한다. 자신을 유지한 채 새에 대해 알기 위해서는 인간이면서 새여야 하며, "서로 깊숙이 침투하고, 서로를 빙 돌아 관통해서 원을 그리며 움직이고, 서로를 먹고, 소화불량이 되고, 서로를 부분적으로 소화하고 부분적으로 동화"[27] 하는 홀로바이언트(holobiont), 새로운 인간이 되어야 한다.

새 인간이 되는 것도 나쁘지 않을 것 같더라고요. 새로 사는 것도 보통 쉬운 일이 아니지만, 제가 잘 도망치면 되지 않을까요?(181쪽)

새인간이 되어 인간중심주의에서 끊임없이 탈주하고 비인간 존재의 죽음을 지연시키는 일. 이것이 기후 재난의 원인인 인간이 취해야 태도이자 새와 인간, 새이면서 인간인 모두를 보존하는 방법일지도 모른다. 인간인 줄 알고 살다가 인간의 밖으로 떨려 나는 케이스가 많아질수록, 영문도 모른 채 그런 이들을 죽일수록 인간 삶은 수탈의 굴레에 빠져든다. 누가 누군지도 모르게 삭제되는 삶이 두렵다면 우리는 기꺼이 새인간이 되어 "객체들 사이의 기이한 관계들로 더욱더 스며들어 감에 따라 꼬리에 꼬리를 무는 사변들로 구축되는 현상적 데이지 체인을 수반"[28]해야 한다. 서사의 기승전결이 아닌 타이포그래피를 활용하여 탈주한 새인간의 생사를 알 수 없게 처리한 소설의 마지막은 새인간을 통해 끝없이 연결될 타자들의 체인

---

27 도나 해러웨이, 앞의 책, 108쪽.
28 이언 보고스트, 앞의 책, 179쪽.

이 오랫동안 건재하기를 바라는 희망의 결말이다.

3 전지적 인간 시점의 허점과 동물 서사의 탄생

처음에 말했듯, 오늘날 우리가 맞닥뜨린 기후 재난은 전례가 없다는 특성 때문에 지금까지 우리가 고수해 왔던 사고, 상상 체계로는 예측할 수 없는 결과를 내놓곤 한다. 문학의 사정도 다르지 않다. '근대소설(novel)'이라는 장르가 생긴 이래, 수많은 사람들이 서사의 죽음을 선언했지만 소설이 지금처럼 위기감을 느낀 적은 없을 것이다. 소설을 쓰는 이, 읽는 이의 감각과 인식 체계는 여전히 근대적인 세계에 머물러 있다. 기후 위기가 곧 문학의 위기라고 말하는 아미타브 고시는 "근대소설은 결코 '있을 법하지 않은 것'의 중요성과 마주하는 상황에 내몰린 적이 없다. (……) 근대소설의 기능에서는 사건의 토대를 은폐하는 작업이 시종 가장 중요한 요소였다."[29]라고 말한다. 기후 재난 같은 일은 상식적으로 있을 법하지 않기에 서사에서 밀려났으며 소설은 무능해졌다는 것이다.

하지만 허황된 상상과 예외상황에 대한 대책을 판타지, SF, 기후소설(cli-fi) 등의 장르소설이 떠맡으면서 우리의 무능한 인지 세계는 사변적 실험을 통해 새롭게 변모할 수 있었다. 인간의 인식으로 동물의 마음을 예측하는 일도 그 상상의 나래 중 하나일 것이다. 사변적 상상은 지금까지 인식 능력이 없어 보이던(혹은 생명마저) 어떤 것을 생생하고 위험스럽게 살아 있는 존재로 드러나게 했다. 그리고 그 존재는 놀라움과 경이로움으로 우리의 논리적 허점을 짚어 냈다.

---

29 아미타브 고시, 김홍옥 옮김, 『대혼란의 시대』(에코리브르, 2021), 37쪽.

최근 의동물화는 다양한 인식 방법을 모색한다. 동물이 인간으로 변신하는 것, 비인간 동물에 감정을 이입하거나 자신을 투사하는 것에서 나아가 인간이 비인간 동물이 되어 동물화자로 발언하는 실험을 한다. '말하는 동물'은 그것이 인간의 것인지 동물의 것인지 구분하기 힘들지만, 비인간 존재의 감정을 직접적으로 호소할 수 있기에 강력한 양날의 검이다. 독자는 '부당한 폭력을 당하는 나'라는 화자에 자신을 동일시할 뿐 아니라 '듣는 위치'에 놓이므로, 상황을 적극 개선하려 애쓰게 된다. 즉 동물화자 소설은 동물과 인간의 '화자-청자' 관계를 통해 '상호성'을 생성한다.[30] 비인간 동물화자의 등장은 또한 동물이 지닌 현상적 의식을 적극적으로 수용하는 일이다. 지각과 감각이 없어 자아 역시 존재하지 않는다고 치부되었던 존재를 "의식이 있는 주체로, 단순한 물리적 대상이 아닌 존재"로 재인식하며 그들의 "단순한 몸이 아니라 그들의 존재를 보는 것"[31]이기 때문이다.

김기창의 「약속의 땅」이나 이동시 총서(이동과 동물과 시) 『절멸』은 인간의 의식을 가진 자들이 용감하게 동물 안으로 뛰어드는 모험을 감행한다.[32] 이 작업들이 용감한 이유는, 말할 수 없는 것을 어떻게 말해야 할지를 골몰하느라 아무말도 못하는 상황 속에서 최대한 말하지 않으면서 말해보겠다고 나섰기 때문이다. "세계에 조작을 수행하고 세계를 마주하는 우리 자신의 인간적인 방식을 중지하려는 시도"[33] 후에 동물의 감정과 생각을 기술해 보겠다는 태도는 인간이지만 최대한 동물의 입장을 대변하겠다

---

30 송다금·백문임, 「2010년대 동물화자 소설에 나타난 인간/비인간 종(種)의 착종(錯綜)」, 《구보학보》 26(구보학회, 2020), 692쪽.
31 니컬러스 험프리, 앞의 책, 174쪽.
32 김기창, 「약속의 땅」, 『기후변화 시대의 사랑』(민음사, 2021); 이동시 총서, 『절멸』(워크룸프레스, 2021) 이하 본문 인용 시 쪽수만 표기한다.
33 이언 보고스트, 앞의 책, 104쪽.

는 것과는 결이 완전히 다르다.[34]

'의동물화'는 그 구속을 깨고 사변의 반사경을 통해 존재의 위치를 바꾸어 모르는 것에 대해 함께 말해 보자고 제안한다. '자기-서사'란 홀로 완성하는 것이 아니다. 이 지구 안의 생명체는 그 누구도 혼자일 수 없다는 해러웨이의 말을 떠올린다면, 의동물화 서사는 일종의 "인간-동물-생성 실천(anthropo-zoo-genetic practice)"[35]이자 우리의 세계를 함께 만들어 가는 작업(worlding-with)임을 이해할 수 있을 것이다.

「약속의 땅」은 기후 위기에 직면한 북극을 배경으로 재난에 '더' 노출된 존재들의 삶을 다룬다. 이 지구 행성이 맞닥뜨린 환경문제는 누군가에게는 음모론에 불과하지만 누군가에게는 생존 문제이다. 더 노출된 자와 덜 노출된 자가 있다는 것은 나아가 더 책임져야 할 자와 덜 책임지거나 책임이 없는 자를 구분해야 하는 이유가 된다. 소설은 식인 자본주의 시스템에서 가장 벗어나 있는 것처럼 보이나, 그렇기에 그 반동을 가장 먼저 체감하는 게 북극의 인간과 비인간 존재임을 밝힌다. 지구 수탈에 기여도가 가장 적은 존재들이 가장 먼저 생존을 위협받는 것이다. 자연의 순리에 따라 살아온 북극의 비인간 동물들과 인간 사냥꾼(동물 같은 인간)은 북극 밖에서 이루어지는 착취와 수탈 때문에 가장 먼저 삶의 터전을 잃는다. 이는 생태 환경의 위기가 인간만의 문제가 아님을 보여 준다. 주인공-화자로 사냥꾼 '우나아크'가 아닌 북극곰 '아푸트'를 선택한 것도 이 때문이다. '땅 위에 쌓인 눈'이란 뜻인 아푸트는 추위와 빙하가 건재하던 북극에서는 영원히 녹지 않았겠지만 이젠 자취도 없이 사라질 존재이다. 소설은 재난에 무

---

34 예컨대 『절멸』의 필자 중 하나인 이슬아는 이 책의 의도가 "의인화의 한계를 알면서 그것을 넘어설 수 있는지" 묻고 "의인화를 실패한 곳에서 시작되는 '의동물화'도 있다"는 걸 보여 주는 데 있다고 말한다. 이는 인간의 언어와 생각으로 말할 수밖에 없지만 그럼에도 최선을 다해 동물이 되겠다는 뜻으로 읽힌다.
35 도나 해러웨이, 최유미 옮김, 『종과 종이 만날 때』(갈무리, 2022), 258쪽.

방비로 노출된 비인간 동물을 화자로 삼아 "알고 있는 것과 선택할 수 있는 것들의 범위 밖에서 녹아내리는"(241쪽) 기후 재난의 이유를 찾으려는 것이다.

여기서 좀 더 살펴봐야 하는 지점은 누가 경험하고 설명하는지에 관해서이다. 텍스트는 북극곰 아푸트를 초점 화자로 설정해 비인간 존재의 입장에서 이야기를 전개하지만 그것이 전부 아푸트 본인의 목소리는 아니다. 서술자는 아푸트 자신인 것 같다가도 곧 북극 밖의 전지적 서술자로 옮겨 간다. 내가 아닌 타자의 마음을 서술하는 일은 이토록 복잡한 과정을 거쳐야 한다. 이러한 시점과 초점의 교차는 판단중지한 인간이 비인간 동물에 대해 말할 때 생기는 필연적인 균열 자체이자 동물화자가 말할 수 없는 부분을 보완해 이야기의 개연성을 만드는 장치이다. 이 소설은 동물이 상황을 경험해 자기의식을 형성할 수는 있지만 평가 주체가 될 수는 없음을 기정사실로 한다. 북극곰 아푸트는 자아를 지닌 존재이기에 자신과 가까운 자식들에게는 동정심을 보여 줄 수 있으며 키쿠트나 우나아크 같은 다른 존재의 마음까지는 유추할 수 있다. 그러나 근대 세계에 대한 앎은 없기에 그들을 덮치는 자연 재난의 이유와 순리는 파악할 수 없다. 그러므로 그 부분은 전지적인 (인간)서술자가 대신 설명해 주는 것이다.

아이들을 지키려면 그래야 한다. 자기의 몫을 포기해서는 안 된다. 조금이라도 더 오래 아이들을 보살피려면 먹어야 한다. 내게 애원할 일이 아니야. 네 누이와 다퉈야 할 문제야. 그래도 둘째는 칭얼거림을 멈추지 않았다.(245쪽)

북극의 모든 존재는 얼음을 딛고 서 있었다. (……) 처음 마주쳤을 때, 우나아크는 북극곰의 털로 만든 바지를 입고 있었다. 우나아크는 노련한 사냥꾼인 동시에 질서와 순리를 아는 사냥꾼이었다. 문제는 아푸트와 우나아크, 아푸트와 키쿠트, 키쿠트와 아이들 사이를 지탱하던 질서와 순리의 밑바탕이 녹아내리고 있다는 것이었다.(「약속의 땅」, 256쪽)

첫 번째 인용문은 기후 위기로 매번 새로운 생존경쟁을 해야 하는 아푸트가 체득한 것을 직접 발화하는 형식이다. 동물의 목소리를 통해 우리는 비인간 동물에게도 전승되어 온 지식체계가 있음을 깨달으며, 그것이 무용해진 현실을 실감한다. 또한 동물들의 생존 방식을 이해할 수 있는 계기를 마련한다. 이는 오로지 본능으로 움직이는 것 같은 사파리의 동물도 인간중심적 스토리텔링에 침윤된 동물농장의 동물도 아닌, 자아를 가진 채 경험과 판단으로 살아가는 아푸트의 삶을 클로즈업한다. 다만 이렇게 좁혀졌던 거리는 두 번째 인용문과 같은 서술을 통해 다시 멀어진다. 인용문의 앞에는 자신과 아이들을 사냥하지 않은 채 떠나가는 우나아크에 대한 경계심을 표현하는 아푸트의 서술이 있으나, 그 뒤로 초점이 롱숏이 되듯 발화는 멀리서 그 광경을 지켜보는 서술자에게 옮겨 간다. 서술자가 바뀌기에 우나아크의 바지는 동족의 바지나 아푸트의 털과 같은 바지가 아닌 북극곰의 털로 만든 바지로 객관화된다. 그렇게 북극 외부로 시점을 옮긴 후에 서술자는 곰들의 경쟁이 기후 위기, 나아가 그 기후 위기를 불러온 성장우선주의 경제 시스템 때문임을 논평하는 것이다. 이런 서술은 내레이션에 가깝게 들리며 소설을 동물의 감각 세계를 정리해 설명하는 동물 다큐멘터리처럼 느끼게 한다. 더불어 거리 조절은 동물의 마음에 이입하더라도 금방 이를 정지시켜 의인화의 함정에 빠지지 않게 하는 효과까지 성취한다.

그러나 이 거리두기는 모순적이다. 북극의 재난 이유, "질서와 순리"는 오직 전지적 서술자와 우리 인간만이 아는 지식이다. 아푸트의 세계와 완벽히 분리된 채 덧씌워지는 해설이기에 북극의 구성원들은 결코 알 수도 들을 수 없는 목소리이다. 소설은 "점점 더 더워지며 생존의 위기에 내몰리게 된 이유를 아푸트는 몰랐"(241쪽)으며 앞으로도 모를 것을 여러 번 강조한다. 섭리를 지키며 살아온 북극의 인간 구성원들도 마찬가지이다. 누구보다 이유를 꼭 알아야 했던 이들은 결국 빙하 아래로 사라지고, 진실은 오직 북극 밖의 우리들만 알고 있다는 역설은 이 텍스트의 주제를 다시 생각하게 한다.

그리하여 동물화자는 영원히 무지하며, 상황을 바꿀 어떠한 역능도 계기도 성취하지 못한 수동적인 존재로 남는다. 비인간 동물이 현 세계에 대한 진단을 하고 타개책을 마련할 정도의 능력을 가질 수 없는 것은 사실이다. 그러나 동물화자를 적극적으로 등장시킨 텍스트라면 좀 더 사변적인 상상을 동원해 동물화자의 '환경세계'를 보여 줄 필요도 있다. 보고스트가 말했듯 의동물화는 객관적 사실을 판단하는 도구가 아니라 '왜곡된 선명성'의 역설을 통해 동물 세계에 다가가는 길을 찾는 방법이기 때문이다.

동물의 감각 세계를 파악한다는 것은 추론을 통해 비인간 동물의 자기 서사를 발굴해 가는 일이다. 비인간 존재가 "우리에게 어떠한지에 대한 시각이 아니라, 오히려 세계에 대한 비인간 기계의 관점이나 시각을 취하려고 시도"[36]해야 한다는 것이다. 이를 실천하듯 『절멸』 프로젝트는 인간이지만 동물이 되어 말해 보겠다고 선언한다. "~는 오늘 ~이 되어 말한다."라는 문장을 각 동물의 선언문 맨앞에 두어 행위자가 인간임을 밝히되 '나'라는 1인칭을 적극 차용한다. 이는 비인간 존재를 안에서 감각하기 위한 판단중지를 통해 동물 각각의 감각 세계를 찾아가기 위함이다. 『절멸』은 하나의 텍스트이지만 동시에 동물이 되려는 행위이며 비인간 동물을

---

36 레비 R. 브라이언트, 앞의 책, 107쪽.

통해 이 지구의 거주 가능성을 선언하는 활동이다.

　인간인 채 비인간 동물이 되는 일은 인간이 서술자로서 우위을 포기하고 비인간 존재의 옆에 서서 세계를 함께 보는 행위이다. 전지적시점을 포기한 순간 인간의 지각과 언어는 불완전한 것이 된다. 그러나 이 깨진 도구는 비인간 동물의 의식 세계와 그를 통해 창발하는 서사를 자세히 들여다보게 한다. 그러므로 『절멸』의 동물 선언에 인간의 형상은 의식적으로 배제된다. 선언은 인간의 언어와 의식을 빌리고 있지만 여기에서 구체화되는 감각세계는 온전히 비인간 동물들의 것이다.

　예컨대 혹등고래 '나'가 된 이수현은 우리가 평소 인지하지 못했던 바닷속 감각 공해에 관해 경험한 듯 말할 수 있게 된다. 바다의 공해에 대해 논할 때 우리는 기름 유출 공해나 해양 플라스틱 오염을 쉽게 떠올리며 이를 해결하면 바다 생태계의 평화를 찾을 수 있으리라 생각한다. 그러나 이러한 공해가 해결할 수 있는 건 인간 감각의 평화뿐일 수 있다. 혹등고래의 선언은 수면 위에서 일어나는 환경 재난이 아니라 인간이 인지할 수 없지만 분명히 일어나고 있는 수면 아래의 감각 공해이다. 에드 용도 말하듯 바다 구성원들에게 더 치명적이며 바다에 더 만연한 공해는 해양 소음이다. 2차 세계대전과 자본주의 팽창 이후 "전 세계의 운송 선단은 세 배 이상 증가했고, 열 배나 많은 화물을 더 빠른 속도로 운반하기 시작하여 바다의 저주파 소음 수준을 32배 높였다."[37]

　인간으로는 알 수 없는 사정이 혹등고래가 되었을 때 중요한 사정이 된다. 고래가 인간의 이목을 끄는 친숙한 타자가 될 수 있는 순간은 인간들의 미의식에 부합하는 특별한 용모를 한 채 수면 위에서 잠깐 마주치는 순간뿐이다. 인간들은 이수현이자 혹등고래인 '나'를 하얀 친구(미갈루)로 부

37　애드 용, 앞의 책, 520쪽.

르며 좋아하지만 바닷속에서 고래들이 겪는 고통은 수용하지 않는다. "인간이 타고 다니는 기계와 설치해 놓은 기계들이 내는 소리", "스크루가 돌아가며 내는 소음"(94쪽)은 오직 평생을 해저에서 살아가는 '나'의 환경세계에만 존재하는 공해이기에 인간들은 알 수 없다. 혹등고래인 나였다면 이런 고통을 수면 위로 올릴 수 없을 것이다. 그러나 혹등고래가 된 인간이 있기에 혹등고래의 감각은 인간중심의 논평 없이도 전달될 수 있다. 여전히 그들은 나의 삶엔 관심이 없고, 그래서 나의 생존을 분투보다는 가벼운 '행운' 정도로 치부한다. 그러나 인간을 경유한 혹등고래의 글은 특별한 취급 없이 "'나' 또한 인간들처럼 나는 그저 나로 살"(95쪽)면서도 생명의 위협을 받지 않는 평온한 삶을 서사화해 인간들에게 전달한다. 이는 지금까지 인간이 비인간 동물을 경유해 인간적 가치를 설파했던 것과는 반대의 경우를 보여 준다. 비인간 동물들은 인간의 언어를 경유해 자기 세계의 정경과 슬픔에 대해 말할 뿐이다. 이는 인간들의 지각으로는 알 수 없는 세계를 그들에게 보여 주기 위함이다. 그리하여 이 선언은 세계에 대한 인간의 논평이 아닌 비인간 동물의 논평으로 완성된다.

또한 인간이지만 고슴도치가 된 '나'는 그제서야 몸의 가시가 위협의 신호가 아닌 공포의 떨림임을 깨닫는다. "기껏해야 당신 손가락에 한 방울의 피를 흘리게 할 가시"(116쪽)를 인간들은 엄청난 경고처럼 받아들이지만 실상 이는 나의 유일한 방어 수단일 뿐이라 말하며 인지 감각의 위치를 전환한다. 고슴도치가 된 나에게 중요한 건 인간 손가락의 안위가 아니라 고슴도치 생명의 안위이다. 그리고 이는 자기를 지키려는 비인간 동물들의 작은 행위에 과도하게 반응하는 인간들에 대한 비판으로 나아간다. 고슴도치인 내가 두려움 앞에서 할 수 있는 것은 목숨을 걸고 온몸으로 감내하며 가시를 세우는 것뿐이지만 "당신들은 지구와 생명체 전체를 절멸시킬 거대한 칼날을 마구 휘둘러 대"(117쪽)는 것으로 문제를 해결하려 한다는 것이다.

　이는 이 지구 행성이 여전히 기울어진 생태계 질서로 움직이고 있음을 주지한다. 지구 행성에서 가장 큰 권력을 휘두르는 인간은 위기의 순간마다 다른 비인간 구성원들을 희생양으로 내세워 사태를 해결하려 했다. 고슴도치의 선언은 인간 세계가 자신들이 가진 힘으로 다른 구성원들을 억압하고 수탈해 문제를 쉽게 해결해 왔음을 강조한다. 인간중심주의라는 방패 뒤에 숨어 이 세계를 제대로 대면하지 않는 자들은 이제 빈곤한 상상력만을 겨우 유지할 뿐이다. 그리고 이러한 인간들에게 대응하는 비인간 동물들의 자기 서사는 자신들 또한 이 지구의 동등한 구성원이며 인간만큼이나 심오한 세계를 지닌 동료임을 주장한다. 동료를 피해 입히는 인간들에게 남는 건 절멸뿐이다. 『절멸』의 모든 동물들이 공통적으로 말하듯, "인간은 죽을힘을 다해 사는 것이 아니라 죽인 힘으로 산다. 인간은 책임 전가의 왕"(17쪽)이기에 자신의 위치에서 아무리 생각해 보았자 자기합리화의 결론만 내놓게 된다. 그렇기에 무대의 중심에 지금껏 엑스트라였던 비인간 존재가 된 '나'를 올려놓는 시도는 나쁜 인간중심주의를 타파하는 최선의 방법일 수 있다.

　이 프로젝트는 인간이 동물의 탈을 쓰고 말하는 단순한 인형극이 아니라 인간적 관점에 고정되지 않고 "인간과 동물의 경계를 현란하게 넘나들며, 타자의 관점을 취하는 데 놀랍도록 익숙"(127쪽)했던 아마존 원주민의 태도를 모토로 삼고 있다. 비인간 동물도 한 세계의 주인공이기에 그들의 위치에서 생각하고 상상하는 일이 자연스러운 이 방식은 우열의 이분법으로 인간과 그 외 존재를 철저히 분리한 근대적 사고 체계를 '흔들(rocking)'기 위해 가져온 전략이다. 절멸 프로젝트의 동인들은 위치 전환을 통해 스스로 흔들리면서 이 텍스트를 보는 다른 인간들도 흔든다. 이 이중의 흔들기는 "인간중심주의(상관주의)를 벗어나며, 인간과 비인간(동물, 유기체, 비유기 물체를 포함하여)이 얽혀 들어가는 다양한 퀴어적 교차성(intersectionality)으로 열려 있다는 점"[38]에서 유효하다.

이를 통해 우리는 지구 행성의 거주 가능성(habitability)에 대한 다양한 상상을 할 수 있다. 인간과 비인간 동물들의 지각 세계가 이 지구를 구성하는 유-무기적 인프라스트럭처라면 이는 여러 갈래의 다양한 세계가 있을 때 더 탄탄하게 유지될 수 있다. 이를 우리의 익숙한 지평 안에서 찾는 건 쉽지 않다. 그러므로 우리는 좀 더 많은 '놀라움(wonder)'을 경험해야 한다. 앎을 추적할 때 경험한다는 경이감(awe)과 연결되는 이 감각은 논리적 혼란 앞에서 발현하는 특정한 매혹이다. 지금까지 생각해 본 적 없는 위치에서 겪게 되는 곤혹스러운 경험은 부정적이지 않다. 이는 인간중심적 세계 안에 부여되었던 인간과 비인간 존재의 위치를 생경하게 하는, "놀라움은 객체들이 방향을 잡는 방식"[39]에 아깝다.

그러므로 더 세게 흔들기 위해 절멸의 선언자들은 나아가 비인간중심적 세계를 구상하기에 이른다. 이들이 구상한 동물당은 인간의 제도를 완전히 수정해 생물량(biomass)을 기준으로 한 비례대표제를 내세운다. 그 안에서 인간당은 전체 의석의 2.5퍼센트인 9석만을 점유한 소수당일 뿐이다. 그러므로 강령이나 정책 역시 다수당인 다른 비인간 존재들을 위주로 정비된다. 이는 용어의 재발명으로도 이어진다. 매끈한 언어를 가진 자가 권력의 중심에 서듯, 비인간 존재들은 기존의 인간중심적 용어들을 폐기한다. 인간은 '인간동물(humanimal)'이 되고, 인류에 의한 식민지 시대와 단절하기 위해 '동물세' 개념이 상용화된다. 물론 이 모든 구상은 현실이 아니다. 그러나 앞서 말했듯 누구도 겪어 본 적 없는 새로운 시대에는 "미래가

---

38 티머시 모턴, 김용규 옮김, 『인류』(부산대학교출판문화원, 2021), 278~279쪽.
39 이언 보고스트, 앞의 책, 261쪽.

지금-여기 이미 도래한 것처럼 살아야 하고, 다른 한편으로는 현실을 직시"(197쪽)할 때 우리는 함께 이 위기를 헤쳐 나갈 수 있다. 그러므로 의인화의 한계를 유념한 채 계속 넘어서려는 동물 되기 연습은 지구 행성 구성원들의 새로운 생태공동체를 마련하기 위한 마중물이 될 것이다.

4 다종다양한 지구-지각 공동체의 구상

인간중심적 서사는 인간이 세계의 중심에서 사물을 바라보는 관점을 기반으로 한다. 아미타브 고시는 이런 점을 우려하여 기후 위기 시대에 근대소설은 힘을 잃을 것이라 경고한다. 그러나 최근의 한국 소설은 이러한 시각에서 벗어나 동물과 인간이 동등한 위치에서 세계를 경험하는 방식을 탐구하고 있다. 「두개골의 안과 밖」은 인간과 동물의 경계를 모호하게 만들면서, 기후 위기와 인간의 탐욕이 초래한 파괴를 묘사한다. 특히 새로 변하는 인간의 모습은 단순한 변신이 아니라, 인간이 동물과 새로운 관계성을 구축해야 한다는 메시지를 던진다. 동물의 입장에서 사고하고 느끼는 것은 불가능하지만, 인간이 자기중심적 사고에서 벗어나 새로운 방식으로 세계를 이해하려 노력하는 것이 중요함을 강조한다. 또한 동물화자를 내세우는 실험적인 서사는 인간의 언어로 동물을 재현하는 기존의 의인화와 결별하는 법을 모색한다. 「약속의 땅」은 북극곰 아푸트를 화자로 설정하며, 『절멸』은 화자가 직접 동물이 되어 말하는 방식으로 인간-비인간 동물의 위치를 전환한다.

이러한 서사들은 단순히 동물의 입장에서 말하는 것에 그치지 않고, 인간과 동물이 새로운 관계를 맺을 수 있는 방식을 상상한다. 이 안에서 우리는 인간과 비인간의 중간자로 변화하거나 비인간 존재로 말하고 행동하며, 다수의 비인간 존재들이 구성하는 사회의 소수자가 된다. 이는 인간을 이 지구 행성의 평범한 하나의 생명종으로 위치시키기 위한 다양하고 과감한 시도라 할 수 있다. 이는 단순히 공상적 아이디어가 아니라, 기후 위기 시대에 인간이 어떻게 생태적 책임을 질 것인지 고민하게 유도하는 사변적 장치이다. 결국 '인간으로 동물 되기'는 인간이 동물이 되는 것의 단순한 은유적 표현이 아니라, 새로운 세계관을 받아들여 우리가 맞닥뜨린 문제적 징후를 반성, 교정하려는 실천적 태도이다.

| 윤리 |

환대 윤리의 유비적 미학
── 박완서의 「저문 날의 삽화」 시리즈를 중심으로

우현주

1 인간의 취약성 공유와 환대의 출발

우리 사회에서 회자되는 혐오, 돌봄, 공정, 장애인, 노년을 포괄하는 주요 키워드들은 공통적으로 "인간의 취약성"을 내포하고 있다. 인간의 취약성이 극복 대상이 되어 개발과 성장 위주의 발전 과정이 한국 사회의 부작용으로 인식되면서 그동안 간과하거나 묵인해 온 그 '극복'의 한계에 우리는 마주하게 되었다. 극복의 잔여인지, 이상화된 극복의 실패인지 판별하기 어려운 현재에도 인간의 취약성은 심지어 계급과 계층의 차이와 함께 심화되는 경향을 보이고 있다. 개발 정책, 입법, 행정, 규제 등의 실정법에 반영된 결과 지표를 넘어 우리의 일상에서 대면하는 인간의 취약성은 오늘날 어떤 의미를 갖는가?

그 한 단면으로 생애문화연구소 옥희살롱에서 발행한 『새벽 세 시의 몸들에게』[1]에는 "질병, 돌봄, 노년에 대한 다른 이야기"라는 부제와 함께 저

---

1 김영옥·메이·이지은·전희경, 『새벽 세 시의 몸들에게』(봄날의책, 2020). 이하 본문 인용 시 쪽수만

자들이 체험하고 실천한 "인간의 취약성"에 관한 성찰이 담겨 있다. 건강한, 정상인으로 분류되는 일반인의 몸은 새벽 세 시에 깊은 수면이나 활동으로 안락한 상태이지만 병자, 간병인, 노년의 새벽 세 시는 고통의 불면으로 뒤척이는 시간일 것이다. 누구나 겪게 될 그 시간들을 개인의 영역으로 배제하지 않을 방법에 관해 필자들은 다음과 같이 언급한다.

우리가 해야 할 일이 무엇인지는 명백하다. '아프고 늙고 의존하는 몸으로 사는 것'이 가능할 뿐 아니라 의미 있는 사회를 만드는 것이다. 미리 앞당긴, 투사된 두려움에 먹잇감이 되는 대신 두려움의 실체를 꼼꼼히 살피고 조건과 관행, 구조를 바꾸는 일에 힘을 쏟아야 한다.(23쪽)

우리는 취약함을 극복할 수 있어서 시민인 것이 아니라, 반대로 취약함을 공유하기에 시민이다. 취약함이 기본이 되는 '다른 사회'를 구상한다는 것은, 그 사회의 일원인 우리 모두의 경험과 관계가, 그리고 돌봄에 대한 사회 전반의 상식이 달라지는 것을 의미한다.(64쪽)

"돌보고 돌봄 받기를 기대할 수 있지만 어떤 돌봄도 '당연'하지는 않은 관계, 헌신과 인내가 깃든 돌봄을 '가족애'나 '효심'으로 퉁치지 않고 제대로 인식하고 존중하는 관계"(45쪽)를 지향하는 것, 무엇보다 인간의 취약성을 긍정하면서 그 결과를 개인의 영역으로 제한하지 않고 공공의 영역에서 함께 고민하는 일은 결국 인간을 환대하는 일이다. 저자들은 주로 여성에게 집중되었던 가정 내 돌봄의 한계와 그 대안이 '국가책임론'으로 직결하는 비약을 저지하기 위해 '시민적 돌봄'을 제안한다. 이 책에서는 우리,

표기한다.

공동체에 관해 정확히 범주화하진 않지만 이들이 돌봄의 주체로 상정하는 시민은 기존의 상식에서 분류하던 돌봄의 대상들까지 포함한다는 점을 주의해야 한다. 글과 유튜브, 상담을 통해 투병기, 간병기를 공유하면서 "경험을 모으고, 그 경험을 지식으로 만들어 유통시키고, 상상력도 최대한 펼쳐"(24쪽) 공감의 사회를 만드는 것이 필요하다. 돌봄이 시혜나 관용이 되지 않는 방법은 인간의 취약성이라는 전제가 공유되고 가족(과 같은), 돈, 의무의 굴레를 벗어나 돌봄의 관계와 상황의 맥락이 고려되는 차이를 인정해야 한다는 것이다.

    병자, 간병인, 노년을 포함하여 사회 타자로 분류된 이들을 공동체의 구성원으로 인정하는 환대의 과정이 우리를 시민으로 만든다는 지적은 의미심장하다. 환대는 인간의 취약성을 고찰하고 그것을 담론화하며 주체의 수행을 자극하면서 한 인간을 공동체의 윤리성을 담지한 시민으로 성숙시킨다. 인간의 취약성을 환대하기 위한 시민의 성찰을 엿볼 수 있는 소설 미학은 박완서 문학에서 찾을 수 있다. 박완서 소설은 전쟁, 여성, 노년의 사회적 약자의 위치를 배경으로 하면서도 중산층의 시선을 겸하고 있기에 환대의 과정을 다각도로 논의하기에 적합하다. 특히 「저문 날의 삽화」 시리즈는 1987년에서 1988년 사이에 창작된 소설로 작가가 환갑을 향해 가는 초로의 창작 배경이 작품 속 인물들의 연배와 비슷한 점, "저문 날"의 중의적 의미, 박완서 노년 소설의 창작 편수가 가장 많은 80년대 출판이라는 점에서 노년소설[2]의 입지를 굳건히 한다.

---

2 시기에 따라 노년의 범주가 변모하듯, 노년소설의 정의도 시대나 연구자의 시각에 따라 규정되지 않고 제각각이다. 그중 최선호는 노년소설의 개념을 "첫째, 작품에 등장하는 노인이 정확한 나이로 구별되는 것은 아니지만, 노년기(65세 이상)에 있는 인물이거나 주변 인물들이 노인이라 지칭하는 경우, 둘째 노인이 작품의 주인공이거나 주요 인물로 등장하는 경우, 셋째 노년기 작가가 쓴 작품이 아니더라도 노년의 의식과 삶이 주제로 형상화되었다면 작가의 연령은 제한하지 않으며, 넷째 노인과 그를 둘러싼 환경, 사회적 문제를 다루고 있는 경우"로 규정한다.(최선호, 『한국 현대 노년소설 연구』(국학자료원, 2019),

「저문 날의 삽화」 시리즈는 노년 화자의 회상과 일상으로 구성되고 그 안에서 작가의 철저한 반성적 윤리가 돋보인다. 그럼에도 불구하고 박완서 소설 연구 중 「저문 날의 삽화」 시리즈를 단독으로 논의한 경우는 거의 없다는 점이 고려되어야 한다. 그중 대표적인 연구로 김치수는 박완서 소설의 가족이기주의가 정의와 불의, 선과 악의 객관적 판단을 위해 필요한 것이 아니라 자아와 타자라고 하는 배타적 선택과 혈연적 관계 해명에 적극적으로 작용한다고 지적한다. 논자는 더 넓게 보아 삽화라는 형식이 가족주의를 넘어서서 '인생의 한 단면'이라는 관점을 보여 준다고 언급한다.[3]

김경수는 소설의 삽화 양식이 작가가 추구하는 여성성의 문제와 접맥되는 양상을 고찰한다. 삽화의 분절적 성격(연관성 없는 이야기의 병치), 소설 내에 교훈의 궁극적 수신자가 존재하지 않기에 독자를 향한 작가의 말 건넴, 자유로운 결말 등은 과거의 회상을 현실의 문맥으로 가져와 삶의 교훈을 전하는 작가의 공식적 담화로 정의된다.[4]

두 연구는 소설의 제목인 삽화(揷話) 형식이 작가의식과 연동되는 부분에 착목해 논의를 전개해 가기에 이 글에 참조점이 된다. 다만 작가 의식 이전에 작품의 구조적이고 내용적인 측면에서 삽화 형식이 어떻게 형상화되는지의 연구가 면밀히 선행되어야 할 것으로 보인다. 노년과 여성뿐 아니라 사회 타자를 환대하는 방법을 소설 미학적 측면에서 함께 고찰하는 이 글은 기존 연구를 더 넓고 깊게 확장하며 작가의식을 철학적 차원으로도

38~39쪽) 아울러 이 연구는 '노년'을 청년과 노년이 포괄되는 실존의 위치로 옮겨 온 박대현의 개념을 포함하면서 "(노년문학의 개념은) 존재론적인 양상으로서 노인성과 타자성이 함의되어 있으며 아울러 소설 내부의 세태, 미학의 종합적인 측면"까지 고려한다.(우현주, 「상생과 불협화음의 경계에 선 말년성(lateness) ― 박완서의 빨갱이 바이러스를 중심으로」, 《이화어문논집》 49(이화어문학회, 2019))

3 김치수, 「젊음과 늙음의 아름다운 의식 ― 박완서의 「저문 날의 삽화」 대립과 통합의 시학」, 『문학의 목소리』(문학과지성사, 2006) 참조.

4 김경수, 「여성 경험의 소설화와 삽화 형식」, 『현대소설』(현대소설사, 1991) 참조.

탐구하는 계기가 될 것이다.

환대의 측면에서 박완서의 노년소설을 재고하는 이유는 사회의 상식이 만든 무비판적인 선입견을 성찰하는 노년 인물을 통해 진정한 시민성을 추구하고 규정하기 어려운 환대의 방법을 모색하기 때문이다. 환대는 주인/손님, 주체/타자, 행위 주체/행위 대상, (집, 공동체) 안/밖 등 다양한 경계 위에서 발생한다. 즉 자격, 공간, 인식에 따른 분화가 전제되는 것이다. 타인과 공존하는 우리의 일상에는 언제나 문턱이 있고, 그것은 안팎의 물리적인 공간성보다 주체와 타자를 편 가르는 인식의 차원에서 더 문제적이다. 그러나 주체는 탄생과 더불어 소속될 정체성을 공동체에 의해 부여받고 그러한 주인의 정체성은 레비나스가 언급하듯 손님의 인정에 의해 이미 볼모 잡혀 있기에 고정되거나 선제되지 않는다. 그런 의미에서 진정한 환대는 주인과 손님의 경계가 느슨해지는 지점에서 가능해진다. 주인과 손님의 독특한 정체성은 잃지 않은 채, 서로의 정체성을 고정하지 않고 상호 교환할 수 있으며 위치의 변경이 가능하기에 누구나 사회 타자로서 배제되지 않는 공동체 내부를 형성할 필요가 있다.

그런데 이런 인식 차원의 전환이 복잡한 현실의 문제에 직면할 때 어떻게 해결될지가 과제로 남는다. 수행으로서 "급진적 환대"를 제안하는 리처드 커니와 멜리사 피츠패트릭의 최근 연구는 이에 관한 참조점을 준다. 데리다가 주장한 절대적 환대는 환대 자체의 조건으로 작용하기에 필수적이지만 무조건적인 환대는 모든 법률, 규칙 및 문법을 위반하기에 불가능하다. 오히려 실용적이고 윤리적인 환대는 다우너가 주장한 "대화, 교환, 협상"의 공통점 찾기이다. 이를 통해 주인은 폭력적인 침략자와 궁핍한 난민 사이에서 합리성과 책임감에 따른 분별과 용기가 생긴다.[5] 특히 김미현이

---

5   Richard Kearney, Melissa Fitzpatrick, *Radical Hospitality from Thought to Action*(New York:

언급한 박완서 소설의 윤리는 "동시대의 사회적 문제에 대한 유연하고도 수행적인 대처가 침투하고" 있으며 "개인의 자율성에 대한 무조건적인 승인보다는 개인의 책임에 대한 자발적인 고려가 배태되고 있다."라는 점에서 현실적인 환대로 적합하다.[6]

환대 논의의 악무한은 무조건적 환대의 불가능성과 조건적 환대의 한계가 해결되기 어려운 영역으로 이분화되어 있기 때문이다. 리처드 커니의 논의에서도 결국 무조건적 환대는 불가능함을 전제로 주체의 주도적 역할만이 강조된다. 그러나 그들이 윤리적 환대로 주장하는 "대화, 교환, 협상"은 타자의 역할이 없으면 불가능하다. 여기서의 핵심은 사회 약자의 위치에서 타자는 무한히 수동적인 존재가 아니라 그들의 행위, 목소리, 나아가 존재 자체로 주체를 자극하면서 변화시킨다는 점이다. 환대는 이 과정을 거치면서 발현되는 시민성으로, 주인/손님, 주체/타자, 공동체 안팎을 변모시키는 사회윤리이자 그 사회의 수준을 가늠하는 잣대가 된다.

환대와 더불어 살펴볼 유추(Analogy)는 유비 추론으로 언급되기도 하는데 두 대상 사이의 명징함보다는 개연성에 기대어 추론하는 과정이 문학적 상상력을 자극한다. 논증 방식으로 접하게 되는 유추는 글의 구조나 내용 전개 방식 파악에도 대입이 가능하기에 문학 연구에도 적합하다. 유추의 효과는 개별적 요소들의 일치나 유사성과 관련 없이, 구조적 연결이 발견되기만 하면 두 영역을 사상(寫像, mapping)하는 것이 가능한데 고차원적이고 추상적인 목표 영역과 구체적이고 실제적인 근원 영역의 거리는 상관없다. 오히려 두 영역의 거리가 멀수록, 두 영역을 사상하는 구조적 원리는 더 고차원적인 수준으로 나아가며 유추의 효과 역시 강화된다. 이를 통

Fordham University Press, 2021), pp.6~7.
6   김미현, 『젠더 프리즘』(민음사, 2008), 321쪽.

해 유추적 사고는 "일치하지 않는 두 영역의 요소들을 구조적으로 대응시키고, 이를 근거로 새로운 정보를 추론하는 사고"로 정의된다.[7]

이를 박완서의 「저문 날의 삽화(揷話)」시리즈에 대응한다면, 근원영역 정보인 자신의 과거와 경험을 회상하며 목표영역의 정보를 분석하는 것은 작가의 역할이다. 그리고 그 두 영역의 요소들을 분석·비교하여 사상시킨 후 새로운 의미를 추론해 내는 과정은 독자의 몫이 될 것이다. 박완서 소설에서 유추적 사고는 환대의 필요성을 전달하는 작가의 일방성이 아닌 이를 환대의 시민성으로 성찰하고 내재화하는 독자와의 상호 소통으로 완성된다.

박완서의 「저문 날의 삽화」시리즈 중 1, 2, 3은 근원 영역의 서사와 목표 영역의 서사 사이에 영향 관계가 명확히 드러나고 인물의 성찰이 환대로 향해 가는 점진성이 구조화된다. 환대의 결과가 확연히 드러나지는 않지만 점진성은 잠재된 시민의식을 확장하여 환대의 윤리를 향해 나아가는 과정으로 구체화된다. 이 글은 박완서 소설에서 재현되는 인간의 취약성을 바탕으로 환대 윤리의 유비적 구조를 탐구하고 소설 미학이 환기하는 윤리의 의미와 그것이 미칠 영향 관계를 파악한다.

2 죄의 대속과 환대 가능성의 사상(寫像)

「저문 날의 삽화」1은 화자가 성당에서 고해성사를 준비하면서 시작된다. 신을 대리하는 신부는 죄의 기준을 자세히 나열하며 고백을 유도한다. 화자는 교회에서 언급하는 '죄'는 '잘못'에 가깝다고 단언하며 신앙 공

---

[7] 김세림·김형석, 「유추적 사고와 문학 감상」, 《한국언어문화》 74(한국언어문화학회, 2021), 11쪽.

동체와 개인의 양심 사이에서 죄의 진정성에 관해 자문한다. 작가는 내 일상의 작은 잘못은 죄로 환원하는 반면 막상 사회문제로 제기되는 현실 비판은 외면하는 진정한 죄를 지적하면서 유추적 구조의 근원 영역과 목표 영역의 연관성을 가시화한다.

소설의 결말에 등장하는 십자고상은 가톨릭에서 인간의 죄를 각인하는 역할을 한다. 신의 아들이 신성모독을 이유로 대중으로부터 죽임을 당하는 사건은 인간의 죄가 근원적임을 암시한다. 예수의 죽음은 신이 인간의 죄를 대리함으로써 결국 인간은 영원한 죄인으로 남는 아이러니를 구현하며 스스로 자신의 죄를 용서받을 기회를 박탈당하는 모순 속에 "죄인이 아닌 자는 누구인가?"라는 질문을 내포한다. 이는 "저희들이 매일매일 말과 행위로 못 박는 죄인 중 의인은 몇몇이나 되리이까?"[8]라는 결말의 질문과 동격이 된다. 자신의 행위나 상대방을 용서할 수 없는 마음이 죄가 되어 고해성사를 할 때, 이는 용서의 실패를 고백하는 일이자 공식화하는 일이다. 신앙적으로 보았을 때, 용서하지 못하는 본인은 죄인이 될 수 있겠지만 정작 죄인은 용서를 받아야 할 대상이다. 그렇다면 신 앞에서 진짜 죄인은 누구인가? 신앙고백 과정에서는 신을 제외한 모두가 죄인이며 어린양의 희생으로 우리는 죄의 사함을 받는다. 부활한 신이 강조하는, 원수를 위해 자신의 뺨을 내밀라는 포용, 절대적인 이웃 사랑을 강조하는 신앙의 본보기는 죽음의 희생이 있기에 설득력을 갖는다.

화자의 여러 상념으로 시작하는 「저문 날의 삽화」 1이 수렴하는 키워드는 완벽한 결말의 무의미함이다. 노년의 화자가 체험하며 고민하는 인생은 때로 낯설고 기이하지만 결국은 헛되고 진부한 일상이라는 반복으로

---

[8] 박완서, 『나의 가장 나종 지니인 것』(문학동네, 2013), 『단편소설 전집 5』, 35쪽. 이후 본문 인용 시 쪽수만 표기한다.

직조되었다고 정의된다. 문제는 결말을 향해 가면서 상황의 개별성에 가치 부여를 하지 않고 결말의 허무만을 반복하는 화자의 태도에서 발생한다.

가족 상실의 체험이 소설의 기반이 되는 박완서 문학에서『나목』,『그 남자네 집』 등에서 보듯 '가족 만들기'는 전쟁의 상흔을 극복하는 계기로 서술되어 왔다. 이때의 가족 만들기는 여성 인물이 결혼으로 기존의 가족에서 벗어남으로써 수행되고, 새로운 가족의 탄생은 전쟁의 고통을 잊는 대안이 된다. 그런데 「저문 날의 삽화」 1에서는 남편 친구의 아들을 양자로 맞으면서 기존 소설과는 다른 양상이 전개된다. 양자로 가문의 대를 잇겠다는 부모와 부모 봉양의 책임에서 놓여나고 싶은 딸들의 각자 다른 가부장적인 조건에서 영택은 환대를 받았다. 그러나 순혈주의를 차치한 입양이었음에도 영택이 혼외 자식이라는 소문은 문제의 발단이 된다. 그 사실을 알기 전까지 새로운 가족관계에 문제가 없던 화자는 소문을 접하고 영택을 향한 가족의 환대를 철회한다. 영택 부의 본처가 간암으로 죽고 외도의 당사자까지 1년 후 사망한 원인이 영택의 존재 때문이라고 단정하는 화자는 "영택이가 딸들의 장래에 해코지나 하지 않을까 전전긍긍했고 그를 식구로 받아들인 걸 후회"(27쪽)하기에 이른다. 이제 영택은 가족의 미래를 오염시키는 오염원이기에 이들의 가족관계는 파기되고 그는 혐오의 대상으로 전락한다. 구체성이 결여된 화자의 망상은 대상을 우리와 적으로 이분화하고 적대를 공고히 하기 위해 가장 친밀한 남편과 영택의 사이를 이간질한다. 혼외자라는 영택의 취약점을 남편에게 씌우며 남편의 부정을 추궁하던 화자의 상상은 파국을 향해 간다.

영택의 위치는 소설의 전사인 예수의 죽음 과정과 사상되며, 「저문 날의 삽화」 1의 주요 유비 구조를 이룬다. 예수가 예루살렘에 입성할 때, 대중들은 구원을 바라는 '호산나'를 외치며 자발적인 환대를 보인다. 신의 구원을 바라는 자들의 환대는 바로 그곳에서 일주일 후 신을 향한 부정으로 이어진다. 소설에서 가문의 대를 잇겠다는 목적으로 입양을 시도한 화자는 입양자의 혈통과 이데올로기를 문제 삼아 가족관계를 파기한다. 예수를 향해 신의 혈통과 신의 대리인으로서의 역할을 부정하듯 화자는 영택 친부의 외도를 남편의 외도로, 영택이 소유한 책을 빨갱이 이데올로기로 환치하면서 가족을 향한 오염원으로 영택을 혐오한다.

    노년의 화자는 자신의 행위를 합리화하기 위해 어린 시절부터 어머니로부터 주입된 교육을 일반화한다. 형무소에 수감된 모든 죄수는 "나쁜 사람"이며 어린이가 나쁜 사람을 보는 것만으로도 죄가 전염될지 모른다는 공포는 죄인으로 명명되기까지 개인 각자의 사연과 죄명을 누락시킨다. 독립투사나 무죄인들까지 나쁜 사람으로 호명하는 일은 절대적인 악의 허위를 알면서도 개별성을 무시하는 일반화된 관념의 잣대이며 대상의 죄의 여부와 상관없이 본인도 죄를 짓는 예수의 대중과 다를 바 없음을 의미한다. 소설에서는 그런 일반화를 다시 손녀에게 공포로 전달하는 반복된 대물림이 전개된다. 성서에 예정된 예수의 수난이 대중의 일방적인 요구에 의해 죽음으로 증명되듯 영택과의 관계도 화자 개인의 혐오가 아닌 남편의 공모로 완성된다. 총명하고 순진하며 일류대학까지 입학한 영택은 환대의 조건을 갖춘 인물이기에 가족으로 편입됐지만 불온의 혐의가 죄에 민감한 가족의 기준에 적합하지 못하여 환대가 철회된다. 형무소-미결수-나쁜 사람의 공식은 이념 서적-불온-못된 일에 연루(오염)된 죄인과 같은 구조로 영택을 배제한다.

    어제 일어난 일은 끔찍했다. 그러나 오늘 신부님의 강론에 그 사건에 대한 언급은 한마디도 없으셨다. 우리 눈에만 큰 사건이었나 보다.
    나는 끝내 묵주신공을 열 번 채우지 못했다. 서재를 돌아 나오려는데 벽에 걸린 십자고상이 눈에 띄었다. 영세 받은 날 교우로부터 선물로 받은 거였다. (……) "주여, 한 말씀만 하소서. 저희들이 매일매일 말과 행위로 못 박는 죄인 중 의인은 몇몇이나 되리이까?"

영택이를 몰아붙이는 데만 급급해서 한 번도 이해하고자 하지 않았던 데 대한 회한으로 못 박힌 분의 얼굴이 몽롱하고 부드럽게 흐려 보였다.(35쪽)

인용문에 언급된 1986년 K대학의 농성 사건(건대 항쟁)은 상술한 혐오의 구조 사이에 항존하는 비약의 측면에서 가톨릭의 죄의 고백과 유비된다. 개인의 양심에 비춘 소소한 잘못에 가려진 사건에 관해 공동체가 행한 침묵이 진짜 죄일 텐데 공식적인 신부의 강론에서는 언급되지 않는다. 그러한 묵인이 죄라는 것은 신자의 눈에만 보이지만 이들 역시 침묵으로 공모한다. "무조건적으로 자신을 내어 주는 것, 순수한 파열, 맹목적인 도약은 데리다(Derrida)와 카푸토(Caputo)가 "광기"라고 부르는 것이자 믿음의 한 형태"[9]로 대학생들의 항쟁이 진실을 향한 광기이고 그리스도적인 이웃 사랑의 다른 형태임을 알지만 한편으로 '우리'는 그런 절대적 환대가 불가능함을 알고 있는, 죄에 취약한 인간이다. 그렇기에 화자의 고백성사는 인간의 힘으로 해결할 수 없는 상황을 신에게 의존하는 과정으로 환대 불가능성의 재확인이기도 하다. 회복 불가능함을 알면서도 죄의 고백으로 신에게 의지하며 이웃사랑의 지평으로 이끄는 고해성사는 절대적 환대의 불가능성을 알면서도 끝없이 환대 가능성을 기준으로 삼아 삶을 갱신하는 화자의 성찰 및 노력과 유비적 동궤를 이룬다. "환대에 대한 헬라어 필록세니아(philoxenia)는 이방인에 대한 환대뿐 아니라 이방인에 대한 사랑, 즉 "하느님을 본받는 것으로 이해되는" 사랑을 의미한다."[10] "우리 눈에만

---

9 Richard Kearney, Melissa Fitzpatrick, op., p.6.

큰 사건"을 가려 내는 고착된 인식의 타파가 주인의 책임감인 것처럼 가족의 이방인인 영택을 향한 조건부 환대를 넘어 그를 사랑하는 방법은 주체의 적극적인 이해의 노력이 필요하다.

「저문 날의 삽화」 1은 어린 시절 습득한 현실적 선입견과 신앙이 가르치는 절대적 환대 사이에서 갈등하는 인간의 사유가 잘 드러나 있다. 박완서는 어제의 끔찍한 사건에 침묵하는 상황을 가시화하는 것과 영택을 이해하려고 하지 않은 자신을 향한 회한의 눈물을 절합하면서 대화와 이해의 타협점이 환대의 시작임을 제시한다. 박완서 소설은 주체의 자기 직시에 매우 냉정하다. '의인'인 척 자신에게 관대하고 자기중심적인 사회성을 보이는 내 안의 타자성을 인정하는 윤리적 주체는 '나는 누구인가'를 알기 위해 '너는 누구인가'를 질문한다. 주체와 '너'로 대변되는 타자와의 동일화 자체가 주체의 나르시시즘과 타자의 추방을 초래하는 윤리적 폭력임을 인정하는 궁핍한 주체"[11]가 환대의 윤리를 추동한다.

3 조건부 환대의 허상과 타자의 거절

「저문 날의 삽화」 1이 환대에 있어서 주체의 성찰을 중심으로 한다면, 「저문 날의 삽화」 3은 주체를 각성시키는 타자의 역할이 환대를 향한 강력한 동인이 된다. 「저문 날의 삽화」 3은 도예가로 거듭나지 못한 딸의 일화와 분녀 일행의 초대 두 서사가 주축이 되어 유비적 관계를 보인다.

도예과를 졸업했으나 도예가로 유명세를 타지 못하는 딸을 둔 화자

---

10 Ibid., p.7.
11 주체의 궁핍과 윤리적 폭력의 관계에 관한 자세한 사항은 김미현, 「주체의 궁핍과 '손(手)'의 윤리―정용준, 김영하, 김애란의 소설을 중심으로」, 《구보학보》 19(구보학회, 2018)을 참조할 것.

는 도자기를 대하는 딸의 태도를 이해하려고 노력 중이다. 도예의 결과보다 도자기를 만드는 과정에 집중하는 딸은 창작자인 자신의 의도에 상관없이 사용자의 실용성에 더 가치를 둔다. 결과보다 과정, 창작자보다 타인의 입장을 고려하는 딸의 의도는 이해타산적인 화자와 대립한다. 입시의 성공을 위해 딸을 도예과에 입학시킨 화자는 공모전에도 작품을 출품하지 않는 딸의 곁에서 예술가 부모의 꿈을 버리지 못한다. 자신을 사기장이로 비하하며 재료가 될 흙을 밟는 고된 노동에 몰입하는 딸이지만 실용가치 없는 그릇을 가차 없이 부수는 태도는 화자의 허황된 욕망과 대비된다.

전혀 연관성이 없어 보이는 근원 영역과 목표 영역의 두 서사는 '사금파리에 찔린 욕망'으로 이어진다. 부모 때부터 주종 관계로 얽였던 화자와 분녀는 경제적인 대물림 속에 그 관계가 청산되지 못한다. 독립했던 분녀는 어머니의 죽음 후 다시 화자의 집으로 돌아오고 "상전다운 체모"로 시집을 보내도 폭격에 맞아 죽은 남편의 아들만 데리고 다시 되돌아온다. 분녀의 귀환은 식모살이가 그 시기 하층의 여성에게 손쉬운 선택지이기 때문만은 아니다. 서사의 맥락을 살펴보면, 가족이 없는 분녀가 유일하게 적을 둘 수 있는 곳이 화자의 가족임을 알 수 있다. 즉 타자인 분녀의 입장에서 화자의 집안은 상전의 집안일 뿐 아니라 심적인 가족인 것이다. 분녀가 "군식구"임에는 틀림없지만 "대를 물려 몸을 의탁하려는 걸 함부로 내칠 수는 없다."(82쪽)라는 서술 속엔 그들이 시혜적인 관계로 얽혀 있음이 확인된다. 분녀의 일대기에는 해산구완으로 보낸 선물을 "노비를 속량해 주는 것만큼이나" "공치사"하는 어머니의 태도가 담겨 있다. 만수를 낳고 과부가 되어 돌아온 분녀를 맞으면서도 "모자의 꼴이 너무 가긍하고 또 세전의 상전 의식도 있고 해서 공치사해 가며 하루이틀 거두기 시작"(84쪽)한 화자의 가족은 친정집의 살림살이뿐 아니라 시집간 딸들의 모든 잔치와 해산바라지를 만수네에게 의지한다. "우리 오남매가 다 같이 의지하고 보배로워했다."라는 언급에는 그러나 고마움보다는 베풂의 대가라는 측면이 더욱 강하다.

　화자와 친정 가족이 추렴해서 만수네를 독립시킨 시기는 입주 식모 대신 파출부의 노동이 보편화된 시기적 특징과 맞물린다. 그 편리성에 추렴한 돈을 아까워하던 그들의 심리 저변에는 분녀와는 다른 상황 인식이 잠재되어 있다. 세월이 흐른 어느 날 분녀는 후미진 시골에서 마주친 노년의 화자를 "친정붙이"로 취급하며 판매하던 나물과 더덕을 무상으로 지급한다. 헤어질 때까지 돈을 받지 않던 분녀에게 서울에 도착하자마자 돈을 부치는 화자는 "우리와 만수네 사이는 더 이상 주고받을 게 없는 개운한 사이"라는 채무 의식을 갖는다. 화자의 가족은 분녀의 노동의 대가로 독립할 기회를 주지만 그마저도 상전 의식에서 자유롭지 못함으로써 시혜적 관용의 모습을 보인다. 이는 정당한 노동의 대가가 아닌 심리적 채무 관계에 불과하며 타자의 입장을 고려하지 않은 한계를 갖는다는 점에서 문제적이다. 상술했듯 분녀는 가족이 필요한 시기에 화자의 집으로 귀환함으로써 기존 가족에 편입되고 노동을 선물하는 진심을 보인다. 이에 반해 화자의 가족은 자아도취적인 자선 행위뿐 아니라 타자의 입장을 배제한 주체 중심의 교양에 심취하며 타자가 증여자의 기여를 의식하길 바라는 "간사한 교양"의 전형이 된다. 이는 교환을 전제하지 않는 분녀의 노동과 비대칭하면서 적대의 결과를 낳는다.

　저것들 때문이라니까. 마당으로 나오고 싶긴 한데 두 늙은이의 성난 얼굴에 질려서 분합문을 빠끔히 열고 서로 먼저 나가려고 몸을 비틀며 밀치고 있는 아이들을 흘긋 쳐다보면서 이렇게 뇌까렸다. 적당히 미화돼 있던 우리 가족관계는 물론 남편의 소심하고 무력한 노후까지가 있는 대로의 모습을 드러낸 게 나는 너무도 굴욕스러워 그들의 탓이라도 하지 않고

는 견딜 수가 없었다.(80~81쪽)

　　노년의 화자와 재회한 분녀의 방문은 자신의 선물에 화답한 화자의 대가를 인정한 교환 행위이다. 화자의 감정과 상관없이 분녀에게 화자는 가족 혹은 친구와 같은 위치이며 화자의 편지는 우정의 "관계 자체"[12]이다. 화자가 함께 보낸 돈보다 불쌍한 손주들을 데리고 어린이대공원에 놀러 가자는 사연이 분녀가 초대에 응하게 만들었을 것이다. 그러나 인용문에서 보듯 분녀와 손주들의 등장은 화자와 남편이 지닌 교양의 한계를 노출한다. 이방인의 인정으로 주인의 편지 사연은 환대의 기회이자 실용적인 언어의 역할을 했지만 "나만큼 너그럽고 인정 많은 사람도 흔치 않을 거라는 자기 황홀이 즉흥적으로 장황한 미사여구"(91쪽)로 쓰인 장식적인 언어였기에 그들을 향한 환대는 조건부조차 되기 어렵다.

　　사실 타자의 선물과 같은 인정은 상대방이 "명예를 가진 인간인가를 묻고, 답변을 기대하는 의미가 있다."[13] 이에 제대로 응대할 수 없을 때, 상대방은 체면을 잃고 두 사람의 관계는 금이 가게 된다. 분녀 일행을 "저것들"로 지칭하며 박대하는 화자는 이미 계급과 지위의 우월성을 전제하고 있기에 동등한 교환이 될 수 없다. 주인은 감정의 대가로서 정당한 교환을 한 타자의 선물을 관용의 우월감으로 전치한다. 인용문에서 보듯 화자가 분녀 일행을 적대하는 이유는 자신의 가족공동체에 잠재된 균열을 가시화하기 때문이다. 효심 깊은 자식으로 미화되었던 아들의 허위와 부모의 실망, 겸손을 넘어 소심하고 무기력한 남편의 노후, 이런 상황을 객관적으로 지켜보면서도 그저 덮어 왔던 화자의 문제들이 분녀 일행을 계기로 드

12　김현경, 『사람, 장소, 환대』(문학과지성사, 2018), 177쪽.
13　같은 책, 172쪽.

러나게 된다. 화자의 혐오는 극성스러운 분녀 손주들의 태도와 귀환을 미루는 그들의 여정을 향한 것이기보다 자기혐오에 가깝다. 결국 「저문 날의 삽화」 3에서 화자는 타자의 조건에 의해 환대하지 못한 것이 아니라 가족공동체의 유지를 위해 타자를 환대하지 않은 것이다. 화자의 젊은 시절에는 가족으로 틈입하는 분녀를 분리하기 위해 시혜의 잣대로 자선을 베풀며 진정한 환대를 거부했다면, 노년에 만난 분녀를 향해서 화자는 가족공동체의 허위를 감추기 위해 교만한 적대를 보인다.

    종교적인 의미에서 "네 이웃을 사랑하라."라는 사랑의 보편성은 역으로 모두를 사랑할 수는 없다는 의미를 내포한다. 때문에 성서의 대목 중 "진실로 너희에게 이르노니 너희가 여기 내 형제 중에 지극히 작은 자 하나에게 한 것이 곧 내게 한 것"이라는 말이나 "원수를 사랑하라."처럼 범주가 특정화될 때, 그 특정인을 위한 환대의 기반이 마련된다. 환대 주체에게 "지극히 작은 자"나 "원수"가 누구인가는 주관적인 판단에 맡길 수밖에 없지만 신을 경유할 때 환대의 가능성과 불가능성 사이의 간극이 메워진다. 「저문 날의 삽화」 3이 흥미로운 것은 주체의 환대 여부에 그런 주체의 판단과 의지만이 아니라 타자의 결정이 적극적으로 반영되고 있다는 점이다.

    소설의 전사에서 "실용에서 제외된 장식용 도자기"를 산산조각 내며 수치스러워 하던 딸의 심리는 엄마의 덧없는 욕망을 거절한다는 의미이며 자신의 분수와 한계를 알고 있다는 방증이기도 하다. 이에 유비되어 노년에 재회한 분녀가 화자의 조건부 초대에 응한 이유는 화자의 조건을 수용하겠다는 타자의 선택이었으나 자신의 약속을 잊고 분녀 일행이 떠나기만을 바라는 주인의 불친절은 적대의 다른 표현이 된다. 과거부터 현재까지 노년의 화자가 인식하는 분녀는 가난의 계급적 취약성으로 환대의 선택권조차 없는 타자의 위치에 있었다. 그러나 분녀는 화자의 장식적 언어인 편지를 찢어 "함부로 찔리고 있는 건 손바닥이 아니어서 피할 수" 없게 만든다. "예리한 사금파리가 되어" 화자의 마음에 "사정없이 꽂히고" 있는 편지 조각들은 주인의 환대를 거절한다는 타자의 표현이기에 의미심장하다. 「저문 날의 삽화」 3의 마지막 장면은 소설 전체에서 목소리가 제외되어 있던 분녀가 처음이자 마지막으로 자신을 드러낸 상황이자 화자의 성찰을 강하게 촉구한 행위로 해석할 수 있다. 비록 발화되지는 않았지만 분녀는 일방적인 환대에 잠재된 주체의 허위를 타자의 행위로 강하게 고발한다.

4 대화의 가치와 환대의 수행

「저문 날의 삽화」 1, 3은 노년의 주체가 자신의 공간에 초대한 타자를 환대하고자 하나 인간적인 취약성과 가족을 향한 위기의식으로 인해 환대를 적대로 전환하는 한계를 보인다. 이때의 가족주의는 자신의 가족을 보호하고 관계를 공고히 하는 것뿐 아니라 가족관계의 허위를 감추고자 하는 혐오를 내포한다. 「저문 날의 삽화」 2는 가족이 중심이 되던 이전 시리즈와 달리 이웃 관계에서 주체가 초대받지 않은 손님이 되어 타자를 환대하는 수행성을 보이기에 앞의 시리즈와 대별된다.

소설은 화자가 식물이나 동물의 "생명을 건강하게 하는 특별한 힘"이 있으나 정작 아들의 돌봄엔 속수무책인 본인의 상황을 한탄하며 시작된다. 한때 "내가 이해할 수 없는 이상에 목숨을 걸고 싶어" 했던 아들의 빛나는 청춘을 당시의 화자가 어떻게 수용했는지는 생략된 채 현재 요양원에 있는 아들은 외부를 공포로 구성하며 스스로를 유폐하고 있다. 소설의 전사를 배경으로 반복 등장하는 세찬 바람은 평범한 일상으로 아들을 편입시키고자 하는 필자의 희망과는 먼 세파의 역경을 의미한다. 화자는 가족인데도 이방인과 같은 처지에 있는 아들과 그의 과거를 환대하려 노력하지만 그것은 일상과 먼 정신 요양원의 특성으로 인해 불가능한 일이 된다.

소설의 후사에서는 화자가 아파트 이웃이 된 제자 가연의 부부를 만나게 되면서 아들의 자리에 그들을 환치한다.

"우리 친정에서 운동권에 대해서 알고 있는 상식은 화염병이 다예요. 운동권은 누구나 신분증처럼 화염병을 하나씩 품속에 품고 다니다가 수틀리면 아무 데나 내던지는 줄 안다니까요." (……)
그건 처음 듣는 끔찍한 사실이었음에도 불구하고 놀랍진 않았다. 나 또한 화염병 때문에 그를 좋아하고 있을지도 모른다는 생각이 들었다. 나 역시 내 아들을 그 꼴로 만든 무자비한 힘을 향한 화염병을 가슴 깊이 품고 살고 있고 같은 것을 품고 있다고 믿을 만한 그에게 그렇게 이끌렸던 게 아닐까. 물론 그 사실은 전혀 끔찍하지 않았고 보람 있기조차 했다.(55~56쪽)

「저문 날의 삽화」 1, 3은 전사의 근원 영역이 후사의 목표 영역을 이해하는 데에 도움이 되는 유비 구조를 보였던 데 반해, 「저문 날의 삽화」 2는 짧지만 모호한 전사가 목표 영역이 되고 후사의 사건이 근원 영역으로서 소설 독해에 도움이 된다. 가연에게서 남편이 운동가라는 소식을 접한 화자는 "아들이 집에서 들고 날 때처럼" 그를 향해 관심을 기울이며 상대적으로 가연을 며느리처럼 간섭하기 시작한다. 자칫 시어머니의 가부장성으로도 보이는 화자의 간섭은 부재한 아들을 향한 집착에 기인한다. 정상이었던 아들의 과거에 집착하여 표면화된 운동가의 열악함에 집중하느라 정작 자신의 위치와 동일한 가연의 상황을 간과하는 화자의 태도는 운동가들 뒤에서 희생하는 가족에게 무심한 현실을 그대로 답습한다. 인용문에서 보듯 화자는 권력에 직접적인 대립각을 세우기보다 아들을 경유하여 자신 역시 권력에 대항하는 화염병을 심중에 품는다. 또한 가연의 남편을 향한 관심 역시 운동가로서 그의 역할에 감응한 것이 아니라 그를 아들의 과거를 상기시키는 대리물로 여기기 때문이다. 결국 「저문 날의 삽화」 2에서 가장 약한 타자는 가연이다. 가부장적인 남편에게 세뇌된 가연은 담뱃불로 화상을 입히는 남편의 가학조차 연민으로 변명하면서도 "운동이라는 게 꼭 있어야 할까요?"라는 질문을 남긴다. "운동은 누구를 위한 것인가?"로 환원되는 타자의 언급은 민중을 위한다는 그들의 운동이 결국 운동가 자신을 위한 것이었다는 반성을 요구하는 지점이다. "수많은 사람이 품고 있는 화염병이 운동으로 바뀌어야 해. 그래서 제 곬을 찾지 않으면 미친 불이 돼."(57쪽)라는 화자의 대답이 이를 뒷받침한다. 운동가의 가슴에 품은 문제의식이 운동의 동력이 되어야 하지만 그것이 운동으로 바뀌지 않을 때 미친 불이 되어 오히려 민중을 두렵게 한다면 그 지향점이 올바른 것인가 하는 의문이 제기되는 대목이다. 판검사나 의사가 처가 덕을 받는 세태의 부정의를 "운동가도 떳떳이 받아야 한다."라며 그대로 답습하면서도 거대 권력을 향한 저항에만 집착하는 가연의 남편은 "신뢰감을 보낼 대상"을 잃고 싶지 않아서 가연의 희생을 묵인하는 화자의 태도보다 더 근원적인 결점을 지닌다.

가연이에게 우정을 느끼자 가연이는 물론 그 남편과, 그들의 관계가 비로소 바로 보이기 시작했다. 직시해야 할 시간은 불가피하게 다가왔고 직시해야 할 것은 고통스럽더라도 직시하는 게 수였다. 나는 가정 선생을 부탁한 친구에게 먼저 전화를 걸어 내일 당사자를 데리고 가겠노라고 말하고 나서 다시 위층으로 올라갔다. (⋯⋯) "전향을 하긴. 그 사람이 가짜라는 걸 알았기 때문이지. 생각해 봐, 소위 민중을 위한다는 친구가 여성처럼 오랜 세월 교묘하게 억압받고 수탈당한 큰 집단이 민중으로 안 보인다면 그를 어떻게 믿냐? 저는 남자의 기득권을 안 내놓으려 들면서 권력자의 기득권은 내놓으라고 외치는 것도 가짜답고, 도대체 제 계집을 종처럼 다루면서 일말의 연민도 없는 자가 민중을 사랑한다는 소리를 어떻게 믿냐." (……) "그래. 그가 가짜인가 아닌가는 네가 정하렴. 바로 보고, 바로 보기 위해선 자립을 해. 그를 먹여 살리기 위해서가 아니라 네가 그를 대등한 입장에서 바로 보기 위해 자립을 하란 말야. 그후에 그가 진짜인가 가짜인가는 알아봐도 늦지는 않아. 그렇지만 자립은 더 늦으면 안 된다." 나는 내 우정이 가연이에게 통하길 바라며 간곡하게 말했다.(61~62쪽)

가연의 남편은 세상 밖으로 나오지 못하는 화자의 아들만큼이나 세상을 포괄하지 못하고 자신의 세계에 갇힌 한계를 보인다. 자신의 뜻을 펼칠 수 없는 세상의 약자로서 더 작은 세상인 가족공동체의 아내를 학대하는 그는 권력 가부장의 희생자에서 가족 가부장의 당사자로 전환된다. 자신과 아내를 분리하여 약자 앞에서 강자가 되려는 왜곡된 가부장성의 욕망을 보이는 것이다. 가연의 남편을 통한 애착은 알 수 없던 아들을 이해하기 위한 화자의 노력이었지만 그녀는 가연을 이해하면서 점차 노년의 자신을 되돌아보는 계기를 가질 것이다. 아들의 고통에 동참하고자 섹스리스로 살아가며 가연의 남편을 향한 상상된 애착에 기대어 생의 활력을 얻던 화자의 삶은 가연과의 연대와 환대로 변화를 예고한다. 운동하는 남편을 향한 내조가 당연하다고 여긴 가연에게 무심했던 화자는 그녀와의 대화를 통해 점차 현실을 파악해 간다. 「저문 날의 삽화」 2에서 화자와 가연의 대화는 여러 번 등장한다. 화자의 착각 — 운동권을 향한 공감 — 가연의 가정불화와 남편의 이면 — 가연을 향한 우정으로 변모되는 상호 소통 속에서 비로소 화자는 가연을 향한 이해와 환대 수행의 실마리를 보인다. 이때의 화자는 "삶에서 다른 삶으로 이행한 상호 치유의 윤리"를 보여 준다. 즉 "단절·중단·개입이 중심이 된 주체"이자 "새로운 주체의 능동적인 생성

을 도모"하는 주체가 된다.[14]

아들을 이해하기 위해 맹목적으로 당위만을 좇던 화자는 가연의 일상을 통해 고통받는 타자의 현실을 향한 직시, 의식적 자립, 진위의 구분을 통한 운동의 진정성 의심하면서 가연의 삶만이 아니라 화자 자신의 삶도 변화를 예견한다. 모든 상황은 주체를 각성시키는 타자와 이에 적극적으로 반응하는 취약한 주체가 각자의 역할을 다했기에 환대가 가능해진다. 소설의 전사에서 부모로서 아들의 고통에 밀착되어 무조건적인 찬양을 보내며 가상의 고통에 자신을 몰아넣던 화자는 운동권 가족으로 살아가기 위한 연대를 수행한다. 「저문 날의 삽화」 1에서 세상의 진실을 향해 광기를 보이던 대학생들의 진정성을 알면서도 묵인했던 인물의 환대 불가능함은 「저문 날의 삽화」 2에서 사회운동의 진정성을 성찰하고 자신의 위치에서 실천 가능한 수행을 시도하는 적극성을 보였다는 점에서 환대의 시민성으로 확장된다. 자립의 결정을 유보하려는 가연에게 조언하며 직접 면접장에 동행하려는 화자의 태도는 환대가 개인의 성찰에 머무는 것이 아닌 대화의 상호 소통을 통해 깨달은 바를 실행해야 함을 의미한다. 「저문 날의 삽화」 2에서 박완서는 대화가 수행을 향한 실천의 동력임을 보여 주며 자신의 내면 성찰에 머물던 환대의 필요성이 타자와 연대함으로써 수행의 실천으로 전환됨을 재현한다.

5 유비적 미학 구성과 환대 윤리의 시민성

환대의 아포리아는 결정 불가능의 주체가 자신을 와해시키는 내부에

---

14 김미현, 앞의 글, 550쪽.

서 타자성이 분열되는 형태로 확인되며 이때 환대의 윤리가 가능해진다는 점이다. 환대는 결과론적으로 고정되는 것이 아닌 여러 관계망 속에서 변화되면서도 견지되어야 할 과정 중에 현현하는 윤리적 가치[15]이기에 문학 작품 속에서 다양한 양상으로 제시된다. 박완서 소설에서 노년의 주체들은 죄, 간사한 교양, 자녀 문제 등 주로 가족을 중심으로 한 심리적 갈등으로 불화를 겪는다. 「저문 날의 삽화」 1, 2, 3은 공통적으로 전사와 후사의 이중구조인데 노년 주체들의 현재 일상은 전사로 구성되어 있다. 후사는 인간적인 취약성을 지닌 타자가 등장하고 일상에서 사건이 발생한다. 한 소설 내에 삽화로 구성되는 두 이야기는 직접적인 연관성이 없어 보이는데 왜 작가는 「저문 날의 삽화」 시리즈를 이중구조로 서술했을까? 각 단편을 완전히 독해하기 위해서는 전사나 후사의 개별적 이야기를 유비 관계로 파악할 필요가 있다. 세 소설에서는 인정과 혐오의 비유(「저문 날의 삽화」 1), 증여와 교양의 허위(「저문 날의 삽화」 3), 주체의 방문과 대화(「저문 날의 삽화」 2)라는 각각의 주제 원리가 전사와 후사에 동일하게 적용되고 불완전하게 이해되는 전사 혹은 후사의 영역은 두 영역의 사상으로 완전한 이해를 돕는다.

  소설 미학적인 이런 특수성은 「저문 날의 삽화」 1, 2, 3을 관통하는 "환대의 윤리"를 재고하게 한다. 협상, 교환, 대화는 수행을 위한 급진적인 환대의 조건으로 세 편의 소설을 탐구하게 한다. 「저문 날의 삽화」 1은 성서와 일상의 유비를 통해 환대의 핵심을 죄와 연관하여 사유한다. 세상의 주인인 주체(신)이지만 인간인 타자의 모습으로 재림하여 공동체에 의해 적대받으며 죄의 대속으로 죽어 간 예수는 진정 주체와 타자의 경계를 허무는 절대적 환대의 모범이다. 서로 사랑하라는 예수의 변혁은 공동체의 문

---

15 우현주, 『박완서, 타자의 환대』(소명출판, 2021), 456쪽.

제에 몸으로 저항하는 대학생들의 항쟁으로 암시된다. 목표 영역인 후사에서 가난한 고아로 화자에게 온 양아들 역시 가족의 장자로 환대받았으나 피의 오염이 이데올로기의 오염으로 확대되어 혐오의 대상이 된다. 예수— 독립운동가— 좌파 청년으로 이어지는 변혁가들을 인정하지 않고 죄인으로 만드는 일이야말로 큰 죄임을 깨달은 화자는 그녀의 가치관에 어긋나는 도덕적, 이념적 이방인을 "아니요."로 답한 적대의 문제를 성찰하는 주체이다. 환대를 위해 타자와 대화, 협상 중 어느 것도 시도하지 않았던 그녀의 회개는 환대 윤리를 향한 출발로서 가치가 있다.

「저문 날의 삽화」 3은 실용과 비실용을 구분하는 도예장이 딸을 이해하지 못하는 화자의 헛된 욕망이 전사가 된다. 창작의 의도보다 도구의 수용자 입장을 중시하는 딸은 선택받지 못한 작품을 과감히 파괴한다. 예술을 향한 딸의 결벽은 실용을 넘어서는 가식을 사전에 차단함으로써 예술의 진정한 가치를 지켜 낸다. 사금파리로 파편화된 형상은 화자의 허위의식을 경계하면서 딸의 선택을 환대하지 못하는 자신을 의심하도록 자극한다.

후사에서 분녀는 계급, 경제적 위치, 사회적 관계에서 위계적으로 열악한 타자이다. 가족이 없던 분녀에게 화자의 가족은 공동체로서 심리적 위안이 되지만 그들은 상전 의식으로 분녀의 노동에 대가를 지불하고 독립시킴으로써 환대의 조건을 분명히 한다. 노년이 되어 재회한 화자와 분녀의 일화는 조건부 환대의 한계를 명확히 보여 준다. 분녀 일행의 방문은 그 존재의 문제가 아닌 화자 가족의 잠재되었던 균열을 가시화하기에 적대된다. 타자를 향한 두려움은 그들이 우리를 가해하거나 오염시켜서가 아닌, 우리 내부의 문제가 자각되기 때문이다. 자신의 약속을 잊은 화자에게 찢어진 편지 조각은 지금까지의 관용이 화자 가족의 시혜가 아닌 타자의 인정이었음을 암시하며 이를 거절한 타자의 반응을 재현한 것이다. 이 소설에서 인간의 취약성은 물리적으로 열악한 타자만이 아닌 증여를 하면서도 자신의 허위와 가식을 깨닫지 못하는 주체의 삶에서도 마찬가지로 드러난다.「저문 날의 삽화」3은 주체의 행위 중심으로 파악되던 환대의 일방성을 비판하고 타자의 반응이 주체의 각성을 이끌어 진정한 환대의 의미를 재고하게 한다. 박완서는「저문 날의 삽화」1과 3을 통해 화자가 타자를 환대하지 않았던 일상의 원인을 제시하고 환대 윤리의 필요성을 요청한다.

이에 반해「저문 날의 삽화」2가 주목되는 까닭은 주체와 타자의 대화 → 주체의 각성 → 주체의 수행이 병행되기 때문이다.「저문 날의 삽화」2는 다른 시리즈와 달리 소설의 후사를 통해 전사를 이해하는 구조의 역행을 보인다. 운동권 아들이 고문 후유증으로 요양원 생활을 하자 화자는 정상인 시절, 그의 이상을 이해하려 노력한다. 아들이 사회로 복귀하기를 염원하지만 제자의 남편이 등장하면서 아직 환자인 아들의 빈자리를 대리하게 된다. 아들이 추구했던 이념보다 그의 운동의 행위 자체를 이해하는 데 집중했던 화자는 가연의 남편을 비호하며 자신과 동일하게 운동권 가족으로서 희생하고 있는 가연의 고통을 간과한다. 화자의 집을 방문했던 타자 가연과의 첫 만남 이후 주체가 타자의 손님이 되어 대화를 시도하면서 그들 간의 소통이 진행된다. 대화를 통해 가연을 이해하게 된 화자는 가연의 남편이 추상적인 민중의 권익을 대변하면서 정작 본인은 억압 권력의 가부장 행위를 답습하고 있는 모순을 발견한다. 내 곁에 있는 가장 낮은 민중인 여성을 가학하는 그의 진정성을 의심하게 된 화자는 가연에게 스스로 독립해서 그를 객관적으로 바라볼 것을 충고한다. 화자의 적극적인 개입은 가연을 향한 "우정"의 이름으로 건네는 환대로, 외면하고 싶은 현실을 직시하고 타자를 돕기 위해 능동적으로 연대하는 수행성을 보였다는 점에서 의의가 있으며 결국 이는 아들의 고통을 이해하고자 노년의 삶을 억눌렀던 화자 본인을 환대하는 과정이기에 더 가치가 있다.

이렇듯「저문 날의 삽화」1~3에는 실제 사건이나 노년 인물의 부정적 경험이 세계관으로 전제되어 환대의 장애물이자 문턱이 되는 상황이 발생한다. 조건부 환대조차 불가능하게 만드는 소설의 환대 윤리를 유비(有備)하기 위해 유비(類比) 관계를 작가가 설정한 의도는 후사에서 이를 극복하면서 인물의 성찰과 수행을 통한 시민성을 강조하기 위함이다. 환대의 핵심은 절대적 환대의 실천이 불가능할지라도 그것을 잣대로 주체와 타자의 관계를 느슨하게 하여 공동체의 성원권 범주를 재고하는 데에 있다. 공감, 상호 소통, 수행의 실천은 공동체 시민으로서 적극적인 환대 행위를 향해 가는 윤리적 방법이 된다. 마찬가지로 절대적인 환대가 불가능하듯 근원 영역과 목표 영역 역시 하나의 서사만으로는 불완전한 이야기 구조를 갖는다. 두 영역의 상호 보완적인 내용을 이해했을 때만이 이 소설들은 독해가 가능해지며 작가가 의도하는 환대 윤리의 유비적 미학의 의미를 파악할 수 있다.

환대는 시민적 의무[16]이기에 일상에서 끊임없이 환기되어야 한다. 박완서 소설은 환대의 가능성 여부를 타진하는 것이 아니라 일상에서 실제로 타자를 어떻게 환대할 것인가의 수행성을 타진한다. 박완서 문학을 통해 우리는 자신이 취약한 인간이자 주인 혹은 타자임을 이해하는 법을 배우고 타인과 일상을 공유하면서 환대의 성향을 키우는 과정이 공동체의 시민으로 성장하는 윤리임을 깨닫게 된다.

---

16 김현경, 앞의 책, 174쪽.

수록글 발표 지면

| 포스트휴먼 |
김미현, 「얼마나 다른가: 포스트휴먼 선언문」, 《문학동네》, 2021. 봄, 42~57쪽.

| 몸 |
김윤정, 「동아시아 여성 SF 문학에 나타난 '몸'의 정치성 연구—2000년대 한·중·일 소설을 중심으로—」, 《이화어문논집》 64(이화어문학회, 2024), 87~114쪽.

| 환상 |
원은주, 「여성적 글쓰기의 액체성과 촉각적 환상 — 정보라 『저주토끼』를 중심으로」, 『젠더 프리즘, 그 이후』(민음사, 2025), 84~106쪽.

| 가족 |
박구비, 「2010년대 여성가족소설 속 가족의 재발명 백수린과 김혜진 소설의 모녀 서사를 중심으로」, 《우리문학연구》 87(우리문학회, 2025), 317~345쪽.

| 대중성 |
진선영, 「전후 사회적 멜로드라마와 의제 가족주의의 정치학 — 김말봉의 『태양의 권속』을 중심으로—」, 《이화어문논집》 65(이화어문학회, 2025), 189~218쪽.

| 섹슈얼리티 |
강지희, 「팬데믹 이후 부동산 소설과 오컬트 자본주의」, 《대중서사연구》 31-2(대중서사학회, 2025), 13~49쪽.

| 동성애 |
김소륜, 「한국현대소설에 나타난 레즈비언 서사 연구—"큐큐퀴어단편선" 시리즈

(2018-2023)를 중심으로」, 《대중서사연구》 31-2(대중서사학회, 2025), 243~268쪽.

| 근대성 |
권혜린, 「정연희의 『난지도』로 본 탈성장과 젠더」, 《국제어문》 203(국제어문학회, 2024), 117~140쪽.

| 여성 이미지 |
황지영, 「근대소설에 나타난 '여기자' 표상 연구」, 《이화어문논집》 65(이화어문학회, 2025), 219~242쪽.

| 성장 |
송주현, 「장강명 소설에 나타난 청춘의 세대 인식과 여성성: 〈표백〉(2011), 〈한국이 싫어서〉(2015), 〈재수사〉(2022)를 중심으로」, 《콘텐츠와산업》 7-1(한국콘텐츠산업학회, 2025), 71~76쪽.

| 동물성 |
황지선, 「인간으로 동물 되기—한국 소설의 의동물화 형상과 사변적 상상—」, 《인문과학연구》 54(대구가톨릭대학교 인문과학연구소, 2025), 1~35쪽.

| 윤리 |
우현주, 「유비적 환대의 미학—박완서의 「저문 날의 삽화(揷話)」를 중심으로—」, 《개념과 소통》 29(한림대학교 한림과학원, 2022), 129~160쪽.

연보

1965년
6월 28일 서울 출생

1984년
이화여자대학교 국어국문학과 입학

1988년
이화여자대학교 국어국문학과 우등 졸업
동대학원 국어국문학과 입학

1990년
「김유정 소설의 카니발적 구조 연구」로
이화여자대학교 국어국문학과 석사 졸업

1991년
이화여자대학교 국어국문학과 박사과정 입학

1993년~2000년
이화여자대학교 국어국문학과 강사

1995년
《경향신문》 신춘문예 평론 부문 당선
(「유산과 불임의 발생학 — 신경숙의 『깊은 슬픔』론」)

1996년
「한국 근대 여성소설의 페미니스트 시학」으로
이화여자대학교 국어국문학과 박사 졸업
저서 『한국 여성소설과 페미니즘』(신구문화사) 발간

1999년~2003년
《조선일보》책마을·문학레터 필진 활동

1999년~2014년
계간《세계의 문학》편집위원 및 '오늘의 작가상' 심사위원

2000년~2002년
이화여자대학교 국어국문학과 대우교수

2001년
첫 평론집 『판도라 상자 속의 문학』(민음사) 발간

2002년
평론집 『여성문학을 넘어서』(민음사) 발간

2003년
제15회 소천 이헌구 비평문학상 수상
(평론 「이브, 잔치는 끝났다」)(『여성문학을 넘어서』에 수록)

2003년~2004년
이화여자대학교 국어국문학과 전임강사

2003년~2013년
《조선일보》신춘문예 심사위원

2004년
선집 『연애소설』(이화여자대학교 출판부) 발간

2004년~2023년
이화여자대학교 국어국문학과 교수

2007년
제53회 현대문학상 평론 부문 수상(평론「수상한 소설들
— 한국 소설의 이기적 유전자」)(『그림자의 빛』에 수록)

2007년~2014년
'세계의 문학 신인상'(《세계의 문학》주관) 심사위원

2008년
비평집『젠더 프리즘 : 한국 젠더 문학의 열두 가지 키워드』(민음사) 발간

2008년~2009년
제9회·제10회 이효석문학상 심사위원

2009년
제20회 팔봉비평문학상 수상(『젠더 프리즘』)

2013년
《조선일보》칼럼 '아침논단' 필진

2014년
제45회 동인문학상 심사위원

2016년
저서『번역 트러블 : 한국 소설과 문화 번역』
(이화여자대학교 출판문화원) 발간

2020년
평론집『그림자의 빛』(민음사) 발간
제31회 김환태평론문학상 수상

2023년
9월 18일 별세

젠더프리즘, 그 이후

1판 1쇄 찍음 2025년 10월 1일
1판 1쇄 펴냄 2025년 10월 17일

지은이   김미현·허윤 외
발행인   박근섭·박상준
펴낸곳   (주)민음사

출판등록 1966. 5. 19. 제16-490호
주소   서울특별시 강남구 도산대로1길 62(신사동)
          강남출판문화센터 5층 (우편번호 06027)
대표전화 02-515-2000 | 팩시밀리 02-515-2007
홈페이지 www.minumsa.com

ⓒ 김미현, 허윤, 이은선, 김윤정, 원은주, 박구비, 진선영, 강지희, 김소륜, 권혜린, 황지영, 송주현, 황지선, 우현주, 2025, Printed in Seoul, Korea

ISBN   978-89-374-4620-7 (03800)
잘못 만들어진 책은 구입처에서 교환해 드립니다.